汪习根

武汉大学法学院副院长，珞珈特聘教授，博士生导师。兼任中国法学会法理学研究会副会长，湖北省法理学研究会会长，联合国发展权问题特约专家。2006年被评为全国十大杰出中青年法学家，2004年入选教育部首批新世纪优秀人才支持计划；先后获全国百篇优秀博士学位论文奖、国家级优秀教学成果一等奖、全国人文社会科学优秀成果奖、国家精品课程（法理学）奖、中国法学会优秀论文一等奖等各类奖励20项。还被评为武汉大学十大杰出青年、武汉大学十大师德标兵。主持国务院国家教育振兴行动计划重点项目、全国百篇优秀博士学位论文作者专项基金重点项目、教育部教学改革研究重点项目、国家社科基金项目、中国法学会部级重点研究项目等各类项目15项。

在《法学研究》、《中国法学》、《人民日报》（理论版）等学术刊物发表论文100多篇，其中有20多篇被《新华文摘》、《中国社会科学文摘》、《高等学校文科学术文摘》、《中国人民大学报刊复印资料》等相继转载，出版著作20部。

应邀赴美国、瑞士、德国、法国、西班牙、日本等参加联合国发展权大会、世界法哲学大会、中法法律教育交流会议、东亚法哲学大会等重要学术与社会活动，并发表主题演讲，其中，2008年1月被联合国邀请担任联合国发展权高级别专家组特约专家。其名字和研究成果被载入联合国官方文件。

为中央国家机关和国际组织提供决策咨询与服务，参加中央政法委深化社会主义法治理念研究工作，中央宣传部、中央政法委、司法部和中国法学会联合举办的"百名法学家百场讲座"，并获"优秀宣讲奖"。

作者简介

武汉大学学术丛书
Wuhan University Academic Library

Wuhan University

权力的法治规约

——政治文明法治化研究

衷心感谢国家社科基金的支持！

汪习根 主编

武汉大学出版社
WUHAN UNIVERSITY PRESS

图书在版编目(CIP)数据

权力的法治规约:政治文明法治化研究/汪习根主编.—武汉:武汉大学出版社,2009.12
武汉大学学术丛书
ISBN 978-7-307-06958-9

Ⅰ.权…　Ⅱ.汪…　Ⅲ.①社会主义政治学—研究—中国　②社会主义法制—建设—研究—中国　Ⅳ.D6　D920.0

中国版本图书馆 CIP 数据核字(2009)第 044060 号

责任编辑:田红恩　　责任校对:王　建　　版式设计:支　笛

出版发行:**武汉大学出版社**　　(430072　武昌　珞珈山)
　　　　　(电子邮件:cbs22@whu.edu.cn　网址:www.wdp.com.cn)
印刷:武汉中远印务有限公司
开本:720×980　1/16　　印张:26　字数:368 千字　插页:3
版次:2009 年 12 月第 1 版　　2009 年 12 月第 1 次印刷
ISBN 978-7-307-06958-9/D·882　　定价:57.00 元

内 容 提 要

　　本书围绕政治的核心——权力问题，将政治文明置于权力的范畴进行考量与审视，提出政治文明即是权力文明，而权力文明的出路在于对权力的法治规约。从政治文明与法治的关系入手，系统研究了政治文明法治化的逻辑起点、战略目标以及立法文明、行政文明、司法文明、执政文明法治化的基本理论与对策。提出要建设社会主义政治文明，就必须实现政治文明的法治化，通过法治的政治文明是政治文明发展的必由之路。政治文明法治化的关键与奥秘在于权力的法治化以及由此衍生的权力与权力之间的内在和谐，权力与权利之间的外在互动。而能理性有效地建构与导引这些关系的当属公法，公法法治是政治文明法治构建的当务之急。为此，应当理性地构建文明的立法法治、行政法治、司法法治和执政法治制度。

　　本书的突出特色在于：一是理论上的两大突破。首次提出了政治文明与法治关系的三个基本命题，充分论证了政治文明法治化的正当性与必要性。同时，立足作者提出的"公法法治论"，论证了政治文明法治化首先是公法法治。二是制度上的四大创新。从立法文明、执法文明、司法文明与执政文明的基本要求与实践中的障碍分析入手，充分吸收国内外法治理论的最新成果，提出了以上述四大具体制度的构建为突破口推进政治文明法治化建设的可行途径，揭示了立法文明的法治之道、行政文明的法治模式、司法文明的法治构建和执政文明的法治维度，超越了空泛地讨论政治文明建设和抽象地讨论法治的局限性，使研究更具有战略针对性与现实可行性。

关键词：政治文明　权力　法治　战略

目　　录

第一章　政治文明法治化战略选择的逻辑起点………………… 1

　第一节　政治文明法治化战略选择的理论前提………………… 1

　　一、政治文明是法治的内核和精髓 …………………………… 2

　　二、法治是政治文明的载体和形式 …………………………… 7

　　三、政治法治化是政治文明的要求 ………………………… 11

　第二节　政治文明法治化战略选择的根本出路……………… 17

　　一、人的实现:政治文明法治化的基本目标 ……………… 17

　　二、权力规训:政治文明法治化的内在奥妙 ……………… 19

　　三、公法法治:政治文明法治化的规范依据 ……………… 26

　第三节　政治文明法治化战略选择的目标定位……………… 31

　　一、政治文明法治化战略选择目标定位的价值功能 ……… 31

　　二、政治文明法治化战略选择目标定位的理论基础 ……… 37

　　三、政治文明法治化战略选择目标定位的基本要素 ……… 52

第二章　立法文明的法治之道………………………………… 75

　第一节　立法文明的总体要求………………………………… 76

　　一、立法文明的概念描述：理念、制度、行为与秩序 ……………… 76

　　二、立法文明的范畴特征："法治"与"立法"的紧张与调和 ……… 79

　　三、立法文明的理念定位：法律良善 重在统一 ………………… 81

　　四、立法文明的基本要求：以"法律统一"为重心 ……………… 86

第二节　立法文明的体制障碍 ……………………………………… 93

　　一、立法制度不文明的种种表现 ………………………………… 93

　　二、立法制度不文明的根本症结 ………………………………… 98

第三节　立法文明的战略对策 ……………………………………… 103

　　一、个案的追问 …………………………………………………… 103

　　二、规范的创设 …………………………………………………… 108

　　三、整体的对策 …………………………………………………… 114

第三章　行政文明的法治方略 ……………………………………… 129

第一节　行政文明释义 ……………………………………………… 129

　　一、行政理论的源流 ……………………………………………… 129

　　二、执行权的文明化 ……………………………………………… 132

　　三、管理权的文明化 ……………………………………………… 153

　　四、行政权的理性化 ……………………………………………… 177

第二节　行政文明法治化的基本理念 ……………………………… 186

　　一、在渊源上，行政权力与公民权利的统一 …………………… 186

　　二、在主体上，行政权力与行政权力的融合 …………………… 189

　　三、在价值上，效率行政与公正行政的互动 …………………… 193

　　四、在指向上，集约行政与开放行政的并重 …………………… 197

　　五、在方式上，命令行政与宽容行政的一体 …………………… 200

　　六、在后果上，责任行政与诚信行政的一致 …………………… 205

第三节　行政文明法治化的基本模式 ……………………………… 215

　　一、消极自由与行政规制 ………………………………………… 215

　　二、主观公权与行政规制 ………………………………………… 218

　　三、权力分立与行政规制 ………………………………………… 221

　　四、公民社会与行政规制 ………………………………………… 223

第四节　行政文明法治化的制度建构 ……………………………… 227

一、行政系统开放是重构行政法治的前提 …………… 227

二、公民参与是重构行政法治的核心要素 …………… 231

三、程序理性是行政法治运行的基本保证 …………… 244

第四章　司法文明的法治构建 …………………………… 252

第一节　司法文明的法理解析 ……………………… 252

一、司法文明的理论背景 …………………………… 252

二、司法文明的含义解析 …………………………… 256

三、司法文明的价值分析 …………………………… 260

第二节　司法理念文明 ……………………………… 266

一、司法理念文明的意义探寻 ……………………… 266

二、司法理念文明的表现形式 ……………………… 270

三、司法理念文明与法律价值冲突 ………………… 275

四、司法理念文明与法律价值整合 ………………… 279

五、司法理念文明与理性司法思维 ………………… 285

第三节　司法制度文明 ……………………………… 290

一、司法制度文明的前提 …………………………… 290

二、司法制度文明的核心 …………………………… 296

三、司法制度文明的保障 …………………………… 299

第四节　司法器物文明 ……………………………… 305

一、司法建筑文明 …………………………………… 306

二、法庭场景文明 …………………………………… 310

三、司法设施文明 …………………………………… 320

第五节　司法行为文明 ……………………………… 322

一、司法裁判文明 …………………………………… 322

二、司法作风文明 …………………………………… 330

第六节　司法文明的战略选择 ……………………… 337

一、战略目标：社会正义与社会和谐 ……………… 337

二、路径选择：法律移植与本土改造 ……………… 340

三、实施方式：政府推进与自然演进 ……………… 344

第五章　执政文明的法治维度……………………… 346

　第一节　依法执政的法理内涵……………………… 347

　　一、依法执政的基本含义…………………………… 347

　　二、依法执政的法律要求…………………………… 351

　　三、依法执政的宪政意义…………………………… 357

　第二节　依法执政的历史根据……………………… 365

　　一、依法执政是早期执政实践理性反思的结晶………… 365

　　二、依法执政是法制建设成功经验的必然升华………… 371

　第三节　依法执政的基本原则……………………… 375

　　一、依法及时有效调控社会关系原则………………… 375

　　二、执政权威与人民民主相统一原则………………… 379

　　三、执政的价值性与规范性一致原则………………… 381

　　四、党的执政与党的领导相关联原则………………… 383

　　五、政党事务与国家事务相区分原则………………… 385

　第四节　依法执政的法律制度……………………… 387

　　一、执政党集合民意并启动执政过程的法律制度……… 389

　　二、执政党与民主党派进行政治协商的法律制度……… 391

　　三、执政党自身意志上升为国家意志的法律制度……… 392

　　四、执政党对公共权力实施民主监督的法律制度……… 392

参考书目………………………………………… 395

后　　记………………………………………… 402

第 一 章
政治文明法治化战略选择的逻辑起点

法治是人类文明的标志，作为人类文明基本形式的政治文明，与法治的衍生、进化与升华密不可分。法治属于政治文明的范畴，政治文明与法治之间存在着必然联系，要建设社会主义政治文明，就必须实现政治文明的法治化；通过法治的政治文明是政治文明发展的必由之路。而政治文明法治化的关键在于权力的法治化以及由此衍生的权力与权力之间的内在和谐，权力与权利之间的外在互动，而能够理性并最有效地建构与导引这些关系的当属公法，公法法治是政治文明法治构建的当务之急。

第一节　政治文明法治化战略选择的理论前提

科学地回答法治与政治文明的内在关系，是政治文明法治化建设的理论前提。政治文明与法治是一对共生共荣、互相统一的概念，法治必须以政治文明为条件和内核，政治文明必须以法治为载体和先导，政治法治化是政治文明的根本出路。

一、政治文明是法治的内核和精髓

.政治文明既具有文明的一般含义，又有独特的价值与意蕴。对文明的含义，古往今来，学界进行了持之以恒的探求，形成了相互关联又相互区别的种种观点，据学者统计，至少有 13 种不同解说①。正如美国学者佩里·安德森所说："'文明及其内涵'这个题目涉及一系列概念，主要是'文明'还包括'文化'、'市民社会'、'国家'、'地区'、'人民'，它们都处于当今国际学术对话的前沿。这些术语的含义变动不居，在不同的历史语境和背景之下其意识形态的内涵迥异。"② 尽管如此，文明的共性已融入到了人类的个人、社会与政治生活，具有基本的属性："'文明'一词在西方来源于拉丁文'civilis'，意思是公民的、国家的、社会的，用以表示国家和社会的进步状态。"③ 文明总是与野蛮、未开化、原始、兽性相对，而往往与进步、进化、发达相联系。其类型包括物质文明、精神文明和政治文明。政治文明是人们改造社会及自身所获得的积极的政治成果，是人类政治生活的进步状态，它一般表现为人们在一定的社会形态中民主、自由、平等、人权等的实现程度。"政治文明包括政治意识文明、政治制度文明和政治行为文明三个组成部分。"④无论是政治意识、政治制度还是政治行为的文明，都与法治有着不解之缘、不可分离。

对此，马克思作出了十分精辟而又高屋建瓴的分析⑤。在《关

---

① 参见虞崇胜：《政治文明论》，武汉大学出版社 2003 年版，第 42~45 页。

② ［美］佩里·安德森：《文明及其内涵》，载《读书》1997 年第 11 期。

③ 《中国大百科全书》（哲学卷），中国大百科全书出版社 1987 年版，第 924 页。

④ 虞崇胜：《政治文明论》，武汉大学出版社 2003 年版，第 111 页。

⑤ 对此，西方学者往往持不同态度，如法兰克福学派的当代"教父"尤尔根·哈贝马斯认为，马克思除了"预计在'过渡时期'将不可避免地实行无产阶级专政以外，他无法想象别的建制形式"，因为他缺乏一个令人满意的法学体系，存在"法学空区"（Jügen Habermas, What does Socialism Mean Today? The Rectifying Revolution and the Need for Thinking on the Left, New Left Review, Sept. /Oct., 1990. p. 12. ）。显然，这一结论是无法成立的。

于现代国家的著作计划草稿》中，不仅正式提出了"政治文明"的概念，而且勾画出一幅政治文明与法治相互交织在一起的理想图景。马克思指出：政治文明包括 11 大方面：

"（1）现代国家起源的历史或者法国革命。

政治制度的自我颂扬——同古代国家混为一谈。革命派对市民社会的态度。一切因素都具有双重形式，有市民的因素，也有国家的因素。

（2）人权的宣布和国家的宪法。个人自由和公共权力。

自由、平等和统一。人民主权。

（3）国家与市民社会。

（4）代议制国家和宪章。

立宪的代议制国家，民主的代议制国家。

（5）权力的分开。立法权力和执行权力。

（6）立法权力和立法机构。政治俱乐部。

（7）执行权力。集权制和等级制。集权制和政治文明。联邦制和工业化主义。国家管理和公共管理。

（8'）司法权力和法。

（8"）民族和人民。

（9'）政党。

（9"）选举权，为消灭国家和市民社会而斗争。"①

由此可见，政治文明所包含的构成要素，正是法治的中心线索和基本要求。其具体表现在：政治文明与法治在实质上都是公共权力与公民权利的互动关系，其共同的价值取向在于实现人权，物质载体是法律制度包括宪法和有关法律，主要制度形式为人权制度、人民主权制度、代议制度、国家管理和公共管理制度等，其运行机制是权力划分与权力制约，体现为立法权力、司法权力和执行权力的分工与制约。此外，还要处理政党与法治的关系，实现执政的文明与合法化。

由于"民主与法治是现代政治文明的核心内涵，仅以民主为

---

① 《马克思恩格斯全集》，第 42 卷，人民出版社 1979 年版，第 238 页。

对象，或以法治为主题，采取单线索的描述不利于对政治文明的全面研究"①。然而，时至今日，西方学者依然津津乐道两者的紧张与对峙，正如霍姆斯所指出：有些理论家担心宪法上的约束会窒息民主，而另一些人则害怕宪法之堤会被民主的洪水冲决。尽管双方各执己见，但都一致认为在宪政与民主之间存在着深层的和不可调和的张力。的确，他们接近于认为："'立宪民主制'是对手之间的联姻，是一种矛盾修饰法。"② 前者如达尔认为，"我相信，宪法的合法性应该只是来源于它作为民主政府工具的效用——不多也不少"③；后者如萨托利认为：过于"民主"的宪法是"坏宪法"，在当代，"某些宪法如此'民主'，以至于它们或者不再是宪法，或者它们使政府机器的运转太复杂化以至于政府无法运转，或者两者兼而有之"④。其实，早在一百多年前，马克思在关于政治文明的 11 条纲领中就已经高瞻远瞩地对此进行了科学分析，在第 1 条中开宗明义地指出了政治文明构建的逻辑前提，即"国家"与"社会"的分离和双重性，以此为出发点试图分析"个人自由和公共权力"、"国家与市民社会"的张力与互动，最后将"立宪的代议制国家，民主的代议制国家"这两者相提并论，显然是为了解释宪政、法治与民主、政治文明的均衡、共生及互动。可见，政治文明的国家政治形态，即马克思所言的"立宪的代议制国家"和"民主的代议制国家"，而它们的结合体就是法治国家。因此，在民主、文明与法治的结合点上研究政治文明是实现政治文明的最佳路径。

不仅政治文明内在地要求法治的全面介入，而且法治本身也蕴

---

① 佟德志：《在民主与法治之间》，人民出版社 2006 年版，第 7～8 页。

② ［美］斯蒂芬·霍姆斯：《先定约束与民主的悖论》，载［美］埃尔斯特、［挪威］斯莱格斯塔德编：《宪政与民主——理性与社会变迁研究》，三联书店 1997 年版，第 225 页。

③ Robert Dahl, How Democratic Is Constitution? New Haven & London: Yale University Press, 2002. p. 39.

④ ［意］萨托利：《"宪政"疏议》，载《市场逻辑与国家观念》，三联书店 1995 年版，第 117 页。

含着政治文明的价值理想。法治的字面含义为法律的规制、法律的统治，最早的含义指对良好的法律的普通服从。现代法治是民主、自由、平等、人权、理性、文明、秩序、效益和合法性的完美结合，是全体社会成员特别是国家权力主体普遍地遵循具有正义与秩序价值的良法体系以实现人权的一种治国方略。而其主旨就是依据上述特定的价值观来构建社会的基本结构和行为模式，形成以法律制度为主导的有序化的社会管理模式。① 法治国家的主要含义在于："它是一个国家在政治法律制度上的一种模式选择；它是现代社会一种最文明、最先进的政治法律制度类型。"② 这说明政治文明与法治是紧密相联的。

　　法治与政治文明的这种互动关系业已成为一条客观规律，为历史所证实。从政治意识上看，古希腊城邦政治文明孕育了亚里士多德的法治思想和斯多葛学派的自然法治理念。古罗马帝国庞大的疆域、发达的商品经济，产生了发达的私法文明。为适应罗马帝国在政治上把居民（不包括奴隶）分为公民与非公民的需要，罗马法分为市民法和万民法，大大促进了法律的科学化和社会结构的稳固。在近代民主革命时期，反映资产阶级政治观念形态的民主、自由、平等、人权都被以后资产阶级国家的法律尤其是宪法所确认。因为这两者虽有外在形式的差异，却并无任何实质上的不同，其价值取向在根本上是一致的，也就是说政治意识文明中蕴含着深刻的法治价值并被纳入人类的政治法治化实践。

　　同时，政治制度与行为文明也践行着法治的理想。政治制度文明中的制度主要由宪法、组织法、行政法等有关法律规范确认。政治文明的制度设计正是依据一定的权力与权利运行原理和界定原则来展开的，而这些原理和原则无一例外地成为法治的原则，如人民主权原则、权力分立原则、权力制约原则、保护人权原则等都被随后颁布的宪法所确认，具有崇高的法律地位和效力。其中，法治的

---

　　① 参见李龙：《依法治国方略实施问题研究》，武汉大学出版社 2002 年版，第 37 页。

　　② 程燎原：《从法制到法治》，法律出版社 1999 年版，第 2 页。

最主要机制就是权力制约,其内在机理就是权力与权利的和谐态势,依法治国的关键在于依法治"权"而非依法治"民"。因为法治作为与人治相对立的治国模式,其工具性价值就是要消除治者个人对治权的专断与滥用,使治权符合人民主权。人们普遍认为,最有效的法治意味着不仅行政机构的权力,而且立法机构的权力,都要受到宪法和法律的限制。① 当代的政治制度在功能上已经得以大大拓展,"政治制度不仅仅是限制政治权力的手段和解决社会问题的联系形式,它们还有助于形成个人的性格"②。文明的政治制度具有限权、控制自由主义导致的社会危机以及教育公民的三大功能,而这些正是当代法治的基本要求。在关于法治的《德里宣言》中确立了法治三原则,其中的关键在于,法治不仅要制约政府权力,还要保障政府权力高效率地运行,此所谓"控权与保权的统一"③。而从观念基础上讲,社会主体对法律和制度的信仰与服从是法治与政治文明的共同精神支柱。

政治行为是人们在特定的利益基础上,围绕着政治权力的运行和政治权利的实现而展开的社会活动。作为政治关系的直接动态表现,政治行为包括"政治斗争"、"政治管理"、"政治统治"和"政治参与"④。在文明社会中必须将政治行为特别是有关权力、权利等事关重大利益的行为,纳入到法律秩序之中,使之按一定的法定程序进行。完全可以说,没有法治秩序就没有政治行为文明。在调整政治行为中形成的"权力法定、权利推定"的法治原则,成为法律界定权利与权力关系的一条定律。政治行为的有序性与法治追求的基础性价值——法治秩序价值不谋而合,正是人类对秩序的追求才导致了法律的产生和对法治的需求。因为秩序要求社会必须由规则来管理,这些规则可表现为习惯、道德、宗教等,而涉及利

---

① 参见 [英] W·詹宁斯:《法与宪法》,龚祥瑞等译,三联书店 1997 年版,第 42 页。

② [美] 斯蒂芬·L. 埃尔金等:《新宪政论》,周叶谦译,三联书店 1997 年版,第 150 页。

③ 李龙、汪习根:《宪政规律论》,载《中国法学》1999 年第 4 期。

④ 虞崇胜:《政治文明论》,武汉大学出版社 2003 年版,第 169~177 页。

益冲突的规则，需要具有权威性与强制性，以保证人们普遍遵守，这些规则便表现为由国家强制力保证实施的法律。法治的外在功能就是为了促使社会制度、结构与关系达到和谐统一、界限明晰、稳定连续的状态，防止人治下因朝令夕改、权大于法而带来的混乱与无序，法治是秩序的象征。当然，法治所要求的秩序只能是理性、正义、具有符合价值性的文明的秩序，其基本内容体现为如下一些共识：立法民主化并以保障人权为宗旨；法律面前人人平等；法律至上，任何组织和个人都必须服从法律，严格依法办事；权力的范围受限制，行使权力要遵守正当法律程序。而政治行为的合理运行、政治秩序的理性构建作为政治文明的最直观表现，正好适应了法治秩序的这些价值指向。另一方面，从政治行为的实践上看，政治关系的发展变化是影响法的发展方向的重要因素，特别是作为根本法的宪法和基本法律，就是各种政治力量对比关系变化的结果。政治活动的内容更制约法律的内容及其发展变化。

可见，政治文明与法治无论在作为前提的政治意识、作为外在表现的政治行为，还是作为客观载体的政治制度诸方面都息息相关，政治文明的价值内涵和基本原则实质上就是法治的内核和精髓。

二、法治是政治文明的载体和形式

政治文明是人类政治活动所取得的成果，表征着人类政治生活的进步状态，以民主政治为本质特征，但其具体样态又是多方向、多维度的。政治文明不仅要求主体具有高涨的政治热情、对政治活动的广泛参与，而且呼唤政治表达自由以及通畅的表达路径，使政治成为社会主体普遍意志的高度集合而非个人恣意，确保公共权力始终围绕社会主体权利运行而不至偏离轨道，以实现人权为终极目标，还要求政治权威的合法性、正当性得以张扬与强化，权力执掌者具有优良的政治德性、严守公共生活规范。可见，政治文明是一项巨大的系统工程。建设政治文明，需要社会主体运用政治、经济、法律、文化等多种方式和力量。那么，在这些方式和手段中有没有一种起基础性作用的基本方式呢？为此，首先需要明确地认识到，国家政治制度是由宪法与法律设定的，政治民主需要由法律来保障，需要一系列的法律制度来规范与固化，正如亨金所言："一个合法的政治社会应基于人民的同意，这种同意在人们为建立政府而达成的社会契约中反映出来。这种社会契约通常采用宪法的形式，而宪法又会确定政治构架及其建制蓝图。"① 法治制度尤其是宪政制度是政治文明的载体和表现形式，人类政治文明进步与发展的基本方式就是宪政运动，并且宪政运动成为其价值导向和行动指南。"世界上历来的宪政，无论是英国、法国、美国或者苏联，都是在革命成功有了民主事实以后，颁布一个根本大法，去承认它，这就是宪法。"② 尽管对宪政的理解在本质上存有不同甚至根本分歧，但是，宪政制度与法治对政治文明的表达与实现功能则具有一定的普遍性。宪政与法治确立了政治文明的基本内容并使之制度化、规范化和强效化，无论是何种制度，没有哪一种在权威性和位阶上能够与宪法相提并论。政治的根本制度与根本任务通过宪法的固定与逻辑化之后，便具有了无可比拟的效力和可操作性。"所谓宪政就是拿宪法规定国家体制、政权组织以及政府和人民相互之间权利义务关系而使政府和人民都在这些规定之下，享受应享受的权利，负担应负担的义务，无论谁都不许违反或超越这些规定而自由行动的这样一种政治形态。"③ 制度的宪法与法治构建是为了制度被理性而有效地执行，如何执行与实施政治制度，涉及政治行为的文明问题。文明的政治必定是文明地治理国家、管理众人、管理社会事务的政治，而治理之道无论有多么复杂多样，归结起来无非就是两种：人治与法治。人治显然是非文明的野蛮政治的代指，只有法治才是政治文明的治理之道、管理之策。政治统治、政治管理和政治参与等政治行为必须遵循一定的程序和规范，才能合理有序地运行，用法治机制来调整政治行为，能够使之公平、公正、合理，

① [美] 路易斯·亨金：《宪政·民主·对外事务》，邓正来译，三联书店1996年版，第7页。
② 《毛泽东选集》第2卷，人民出版社1991年版，第735页。
③ 张友渔：《宪政论丛》上册，群众出版社1986年版，第100页。

符合人类理性，促进社会和谐。法治之法所具有的指引、教育、评价、预测等规范功能和积极进步的社会功能通过作用于人们的观念、意识，促进政治意识的文明与进步。法治是由一整套实体性价值和工具性价值结合而成的体系，既具有抽象的价值理想，又具有可操作性极强的价值实现机制。政治文明作为法治的实质价值，完全可以甚至必然要借助法治之工具性价值的发挥来实现。而且，政治文明总是在政治利益的冲突与一致的博弈中得以展开的，不仅需要民主的利益表达机制，也离不开理性的利益诉求、利益救济机制。法治尤其是宪政制度所具有的法律纠纷解决机制作为一种将形式理性与实质理性高度融合的制度安排，最能有效地排解政治冲突、维持政治平衡、修复政治秩序、达到政治和谐。因为它"还要求一个诸如司法机构的独立机关行使司法权，以保证政府不偏离宪法轨道，尤其是保证权力不会集中以及个人权利不受侵犯"。①总之，法治对政治制度起确定作用，对政治行为起调整作用，对政治意识起促进作用。建设政治文明，当然要推行法治，换言之，法治是政治文明得以实现的基本方式。

一方面，法治可以预设政治权力文明运行的制度架构，防治权力专断与野蛮。从实施机制上看，法治通过对权力的制约来保证公民的权利，维护社会的公共秩序，保持社会和谐有序发展，提升政治文明水平。

法治既要理性地塑造正义而高效的良法体系、剔除恶法亦法的人治观点，又必须精心培育社会主体崇尚法律权威的美德，并建立起具有至上性、正义性、免受外界干预的权力运行机制。一言以蔽之，法治的核心要义在于如何确立国家得以有效治理的最高依据与规则。在法治的内在运行机制和价值取向上，实现权利主体和权力主体之间关系的合理定位，厘清治者与被治者或依法治民与依法治权的关系。法治含有如何实现其内在价值与外在追求的机理，是社会正义与理性秩序之价值选择和制度安排的统一体。而制度安排包

---

① ［美］路易斯·亨金：《宪政·民主·对外事务》，邓正来译，三联书店1996年版，第11页。

括权利的确定、强化、权威保障制度和权力的法律限定、规制制度两方面，可简化为权利与权力关系的理性选择和合理定位。法治制度下的依法制约权力机制是政治文明得以实现的关键。

政治的主要问题是政权问题，即权力的来源与根据、权力按什么原则、依什么方式运行。法治能够有效的解决这些问题。权力的运行要求规范有序、保持连续性，而法律明确稳定，能很好地满足这个要求，因此权力运行的方式只能是权力的法治化。具体言之，权力具有命令与服从的基本属性，既可以借此强有力地维持正当运行，又可能无限地对外扩张与膨胀。为了抑制权力之恶性，弘扬其善性，就必须消除权力的混沌状态，对它加以拆分，建立"有限的、分立的和负责任的"① 权力架构。具体说来，权力运行的法治化表现在以下三方面：（1）权力取得的合法化。对任何国家权力的获得与享有，都必须要有法律上的授权，从法律中获得其渊源，由法律所确认；任何无法律依据或得不到法律支持的所谓权力，无论其是外来的或是自封的，都是无效的、不现实的，从根本上违背法治原则的。也就是说，在权力体系中的任何一级权力形式的确认都必须法治化、程序化。就基本权力而言，应有宪法这一国家根本大法的规范确认；就非基本权力而言，则必须有由宪法所派生的基本法律规范来授予。（2）权力行使的法定化。权力所及的范围不能超越法律规定界限，否则便是越权甚至是特权；权力行使的方法必须合乎法律的要求，否则就构成侵权或者滥用权力。（3）权力矫正的法定化。权力运行不管是从实体意义上还是在程序意义上讲，都应依照法律设定的轨道前进。法治原则在实践中的巨大作用既表现在依法限制权力的运行上，又表现在对一切偏离法律规范的行为进行矫正、治理，即进行宪法审查、司法制裁等方面，还表现在这些矫治权力滥用行为本身的程序化、规范化与法制化上。②

---

① ［英］洛克：《政府论》（下篇），叶启芳等译，商务印书馆1981年版，第35页。

② 参见李龙：《依法治国——邓小平法制思想研究》，江西人民出版社1998年版，第225页。

另一方面，法治内置着人权的保障与救济机制，是实现政治文明终极价值的最佳选择。

政治文明主要是通过政治活动得以体现的，而这些活动尤其是政治权力的运行要得以顺利实现，必须要与社会的相关方面即权力的相对方相协调，人类一切活动尤其是政治活动的重要目的是保障和实现人权。人权是人类追求的崇高目标，人权的实现程度是政治文明的一项衡量标准。人权是同专制、人治针锋相对而提出的，在没有政治文明的人治社会，不可能实现人权保障，如果说存在一些所谓权利，那也只不过是少数主体的特权，是人权的异化。所以，反人治、倡人权成为人类文明的根本标志和基本力量。现代社会是"主权在民"的社会，特别是在确认了"一切权力属于人民"的根本制度后，就应当把人权原则作为一项重要的立法司法原则固定下来，要求立法以保护人民权利作为首要任务。人权的保护固然离不开社会、政治、经济条件和伦理道德水准的提高，但更离不开法律。因为人权的法律保护以国家强制力为后盾，具有极大的权威性和普遍有效性，而法治通过设定人权保护的一般标准，从而避免了其保障手段的随意性、间断性和相互冲突之不足。人权如果得不到法律的保障，特别是当它被侵犯时，如果不能获得司法救济，那么人权终将化为乌有。可见，只有法治才能确立实现和保障人权的具体有效的程序和方法，建立良性循环的人权运行机制，并为实现人权创造良好的外部社会环境。因此，人权的法治制度保护是人权实现的最直接、最有效的方式。

三、政治法治化是政治文明的要求

要实现政治文明，政治法治化是一条必由之路。其基本依据体现为：首先，政治文明以经济关系为本原，经济法治化成为政治关系法律化和政治法治化的逻辑前提。异质的经济结构或同质异构的经济关系模式直接影响着政治的文明度，而市场经济作为现代社会对经济模式的普遍性选择，在实质上体现为法治经济。所以，正如经济法治化是物质文明的标志一样，政治法治化也是政治文明的根本标志；也正如物质文明必然要求实现经济法治化一样，政治文明也必然要求实行政治法治化。

其次，政治关系的最优化是政治法治化的内在依据。法律通过对政治行为、政治发展和政治问题的协调、规范、促进和解决，调整政治关系，影响政治生活，达到政治目的，进而实现政治法治化。政治关系是人们在社会生活中基于特定的利益要求而形成的以政治强制力量和权利分配为特征的社会关系。政治关系的一项重要内容是政治权利关系，政治权利是社会成员实现利益与分配的政治资格，是社会成员实现政治利益、公平分享政治资源的手段，包括自由权、平等权、参政权等。政治权利实际上反映着公民同国家的关系，要求体现国家意志的法律确保政治权利的实现和国家政治生活的良性运行，实现国家意志与人民意志的真正统一。政治关系的另一个重要内容是政治权力关系，包括执政党权力与社会公共权力的关系，中央权力与地方权力的关系，立法权、行政权、军事权、司法权之间的关系等，这些权利与权力关系都要经由法治框架下的法律机制才能加以协调与整合。

再次，政治法治化是政治发展历史的经验总结。法治是政治文明的外在标志，衡量政治的文明程度，区别政治文明与政治野蛮的界限，既可从正义、自由、平等的内在标准来展开，又应将之量化为具体明确的可以用规范加以评判的法律原理和准则，这就是法治制度和法治原则。法治以其特有的规范性和精细化为人类的政治进化与文明提供了确定不移的有效保障。政治文明萌生于法治的启蒙，而它的每一次发展都与法治水乳交融、如影随行：古希腊罗马法治观念的提出和法治原则的早期实践，催生了古代的政治文明；中世纪对法治的废弃和对人治的宠爱导致专制极权的政治野蛮统治；近代古典自由、平等、人权、法治的理念推动了社会变革与政治转型，出现了真正意义上的西方政治文明；而现代全球性政治格局的平等、和谐与法治化，是现代政治文明致力追求的普遍理想。所以，没有政治的法治化，就没有政治的文明化。

建设法治国家，实行政治法治化，最根本的就是要处理好党的领导、人民民主和依法治国三者之间的关系，使之协调一致并成为一个有机的结合体，从而促进政治文明建设的发展。具体表现为：

1. 政治法治化要求将政治价值上升为法律价值原则，实现政治价值的法定化。文明是政治价值的总体形态，而自由、平等、正义、人权是其具体形式。归纳起来，如果说秩序是政治文明与法治制度所共同具有的基本价值，那么正义则是它们的核心价值，而人权便成为终极理想与最高追求。政治法治化的实现有赖于文明的政治价值转变为国家的法律价值，并被确立为以宪法为核心的整个法律体系的最高价值。文明社会离不开秩序和规范，它不是恣意妄为的社会。政治文明既需要道德规范，但更需要法律规范。正如法国著名法学家狄骥所说："从整个社会规范来说，包括经济规范、道德规范和法律规范，而法律规范构成社会规范的最高部分。"[①] 把政治价值法定化，有利于保障和促进政治文明的进步。从价值理念上看，法治是人类理性的产物，真正的法治是政治文明的成果，是一种从传统中演生出来的政治生活态度和生活方式，是一种民主、公正、自由的政治文明秩序。"行法治，必倡人权。"[②]国家法治制度应当充分体现政治文明的基本价值并使之成为立法的根本指导思想、贯穿到具体的法律部门之中去。

法治与政治文明具有天然亲和力与不可分性，尤其是法治之法中的原则要素更是对政治文明具有前导性和根本性，因为，较之于法的规则、概念和技术性事项而言，法律原则作为法律发展过程中凝聚而成的稳定、综合的原理与准则的总和，具有调控范围的广域性、宏观性和价值功能的导向性、定位性，成为法治制度的灵魂。任何一种政治道德理念在进入法治领域时，总是首先通过作用于法律原则而非规则而发生作用的。只有被法律原则所接纳、引起了法律原则上的改变与完善，才能使之具体化为行为模式及其相应的法律后果、构成为法律上的可操作性规则。政治文明的价值思想与价值原则必须演化为法律上的法律价值，才能成为法的精神与支柱，

---

① 《西方法律思想史参考资料选编》，北京大学出版社 1993 年版，第 613 页。

② 汪习根：《法治社会的基本人权》，中国人民公安大学出版社 2002 年版，第 1 页。

为法治之良法奠定价值基础。所以，政治文明的法治化，首先是政治文明价值的法律化并内化为法律价值，引导全部法治实践活动。

2. 政治法治化要求构建文明的政治法律制度体系，实现政治载体尤其是政治制度的法治化。人民主权制度是我国政治制度的核心和基石，成为一系列具体政治制度的直接渊源。我国宪法第2条规定：中华人民共和国的一切权力属于人民。人民行使国家权力的机关是全国人民代表大会和地方各级人民代表大会。在这一制度下，人民群众在党的领导下通过各种途径和形式，管理国家事务、管理经济文化事业、管理社会事务。依法治国就是要使人民行使各项管理权利的途径和形式规范化、法律化，并为共产党的领导与执政提供法律资源与合法途径。而要构建文明的政治法律制度，必须完善人民代表大会制度。人大作为国家权力机关和立法机关，要制定出高质量的法律，必须使人大代表真正有权（有权力立法）、有能（有能力制定出高质量的法案），才能行使好职权——立法并监督行政和司法机关严格依法办事。同时我们也要理智地认识到，人民的权力机关放弃权力或是滥用权力也可能带来人治的后果，所以人民必须通过政治参与加强对人大的监督。政治参与表现为公民通过一定的方式和制度化渠道主动积极地影响政治的过程，是现代政治系统良好运作的必要条件，也是政治民主化的衡量标准之一。只有这样，才能真正体现人民当家作主的主体地位，揭示出权力的真正来源。既然找到了权力的源头，要制定法律（包括规定政治制度的法律在内），就必须尊重人民当家作主的宪法权利，处理好人民当家作主与依法治国的辩证关系。一方面表现在人民是依法治国的主体，人民当家作主是依法治国的政治前提，国家机关及其工作人员作为人民的"公仆"，只是受人民的委托和授权来依法管理国家事务的受治者而不应该成为治国的主体，即只能成为政治法治关系中的"受治者"而非"治者"；另一方面，法律规定了人民当家作主的基本途径和方式，规定了人民授权给国家机关并对其进行严格监督的基本途径和方式。依法治国是人民当家作主的制度化和法律化形态。人民当家作主的政治地位越巩固，依法治国越能得到实现；依法治国实施得越好，人民当家作主的政治地位越能够得到保障和加强。可以说，人民当家作主是依法治国的本质和目的，依法治国是人民当家作主的保障和方式，后者以前者为"里"，前者以后者为"表"，二者有机地结合在一起。

3. 政治法治化要求政治权力运行的法治化，实现立法权力、行政权力和司法权力的文明与法治化。制度意义上的法治是近代社会的产物，有法制不一定就有法治，已经成为一条历史的定理。非法治语境下的立法、行政与司法往往是混为一谈、没有约束与责任的，由于权力的高度集中与垄断而成为专制与人治的工具。在那里，根本就不可能存在真正意义上的文明政治。法治要求建立有限的、分立的、负责任的政府，当政治权力被划分为立法权、行政权和司法权后，法治文明才得以初现。此时，不仅要凭靠法治来理性地构建这三者之间的和谐宪政关系，而且这三者中每一种权力的内部关系也离不开法治的导航与指引。立法权力的文明是一切政治权力文明运行的前提，立法是为社会定纷止争、规划正义、配置权利的神圣事业，是人类迈入政治文明和法治门槛的第一步。法律究竟依据什么样的标准与手段去分配资源、利益与义务，直接制约着社会的文明与否和文明程度。所以，立法文明的第一要义是按照文明政治的正义要求理性地建构社会关系模式，实现分配的正义。同时，法律的内在道德与外在道德并非天然就能够统一起来的。对此，新自然法学派的代表富勒将法律的德性分解为内在的道德和外在的道德，前者指法律的良善价值与伦理诉求，后者指法律的形式合理性，包括普遍性、明确性、不矛盾、现实性、不溯及既往等，这些构成法治的原则。可见，法律规范系统内部的和谐与协调是立法文明的逻辑前提，法治文明在规范的创制上来源于立法的实质理性与形式理性的高度统一。我们知道，法是公平正义的守护神，如果说立法是为了分配正义，那么，行政就是为了管理正义，司法则是为了修复正义。当文明的立法制度得以创立之后，对正义的管理和修复比起对正义的分配来说就显得更为迫切。此时，倡导行政文明与司法文明便应当被放到头等重要的地位看待。因此，政治文明的法治化水平在法制制度层面表现为立法文明、行政文明与司法文明的建设进程与状态上。

4. 政治法治化要求实现执政方式的理性化与法治化，坚持党的领导和依法治国的辩证统一。政治法治化就是要实现人民民主的法律化、制度化，这就必然要求党的领导方式和执政方式也必须法律化、制度化、规范化和程序化。共产党是执政党，党的领导是政治原则、政治方向和重大决策诸方面的领导。党领导国家政治生活的实现方式，是将党的主张经法定程序变为国家意志，并由各级党组织和广大党员在贯彻执行党的意志的实践中充分发挥先锋模范作用尤其是运用法律的方式来加以完成。所谓国家意志，最重要、最根本的体现就是国家的法律。为什么要将党的主张经法定程序变为国家意志呢？因为，党组织和国家政权组织的性质、职能、活动方式不同，党的路线、方针、政策和纪律只在党内有约束力，在党外则没有直接的约束力。党的主张只有在经法定程序变为国家意志以后，才能在管理国家和社会事务的实际过程中发挥更加高效的作用。党采用这种领导方式就是在确立法律至上的法治理念基础上，使党的领导通过将党的主张转化为法律并为全社会普遍遵守从而得以实现。党的领导是中国政治的核心。国家法治化的核心问题就是党的领导的法治化，其中的关键在于党的执政方式的法治化：依法治国是党领导国家政治生活的基本方略，这个方略意味着党既然领导人民制定了作为人民根本利益和意志集中体现的法律，党就要以身作则地遵守法律，把党对国家政治生活的领导纳入到严格执行国家法律的轨道上来，在法律的范围内活动。也就是说，实现党的领导的法治化，就是把党的领导的职能、目标、内容以法律的形式明确化，而且通过法律制度把党的领导方式、手段、途径固定化。对依法治国的任何损害，从根本上来说，都是对党的领导的损害。而且，党对国家法律的尊重，本质上是对人民当家作主政治地位的尊重。把党的领导与依法治国的统一，建立在党的宗旨的基础上，建立在确保人民当家作主这个根本目的的基础上。如果不施行依法治国方略，党的领导和人民当家作主很难真正得以统一。显然，在党的领导、人民当家作主和依法治国的相互关系中，党的领导是前提，人民当家作主是核心，依法治国是保障，三者互相依赖，密切联系，共同构成了社会主义政治文明的完整内涵，而科学合理地实现它们之间的整合与调适是实现政治文明与政治法治化的根本出路。

第二节　政治文明法治化战略选择的根本出路

通过澄清政治文明与法治的相互关系，上文已经充分论证了政治文明法治化是当代政治文明建设的必由之路。然而，人类历史上存在多种法治模式，到底哪一种最适合政治文明建设呢？政治文明法治化建设的基本出发点与任务是什么呢？这些前提性问题，是政治文明法治化战略设计首先必须予以解决的，也是政治文明具体制度构建的基础。

一、人的实现：政治文明法治化的基本目标

在渊源上讲，政治文明法治化是为了促进人的全面发展与实现。政治就其最初意义而言，是有关公共事务的制度安排，是与私人事务相对的。人类之所以需要政治，之所以踊跃参与政治，是因为政治提供了人类自我实现的空间与领域。

人不仅是物质性的存在，同时也是精神性和文化性的存在，人需要的不仅是衣食住行等物质上的满足，更需要在自我实现的活动中感受到人的价值。"人不再生活在一个单纯的物理宇宙之中，而是生活在一个符号宇宙之中。语言、神话、艺术和宗教则是这个符号宇宙的各部分，它们是织成符号之间的不同丝线，是人类经验的交织之网。"① 语言、神话、历史等之所以能给人带来意义与价值，无疑和人类的公共交往以及政治活动密切联系在一起。政治组织和统帅除了拥有基本的管理本国政治、经济、社会、文化、外交等事务的权力外，还有一个重要的功能就是培养公民的归宿感和认同感，也就是公民对他们所处国家的语言、文化、传统、价值、思维习惯、民族精神等民族特性的认同。

从古希腊至今，政治活动对个体自我实现一直具有重要意义。

---

① ［德］恩斯特·卡西尔：《人论》，甘阳译，上海人民出版社 2004 年版，第 35 页。

在私人领域里，个体活动的结果都由自己来承担，难以对他人构成影响，因而其带来的快乐是短暂的；但在政治领域里，人类可以组织起来创造地球上前所未有的奇迹，或建立可流传百世的伟业，例如打赢一场战争或修建一个庞大的水利工程。不仅这些活动将永载史册，而且这些活动的参与者的内在品质也得到了世人的肯定。可以说，如果没有政治，人类历史上就没有英雄与自己实现的空间。在不同历史时期，能参与政治活动的主体范围不同，各主体所涉及的政治领域不同，政治领域的基本游戏规则也各不相同，这些区别导致了政治的文明程度不同。和政治不文明相比，政治文明意味着广泛的政治参与机会，公平的政治制度，高尚的政治理念，有序的政治行为与高效的政治自约。

在人类历史上，少数阶级或集团霸占政治资源，将社会上绝大多数人排除在政治活动之外的做法比比皆是。无论是世袭制、门阀制、贵族制还是种族歧视与种族清洗，一部分人在政治上毫无地位可言，完全沦为他人自我实现的工具。政治文明法治化意味着用法治方略来驯服政治的野性与冲动，使更多的人能参与政治过程，实现自己的政治抱负。政治文明法治化对人的实现的促进作用主要体现在：

首先，政治文明法治化确立人的主体地位。人之所以为人，并不是单纯的生物现象，而是政治现象。野蛮状态下的人仅仅是肉体上的人，而不是社会意义上或政治意义上的人。如果政治与法律没有确立人的主体资格，那么该生命可能是个奴隶、下等人、随从，但决不是有资格参与公共生活的人。法治通过公民资格理论与权利能力、行为能力等法律概念，实现了生命向人的转化。并通过宣告失踪、宣告死亡、精神病人、生理性醉酒人、无行为能力人等法律概念来实现对人的挑选，将那些暂时"不合格"的人排除在公共生活之外，并尽可能通过法律的人本理念和人性关怀来重新塑造健全的人格，实现对人的异化的超越，完成人的复归。

其次，政治文明法治化保障人的各项权利与自由。人在具有主体资格后，并不必然拥有幸福。个体幸福需要多种物质与精神条件为支撑，且不说取得这些条件需要费尽千辛万苦，在政治不文明的环境，人的现有生命、自有财产可能随时被剥夺。屠杀、抄家、充公、批斗、剥夺政治权利，政治的暴力完全可以有种种手段剥夺个体的幸福。政治文明法治化后通过肯定主体的权利、限制政治权力的范围、程度与程序，使主体拥有了安全与幸福，敢于大胆地去创造新生活，为主体人权的普遍实现奠定良好的基础。

最后，政治文明法治化为主体自我实现创造条件。主体的自我实现，不仅需要国家的消极不干预，还需要国家采取积极的政治行动来创造条件。如果不通过良好的组织起来的政治行动汇集众智与群力，许多危机与灾难足可以致个体于绝境。人类历史上，饥荒、传染病、自然灾害、战争层出不穷，但人们却一次次劫后再生，其中文明的政治制度的贡献功不可没，政治文明法治化在近几百年来的重要进展是通过将各种积极人权法治化，为主体自我实现创造了良好的条件。例如，义务教育立法，社会保障、社会福利与社会救济立法，等等。

二、权力规训：政治文明法治化的内在奥妙

（一）政治的核心在于权力

在近代以前，无论是中国还是西方，"政治"还只是一个道德范畴，指称的是一种道德品质①，政治学没有从伦理学中独立出来。真正将政治从道德的范畴中脱离出来，作为一种明确的政治理论，在近代则是从马基雅维里开始的。马基雅维里从权力、权势和权术的角度来揭示政治的本质，从而在历史上第一次实现了政治和道德的分离，在近代和现代的政治学流派中一直占有支配地位。②马基雅维里从人性恶的观点出发，认为君主为了夺取权力和维护自己的权力可以而且应当采取一切手段，在道德上是不必有任何顾忌的。政治是统治者不择手段地夺取权力和巩固权力的活动。③ 现代

---

① 参见宋惠昌等：《政治哲学》，中共中央党校出版社 2003 年版，第 3 页。
② 参见宋惠昌等：《政治哲学》，中共中央党校出版社 2003 年版，第 5 页。
③ 参见 [意] 尼科洛·马基雅维里：《君主论》，潘汉典译，商务印书馆 2004 年版，第 39~40 页。

西方行为主义学派也大多从权力的角度来解释政治的本质。美国政治学家拉斯维尔认为，"政治学是一门经验的科学，研究权力的形成和分享"，而"政治行为则是觊觎权力而采取的行为"。① 当代行为主义政治学派的代表人物、美国著名政治学家罗伯特·达尔也认为在政治这个范畴中，最重要的是"权力"，他说："权力概念是政治分析的中心。"② 当代我国的政治学研究者，也大多持这类观点。有的认为，政治是"上层建筑领域中各种权力主体维护自身利益的特定行为以及由此结成的特定关系"。③ 还有的人认为："狭义上讲，政治是人们为获取和保持公共权力而展开的活动和斗争；广义上讲，政治是公共权力作用于社会的目的、方式和后果。总之，政治就是社会公共权力产生、变更和运作的过程和结果。"④ 在马克思经典作家那里，对政治本质的分析则更进一步。马克思恩格斯认为："当阶级差别在发展进程中已经消失而全部生产集中在联合起来的个人的手里的时候，公共权力就失去政治性质。"⑤ 列宁也一再强调说："政治就是各阶级之间的斗争。"⑥ 在我国不同的历史时期，毛泽东、邓小平也多次向人们阐述阶级斗争的政治性质。当然，马克思主义经典作家强调了作为政治斗争的阶级斗争，其核心和实质是国家政权的问题。当代社会的现实生活也不断地证明了这样一个真理：政治问题总是以不同的形式与国家政权问题联系在一起。这一点对于我们今天来说，仍然具有现实意义。

权力构成政治的内核，"政治的核心是政治权力"，"无论是剥削阶级占统治地位的社会，还是人民掌握政权的社会，政治关系的

① ［美］达尔：《现代政治分析》，王沪宁译，上海译文出版社1987年版，第16页。
② ［美］达尔：《现代政治分析》，王沪宁译，上海译文出版社1987年版，第17～18页、第31页。
③ 《中国大百科全书·政治学卷》，中国大百科全书出版社1992年版，第482页。
④ 胡伟、唐贤兴：《论政治》，江西人民出版社1996年版，第17页。
⑤ 《马克思恩格斯选集》第1卷，人民出版社1995年版，第294页。
⑥ 《列宁选集》第4卷，人民出版社1995年版，第308页。

存在与解决，都是通过政治权力实现的"。① 既然政治的核心在于权力，那么，政治文明的核心当然就是权力文明，要实现政治文明，当务之急在于解决权力的文明问题，包括权力的创设、权力的规范、权力的运行与监控。而在现代社会，尽管不同制度模式下权力的属性不同，但至少在形式上讲，权力可以分解为立法权、行政权、司法权以及执政党的执政权力。所以，要实现政治文明，关键在于走出权力的混沌状态、使权力具体化为一个个权力形式并全部达到文明的境地，也就是实现立法权力的文明、行政权力的文明、司法权力的文明和执政权力的文明。简言之，政治文明必然要求立法文明、行政文明、司法文明和执政文明。

（二）权力规训的出路在于法治

政治文明法治化战略的基本出发点是权力规训，即对权力资源、权力主体和权力运行等加以约束、控制、规范和导引，以防止权力滥用，切实保障人权。权力具有主观性、扩张性、恣意性的特点。博登海默认为，"权力在社会关系中代表着能动而易变的原则。在权力未受到控制时，可以将它比作自由流动、高涨的能量，而其结果往往具有破坏性"②。一个拥有绝对权力的人总会试图将其意志毫无拘束地强加于那些为他所控制的人。法治社会中法律的基本作用之一就是约束和限制权力。在法律统治的地方，权力的自由行使受到了规则的控制，这些规则迫使掌权者按照一定的行为方式行使。在现实生活中，权力与法律极少以纯粹的形式出现，有时一国的宪法或一般性法律完全可能将一种绝对权力授予某一机构，因此，只有以良法面目出现的法治才是权力规训的出路。法治"与赤裸裸的权力所具有的那些侵略性、扩张性趋向大相径庭，因为它所寻求的乃是政治和社会领域中的妥协、和平与一致"③。但

---

① 王惠岩：《政治学原理》，高等教育出版社 2006 年版，第 6 页。

② ［美］博登海默：《法理学：法律哲学与法律方法》，邓正来译，中国政法大学出版社 2004 年版，第 373 页。

③ ［美］博登海默：《法理学：法律哲学与法律方法》，邓正来译，中国政法大学出版社 2004 年版，第 373 页。

究竟如何实现控制和制约权力？我们认为权力规训的主要内容有：

1. 权力法定。一切权力都必须纳入法治的轨道，即使是最纯洁的权力也不例外。"权力本身并无善恶，权力对社会的影响和作用关键在于掌权者。"① 权力的主体是人，权力的运行自始至终体现着人的意志。而由于人的认识和道德水平的限制，权力往往容易被滥用，从而给社会带来许多不利方面。因此，权力法定首先来自于对人性恶的忧虑。亚里士多德对人性不寄予厚望，他认为人若目无法律，无视正义，便是所有禽兽中最恶劣的一种。洛克认为，"谁认为绝对权力能够纯洁人们的气质和纠正人性的劣根性，只要读一下当代或其他任何时代的历史，就会相信适得其反"。② 孟德斯鸠说得更干脆，"一切有权力的人都容易滥用权力，这是万古不易的一条经验"。③ 对权力法定的另一个考虑是合法化问题。权力的取得和行使，仅仅有合法性和正当化的论证是不够的。只有用法律的形式将其固化，才能获得大众的内心遵从和持久的生命力。否则，即使是已经建立起来的制度也会凋敝。

一般来说，权力法定包含三方面的内容：一是权力取得的法治化。任何权力的取得，必需有合法化基础，未经法律授权的权力很难获得持久的生命力。这就需要依法产生国家机关，明确机构之间的权限分工，划定权力的范围，合理配置权力资源。这是权力运行的前提性条件。二是权力运行的法治化。即通过参与、听证、分化、审议、调查、建议、批评、程序设置等方式来控制权力的运行。这是权力法定的根本途径。三是权力矫正的法治化。即通过弹劾、罢免、否决、撤销乃至法律制裁的形式对滥用权力的行为予以矫正。这是权力运行后的一种责任追究和补救措施。这三个方面紧密联系，环环相扣，缺一不可。

---

① 李龙主编，汪习根执行主编：《法理学》，人民法院出版社、中国社会科学出版社 2003 年版，第 268 页。

② ［英］洛克：《政府论》（下篇），叶启芳等译，商务印书馆 2004 年版，第 56 页。

③ ［法］孟德斯鸠：《论法的精神》（上），张雁深译，商务印书馆 2004 年版，第 154 页。

2. 权力分化。"分化是指一定的结构或者功能在进化过程中演变成两个以上的组织或角色作用的过程。"① 权力分化不同于权力分立。权力分立指的是以权力来制约权力，而权力分化更重要的是通过一定的正当程序设置从内部过程实现权力的规范运作。如果说权力分立侧重从权力的外部来实现制约的话，那么权力分化则是侧重从权力内部来实现对权力运行的规制。权力之间的制约通常是一种事后的制约，而分化则是一种事中的制约。分化的内在机理在于：为了避免权力意志的专断，通过一定的程序设置，使权力的意志最终形成之前被分解为两个或两个以上的意志，在交涉和反思性整合中促成权力意志的形成。博登海默认为，"一个发达的法律制度经常会试图阻止压制性权力结构的出现，而它所依赖的一个重要手段便是通过在个人和群体中广泛分配权利以达到权力的分散和平衡"。② 权力分化要求充分尊重权力作用的对象——公众，并要求公众更多地参与分享权力的过程，而不只是被动地接受权力意志。根据施塔姆勒的观点，在权力行为过程中，尊重与参与的含义是：（1）决不应当使一个人的意志内容受制于任何他人的专断权力；（2）每一项法律要求都必须以这样一种方式提出，即承担义务的人仍可以保有其人格尊严；（3）不得专断地把法律共同体的成员排除出共同体；（4）只有在受法律影响的人可以保有其人格尊严的前提下，法律所授予的控制权力才能被认为是正当的。③ 通过公众分享权力并参与权力运作过程，实现对权力的分化，既是权力合法性的要求，也是实现权力法治的内在制度安排，更是避免权力专断的根本前提。

3. 权力有序。权力有序是从权力运行的程序化意义上解析权力达到文明境地的基本途径的。从法律学的角度来看，程序"主

---

① 季卫东：《法治秩序的建构》，中国政法大学出版社 1997 年版，第 16 页。

② ［美］博登海默：《法理学：法律哲学与法律方法》，邓正来译，中国政法大学出版社 2004 年版，第 373～374 页。

③ Cf Stammler, Theory of Justice, transl. by I. Husik (New York1925), pp. 161-163.

要体现为按照一定的顺序、方式和手续来作出决定的相互关系……
其普遍形态是：按照某种标准和条件来整理争论点，公平地听取各
方意见，在使当事人可以理解或者认可的情况下作出决定"。①对
权力的程序制约，是现代宪政的重要原则和发展趋势。美国的宪政
制度比较彻底地贯彻了权力分立原则，无论是横向的立法、行政、
司法三权分立，还是纵向的联邦、州、地方政权的权力分立，都是
西方国家的典范。权力分立的原始意图在于对权力进行制约即以权
力制约权力。对权力如何制约呢？除了用宪法详细规定各种权力的
范围并使各种权力行使者之间相互制约外，美国宪法还确立了以程
序制约权力的原则，即不论何种权力的行使都必须遵循正当法律程
序。② 甚至有人认为，"在对各种可能的选择谨慎地加以权衡之后
精雕细刻出的程序，是保证一个文明社会认为值得保护的所有不同
权利最大限度地实现的唯一方法"。③ 正当法律程序的思想起源于
英国古老的自然公正（natural justice）原则。自然公正的思想包括
两方面的内容：一是任何人不能审理自己或与自己有利害关系的案
件，即我们今天所说的任何人都不能成为自己案件的法官。二是任
何一方的诉词都要被听取，也就是当行使权力的一方可能使他人受
到不利影响时，必须听取对方意见，因为每个人都有为自己辩护和
防卫的权利。社会的每一个成员都应当是一种目的本身，而不应当
被当作他人主观专断意志的对象。任何人都不得仅仅把他人当作实
现自己目的的手段。"通过尊重他人来控制自己的欲望，而且他人
也严格这样行事：这就必须被认为是实现上述社会理想的一条原
则。"④ 由此看来，正当程序对控制权力的恣意有着不可替代的作
用。因此，加强正当法律程序建设，是从根本上实现权力法治化的

---

① 季卫东：《法治秩序的建构》，中国政法大学出版社 1997 年版，第 12
页。

② 参见吕世伦：《当代西方理论法学研究》，中国人民公安大学出版社
1997 年版，第 246～247 页。

③ ［美］卡尔·J. 弗里德里希：《超验正义：宪政的宗教之维》，周勇等
译，三联书店 1997 年版，第 107 页。

④ Stammler, Theory of Justice, transl. by I. Husik（New York1925），p. 162.

途径。

如果说权力分立为权力的行使划定了范围，那么正当法律程序则是权力行使的边界或底线。正当法律程序是对权力的有效与有序性制约，是对权利的最低限度的保障。可见，应该在宪法和法律中确立正当法律程序原则，构建一套完整、合理的实施制度，为权力的行使划定一个边界或底线。惟其如此，人的基本权利和自由才能得到有效的保障。

4. 权力约束。对权力的约束，主要指通过公民政治主体意识、权利意识和公民社会的构造，形成一种控制与监督国家权力的力量，在两者之间形成良性互动的关系，并通过这一关系模式的运行来保证权力始终具有合法性。尽管立宪国家的宪法和法律赋予公民对权力的制约权利，但很显然，权力的执掌者与公民之间是一种支配与被支配、命令与服从的关系，其地位具有不对等性①，要实现对权力的监督何其难也！笔者以为，对权力监督制约的关键在于公民自身主体意识、权利意识的提高。现代民主政治的经验事实表明，在现代法治社会条件下，社会一般成员即每一个个体人的政治主体意识和权利意识的自觉程度，是实现现代民主政治和政治文明的必要条件。没有社会一般成员广泛介入的政治参与和政治监督，要实现对政治权力的有效制约是不可能的。

现代政治学理论将政治主体分为两个层面：一是"政治权力主体"，一是"社会政治主体"。②"政治权力主体"是对政治主体的一种狭义的理解。这类政治主体基于其特殊的政治角色规定，在政治过程中处于主导地位，对于其政治行为所涉及的对象具有支配力。这种意义上的政治主体主要包括最高统治集团和政府官员，以及在政治权力运作中处于执政主导地位的政党或政治集团。换言之，政治权力主体指的是政治系统中的掌权者，相对政治制度、政

①　参见李龙主编：《依法治国：邓小平法制思想研究》，江西人民出版社1998年版，第204~205页。

②　葛荃：《政治主体思维的缺失与重构——关于建构当代中国政治哲学的一个思路》，载《中国人民大学学报》2003年第5期。

治设施和政治输入输出过程而言，他们的主体地位和支配作用是显而易见的。"社会政治主体"是从广泛意义上对政治主体的一种理解，指的是一般社会成员，也就是具有一定的政治认知、具备政治人格和政治参与意识的人。从现代法治社会的角度看，社会政治主体对于自身的权利和义务应当具有相当明确的自觉。这种意义上的政治主体的具体表现形式是多种多样的，包括个体的公民、群体的社会政治组织，等等，诸如政党或利益集团组织。概言之，社会政治主体指的是政治系统中的人，正是由于人在政治系统中的主体地位，以及基于人而形成的政治关系，我们所理解的政治，诸如阶级、政体、政治行为和政治运作等才有意义。需要注意的是，在实际社会政治生活中，在人类社会的演进过程中，社会政治主体与政治权力主体的关系是相互影响和辩证发展的。"在现实的政治过程中，各种政治关系是交错的，因而政治主体与政治客体的地位也是交错地存在着的。同一政治主体在这一政治关系中是主体，而同时在另一种政治关系中又是客体。而且在实际政治过程中，同一政治关系模式中主体和客体也是可逆的。"① 在现代社会，社会政治主体的权利意识和实际政治行为的彰显与强化，使得相对于政治权力主体的政治客体即其支配的对象物的存在境况具有了不容漠视的相对性，因而使得社会政治主体在其主客体重叠运作的过程中，对于政治权力主体的制约或限制明显增强。于是，政治体制的现代化民主性质才会有所保障，政治民主化、文明化的程度也将不断提升。

三、公法法治：政治文明法治化的规范依据

人类法治模式不尽一致，但依据公法与私法在法治中地位的高低可划分为公法法治与私法法治两类②，前者侧重公法，认为主要

---

① 李景鹏：《权力政治学》，黑龙江教育出版社 1995 年版，第 22 页。

② 公私法的划分是法律史上的经典问题，几千年来，对于公私法划分的标准与依据，众多法学家提供了数不清的理论与学说，甚至还有法学家以为随着社会法的兴起，公私法划分标准已经失效。本文无意总结历史上有关的公私法论战的相关文献，主要针对当代中国法学界就如何构建法治的两种学说"公法法治论"与"私法法治论"展开论述。

应通过规范公共权力之间与公共权力和个体权利之间的相互关系实现法治，后者侧重私法，认为应通过促进公民的权利意识与权利行为来实现法治。

厘定"公法法治论"与"私法优位论"的区别①，是政治文明法治化建设的基本出发点。笔者曾明确提出和主张"公法法治"，认为公法法治是政治文明法治化的路径与依托。当然，主张公法法治不是排斥或否定私法在法治中的地位与作用，而仅仅是强调，在进行政治文明法治化建设时，首要任务是合理地配置公共权力，协调它们的相互关系，确保它们的良性运行，以尽快地确立政治文明法治化的基本结构与框架。

私法优位论者往往通过强调市民社会的自主性与独立性来否定政治国家的主导性，或者通过主张自生自发规则的正当性来论证私法的优先性。

市民社会理论作为分析国家与社会相互关系的流行范式，具有一定的合理性。但它并不是什么万灵药，它具有极强的针对性和特定的存在背景，往往随具体国情的变化而呈现出不同的特征与性质，不同地区的不同学者提出了不同的"国家和市民社会"模式。因此，简单运用二分模式难以真正认识和把握中国国家与社会的本质。② 有学者先入为主地认为私法体现了普遍的行为规则，因而具有天生的正当性。例如，哈耶克曾经明确指出，"普遍的正当行为规则与政府组织规则之间的区别，同私法（private law）与公法（public law）之间的区别紧密相关，有时候前者还明显等同于后者。综上所述，我们可以用这样一句话来概括：经由立法之方法而

---

① 代表性研究成果为，汪习根：《公法法治论》，载《中国法学》2003 年第 3 期；汪习根：《论法治社会私法的非优位性——对公、私法定位的再反思》，载《华中师范大学学报》2003 年第 1 期；罗豪才等：《和谐社会的公法建构》载《中国法学》2004 年第 6 期；王利明等：《论"和谐社会"的私法构建》，载《河北法学》2006 年第 2 期。

② 参见黄宗智：《中国的"公共领域"与"市民社会"》，载邓正来主编：《国家与市民社会》，上海人民出版社 2006 年版，第 406～426 页。

制定出来的法律主要是公法"。①国内也有学者认为，公法由于和意识形态联系密切，容易被政治强力所扭曲或改变，但私法"更多地依从于人类的普遍理性、世俗情感、民族习俗和习惯，它是一国甚至多国人们世代相依的生产、生活与交往规则"，具有发展的稳定性和绵延性。②

发展理论和实践表明，后发达国家的中央政府在现代化进程中起着异常重要的作用。二战结束后，一些亚非拉后发达国家为了摆脱殖民统治实现民族振兴，积极探索社会发展的有效途径。这些国家的市民阶层在中央集权政治之下长期以来一直没有走上相对独立与自由的发展道路，其内部的自治和理性化程度很差，因而在市民社会刚刚发育的初始阶段，迫切需要外部的力量来帮助它逐步走上一条理性化的道路。因此，市民社会和国家之间不是完全异质，它们之间也就不再是此消彼长、你死我活的关系。国家并不一定追逐着和市民阶层的理想完全背道而驰的、落后的、封建主义的经济制度或社会理想，一些成功的后发达现代化国家或地区（日本、韩国、新加坡等）的经验表明，国家以正当的方式出面干预对后发达现代化国家的市民社会的成长及理性化是可以发挥巨大的积极作用的。实践证明，当代中国通过一系列的法律去影响、改变传统社会制度，取得了巨大成就。"当代制度转型的一个根本特征，即是国家在转型过程中发挥着关键性的作用"③，而市民社会在向现实的政治力量靠拢的过程中失去了自主性。从"红顶商人胡雪岩"到改革开放初期个体、私营经济纷纷挂靠事业单位争戴"红帽子"，我国市民社会倾向于与国家力量合作或妥协。可见，市民阶层在我国并不一定必然代表着合理和正确的方向，相反，它可能容易与某种腐败成分相互勾结并妨碍市民社会走向自治。放任市民社

---

① ［英］哈耶克：《法律、立法与自由》第 1 卷，邓正来译，中国大百科全书出版社 2000 年版，第 208 页。

② 参见危玉妹：《"私法优位"的"人本"解读》，载《中共福建省委党校学报》2004 年第 1 期。

③ 李路路：《制度转型与分层结构的变迁——阶层相对关系模式的"双重再生产"》，载《中国社会科学》2002 年第 6 期。

会的自由发展不仅会进一步加剧市民社会本身容易带来的非理性化，还可能导致市民社会内部不公平竞争加剧，贫富差距和两极分化进一步扩大，最终会严重妨碍市场经济与民主法治的发展。尽管中国的改革有自生自发的一面，但同时无可否认的是，中国必须依靠国家力量为主导，作出相当幅度的社会结构性调整，以容纳和推进现代化的发展。

"国家与社会"范式的前提就是假定存在着独立于国家的市民社会，并由这个独立的市民社会决定了"国家与市民社会"的关系。也就是说，不是"国家与市民社会"的关系决定了"国家是什么"和"市民社会是什么"，而是"市民社会是什么"决定了"国家与市民社会的关系是什么"，进而决定了"国家是什么"。"在国家与市民社会，甚至在更宽泛的国家与社会的关系中，人们总是倾向于将市民社会看作是正面的、积极的事物，而将国家看作是负面的、消极的、需要遏制和克服的对象。"① 因此，"用市民社会来规定国家"就是"国家与市民社会"关系的政治实质。② 当权利相对权力有不证自明的合法性，当权利的增长和范围的扩大被毫无疑问视为是社会的进步时，权力范围的缩小被认为是专制和暴政逐渐离我们远去，这实际上是将市民社会置于国家之上，是一种矫枉过正。

相对于政治活动与公共权力的暴力性与主动性，个体权利的实现过程往往具有程序性与被动性。尽管某些个体权利非常重要，但它能否得以保障与救济，往往取决于是否存在强大的良性运转的公法制度。权利是市民社会的呼声，在其旁边还有国家的呐喊。并不是一种诉求打着权利的旗号就值得提倡，就自然获得了合法性。由于权利意味着利益、资格、主张和自由，权利的扩张可能给我们带来种种益处。但我们在尽情享受权利的同时，可能容易忽略权利是

---

① 王小章：《国家、市民社会与公民权利——兼评我国近年来的市民社会话语》，载《社会学》2003 年第 12 期。

② 参见强世功：《法制与治理：国家转型中的法律》，中国政法大学出版社2003 年版，序言第 8 页。

需要成本的。当个人享有的权利越来越多，当社会权利有效地对国家权力进行制约，国家权力滥用现象可能会受到控制，其履行公共职能的能力同样也会减弱，甚至难以为市民社会有效运行创造良好条件，进而导致权利的失落。有学者把公法与公共权力滥用和限制个体权利联系在一起，认为强调公法法治容易导致公共权力对个体权利与社会生活的干预和控制，这是对公法职能与特性的重大误解。之所以个体权利受到侵犯，不是由于公法太强，恰恰相反，是公法太弱而无力规制公权力的滥用。伴随着当代中国社会转型的是国家基本制度与法律体系的变革以及个体权利观念的升华和社会思想道德观念以及文化传统的重建。由于缺乏成熟的公民文化与权利文化的支持，公民的权利行为往往具有消极性，一些公民更愿意通过非法律途径解决纠纷，甚至为了眼前利益而不惜牺牲权利。仅依靠这些并未在公民心目中获得神圣地位的权利观念，无力限制公共权力，更无法支撑法治的大厦。

不可否认有时毫无约束的政治活动容易带来种种罪恶，但是政治文明建设本身是对人类政治活动在拓展人类自由方面积极作用的肯定，政治文明法治化战略就是寄希望通过法治来净化政治，这首先有赖公法的积极作用。公法不仅是授权法，更是控权法。公法发达之处，往往都是公权力有序运行之地和政治文明之境。有学者通过比较法国大革命中所表现出来的宪法的变动性与民法的稳定性，认为现代人对政治活动的疏远和冷漠感是公法衰落的主要原因，在古希腊和罗马，政治活动相对私人活动具有不言而喻的优先性与正当性。然而，"进入近代以来，家庭生活经过充分的发展，变成了一个越来越为人重视的私人空间，而公共领域已经转变为一个非常有限的政府"①，私法的发达，也许有助于构建繁荣的市场，但为了逆转人们对政治活动的敌意，阻止政治领域的衰落，在实施政治文明法治化战略时，我们应当注重公法建设。

政治文明法治化的基本要求是规训权力，依法治国在一定意义

① 刘澄：《日常生活与公共生活——以法国大革命期间民法的稳定性与宪法的变动性为例》，载《书屋》2002 年第 6 期。

上就是依法治"权"。而国家权力之治与被治，又是一个对立统一的过程。一方面，任何社会离不开"权力之治"，法治下的法律之治绝非虚妄的幻想，是因为它以权力为寄托和载体，将法律的理性渗透进权力之中，驱使权力对法律加以认可和信守，从而奉行法律之下的权力之治。另一方面，"权力的被治"即对权力的依法制约，这是对权力的善恶两面性进行深刻反思的结果，并非是要彻底打倒国家、否定权力。相反，正是基于对权力的信任与理性希望才设计出如此制度，以抑制权力之恶性发扬权力之善性，构建理想的法治秩序。

　　为此，在构建政治文明法治系统时，应当以人权保障为始点和终点，以权利与权力的互动为纽带，着力提升规范立法权、司法权和行政权以及政党权力之法律规范的文明程度，加强公法建设，实现立法文明、司法文明、行政文明和执政文明的良性互动。

第三节　政治文明法治化战略选择的目标定位

　　政治文明法治化是一个系统而全面的工程，其中，我们首先需要解决的问题是如何明确战略目标定位。何谓战略目标定位？战略目标是一个管理学中的名词，是战略管理的重要环节，是指预设的评价绩效的衡量指标。所谓政治文明法治化的战略目标定位，是指人类为政治文明法治化所设定的目标以及运用这些目标来衡量和评价政治文明法治化的绩效。简而言之，政治文明法治化的战略目标定位就是指政治文明法治化所要追求的价值状态。推进政治文明建设的法治化，必须认清其战略目标定位的必要性、立足点与目标价值。

一、政治文明法治化战略选择目标定位的价值功能

　　探讨政治文明法治化的战略目标定位，所要回答的是政治文明法治化的利益性、合理性和效应性的价值问题。那么，为什么我们要从应然的角度来探讨政治文明法治化呢？具体来说，政治文明法治化的战略目标定位的必要性体现为以下几个方面：

（一）确立政治文明法治化的基本方向

依法治国、建设社会主义法治国家是我国的基本治国方略，因而，通过法治来建设政治文明是我国现阶段发展社会主义民主政治的现实要求，是依法治国的必然结果。然而，我国现阶段政治权力法治化的建设还刚刚起步，人们往往抱着"多谈点问题，少谈点主义"的心态来进行制度建设，而且从事实的角度来看，通过法治来建设政治文明更多的是一个现代社会的治理技术问题，而不是一个价值问题。因此，现阶段人们更为关注的是事实层面的技术问题，即如何通过法治来推动、建设社会主义政治文明。其实，我们更应当追根溯源地去思考政治文明法治化的战略目标定位这一应然层面的问题。

更进一步来说，由于近代以来的法治天然地与价值判断问题保持了一定距离，这可能使人们很容易忽视"政治文明法治化"进程中的战略目标定位这一价值层面的问题。首先，从根本上来说，近代以来兴起于西方国家的法治传统是一种基于形式理性化规则的统治，在其中法律通过一套由系统性的规则支配的法律体系以及根据这种法律所作的形式推理构成了"自我指涉"，从而获得了内在的独立自主性，最终使得法律具有独立于政治、经济、伦理和功利的自治性和中立性。这种建立在"价值无涉"基础之上的形式理性化规则统治的内在逻辑是在一个价值日益分化和多元的社会里，由于"公说公有理，婆说婆有理"，因而任何道德伦理和价值判断都是靠不住的，我们唯一可以信赖的是作为现实的法律规范体系。其次，按照法治的逻辑，政治权力和政治意识形态很容易利用价值问题来控制法律实践，从而使法律丧失其独立性和自主性。所以，应该通过各种程序技术来尽量保证法治的形式化和普遍性，这就使得法治天然地对价值判断这类实质问题保持一份警惕和距离。最后，众所周知，法治事业是一项与实践关系密切的活动，无论是法律教育还是司法实践所培养的都是与实践密切相关的职业能力和职业精神，因此，法治事业还天然具有"形而下"的品质。这样一来，法治建设并不太关注那些"形而上"层面的价值问题。

可见，无论是现实中的政治文明法治化建设，还是建设政治文明的途径——法治——的内在品性，都是一个显得远离价值判断的技术层面的问题。关注技术层面的制度建设当然具有重要的现实意义，需要大力提倡和开拓。因为政治文明法治化建设所面对的是一个复杂的社会，必须要用复杂的技术来面对，离开这些具体的技术根本不可能实现政治文明法治化。

但是，这种思路也存在着重大缺陷，即缺乏对一个隐含的法哲学前提的反思的能力，这就是"既定的政治法律安排和社会现实是否是正义的"。现实的政治实践和法治实践告诉我们，如果缺乏一个后设的价值原则作为指导，政治文明法治化有可能偏离制度设计者的初衷，最终演变成为不公正的政治制度。认识到这一点，在"政治文明建设"这一议题中更有意义，因为在政治问题上，我们更需要祛除价值虚无主义的阴影。现代国家即使单凭技术统治也得依靠某种精神性的东西，否则国家权力最终只会沦为一种技术和手段，或者是实现形形色色社会目标的工具，或者是一个中立、非政治化的人权保护机构和发展经济的管理机构。这最终要么可能会使得国家权力成为赤裸裸的暴力工具从而威胁个人自由，要么导致国家脱离价值和道德判断从而陷入相对主义和虚无主义的泥潭，沦为无视自己现实政治处境和没有政治决断力的法律秩序。所以，价值考虑是根本性的、前涉性的，正如德沃金所言，"法律的帝国是由态度来界定，而不是由领土、权力或过程"。① 因此，政治文明法治化的战略目标定位解决的是政治文明法治化的方向问题，一旦我们把握了目标定位，我们就把握了前行的方向，我们就能够使复杂的技术运用服从于政治理性、政治民主、政治和谐和政治正义等一系列政治原则，从而将政治文明法治化与政治原则结合起来，用其来为程序性的法律技术奠定牢靠的正当性基础。只有这样，我们才能将可靠的法律技术和政治原则的激情结合起来，并且在两者之间找到平衡，既克服法律技术的虚无主义，又克服过分关注价值的浪漫主义。

---

① ［美］德沃金：《法律帝国》，李冠宜译，中国大百科全书出版社 2002 年版，第 420 页。

（二）评估政治文明法治化进程绩效

价值判断源于人们的评价活动，它是评价者依据自己内心的标准，对评价对象是否符合他的需要和喜好，以及多大程度上符合他的需要和喜好，所做出的一种判断。在这一判断过程中主体和客体之间是互动的，共融的。所以，政治文明法治化的战略目标定位不仅是政治文明法治化所欲实现的价值目标，而且反过来，该价值目标还是评价和衡量政治文明法治化绩效的指标。政治文明法治化是一个系统工程，它不仅仅是一个单纯政治技术层面的问题，而且还是一个价值判断的问题。因此，我们评价政治文明法治化的时候，不仅要从制度建设来评价，还要从价值层面来衡量其绩效。

那么，我们所设定的战略目标从哪些方面衡量政治文明法治化的进程呢？具体来说，根据政治文明的几个表现层次，我们认为应该从以下几个方面来衡量一国政治文明成功与否。

首先，它是评价政治意识法治化的标准。所谓政治意识法治化，就是政治主体在政治运作、政治参与的过程中树立法律至上、权力制约、权利保障的法治精神。评价一国政治文明法治化是否成功，我们首先需要看该国政治意识法治化的程度是否达到了一定水平。近代以来的法治理论与实践诞生于17世纪以来的一种主流政治法律理论。这种政治法律理论的核心精神是，自然权利如生命权、财产权是国家建立的前提和基础，基于保障自然权利的共识，人们订立社会契约并将自己的一部分自然权利让渡给国家。在这种社会契约的假设中，国家权力被认为是自然权利的天然敌人，因此，必须通过自由主义法治来限制国家权力，保障公民权利。可见，限制国家权力，保障公民权利是现代法治的核心精神。这一精神在"政治文明法治化"这一主题中尤为明显，从根本上说，政治文明法治化所要解决的首要问题就是限制政治权力，进而保障人权。所以，在设定政治文明法治化的战略目标的时候，限制国家权力，保障公民权利成为一个首当其冲的考虑。如此一来，政治评价一国政治意识是否法治化基本上取决于该政治意识是否以限制国家权力保障公民权利为主旨。

其次，它是评价政治制度法治化的标准。政治制度是指社会政治领域中要求政治实体遵行的各类准则或规范，它是政治有序运作的制度构架，它约束着社会政治生活和人们的政治行为，是一国政治秩序的保障。根据法治的内在要求和政治文明建设的目标，我们认为，评价政治制度法治化的基本标准是：

第一，安定的政治秩序是评价政治制度法治化的首要标准。所谓秩序，是指在自然进程和社会进程中所存在着的某种程度的一致性、连续性和确定性。历史表明，凡是人类建立了政治社会的地方，他们都曾力图防止出现不可控制的混乱现象，也曾试图确立某种适于生存的秩序形式。尽管秩序是自然界和人类所欲求的稳定性、连续性、一致性、可预测性的状态，但是，秩序并不会在社会中自然而然地确立。一方面，人类是有情感的，情感的冲动常常会破坏有序的状态；另一方面，社会中不可避免地会有着利益的冲突。所以，要使社会保持一定的秩序就需要一套具有确定性和稳定性并且有一定强制力的制度。这样一来，我们衡量一国政治制度法治化的程度，首要的就是看该国政治制度是否具有长远性、稳定性、全局性，要看该政治制度是否真正能规范政治生活和社会生活，能否真正防止社会失序和政治失范。

第二，人权保障是评价政治制度法治化的终极标准。人权，从应然的角度看是指人作为人应该享有的权利；从法律角度看，它是一种被规范强制保护的权利；从现实的层面看，它又是一种实在的权利。总之，人权是指在一定的社会历史条件下每个人按其本质和尊严享有或应该享有的基本权利。一般来说，一个良好的政治秩序并不能只追求秩序的价值，事实证明，很多政治制度声称是保护人们的安全和社会秩序，但是它却利用人们对安全和秩序的需要来侵害公民个人权利。从这个角度看，秩序和人权是两种既相互关联又常常会发生冲突的评价标准。我们认为，应该强调人权的优先性。因为一个专制的政治制度可能会是安全的，但是它的安全往往以牺牲个人权利为代价的，从根本上来说，这种政治制度并不是一种良好的制度设计。所以，衡量一个国家政治制度法治化的程度高低，还需要以人权作为最终的评价尺度。

第三，程序化是评价政治制度法治化的形式标准。政治制度的程序化是指，政治主体按照一定的步骤、顺序、方式和时限来行使政治权力。对于政治制度来说，程序具有非常重要的意义。程序具有工具价值，它能够推进政治制度本身所欲推进的秩序和人权保障等实体目标；程序还有其内在价值，程序本身所强调的当事者参与、尊重个人隐私、公平性、公开性以及及时性和终结性等也许对促进实体结果没有什么帮助，但是，这些要求本身就是一种价值，它体现了对当事者的尊重，使正义在一种看得见的方式下被实现。正当程序是法治的内在要求，政治文明法治化必然提出程序方面的要求，所以，程序是衡量政治制度建设法治化程度的重要标准。

最后，它是评价政治行为法治化的标准。政治行为法治化是政治文明法治化三维结构中的最后一个层次，但也是最重要的一个层次。如果仅仅有政治意识的法治化和政治制度的法治化，而在实践中不能落实的话，那么政治意识再好也只会成为空洞的乌托邦，政治制度再好也只能成为束之高阁的条条框框。因此，我们不仅要用政治建设法治化的战略目标来评价政治意识法治化和政治制度法治化之外，我们还要进一步评价政治行为法治化。

具体来说，评价一国政治主体政治行为法治化程度需要从以下几个层面来进行：首先，要衡量政治权力产生的法治化程度。行为是一个连续的动态过程，行为的合法性首先是行为起点和渊源的合法性。任何政治权力都不是凭空产生的，为了论证政治权力的合法性，古往今来，人们发明各种论证方案，如君权神授、权力世袭，等等。但是，根据现代民主法治国家的人民主权原则，现代民主国家的政治权力无一例外地是来自于人民的授权。因此，人民民主是政治权力产生的基础，评价一国政治权力合法与否的首要标准就是要看该政治权力是否来自人民。其次，文明的政治行为不仅要求权力行为在起点和渊源上具有合法性，而且还要求该政治权力不是没有边界的，应当设定权力存在的边界。那么权力的边界在哪里呢？我们认为，权力的边界就在于权利开始的地方。所以，评价政治行为的法治化程度还要考察该政治行为是否止步于公民权利。也就是说只有法律明文规定的属于权力领地的，权力才能出场，在法律没有规定的空白地带均由公民保留。最后，文明的政治行为还要求权力主体约束的法治化。任何政治权力都是由特定的权力主体来行使，如何约束权力主体就成为制约权力的关键。因此，评价政治行为法治化的程度还需要考察行使政治权力的主体在资格赋予、产生途径、行为方式等方面是否都受到法律的制约和检验。

二、政治文明法治化战略选择目标定位的理论基础

（一）政治文明法治化战略目标定位的经验探寻

法治是一个衍生自西方文明的文化传统。通过考察西方文明演进的历史，我们可以发现：一部政治文明的历史就是一部法治的历史。法治随着政治文明的产生而产生，随着政治文明的进步而进步。同理，政治文明也是与法治如影随形、相生相伴的。

1. 古希腊城邦政治文明与西方法治传统的萌芽

古代希腊的政治文明主要是指雅典城邦政治模式。古代希腊是一个由数百个城邦组成的地区，在其中雅典城邦占据重要的地位，其他城邦在人口、实力、影响、财富、艺术、文学等方面都只能望其项背，以至于后世常常将雅典视为希腊的同义语。雅典的城邦政治文明始于公元前 594 年的梭伦立法，此举奠定了雅典民主政治体制的基础；公元前 506 年的雅典会议最终确立了雅典的民主体制；随后的希波战争使得雅典成为整个希腊的政治、军事与文化中心。① 雅典城邦政治的辉煌不仅成就了古代希腊的政治文明，也孕育了西方古典法治传统。

作为西方历史的第一位政治哲人，柏拉图最初并不主张法治，在《理想国》这本充满理想色彩的著作中，他主张人治才是最好的统治方式。他希望他的理想国是一个依靠最出色的人的自由智慧来管理，而不是依靠法律，因为法律由于其一般性而不可能明智地在所有无限复杂的具体情况下确定何者是正当的，因此，只有在现场的智者才能正确决定在当下的具体情况中什么是正当的。但是，现实政治的实践使得柏拉图改变了自己的想法。由于试图在西西里

---

① 参见张乃根：《西方法哲学史纲》，中国政法大学出版社 1993 年版，第 8 页。

岛的锡拉古城建立理想国的失败所造成的影响，柏拉图在生命的最后十年，开始从人治转向法治。尽管他仍然坚持人治是最好的统治方式，但是这种具有最高才智而且不会作出错误判断的人很难找到，所以法治仍不失为第二等好的统治方式。① 如果说柏拉图充满了理想主义气质的话，那么目睹了雅典城邦衰落的亚里士多德则十分冷静地面对着政治现实，客观地提出了他的法治理论。亚里士多德反对人治，他认为法治优于人治，他说，"让一个人来统治，这就在政治中混入了兽性的因素"。此外，他还提出了闻名于后世的法治两层含义："已经成立法律获得普遍的服从，而大家所服从的法律又应该是制定得良好的法律。"②

古代罗马的政治文明是指公元前 3 世纪至公元 1 世纪的罗马共和国。罗马的共和制度是古代罗马留给我们最伟大的政治遗产，其中具有君主特质的执政官、代表人民意志的平民和代表贵族智慧的元老院共同分享着政治权力，形成了为后世称道的混合均衡政体。伴随罗马共和国在政治上高度文明的是罗马在法律上所取得的进步和发展。有关法治的最初同时也是最好的论述见于西塞罗的一份著名辩护词中，他说道："在一个以法律为根基的国度，弃法律于不顾的行径将会是更大的耻辱。因为法律是维系个人在共同体中的利益的纽带，是我们得享自由的基础……总而言之，我们遵守法律，是因为法律赋予了我们自由。"③ 可见，西塞罗立场坚定地主张了法律至上的观念。此外，同雅典城邦相比，罗马共和国还超越希腊政治文明中的狭隘城邦气息，充满了平等主义的精神，这一点也体现在罗马人的法治观念上。由于深受斯多葛普世主义影响，西塞罗旗帜鲜明地反对特权，提出"我们的先辈为后世立下了值得我们尊敬的规则：他们禁止制定针对个人的法律，因为这样的法律其实

---

① 参见张乃根：《西方法哲学史纲》，中国政法大学出版社 1993 年版，第一章。
② 张乃根：《西方法哲学史纲》，中国政法大学出版社 1993 年版，第 45 ~ 46 页。
③ ［爱尔兰］J. M. 凯利著：《西方法律思想史》，王笑红译，汪庆华校，法律出版社 2002 年版，第 67 页。

就是特权主义的体现。还有什么比这样的法律更不公正的吗？因为
法律为所有人而颁布和制定正是法律的观念"。①此外，在罗马共和
国中还诞生了一批具有相对独立性的法律家阶层。他们专门解答法
律问题、传授法庭技巧、研究法律原则，而他们对法律所作的解释
最终形成了一套关于法律的知识体系，这就是"法律科学"。法律
科学是罗马人对西方法治传统作出的最重要的贡献，它使法律成为
西方文明中的重要组成部分，甚至是核心部分。

　　值得一提的是，古代希腊和罗马的城邦政治仅仅是西方法治传
统的萌芽。这一方面是因为在城邦政治中只有少数人才能参与到政
治中来，法治所要求的平等精神还未形成。另一方面是因为在城邦
政治中充满了公民积极参与政治生活，分享统治权力的公民自治精
神，而个人在私人生活领域的自由并没有受到重视，法治所要求的
个人权利意识也尚未形成。所以，尽管古代希腊和罗马的城邦政
治、规则之治已经达成共识，但现代意义上的法治并没有形成，毕
竟属于它的现代政治文明还没有到来。

　　2. 中世纪的宗教政治文明与现代法治的起源

　　在此，我们所说的中世纪是一个宽泛的时间概念，它是指从西
罗马帝国结束到以文艺复兴、地理大发现和宗教改革为标志的大约
1000 年的一段时间。一般来说，人们往往把这漫长的一千年分为
三个阶段。第一个阶段始于罗马帝国晚期止于公元 1100 年；第二
个阶段始于 1100 年止于 1350 年；第三个阶段始于 1350 年终于
1600 年。下面我们分别看看这三个不同时期的政治发展状况，从
中探寻西方法治传统的踪迹。

　　在第一个阶段里，罗马正式分裂为东西两部分，与此同时罗马
政治接受基督教为官方宗教，而日耳曼人也开始征服西罗马帝国。
在西罗马帝国的废墟上，出现了星罗棋布的日耳曼王国，西欧的各
个"国家"的分裂与割据中断了西欧政治文明的进程，与之相应
的法律文明也随之中断，罗马法律一度被遗忘在图书馆的故纸堆

----

　　①　［爱尔兰］J. M. 凯利著：《西方法律思想史》，王笑红译，汪庆华校，法
律出版社 2002 年版，第 70 页。

中，对它们的重新发现已是 11 世纪晚期的事情。在这个阶段，法律不是作为一种独特的规则体系和思想体系而存在的，每个民族都有自己的法律秩序，而且每一个民族内部也存在着多元的法律体系如宗教法、城市法、庄园法、习惯法，等等；法律也没有与道德、习惯和宗教分离；没有专业的律师或者法官，更没有培养法律家的法学院；也没有对程序、犯罪、契约、财产权等基本法律概念进行论述的法律论著。总之，现代意义上法治的观念在这里并不存在。只有进入到中世纪的第二个阶段，随着格列高利教皇革命的成功，在教会法律体系中我们才发现了现代法治的些许元素。

　　发生在 1075 年的教皇革命的目的在于宗教自由，这场革命不仅使僧侣摆脱皇室、王室和封建的统治，而且还成功地使这些世俗政权统一在教皇的权威之下。正如伯尔曼所指出的，教皇革命所涉及的远不只是世俗政权和宗教政权之间的权力之争，"它是一场预示世界未来的斗争，为的是一种新的事物秩序"。① 教皇革命的直接结果是为近代西方国家的诞生奠定了基础。在教会革命之前，教会一直与世俗社会相结合，并且缺少对近代国家来说十分重要的主权和独立的立法权观念。然而在教皇革命之后，教会具备了近代国家的大部分特征，它被视为是一种享有立法权、行政权和司法权的独立的、公共的权威。随着政治秩序的变革，西欧的法律秩序也在悄然发生着变化，原本分散的宗教法统一了，诞生了第一个现代西方法律体系——教会法体系。在其中出现了职业法律家和法官阶层，法律教育和法律研究也开始兴起，人们也开始把法律作为一种自治的、完整的和发展的原则和程序的体系，这些就是蕴含在教会法体系中的现代法治的基本因素。不仅如此，系统的教会法体系的出现使得西欧的法律秩序出现了教会法和世俗法二元对立的局面，在两者的对抗中，宗教法的强大也刺激了世俗法的研究，为了抵抗来自宗教法的侵蚀，前注释法学派的法学家们开始有意识地去寻找被人们遗忘的罗马法律文献如查士丁尼的《学说汇纂》以及《民

----

　　① 〔美〕伯尔曼：《法律与革命》，贺卫方等译，中国大百科全书出版社 1993 年版，第 137～138 页。

法大全》，并且借鉴教会法的研究方法——经院主义——来解释罗马法，所有这一切都为西方现代法治的诞生创造了条件。

中世纪的第三个阶段就是我们非常熟悉的文艺复兴和宗教改革时期，现代意义上的法治在这一时期正式诞生，如唐纳德·凯利所说的"近代法律传统诞生于 12 世纪的普遍文化复兴之中"。①

文艺复兴以及随之而来的宗教改革引起了西欧政治秩序前所未有的变革，其中最为显著的事件就是主权国家的迅速崛起。世俗政权的出现，打破了神权政治的政治格局，也改变了人们的生活方式，进而也要求规范社会生活的规则体系作出相应的转变，罗马法开始复兴。在这一进程中，一套只有法律职业才能够完全理解的法律语言被发展起来，它为不同国家的法律人提供了一套通用语言，从而为法律职业共同体的出现奠定了基础。罗马法的复兴还直接影响了各个国家的立法、司法实践。在吸收、整合和提炼地方性法律的基础之上，罗马法逐渐取代了 11 世纪以前的地方习惯。比如在德国，人们开始大规模地继受罗马法来改变其本土法律，并且要求法官必须由接受大学法学教育的人担任，法院也就许多案件向大学的法学教师征求意见，这些教师把用罗马法分析和解决问题的方法运用于德国司法实践中。所以，尽管德国接受罗马法比较晚，但是，它接受的是罗马法中最纯粹的那一部分。在法国也是如此，法学家们对罗马法的研究已经不再像前注释法学派那样局限于纯粹知识上的目的，新的政治秩序和新的生活方式要求法学家把本土因素注入到罗马法的研究中去，他们实际上是在用罗马法这个"旧瓶"装新酒，即用罗马法这一成文理性框架提炼地方性的规范。

政治秩序的变革不仅激发了罗马法复兴的运动，而且还促成了法律职业的兴起。各个君主国在巩固自己政治权力的时候需要壮大自己的官僚机构，这就需要大量掌握专业知识的人员。受过法律教育的人士成为首选。法律职业者在各个国家中充当着立法者、法官和行政官员，使法律成为国家对社会实施管理的主要手段，最终导

---

① 郑戈：《韦伯论西方法律的独特性》，载《韦伯：法律与价值》，上海人民出版社 2001 年版，第 7 页。

致了近代"法治国"的出现。

此外，在中世纪晚期的主权国家中，人们已逐步开始承认统治者应该服从法律的法治观念。比如法国的格尔森指出不经正当程序，国王不能处死任何人；法国国王应服从最高法院的管辖；即便国王和教士不受制于法律的约束，也应处于为其臣民树立榜样和表达对上帝尊敬的缘故，生活在他们所颁布的法律的统治之下。英国法官福蒂丘斯强调国王不能逾越法律，因为即便与国王的命令相违背，法官也必须依据法律作出判决。而马基雅维里也指出，法官的幸福状态就在于人们认识到他们的国王在任何情形下都不会违反法律。①

总之，自 12 世纪以来，现代法治的基本要素如法律的独立性、法律的职业化，法律对权力的制约已经开始形成，为 17 世纪法治国家的出现作了一定准备。

3. 17 世纪以来的民族国家政治文明与现代法治的兴起

17 世纪以来，在启蒙思想的推进下，整个西方世界的精神层面进入了狂飙突进的时代，西方世界的秩序发生了根本的改变。就像尼采说的上帝死了，一个真正属于人的时代来临了。伴随着人的解放，个人主义观念开始广为流传，个人主义主张个人权利，并且为自己的行为承担相应的后果，这与市场经济所需要的经济人不谋而合，资本主义自由经济的时代也来临了。然而，随着资产阶级的日益壮大，他们已经不再满足于已有的经济地位，而迫切要求政治上的权力，西方文明史上的一场新的革命终于不可避免地爆发了。这场政治革命始于 16 世纪末期的荷兰，中间经历了英国的光荣革命、法国大革命，终于美国的独立革命，最终确立了以个人自然权利为基础的宪政国家。宪政国家是资本主义政治文明的高级形态，资本主义政治文明史实际上是一部宪政国家理论发展与完善的历史，现代意义上的法治就是在这一背景下兴起的。

首先，在宪政国家中，政治权力的运作以及政治制度的建构都

① 参见［爱尔兰］J. M. 凯利著：《西方法律思想史》，王笑红译，汪庆华校，法律出版社 2002 年版，第 167～168 页。

是以限制政治权力为核心展开的。那么如何限制政府权力呢？法治无疑是最好的选择之一，因为法治是规则之治，只有具有独立性、普遍性、客观性的规则才不会偏私，才能够有效地制约政府权力。

其次，在宪政国家中，国家的根本目的在于保障人权。而人权保障的方式很多，如三权分立制度、代议制度，等等。但是，政治制度的设计仅仅是个人权利保障的前提条件，而不能提供直接的救济。只有法治才是直接保障个人自由的最佳方案。一旦个人权利遭到了侵犯，人们就可以通过独立的司法体系寻求事后救济。

再次，宪政国家是建立在国家与社会分离的二元格局之下的国家形态。在这种国家里，国家权力必须尽可能地小，从而与社会保持相对的距离，而不能成为实现政治、文化和社会福利等实质目标的工具。所以，自由宪政国家的内在理据是形式理性而非实质理性。宪政国家的形式理性化要求形式理性化的法律秩序，即通过一套由系统化的规则支配的无缺陷的法律体系以及根据这种法律所作的形式推理构成"自我指涉"，从而获得了内在的独立自主性，最终使得法律具有独立于政治、经济、伦理和功利的自治性和中立性。显然，这种独立的形式理性化的法律是宪政国家治理社会的最好选择，它能够有效地制约国家权力，使国家与社会之间保持适当的距离与张力。

（二）政治文明法治化战略目标定位的理性分析

人类的集体生活需要秩序，不同的人类群体在长期的共同生活中发展出不同的秩序范式，这些秩序范式的不同在于其中蕴涵的不同规则。古代希腊和罗马的人民选择了法律作为组织社会秩序的主要规则，因此发展出了不同于其他文明的独特秩序范式，这就是法治。法治的前提是有一套内部逻辑一致而且由全体社会成员一致同意而产生的法律规则以及得到法律授权的行政管理人员所发布的命令。法治意味着法律成为一个高度分化的社会系统，独立于政治、宗教和其他社会领域。法律职业者受过专门的训练，组成自治的职业共同体；法律知识的高度抽象化和概括化，成为只有专家才能掌握的知识；法律实践必须由专家来进行，非法律专业人士受到资格条件和知识的双重限制，无法涉足法律实践活动。法治的基本原则是：限制政府权力，保障公民权利。法治国家是强权国家、警察国家的反面。法治不仅仅意味着依法而行统治，还意味着用以治理国家的所有法律必须依从某些原理和准则。因此法治还是一个关于法律应该是什么的问题。法治作为一种制度上的正义，其形式上的正义必须最终回归到实体上的正义。

按照马克思的理论，政治文明和法治都是从属于上层建筑的范畴，两者之间存在密切的关系：一方面，法治诞生于政治文明，政治意识文明为法治提供丰富的价值资源，政治制度文明和政治行为文明也实践着法治的理想；另一方面，法治作为一门实践的智慧，是提升政治文明水平和实现政治文明终极价值的最佳选择。2002年11月中国共产党十六大报告指出"发展社会主义民主政治，建设社会主义政治文明，是全面建设小康社会的重要目标"。2003年12月中共中央向全国人大建议将政治文明写入宪法。2004年3月第十届全国人民代表大会第二次会议采纳了这一建议，通过宪法修正案的方式将政治文明写进宪法，在宪法序言第七自然段中增加"推动物质文明、精神文明和政治文明协调发展"。可见，在我国，政治文明不仅仅是社会主义现代化建设的政治目标，还是一个宪法性的法律概念。将政治文明写入宪法意味着离开宪政与法治讨论政治文明是不可思议的，政治文明必须被纳入法治轨道，必须被融入依法治国的进程。所以，作为一种实践智慧的法治是提升政治文明水平的必由之路，是实现政治文明终极价值的最佳选择。

在政治文明的三维结构中，政治文明首先体现为政治意识文明。通过考察近现代法治中的精神因素，我们发现，政治意识和法治的内在精神不谋而合。在启蒙运动之后，现代西方国家无一例外是以个体的自然权利为意识形态来构建政治系统的，这种个人权利意识也深刻地体现在近代以来的法治理念之中，法治的核心精神就是保障个体权利。现代国家中的人不仅是追求个人生命、财产和安全的个体，他还是政治国家的公民，所以，文明的政治国家还需要它的公民具有积极参与政治的公民意识，这种公民精神也构成了法治的精髓，因为，规则之治并不是万能的，并不能有效地解决一切纠纷，法治必须辅之以良好的个人性情。当代中国倡导的以人为本、和谐发展的政治理念，实际上就是法治的精神动力和价值基础。人本政治观在法律中的运用就是"人本法律观"①。人本法律观的提出引起了中国法律观的革命性变革，为当代中国政治文明法治化建设奠定了理论基石，必将使政治文明建设提升到一个前所未有的新境界。在现代国家里，文明的政治制度主要体现为纵向分配国家权力的国家结构制度、横向分配国家权力的权力分立与制约制度以及落实人民主权的代议制度。② 上述政治制度的内在原理分别是：国家主权原则、人权原则和人民主权原则，这些原则都无一例外地成为了法治的原则，在民主立宪国家里，它们都为宪法所确认，具有崇高的法律地位和法律效力。政治行为是人们在特定的利益基础上，围绕着政治权力的运行和政治权利的实现而展开的社会活动。文明的政治行为与法治实践有着密切的关系，它对法治实践产生了重要影响。

（三）政治文明法治化战略目标定位的总体要求

政治文明作为人类文明不可或缺的一部分，它是一个不断发展的历史范畴。最初，当人类处于无政府状态的时刻，政治权力还未确立，也谈不上政治文明。但是，随着社会的发展，阶级的分化，

---

①　李龙：《人本法律观研究》，中国社会科学出版社 2006 年版，第 2 页。

②　托克维尔在《论美国的民主》中充满预见性的指出，民主是现代社会不可避免的趋势。作为民主主要形式的代议制，其目的在于实现"人民当家作主"这一朴素的政治愿望，它的内在原理是人民主权原则。从表面上看代议制与法治关系非常直观，即代议制度下通过法律制度构成了依法治国的前提。但其实，这两者之间还有着更为隐秘的内在联系。一方面，通过多数人定期选举投票，掌权者由人民选举出来的代表行使，受人民监督，对人民负责，如此一来，公民获得了对抗那些掌握国家权力的少数人的途径，公民权利得到了保障。代议制这一制度设计能有效地限制国家权力，这与法治的内在原则是一致的。另一方面，代议制不仅监督国家权力的行使，而且它还保障国家权力不为多数人的愚蠢和激情所支配。因为代议制不是直接民主制，所以经过挑选组成的公民团体能够提炼、过滤并扩充大众的观点，从而避免直接民主带来的多数人的暴政。毫无疑问，代议制中蕴含的这种对民主的警惕和法治的内在精神也是不谋而合的，因为从本质上讲法治所追求的精英化的职业精神就是反民主的。参见 ［法］托克维尔：《论美国的民主》（上），董果良译，商务印书馆 1988 年版，第 303～304 页。

不同的阶级之间开始发生频繁的冲突和战争。为了消除这些彼此冲突的阶级之间冲突和战争，就需要一种"凌驾于"这些阶级之上的力量来垄断武力，从而驯服一个个分散的"暴力"，让人们从"狼对狼"的战争状态中解放出来，实现社会的和平和安全。这种凌驾于社会的力量就是政治权力。这就是蕴含在国家创建中的政治文明，人们往往把它称之为政治文明发展的第一阶段。在这个阶段政治的中心是国家权力，政治的重点是通过国家权力对其他社会权力的征服来创建政治秩序。① 从这个意义上讲，古代雅典的梭伦，斯巴达的吕库古，罗马共和国的创立者罗慕洛，美国的创立者以及新中国的奠基者们都是这一政治文明的创建者。

　　政治国家主权的创建固然是一种政治文明的状态，但是它仅仅是结果意义上的。马基雅维里在《君主论》中坦率地为我们指出：政治国家的创立往往依赖于战争、暴力和阴谋诡计。② 政治国家的创建可能是血腥的（如通过战争），也可能是专断的（如通过暴力），还有可能是不择手段的、不道德的（如通过阴谋诡计）。③这些手段显然不属于政治文明的范畴。所以，通过这种方式建立政治国家之后，如果继续运用这些非常手段的话，刚刚创建的政治文明必将面临灭亡的处境。因为一旦该国家继续采用创立国家阶段所运用的那些手段的话，那么刚刚诞生的国家权力毫无疑问又会成为新的暴力，而且这种暴力比前国家的自然状态中的分散的暴力更为强大，更为集中，因而也就更具有毁灭性。这样一来，刚刚奠立的政治国家可能又重新陷入新的动乱，所谓的政治文明也就消失殆尽。不过，如果该国家放弃革命时期的暴力征服和意识形态政治，致力于用常规性和持续性的法理型统治来构建长治久安的政治秩序的话，那么该国政治文明将会持续健康生长。

――――――――――

　　① 参见刘海涛、郭家瑜：《从政治理性到宪政理性：一个政治文明演进路径的分析》，载《江汉论坛》2006 年第 6 期。

　　② 参见［意］尼科洛·马基雅维里：《君主论》，潘汉典译，商务印书馆1985 年版，第 76 页。

　　③ 国家有国家的道德，这些道德也许不那么高尚，更称不上正义，正如柏拉图与苏格拉底在谈到正义时机锋暗藏地说，正义，那是剩余的东西。

因此，主权国家的创建仅仅是建立了人类秩序的框架，这只是一国政治文明的开端和发源。而在主权国家建立之后，要实现政治文明的可持续发展，就必须将政治权力纳入法治轨道，通过法治来规范政治权力保障公民的生命、财产和安全，并且让广大人民参与到政治生活中，从而实现强大的主权者与公民权利的保护之间的平衡。这就是人们通常所说的政治文明的第二阶段。① 如果说，政治文明的第一阶段——主权国家的创建——是一个关系到政治国家生死攸关的政治问题的话，那么政治文明的第二阶段——立国之后，政治文明的持续健康生长——则是一个法律问题。② 甚至马基雅维里在《君主论》这本充满政治性的著作中，他仍然含蓄地指出罗慕洛这位罗马最杰出的奠基者和第一位国王就是通过法律建立自由的生活方式，从而使他的国家长久地保持荣耀。③

通过上面对政治文明的历史考察，我们认为所谓"政治文明法治化"乃是指在主权国家的政治权力确立之后，选择运用法治的方式，即法理型的统治来规范、约束政治权力，从而实现政治权力运作的理性化。正如托克维尔在《论美国的民主》中说到的那样："在美国，几乎所有的政治问题迟早都要变成司法问题。因此，所有的党派在它们的日常论战中，都要借用司法的概念和语言。"④ 具体来说，政治文明法治化的战略目标定位包括以下几层含义：

---

① 参见刘海涛、郭家瑜：《从政治理性到宪政理性：一个政治文明演进路径的分析》，载《江汉论坛》2006 年第 6 期。

② 一般来说，政治方案追求的主导价值是国家秩序，法律方案追求的主导价值是公民自由。马基雅维里的《君主论》就是一本充满政治性的著作，贯穿《君主论》的核心主题是如何创建政治国家；而马基雅维里的《论李维前十书》则是一本非常注重法律的著作，该书的核心主题是如何保存公民自由。参见[美] 列奥·施特劳斯：《关于马基雅维里的思考》，申彤译，译林出版社 2003 年版，第 17～18 页。

③ 参见［意］尼科洛·马基雅维里：《君主论》，潘汉典译，商务印书馆 1985 年版，第六章。

④ ［法］托克维尔：《论美国的民主》（上），董果良译，商务印书馆 1988 年版，第 310 页。

　　政治发展的理性化是政治文明法治化的基本前提。韦伯从内在的理据上将人类政治的统治分为三种类型：第一种是传统型统治，这种统治的效力来自于对古老规则与权力之神圣性的忠诚和信仰；传统型统治对应着家长式统治方式。第二种是个人魅力型统治，对某个人以及他所揭示或规定的某种规范模式或秩序所具有的特殊神圣性、英雄主义或非凡个性加以崇拜和效忠时，这样的统治就属于个人魅力型的统治；个人魅力型统治对应着领袖集权统治方式。第三种是法理型统治，即依靠对法律条款的有效性和客观性功能的信任而实行的统治；法理型统治则对应着官僚阶层的统治方式。① 所以，在现实政治中，并不是每一个政治国家必然会选择政治文明法治化，也就是法理型统治。事实上，法理型统治是近代以来才出现的事物，在传统社会中，家长式的统治方式非常普遍，而即使是在20世纪和21世纪，领袖集权的统治方式及其残存影响也未完全消失。

　　但是，毫无疑问，在现代社会里政治文明法治化是一种理性的选择。这首先是因为与前两种统治方式相比，法理型统治并不依赖于与个人有关的任何身份或属性，它是一种不针对具体个人或群体的普遍性的规则之治，而且这种规则由受过专业训练的法律职业者来实施。法律之治的这种普遍性、非人格性和职业性，使得法律能够获得独立于政治权力的自主性，从而能够有效制约国家公权力，保障个体权利。其次，与前两种统治方式相比，法理型统治还具有常规性和可预测性。在法治国家里，国家权力的行使必须严格遵循法治原则，这要求国家公权力的行使必须依据法律和其他公布的规范性法律文件或者不能与它们相抵触，而不能流于专断和恣意。只要公权力依法而行，政府行为就具有恒常性，人们就可以猜测政府将要做什么，相应地，个人也就能够合理地安排自己的行为。再次，从外部的角度看，与前两种统治方式相比，法理型统治是现代国家走政治文明的必由之路。法治的兴起并不是人们偶然选择的产

————————

　　① ［德］马克斯·韦伯：《学术与政治》，冯克利译，三联书店1998年版，第56～57页。

物，法治之所以在西方社会取得了支配性的地位，也是历史发展的必然结果。实际上，在现代社会，随着市场经济的兴起，个人权利观念的普及，传统家族社会关系的解体以及个人魅力型统治的非长久性，使得人们逐渐意识到政治文明建设走法治化的道路也许不是一个最优的选择（最优往往只能出现在"言说"即理论中），但是，毫无疑问是现有可供选择方案中的一种最理性的选择。

如前所述，政治文明法治化的核心在于权力的法治化。其实，权力文明是近代以来的主流宪政和法治学说的基本话题。然而，在这些讨论中，人们几乎不约而同地认为权力是绝对坏的东西，正如阿克顿说的，"权力导致腐败，绝对的权力导致绝对的腐败"，因此，构建权力文明就是限制政治权力。然而，这种构建权力文明的思路是不全面的，它的问题在于对权力的认识存在误区。

所以，要考量建设权力文明的问题，我们首先需要认识权力的性质。通常，一说到权力，我们常常会将之与"暴力"、"强力"、"武力"和"权威"这类词语联系起来，所谓权力就是统治的工具。就像伏尔泰说的，"权力在于使其他人如我所愿地行动"，朱维耐尔也持相同的见解，"权力所不可或缺的东西，它的本质，是支配"。① 基于这种理解，所谓政治权力就是"合法的"、"制度化的"武力。对于从近代以来伴随欧洲主权国家的兴起而出现的绝对权力观念来说，这种对权力的理解是可取的。但是，从"支配—被支配"的角度理解权力却很容易让我们将权力想象为一种消极的事物，并因此将权力等同于暴力，以至于有人断言，"权力是必要的恶"。然而，在阿伦特对权力与暴力的辨析中，她向我们指出，权力是一个积极的、肯定性的概念，它诞生于人类的集体行动，权力是有政治体的共同的本质，任何政府都是有组织和制度化的权力。② 从这个角度看，政治权力是一种力量，它能有效地组织

---

① 转引自［美］汉娜·阿伦特：《权力与暴力》，洪溪译，载贺照田主编：《西方现代性的曲折与展开》，吉林人民出版社 2002 年版，第 424～425 页。

② 参见［美］汉娜·阿伦特：《权力与暴力》，洪溪译，载贺照田主编：《西方现代性的曲折与展开》，吉林人民出版社 2002 年版，第 423～442 页。

和分配社会力量，能有效地整合社会中各种分散的力量，而不至于让冲突的力量不可调和。有鉴于此，我们不能仅仅从消极的角度理解权力，事实上，就权力本身来说，它是中性的，只有权力意志是坏的，但权力本身是好的。正如教皇格利高里说的那样，"假如魔鬼应该拥有权力，那么就其作为权力而言，这个权力同样是神圣的和善良的。只不过魔鬼的意志是坏的。但是，尽管存在这种宗师作恶和魔鬼般的意志，权力单就其自身而言仍然是神圣和善好的"。①

基于这种对权力性质的认识，我们认为通过法治建设权力文明必须从两个方面着手。一方面，鉴于权力的消极性，为了保障个人自由免受国家权力的任意干涉，通过法律控制政治权力是必要的；另一方面，在现代国家里，国家不能仅仅充当消极的守夜人的角色，国家权力有必要而且有能力介入社会领域，从而积极地增进公民福利。我们不能因为权力行使者滥用权力就否定权力本身的意义。不仅如此，一种经由理性安排所形成的政治权力制度还有助于将民主国家中的自私自利的个人培养成具有公共精神的公民，"人民的素质大部分是由他们怎样解决，怎样应付随之而来的冲突以及怎样引导礼仪政治制度谋求优势和统治的诱惑来界定"。② 从这个角度看，权力文明法治化不仅意味着通过法律控制国家权力，从而维持社会基本结构的正义，而且还要通过法律来使权力更好更善地运作。更进一步来说，权力文明法治化还要通过各种途径如公众参与制度、一定范围的地方自治制度、政务公开制度来创造良好的政治秩序，从而让公民普遍参与到权力运作的过程中来，从而让公民习得政治生活所必需的各种品德，进而提升公民的政治品性。

此外，政治文明法治化是人类政治理性选择的结果，实现政治文明法治化的秘密就在于权力文明。但是，我们不仅要从实用主义

---

① ［德］卡尔·施米特：《关于权力的对话——对卡尔·施米特的一个访谈》，吴增定译，载《施米特：政治的剩余价值》，上海人民出版社 2002 年版，第 318 页。

② ［美］斯蒂芬·L.埃尔金等：《新宪政论》，周叶谦译，三联书店 1997 年版，第 152 页。

的角度上认识政治文明法治化的涵义，我们还应该从价值目标的层面去认识它。只有明确了政治文明法治化的目标，我们才能正确把握政治文明法治化的行进方向，才能不至于使政治权力脱离道德和价值判断，从而陷于形式主义法治的泥潭，才能避免政治权力异化为治理技术甚至是赤裸裸的暴力工具，从而威胁公民自由。

那么，政治文明法治化的终极目标是什么呢？哈贝马斯认为现代政治拥有两个合法性源泉：个体的自然权利和国家主权。① 具体来说，在现代社会随着个人主义的兴起，商业贸易的发展，大规模民族国家的出现，奴隶制的废除，个人的自然权利如生命、财产和安全等权利逐渐取得了合法性地位。然而，现代国家也是建立在国家主权的基础之上——至于如何产生主权者，究竟是天赋君权的绝对君主，还是天赋人权的人民主权，只不过是搭建政府框架的技艺。主权权力构成国家的灵魂，没有基于主权权力构建的国家政制，就好比没有围墙的城邦。可见，自然权利和主权权力是现代政治不可偏废的两大价值目标，如何实现公民权利，如何运行政治权力，如何在两者之间保持必要的平衡，是政治文明法治化的终极目标。

所以，我们认为政治文明法治化的终极目标在于维护主权权力和保障公民权利。一方面，政治文明法治化要致力于实现公民自由。在此，我们认为公民自由包括两个方面的含义：其一，个人自由，也就是伯林所说的消极自由，如私人生活的自由，市场自由以及对抗国家权力滥用的自由；其二，公民自治，也就是伯林说的积极自由，即公民在政治国家中参与公共生活，分享政治权力的自由。另一方面，政治文明法治化还要致力于维护政治国家的主权权力。所谓主权权力是一个关涉政治国家外延建设的问题，它是指国家及其人民在领土、经济和文化上摆脱外来压迫、依附和奴役，拥有独立的民族和文明意识，从而独立自主地处理国家的对外和对内事务。按照通常的观念，人们往往认为公民自由和主权权力之间是

---

① 参见［德］哈贝马斯：《民主法制国家：矛盾诸原则之间的一种悖谬的联接？》，载《世界哲学》2002年第6期。

难以相容的，比如文艺复兴时期的威尼斯十分关注公民自由，然而，这样的国家往往不那么强大。但是，作为政治文明典范的罗马共和国和当今美国的实践都告诉我们热爱公民自由是可以与建立一个强大的国家并存的。公民自由和政治独立是相容的；一个权力过分集中的强大政权固然是公民自由的致命威胁，但是一个政权支离破碎的无能政府同样不能达到保护公民自由的目的。当然，在构建当代中国政治文明法治制度时，不可盲目仿效他国模式。但对历史演进中呈现的一些规律性识见则不可视而不见。

三、政治文明法治化战略选择目标定位的基本要素

从根本上说，政治文明就是权力文明，政治文明的法治化就是政治权力的法治化。结合法治的内在精神理念以及政治权力本质和运行机制，我们将政治文明法治化的战略目标定位为：政治权力的民主化、政治权力的理性化和政治权力的和谐化，下面分别阐述之。

（一）政治权力的民主化

所谓权力是人际关系中特定的影响力，是根据自己的目的去影响他人的能力。政治权力是政治领域中的一种重要的力量。尽管自近代以来，人们对政治权力充满怀疑、戒备和防范。但是，无数事实证明人类社会需要政治权力，也离不开政治权力，否则人类就会陷入无穷无尽的纷争。然而，政治领域的权力不是自动产生的。在古代政治中，以君主为首的统治者垄断了国家的政治权力，君主代表着政治统一体。因此，政治权力属于君主是一个不言自明的观念。在理论上，为了论证君主垄断政治权力的合法性和正当性，君主制学说宣扬"普天之下莫非王土、率土之滨莫非王臣"的"君权神授"与"君权世袭"观念，从而为那些被君主、帝王或者专制者所执掌的政治权力披上神圣外衣。所以，按照君主制的逻辑，政治权力来自上帝和父亲。①

_____

① 卡尔·施米特说，在古代君主制的国家中，君主制的一切原则包括两个核心观念：上帝和父亲。参见［德］卡尔·施米特：《宪法学说》，刘锋译，上海人民出版社 2005 年版，第 304~308 页。

在现代政治中，随着自由权利学说的广泛流传，法治国家和立宪政体观念的兴起，人们对政治权力来源的认识开始逐渐超越了传统的理解，对于政治权力的产生、归属和来源等问题，创立了各种各样的理论，从而论证权力的正当性。如霍布斯就从自然状态出发论证主权者的政治权力来自于人民的让渡，在时刻充满战争和冲突的自然状态之下，人们的生存权得不到保障，为了自我保存，人民让渡出了一部分权利给国家，与国家缔结契约。尽管洛克的自然状态没有霍布斯那么可怕，但是，他也是从自然状态出发论证了政治权力的来源。在洛克的自然状态之下，人人自由、平等、独立。但是，这其中由于缺乏明文规定的法律，缺少执行法律、仲裁争端的法官和保障裁判付诸实施的权力，所以经常导致战争状态。于是人民放弃了执行自然法的权力，成立政府，来保障自己的自由、财产和生命。洛克继而认为，立法权是国家最高权力，它属于议会。不过，正式提出人民主权学说的当属卢梭。卢梭以自然权利和社会契约论为基础，认为在产生了私有财产之后，人们原先在自然状态下拥有的自由、和平等都被剥夺了，于是人民相约组成国家。在这种国家中，最高的政治权力是公意，所以，人民是国家权力的来源，所有政府的权力都是人民授予的，国家的主人不是君主，而是人民，治理者只能受人民委托。① 尽管与卢梭相比，霍布斯和洛克所提倡的主权学说趋向于保守，但是"人民"构成了他们三人学说的共同关键词。他们一致认为，只有人民才是国家政治权力的统领者，国家的一切权力来自于人民的授予，此即"主权在民"。随着霍布斯、洛克、卢梭等启蒙思想家学说的普遍流传以及英国光荣革命、法国大革命和美国独立战争的进一步推进，人民主权原则逐渐成为现代民主国家的一项基本政治原则。可见，无论是在君主制的国家中还是共和制的国家中，人民主权原则构成它们共同的基本政治原则，这就是托克维尔所说的"民主时代"的真实含义。

我国1982年宪法确立了"人民共和国"的崭新政治秩序。宪

---

① 参见［法］卢梭：《社会契约论》，何兆武译，商务印书馆1980年版，第二章、第三章、第四章。

法第 2 条第 1 款规定，"中华人民共和国的一切权力属于人民"，这就是蕴含在"根本法"的宪法中的根本政治意蕴——人民主权。所以，在我国"政治文明法治化"的进程中，政治文明法治化的首要战略目标就是权力的民主化，也就是说人们对权力的服从不能仅仅是出于对权力的恐惧，而更应该是出于对建立在权力基础上的权威的同意和认可。正如夸克说的："对被统治者的首肯是合法性的第一个要求。"① 因此，我国在宪法中进一步确定了人民代表大会制度是我国的根本政治制度，它建立在普选的基础之上，是人民主权的体现，是人民同意的结果。这种普选的过程，实际上就是将多数人的意志转化为掌握政治管理权力的少数人的权威的过程，具体来说，就是将人民群众的意志转化为人民政府权威的过程。人民代表大会制度的建立和运作为我国的现实政治提供了合法性证明。具体来说政治权力的民主化具有以下几层含义：

1. 从理念层面上，政治权力应该来自于人民的授权。人民主权是政治权力的合法性基础，人权是政治权力的渊源、依据与归属。政治权力及其法治构建的最高理想应当是人权。在现实政治中，立法机关行使立法、财政、监督等政治权力；行政机关行使执行法律、管理国家内政、外交事务等行政权力；司法机关行使适用法律、解决纠纷的司法职能。所以，从表面上看，政治权力的主体是国家，更确切地说是各种国家机关。但是，根据我国宪法中蕴含的人民主权原则，无论是与人民最贴近的立法权，还是具有集合特质、体现果断和效率的行政权，或者与人民最为遥远的，体现独立和审慎的职业精神的司法权，从理念和根源上看都是来自于人民，行使这些权力的国家机关是人民的代表。因为在以人民主权为政治原则的国家中，人民是国家的主人，没有人民就没有国家，就没有政治权力。也就是说，在这种国家中，每个公民在政治德性上都是平等的，每个公民都应该分享国家的统治权力。

既然说一切国家权力属于人民，那为什么在现实的政治实践

① ［法］让·马克·夸克：《合法性与政治》，佟心平、王远飞译，中央编译出版社 2002 年版，第 2 页。

中，政治权力要交给国家机关代表行使而不是由人民直接行使呢？这是因为人民的政治统一体本身从来不能在实际的同一性中直接在场，也就是说，在现实政治中人民不可能按照民主制的同一性原则来到广场中直接参与国家政治生活与国家管理；同时，并不是人民中的每一个人都具有良好的履行国家权力的能力，正如苏格拉底说的，政治与医术、造船等一样都是一种技艺，并不是每个人都能实施明智的统治行为。所以，人民主权原则和现实的政治实践之间实际上存在着矛盾和冲突，前者立基于平等原则，认为每个公民都能参加国家政治事务，后者立基于不平等原则，认为不是每个人都有能力参与国家政治事务。不过，"代表原则"在二者之间采取了一个很圆通的立场，即在理念上承认每个公民都有权利分享国家政治权力，但仍然将国家权力交给由人民选举出来的代表——少数的政治精英组成的国家机关来行使。这一现代性方案，在肯定人人政治身份平等的理念的同时，对具体治理问题又与苏格拉底保持了高度的一致。可见，从理念和根源上来看，政治权力来自人民，只不过人民通过民主选举的方式将其权力交给国家机关及其工作人员来行使。

所以，尽管在现实政治中现代民主国家纷纷采用"国家机关代表人民"的政治策略，但是，从理念和根源上讲，政治权力依然来自于人民的授权。

2. 从宪政层面上，政治权力应该来自于宪法的授予。如上所述，从理念和根源上看，一切政治权力都是来自于人民。但是，尽管从逻辑上看，政治权力来自于公民权利，但是，从现实政治来看，政治权力最终还得由国家机关来行使，因为权利的实现依赖于经过合理安排的政治权力。那么人民如何将政治权力让渡给国家呢？获得了权力的国家进而如何合理安排政治权力呢？具体来说，人民在创建政治国家之际，通过宪法这一人民与国家之间的契约，将其权利让渡给国家，转化成为国家的政治权力。然后，通过宪法将这些政治权力予以明确列举和界定，从而将国家的政治权力固化为宪法上的权力，具有了宪政上的合法性。不过，仅仅将政治权力固化为宪法权力不足以实现订立社会契约以保障公民权利这一根本目的，因为，没有进行合理、科学的安排和配置的宪法权力就将是公民权利的重大威胁，在这种情况下，一旦公民权利受到宪法权力的侵害、限制甚至剥夺，就没有保护这些权利的制衡机制加以制止。所以，对政治共同体来说，科学、合理的宪法权力安排比规定广泛的公民权利更重要。因此，我们还要进一步在宪法中对固化下来的宪法权力进行科学的、合理的安排。总之，政治权力的合法性、正当性更需借助宪法权力这个基本概念的演绎才能完成逻辑上的自足，在现代宪政下，由于法治是权力的形式渊源与基本依据，宪法权力便成为政治权力的前提和根据，政治权力则不过是宪法权力的展开和表现。我国现行宪法规定也证明了这一点，宪法第三章用了 79 条之多的内容规定了全国人民代表大会、国家主席、国务院、地方各级人大和地方各级政府、民族自治地方的自治机关以及司法机构等国家机构，构建了"人民共和国"中的宪法权力体系。

　　宪法不仅是一种国家与人民之间的契约，作为一种根本法，它还是"授权委托书"，作为"授权委托书"，宪法是主权者（社会权利主体、宪法制定权主体）向国家机关授予"政治权力"的证明。也就是说，人民通过宪法的规定委托国家机关依据宪法所授予的国家权力来为人民服务。根据授权的原理，被授权的国家机关行使国家权力必须符合两个要求，第一，合宪性。即国家机关必须依照宪法所规定的职权去开展自身的活动，没有宪法的依据，政府机关任意行使国家权力的行为就是违宪的，必须予以取缔和禁止；此外，国家机关不得超越宪法的规定行使国家权力，也不得滥用宪法所授予的国家权力。第二，合目的性。即一切国家机关在行使宪法所赋予的职权过程中，行使权力必须服务于公民权利和公共利益这两个根本目的，任何国家机关都不得将宪法赋予其行使的国家权力用来为谋取自身的利益服务。尽管公民权利和公共利益之间存在着矛盾，但是这两者具有同样的首要性。我国现行宪法对国家机关在行使宪法所赋予的国家权力过程中应当遵循的基本原则作了非常明确的规定。从合宪性要求来看，现行宪法第 5 条第 3 款规定，"一切国家机关和武装力量、各政党和各社会团体、各企业事业组织都必须遵守宪法和法律。一切违反宪法和法律的行为，必须予以追究"。从合目的性要求来看，现行宪法第 27 条第 2 款则明确规定，"一切国家机关和国家工作人员必须依靠人民的支持，经常保持同人民的密切联系，倾听人民的意见和建议，接受人民的监督，努力为人民服务"。

3. 从规范层面上，政治权力应该来自于法律的规定。权力产生的民主化在实践中还体现在规范层面上，即一切政治权力必须由法律规定的权力法定原则。理由如下：第一，在宪政法治国家中，宪法是处于金字塔形法律渊源结构中的最顶端的根本法。但是，宪法具有高度的抽象性和原则性，因此，在宪法中只能对政治权力进行整体性的分配和安排。所以，政治权力还必须通过具有规范性的具体法律来作进一步规定。第二，从政治权力与公民权利的关系角度来考察，国家权力本身并不能成为目的，个人权利才是基础和本源，国家权力只是保障个人权利得以实现的工具或手段，国家权力存在的唯一合法性，就在于为个人权利提供保护。所以，鉴于国家权力的扩张本性，为了防止公民个人权利遭受国家权力的侵犯，有必要在一定程度上约束和限制国家权力的行使。这就是民主国家的法治原则，它基于人民主权的政治原则而强调国家权力行使的合法性，即国家权力首先必须是一种法律权力或法定权力。

所谓权力法定原则，是指国家和政府的权力皆自法出、皆由法定、法外无权，法律所明确授权的范围就是国家权力行使的界限，越此界限则国家权力的行使应当归于无效。就是说，权力产生和存在的唯一根据是法律，权之所在，必因于法，法律之外，无权力可言。诚如英国著名思想家拉兹所说"法治意味着政府的全部权力必须有法律依据，必须有法律授权"。权力法定原则是法治主义的现实要求，它对于限制国家权力的扩张，保障个人权利免受国家权力的侵犯有着重要意义，其作用正如英国政治学家洛克所指出的："一方面使人民可以知道他们的责任并在法律范围内得到安全和保障；另一方面，也使统治者被限制在他们的适当范围之内。"① 具

---

① ［英］洛克：《政府论》，瞿菊农、叶启芳译，商务印书馆 1982 年版，第 86 页。

体来说，政治权力法定化体现为以下几个方面：第一，政治权力主体法定化。行使国家权力的主体是各级国家机关及其工作人员，必须从法律上明确规定这些权力主体的地位。我国目前法律体系中的《全国人民代表大会和地方各级人民代表大会选举法》、《全国人民代表大会组织法》、《国务院组织法》、《民族自治区组织法》、《人民法院组织法》、《人民检察院组织法》、《公务员法》、《国家行政机构设置和编制管理条例》、《法官法》、《检察官法》等都是有关权力主体地位的法律。第二，政治权力职能法定化。政治权力本身是一种周边并不明确的支配力和影响力，它天然有一种扩张的趋势。因此，现代国家必须对政治权力的职能进行明确规定，从而限制和约束权力的盲目膨胀。政治权力职能的法定化实际上是对政治权力的权能、权限依法设定。权能是指法律赋予国家机关采取一定方法、手段和措施完成国家管理任务的一种资格。权限是法律赋予权力主体完成国家管理事务时在事务、地域、层级方面的范围界限，权限实际上就是管辖权。第三，行为法定。就是依法行使政治权力，即把国家的一切政治权力行为纳入法律法规的规定和程序之中，从而防止权力的滥用。行为法定要求权力主体应当履行法律规定的义务，不失职，遵守法律规定的权能和权限；不越权，合理行使裁量权，不滥用职权以及遵守法律规定的程序，防止程序违法，等等。

（二）政治权力的理性化

在政治文明法治化进程中，政治权力的理性化这一战略目标与现代民族国家中国家理性的兴起密切相关。从根本上来讲，现代民族国家的政治权力的理性化诞生于这样一个严酷的事实：在弱肉强食的世界历史中，一个软弱的共和国必然无以图存。早期的意大利城市共和国、德意志的自由城市，因为无力保护自己而被周边强大的帝国灭亡，它们昙花一现的荣耀终究成为暗淡的历史记忆。目睹祖国意大利所遭受的无休止动荡、混乱、战争和外敌入侵，现代"政治学之父"、15世纪末意大利政治学家马基雅维里坚信，一个共和国必须拥有强大的力量，必须拥有一位强有力的"君主"，否则就无以保护自己的自由。① 马基雅维里的"君主"就是现代政治权力的最早原型和化身。这位"君主"必须执行共和国的意志，必须服从"国家的理由"或"国家理性"，必须为国家利益服务。

17 世纪英国霍布斯进一步确定了政治权力理性化的传统。霍布斯时代的英国和马基雅维里时代的意大利非常相似：由于议会党人叛乱、清教徒的不满和罗马天主教廷的煽动，整个英帝国终于走向灾难性的内战。为了拯救自己的祖国，消除可怕的"战争状态"，霍布斯认为，国家必须拥有至高无上的权威，否则就无法消除各种中间权力的割据状态，确保人民的安全与幸福。但是，作为一名现代作家，霍布斯对个人的自然权利给予了极大的关注。因此，他进一步指出，政治权力理性化不仅仅意味着主权者拥有至高无上的政治权力，而且从根源上讲利维坦的至高无上的政治权力来自于人民的"自然权利"。既然说政治权力以自然权利为前提，那么国家的职能和界限就都必须由自然权利来界定，也就是说政治权力理性化有其边界，这个边界就是人民的权利。一旦政治权力危及公民在社会契约中所保留的权利，那么公民就有权抵抗政治权力。这样一来，霍布斯的国家理性学说面临一个问题："利维坦"与"自然权利"究竟哪一个才是"至高无上"？

政治权力与个人权利何者优先，这是摆在政治权力理性化进程中的一个现实问题。具体来说，一方面，如果我们以公民自然权利的实现为目的来设计政治国家，那么国家理性就应该让位于个人权利，政治权力的至高性就可能被来自市民社会的自然权利瓦解，把至高无上的"主权者"变成了一个"守夜人"，把强大的"利维坦"机器变成一堆废铜烂铁。另一方面，如果按照国家理性的逻辑，国家的政治权力当然具有至高性，而这时候个人的自然权利可能无所依靠。这一点现实政治已有明证：强大的波旁王朝最后葬身于法国大革命的炮火；俾斯麦帝国在俾斯麦死后沦为孱弱无力的魏

---

① 参见［意］马基雅维里：《君主论》，潘汉典译，商务印书馆 1985 年版，第 131 页。

玛共和国，最终让位于一个灾难性的法西斯政权；而二战以后的极权主义国家中，国家权力更是赤裸裸地剥夺公民的自由和权利，公民的基本权利如财产权、人身权、隐私权不仅没有宪法、法律的规定和司法程序上的保障，而且国家还监控着公民所有的生活领域，从个人的私人生活空间到经济领域中的自由交易活动以及个人表达意见的公共领域都遭到国家权力的挤压甚至消灭。

实际上，对于国家来说，强有力的政治权威是必要的；同时，对个人来说，不可剥夺的自然权利也是必需的，对其中任何一方的过分依赖或者忽略都会带来问题。因此，要实现政治权力理性化就必须寻求新的立足点。这种立足点能够使得政治权力在保持高度权威的同时又不至于侵害个人权利，在保证个人权利的同时又不至于瓦解国家政治权威。卢梭为我们提供了解决问题的方案。在卢梭看来，强有力的政治权威绝对不可能来自欲望丛生的私人生活领域以及生活在其中的经济动物，因为他们从根本上来说是反政治的，就像韦伯说的，小市民的道德是国家天然的敌人。在卢梭看来要树立强有力的政治权威只能诉诸公民对国家的政治认同和德行。如果国家主权来自公意，那么一个人服从国家是因为这个国家是体现"我"的意志的共同体，我服从的是我建立的国家。我服从这个国家不是因为像霍布斯说的那样，我与国家存在赤裸裸的交换关系——一个人之所以服从国家的法律，不是因为她能给他带来利益和好处，而是因为这是我的祖国。可见，一个强大的政治国家必须依靠公民在公共生活中培养出来的政治智慧、政治德性和政治认同来维系。也就是说，只有在公民培养出一种关键性的品质之后，他们才能自觉地服务于公共利益，从而自觉地捍卫政治国家的政治权威。① 总之，政治权威的树立不仅仅依赖于良好的政治制度，它还依赖于公民的政治品性与态度，如公民身份感，公民为了促进公共利益以及促使政治权威负责而参与政治过程的愿望，公民在个人选择中表现出来的自我节制与担当公民责任的愿望，等等。

---

① 参见吴增定：《政治的归政治，行政的归行政》，载《二十一世纪》2002年第12期。

综上，所谓政治权力运行的理性化是指，"从传统政府体系向现代政治体系转化的过程中，政府的权力和权威，从传统的以部族、家族的根本利益为核心的'王朝理性'向以现代民族国家的'国家理性'方向运行或发展的过程"。① 具体来说，政治权力理性化包含两个层面的含义：

1. 强化国家的政治集权并维护国家利益。所谓政治集权指的是一国国家主权的统一与集中，在现实政治中，政治集权体现为国家拥有一个具有高度政治权威的全国性中央政府。当我们谈到一个具有强大政治权威的中央政府的时候，往往很容易联想到中国历史上不同时期的中央集权政府，继而认为这种国家构成了公民个人自由的天然威胁。集权就必然会侵害公民自由吗？事实并非如此，如果我们能够区分政治集权和行政集权这两种不同形式集权的话。一个建立在政治集权基础之上的强大国家并非自由的敌人，相反，"强壮的政府与自由的保障乃须臾不可分离"（麦迪逊）；而只有实行高度行政集权的政府才会危及公民的个人自由。所谓行政集权是一种与行政分权相对立的主权国家的具体治理方式，在现实政治中，行政集权主要体现为为了实现对社会广泛而有效的治理，国家权力集中由行政机关行使，而且这种国家权力巨细无遗地笼罩着社会的每一个角落。托克维尔以当时的英国为例指出政治集权对于国家的繁荣与富强的必要性，"在现代，英国政府的权力也很大，政府集权达到了它可能达到的最高点：国家就像一个单独的人在行动，它可以随意把广大的群众鼓动起来，将自己的全部权力集结和投放在它想指向的任何地方"，"我决不能设想一个国家没有强大的政府集权会生存下去，尤其是会繁荣富强"。② 与之相反，由行政集权带来的无所不在的网状国家权力通过对整个社会实行威权式的看护和管理，固然取得了卓然的效果。然而，其代价就是在这种

————————

① 施雪华、张荆红：《各国政府权力理性进程及其启示》，载《探索》2005年第2期。

② ［法］托克维尔：《论美国的民主》（上），董果良译，商务印书馆1988年版，第96～99页。

没有界域的国家权力之下，公民的个人自由受到严重威胁。在政治集权与行政集权区分的这一问题上，另一位公法学家德国人卡尔·施米特与托克维尔不谋而合，尽管他们采用了不同的研究视角。在讨论全能国家的时候，施米特区分了"质的全能国家"（qualitative total state）和"量的全能国家"（quantitative total state）。前者和托克维尔的政治集权相类似，指的是在行使职能方面有绝对权力的国家，这是国家的基础性权力（迈可·曼将之称为国家能力），通过它国家能够在其统治领域内有效地贯彻其政治决策。后者和托克维尔的行政集权相类似，指的是一种笼罩整个社会的网状国家权力，通过它国家对社会实行单向的管理和支配，它在行使上毫无界域甚至不受宪法和法律的约束。施米特进而指出强大的国家必然要依靠"质的全能国家"，而"量的全能国家"反而会削弱国家能力。①

总之，我们所说的"强大的政治权力"是建立在政治集权而非行政集权的基础之上的。我们不能混淆行政集权和政治集权，将由于行政集权这种具体的治理策略而导致的失误归到政治集权名下，从而否认政治集权。这种混淆不仅带来理论上的认识错误，而且在实践中也导致对国家主权的否认和解构。可见，中央集权未必一定就是专制，问题的本质并不在于要不要否定集权，而在于如何集权，是政治集权还是行政集权。历史事实证明，一个体现政治集权的全国性政府是个人自由的保障，而由于行政集权带来的全能国家、绝对国家才是个人自由的敌人。国家在政治上的集权，具有十分重要的意义，主要表现为：

首先，政治上的集权是国内公民自由的前提。通常，一个国家的安全常常面临两种威胁：其一，因共同体内部的派系斗争而导致的内乱和分裂。马基雅维里认为在一个国家内部总有那么一些人即有钱有势者（grandi），他们的主要特点是想方设法、不计代价地

---

① 参见李强：《宪政自由主义与国家建构》，载王焱编：《宪政主义与现代国家》，三联书店 2003 年版。

来获取权力。① 为了达到这一目的，他们会在自己的周围聚集一批党徒，旨在利用这种私人力量取代公众力量来实现对政府的控制。一旦国家被野心勃勃的 grandi 控制，那么它的公民就会发现自己将要处于专断权力的统治之下或者处在割据战争的状态之中，从而不能独立自主地追求自身目标，公民自由也必将荡然无存。其二，外邦人的侵略。马基雅维里认为国家和个人一样，同样为野心所支配，某些共同体决不会"满足独善其身"，它们总是"力图把别国操纵于股掌之中"。因此，相邻的国家之间始终怀有一种天生的相互仇恨。一旦国家为异邦人所操纵，没有了国家的独立和民族解放，处在殖民奴役之中，公民也就没有任何自由可言。即使有自由也是主人赏赐给奴隶的自由，奴隶总要时时看主子的眼色行事，而主子随时可以收回这种赏赐。所以，无论是在国外还是在国内，强有力的政治权力是个人获得解放和自由的前提条件。

其次，政治集权还是一个国家成就民族伟业和伟大政治的前提条件。冷战之后，自由主义大获全胜，以普遍人权为核心的自由主义意识形态在一定程度上缓和了民族国家之间的紧张关系。然而，历史并没有终结，世界政治依然处在多元格局之中，民族国家之间实力的较量是政治国家生存的基本处境。因此，所谓全球化其实就是美国一厢情愿推行的美国化，这恰恰表明了美国在世界政治上的抱负和野心。在一个充满竞争与冲突的国际社会里，国家的政治独立以及随之而来的强权国家宪政不仅是国家内部和平的保障，而且也有助于培养国家在世界和历史面前担当政治责任和民族使命的能力即政治的责任能力——"世界强权的地位使国家不断面临'权力政治'的重大决策，从而使其国民们几乎每时每刻都经受着政治教育，而这类政治教育的机会在我们这里却只有当外敌入侵这种'非常'时期才会让人感受到"。从而使国家实现韦伯所说的"政治上的成熟"："如果德国的统一不是为了开始卷入世界政治，反倒是为了不再卷入世界政治，那么，当年花这么大代价争取这种统

---

① Cf Machiavelli, The Discourses On Livy, translated by Harvey C. Mansfield and Nathan Tarrov, The University Of Chicago Press, 1996, p. 14.

一也就完全不值得了"①，"我们的子孙后代冀望我们在历史面前能够担当起的责任，并不在于我们留给他们什么样的经济组织，而在于我们为他们在世界上征服了多大的自由空间供他们驰骋"。② 对于我们这个后发展国家，具有这种政治意识尤为重要。因为，西方帝国主义国家的自由主义政治哲学向弱小国家宣传要取消国家之间以及国家内部的敌对性问题，从保护个人生命和财产出发来规定国家本质，把日常生活作为政治的起点，其不可告人的目的是：让处于弱小地位的民族国家没有与之争夺世界领导权的能力和意志。自由主义法学家们稀里糊涂地指望国家法来消除民族国家间的战争，殊不知自己成为某些强权国家的帮凶。③

最后，政治集权还是一个国家成为文明大国的前提条件。一个国家政治上的集权不仅是国家在物理空间上的独立，也不仅仅是经济上的独立，而且还意味着国家在民族意识和文明上的独立。一个国家疆域再广阔，经济再强大，若是没有独立、成熟的文明和精神——梁启超称之为国性，"国性之为物，耳不可得闻，目不可得见。其具象制约略可指者，则语言文字思想宗教习俗，以次衍为礼文法律，有以沟通全国人至德慧术智，使之相喻而相发，有以网维全国人之情感爱欲，使之相亲而相扶。此其为物也，极不易成，及其成，则亦不易灭"④——她就失去了其存在的根基，依然可能成为其他国族的奴隶。认识到这一点对我们这个处于西方文明视野之外的国家十分重要，因为有的国人真诚地相信，中国走向"文明国家"的唯一道路就是抛弃自己的文明传统，选择全盘西化，并

---

① ［德］马克斯·韦伯：《民族国家与经济政策》，甘阳编选，三联书店、牛津大学出版社1997年版，第85～86页。

② ［德］马克斯·韦伯：《民族国家与经济政策》，甘阳编选，三联书店、牛津大学出版社1997年版，第75页。

③ 参见刘小枫：《施米特论政治的正当性——从〈政治的概念〉到〈政治神学〉》，载舒炜编：《施米特：政治的剩余价值》，上海人民出版社2002年版，第81页。

④ 转引自甘阳：《从"民族—国家"走向"文明—国家"》，载《21世纪经济报道》2003年12月29日。

且根据西方文明的标准来启蒙和教育民众。但是，这些人没有意识到西方文明正在摧毁他们以及他们国家的精神意志，而一个民族在肉体上被打败并不可怕，可怕的是她在精神上被彻底地打败，为自己的文明感到自卑，最后放弃自己的文明，自觉地接受征服者灌输给自己的奴隶道德。

2. 培养公民对政治权力的认同感和归属感。政治理性化的确立不仅仅要求政治集权，而且从根本上还要求这种政治集权建立在公民参与的基础之上。所谓公民参与也称审议民主（deliberative democracy），它是指政治共同体中自由、平等的公民，通过参加政治过程、提出自身观点并充分考虑其他人偏好和共同利益与价值，根据条件修正自己的理由，实现偏好转换，批判性的审视各种政策建议，最终达成政治共识的民主实践和公民自治的过程。① 在实践中，实现公民参与的方式多种多样，如议会立法、选举制度、行政程序中的听证制度、地方自治制度、社区自治制度、结社制度、陪审团制度，等等。通过这些制度彼此之间平等的公民参与到权力运作过程中，公开表达自己的意见以及考虑他人意见，寻求沟通和理解，从而作出合法的决策。

公民参与是树立和塑造强大政治集权的基本途径，这是因为：

第一，公民参与能够培养公民对政治权力以及国家的认同感。"只有在人民全力支持的前提下，自由的宪政制度才有价值。"（哈贝马斯语）一个成熟的政治国家不仅需要完善的政治制度和强大的经济实力，更需要每个愿意担当责任的公民的积极参与，托克维尔在《论美国的民主》一书中为我们阐明了这一点：

> "在美国，立法者和执法者均由人民指定，并由人民本身组成惩治违法者的陪审团。各项制度，不仅在原则上，而且在其作用的发挥上，都是纯粹民主的。因此，人民直接指定他们的代表，一般每年改选一次，以使代表们完全受制于人民。由此可见，真正的主导力量是人民；尽管政府的形式是代议制

---

① 参见陈家刚选编：《协商民主》，三联书店2004年版，第1页。

的，但人民的意见、偏好、利益，甚至激情对社会的经常影
响，都不会遭遇任何顽强的阻碍。在美国，也像在由人民治理
的一切国家一样，多数是以人民之名进行统治的。这个多数主
要由温和公民构成，他们不是出于爱好，就是出于利益，而衷
心希望国家富强。"①

可见，尽管这一说法在本质和效果上并非完美，但是，从形式
上讲，通过参与议会立法、听证程序、公民自治等审议过程，公民
直接参与到国家管理过程中，这是使每个人都能关心自己祖国命运
的最强有力手段，甚至可以说是唯一手段。

第二，公民参与能培养一群具有良好品格的公民，这是树立政
治权威的根基。通过鼓励公民进入到立法程序、选举程序以及各种
以政治为目的的结社等各种民主参与过程能培养维护健康民主所需
要的公民美德。在审议中，公民通过充分协商与交流，能够更好地
相互理解，相互尊重；在此基础上，还能培养公民节制自身需求的
能力，也就是说公民出于对他人需求和道德责任的真正理解来克制
自己的欲望，尊重他人的需求，从而使自己变成更具公民精神、更
宽容、更有知识、更关心他人利益的公民。另外，审议民主还有助
于形成公民的集体责任感。通过公民协商，人们意识到国家福利、
公共利益对他个人的福利不是没有影响的，他们都是社会的一部
分，其福利有赖于其承担属于自身的那份集体责任的意愿。

第三，公民参与还具有公开性，这是监督政治权力的重要方
式。从形式上看，公民参与政治是一个公开论证和反驳、公开争论
和辩论的过程，这是一个充满公开的、竞技精神的过程，"各种观
点在议会中相遇，观点的交流碰撞出火花并导致清晰"（边沁语）。
公民参与的公开性使得各种权力不得不参加辩论，从而论证某事为
正确而说服对手，并且使各种权力处在公民的控制之下。因此，公
民参与所带来的公开性具有一种绝对的价值，这意味着取消黑暗的

---

① ［法］托克维尔：《论美国的民主》（上），董果良译，商务印书馆1988
年版，第194页。

"秘密政治"和"黑箱政府",只有在显见的公共领域中,人的经验才可以分享,人的行为才可能经受公开评价。① 公开和开放是公民参与的前提条件与基本要求,而正是在这个开放的过程中,公众才能介入政治权力、评价政治权力,并在相互的博弈中进行监控、监督与约束,从而保障政治的理性化。

(三)政治权力的和谐化

实现社会和谐,是人类孜孜以求的一个社会理想。社会主义和谐社会是以胡锦涛同志为总书记的党中央,坚持和继承我们党在社会主义建设方面的理论与实践成果,并借鉴传统和谐思想的有益成分而提出来的战略思想。和谐社会是指社会内部各种社会关系处于和谐状态,既包括社会结构和谐、也包括社会制度和谐、社会发展和谐、社会利益关系和谐。发展社会主义民主政治,建设社会主义政治文明是全面建设小康社会的重要目标,政治和谐是政治文明的重要内容,也是社会主义民主政治高度发展的重要标志;政治和谐的程度,体现着一个国家政治文明的发展和水平。建设社会主义政治文明,必须努力实现政治和谐。而政治和谐的关键表现在政治权力运作的和谐化。

政治权力的和谐化表现为不同政治权力之间和政治权力内部的和谐。从政治权力的横向划分来看,指立法权力、司法权力和行政权力三者之间的和谐;从政治权力的纵向划分来看,指中央权力和地方权力之间的和谐;另外还有上述各种政治权力内部的和谐化以及执政党权力和政治权力的和谐化,下面分述之。

1. 立法权力、司法权力和行政权力的和谐化。立法权、司法权和行政权的三分制最早可以追溯到古代希腊和罗马人所创设的体现民众、君主和贵族三个阶层不同利益的混合政体。但是,大多是建立在人民主权原则之上的民主国家,民主政体是现代人所推崇的政体。因此,古代的混合政体到了现代推陈出新演化成分权制衡学说。值得注意的是,虽然权力分立和均衡政体源于混合政体,但是

---

① 参见〔德〕卡尔·施米特:《政治的浪漫派》,冯克利、刘锋译,上海人民出版社 2004 年版,第 159~187 页。

它与混合政体有着原则的不同。"混合政体以阶级划分和参与为基础，而分权政体以政府职能的划分为基础。前者必然要求代表某个阶层的政府部门参与政府的一切职能，后者则主张将各个政府部门限制在适当的职能范围内。"① 根据我国宪法，人民代表大会是国家的最高权力机关，因此，无论是立法权还是司法权、行政权都来自人民，要对人民负责、受人民监督。从这个意义上，我国的各项政治权力集中统一地由人民行使，所以，在人民代表大会制度和议行合一的制度之下，我国并不存在西方国家的"三权鼎立"。不过，出于实践的需要，我国宪法依然根据各项权力的功能不同，对政治权力进行了分工，立法权、司法权和行政权都各有其职责范围和与之相对应的权力机构体系。

既然在我国现实中立法权、司法权和行政权存在各自的职责范围和分工不同，那么三者之间必然会发生冲突、抵牾。如何构建互相监督、互相制约而且和谐共存的三权体系，这是我国政治文明法治化进程中的一个重要战略目标。要实现这一战略目标，我们需要从以下几个方面入手：

第一，根据宪法和有关组织法的规定，明确人民代表大会、行政机关和司法机关之间的权力分工。宪法在第三章国家机构中细致地规定了全国人民代表大会和国务院以及人民法院、人民检察院三者的法律地位和组织机构。具体来说，宪法第 57 条、第 62 条规定，全国人民代表大会是国家的最高权力机关，其职权包括，代表国家行使国家立法权；修改宪法；监督宪法的实施；制定和修改刑事、民事、国家机构的和其他的基本法律；选举中华人民共和国主席、副主席；根据中华人民共和国主席的提名，决定国务院总理的人选；根据国务院总理的提名，决定国务院副总理、国务委员、各部部长、各委员会主任、审计长、秘书长的人选；选举中央军事委员会主席；根据中央军事委员会主席的提名，决定中央军事委员会其他组成人员的人选；选举最高人民法院院长；选举最高人民检察

---

① 天成：《论共和国——重申一个古老的传统》，载王焱主编：《现代宪政主义与现代宪政国家》，三联书店 2003 年版，第 195 页。

院检察长；审查和批准国民经济和社会发展计划和计划执行情况的报告；审查和批准国家的预算和预算执行情况的报告；改变或者撤销全国人民代表大会常务委员会不适当的决定；批准省、自治区和直辖市的建置；决定特别行政区的设立及其制度；决定战争和和平的问题；应当由最高国家权力机关行使的其他职权。

宪法第 85 条规定国务院是最高国家权力机关的执行机关，是最高国家行政机关，第 89 条规定了国务院的行政职权：根据宪法和法律，规定行政措施，制定行政法规，发布决定和命令；向全国人民代表大会或者全国人民代表大会常务委员会提出议案；规定各部和各委员会的任务和职责，统一领导各部和各委员会的工作，并且领导不属于各部和各委员会的全国性的行政工作；统一领导全国地方各级国家行政机关的工作，规定中央和省、自治区、直辖市的国家行政机关的职权的具体划分；编制和执行国民经济和社会发展计划和国家预算；领导和管理经济工作和城乡建设；领导和管理教育、科学、文化、卫生、体育和计划生育工作；领导和管理民政、公安、司法行政和监察等工作；管理对外事务，同外国缔结条约和协定；领导和管理国防建设事业；领导和管理民族事务，保障少数民族的平等权利和民族自治地方的自治权利；保护华侨的正当的权利和利益，保护归侨和侨眷的合法的权利和利益；改变或者撤销各部、各委员会发布的不适当的命令、指示和规章；改变或者撤销地方各级国家行政机关的不适当的决定和命令；批准省、自治区、直辖市的区域划分，批准自治州、县、自治县、市的建置和区域划分；依照法律规定决定省、自治区、直辖市的范围内部分地区进入紧急状态；审定行政机构的编制，依照法律规定任免、培训、考核和奖惩行政人员；全国人民代表大会和全国人民代表大会常务委员会授予的其他职权。

宪法第三章第七节规定了人民法院和人民检察院的法律地位和职权。"人民法院是国家的审判机关"，"依照法律规定独立行使审判权"；"人民检察院是国家的法律监督机关"，"依照法律规定独立行使检察权"。可见，权力的划分及权力形式的相对独立性是和谐的前提，政治文明对和谐的追求在权力的划分与共生上得到了应证。

　　第二，根据宪法，我国行政机关和司法机关在最高权力机关的统领下不仅存在着职能上的分工，而且还存在着互相监督互相制约的关系。一方面，全国人民代表大会及其常委会统领着行政机关和司法机关，"国家行政机关、审判机关、检察机关都由人民代表大会产生，对它负责，受它监督"。全国人民代表大会"根据中华人民共和国主席的提名，决定国务院总理的人选；根据国务院总理的提名，决定国务院副总理、国务委员、各部部长、各委员会主任、审计长、秘书长的人选"和"罢免国务院总理、副总理、国务委员、各部部长、各委员会主任、审计长、秘书长"。"选举最高人民法院院长；选举最高人民检察院检察长"和罢免"最高人民法院院长、最高人民检察院检察长"。全国人大常委会还监督行政机关的立法活动，"撤销国务院制定的同宪法、法律相抵触的行政法规、决定和命令"。此外，全国人大常委会还"根据最高人民法院院长的提请，任免最高人民法院副院长、审判员、审判委员会委员和军事法院院长；根据最高人民检察院检察长的提请，任免最高人民检察院副检察长、检察员、检察委员会委员和军事检察院检察长，并且批准省、自治区、直辖市的人民检察院检察长的任免"。另一方面，国务院和司法机关之间也彼此监督制约。根据宪法和组织法的授权，国务院制定的行政法规是司法适用的重要法律渊源。同时，宪法第 5 条规定，"中华人民共和国实行依法治国，建设社会主义法治国家"。"一切国家机关和武装力量、各政党和各社会团体、各企业事业组织都必须遵守宪法和法律。一切违反宪法和法律的行为，必须予以追究。任何组织或者个人都不得有超越宪法和法律的特权"，该条确立了社会主义法治原则。这是行政机关依法行政的宪法依据，同时根据宪法第 126 条人民法院依照法律规定独立行使审判权，不受行政机关、社会团体和个人的干涉。行政机关的行为应该接受司法机关的审查和监督。

　　2. 中央权力和地方权力的和谐化。中央权力和地方权力的分配是一个关涉国家结构形式的宪政问题。中央和地方关系处理不好，要么导致中央集权，从而不能充分发挥地方积极性，要么导致地方权力扩大，从而使得国家面临分裂的危险。出于国家利益和地方利益平衡发展的需要，一些现代国家的中央和地方都呈现出要求扩权的趋势。这种趋势，在中央通常表现为集权、控权要求，在地方则往往表现为自治维权主张。如何既确保一个强有力的高效中央政府，同时又能充分发挥地方积极性，是主权国家必须解决的宪法问题。比如在美国立宪过程中，就有过联邦制和邦联制的激烈争论，后来联邦党人占据上风，最终确立了联邦制。而在中国历史上，就此问题，一直都有封建制和郡县制之争。所谓封建制就是指天子分封诸侯，爵名授禄。所谓郡县制就是指由统一的中央政府挑选和任命地方官员，并定期予以考核、升降和更换的制度。封建制有点类似于今天的联邦制，郡县制有点类似于今天的单一制。历史事实证明，在中国这样一个大的国家实行封建制只能导致国家分裂和动乱，而强调中央权力的郡县制则有利于天下和平，使百姓免予受各地诸侯为争夺疆土所引发的战乱之苦。今日之中国已经发生了质的突变，但是，中央权力和地方权力的和谐化必然是两者的适度分权。过度集权和过度分权都不利于政治稳定和政治发展。那么在实践中如何操作，如何实现中央权力与地方权力的和谐化？美国的思路是在宪法中对联邦和州的立法权限事项做比较明确的划分，联邦和州分别在各自的立法权限范围内进行立法，同时在宪法第十修正案规定，"宪法未授予合众国、也未禁止各州行使的权力，由各州各自保留，或由人民保留"。然后，通过宪法解释的方式确立联邦的默示立法权。英国实行的是在中央集权控制下的地方有限分权模式，中央与地方的关系是监督控制与被监督、被控制的关系。而一向以中央集权制著称的法国，在中央与地方的纵向权力关系上，强调中央集权，而不注重地方分权。①

　　中国是一个单一制国家，如何划分中央与地方的立法权限，首先在观念上要有恰当的认识与合理的期待。在中央和地方的权限划分上，1982 年宪法一方面坚持了中国传统的思路——中央集权，确立了单一制的国家结构形式。同时，宪法第 3 条规定，中央和地

① 李林：《中国立法权限划分》，载正义网，http://www.jcrb.com/zyw/n4/ca128229.htm，2007 年 6 月 10 日登录。

方国家机构的职权划分，遵循在中央的统一领导下，充分发挥地方的主动性、积极性的原则。可见，在中央和地方关系上，我国地方的权力来自中央政府的授权，中央政府是否授予地方立法权以及授予多少权力，完全由中央政府按照既定的思路和原则以宪法或法律规定之。根据这一宪法设计，改革开放20多年来中国改革的大趋势是中央向地方"放权"。党的十三大报告指出："在中央和地方的关系上，要在保证全国政令统一的前提下，逐步划清中央和地方的职责，做到地方的事情地方管，中央的责任是提出大政方针和进行监督。"党的十三大的改革指导思想是简政放权，体现在立法权限划分上，突出了向地方倾斜的"地方分权"特点。1995年9月，江泽民在中国共产党第十四届五中全会上再次强调要处理好中央和地方的关系。他指出："改革开发以来，实行权力下放，地方积极性得到充分发挥，有力地推动了改革和发展……但在这个过程中，也出现了一些新的矛盾和问题。"①"既要有体现全局利益的统一性，又要有统一领导下兼顾局部利益的灵活性；既要有维护国家宏观调控权的集中，又要在集中指导下赋予地方必要的权力。当前应抓紧合理划分中央和地方经济管理权限，明确各自的事权、财权和决策权，做到权力和责任相统一，并力求规范化、法制化。"②

3. 政党权力和国家权力的和谐化。政治权力属于国家权力，是全社会范围内的政治权力，是全体社会成员共同利益的力量凝结。政党权力属于一种集团性权力，它是统治阶级的核心组织，执政党的组成人员范围小于社会成员。二者在目的、结构和合法性等方面均不相同。因此，二者之间既可能存在着积极的促进作用，也可能存在着消极的背离关系。所以，两种权力关系还是存在一个能否和谐相处的问题，正确处理好政党权力和国家权力的关系具有非常重要的意义。正如胡锦涛主席所说："推进政治文明建设，最根本的是要坚持党的领导、人民当家作主和依法治国的有机统一。"

在西方资本主义国家，资产阶级执政党往往以该党的领袖出任

---

① 江泽民：《江泽民文选》（第一卷），人民出版社2006年版，第472页。
② 江泽民：《江泽民文选》（第一卷），人民出版社2006年版，第472页。

行政首脑并组织政府。执政党的权力对社会公共权力的转化，主要依靠该党的议员组成议会党团的形式影响立法来实现。在社会主义国家，中国共产党代表无产阶级和最广大人民根本利益执掌社会公共权力，执政的共产党坚持对社会的经济、政治、文化建设实行全面领导，包括对社会公共权力的领导，在这点上，与西方资本主义国家执政党的权力范围和实现方式是有区别的。

首先，执政党权力与国家政治权力的关系是否和谐，关键在于执政党的领导方式和执政方式是否做到了依法执政。所谓依法执政是指中国共产党将对于国家政治生活的领导纳入到国家法律制度范围之内。依法执政是在建设社会主义市场经济、依法治国方略的提出以及对外开放的背景下，中国共产党从革命党向执政党的角色转换。中国共产党十六大报告在部署政治文明建设时，要求改革和完善中国共产党的执政方式，并在《中共中央关于加强党的执政能力建设的决定》（以下简称《决定》）中指出，"依法执政是新的历史条件下党执政的一个基本方式"。当然，这并不是意味着依法执政是执政党执政的唯一方式，从《决定》看来，它在论及依法执政的同时，还论及了科学执政和民主执政。但是，其核心内容依然是依法执政。可以说，依法执政是改革和完善中国共产党领导方式的最基本选择。

其次，执政党权力与国家政治权力关系是否和谐，还取决于如何处理好执政党和立法、司法以及行政之间的关系。具体来说，就执政党权力与立法权力的关系来说，一方面我们既要加强执政党对立法工作的指导，从制度和法律上保证其路线、方针和政策得到落实；另一方面又要改进中国共产党对立法工作的指导，善于使其意志通过法定程序转化为国家意志。就执政党与行政权力的关系来说，一方面，既要从完善中国共产党各级党委常委会的组成机构、适当扩大党政领导成员交叉任职等具体环节突破，同时又要从整体上督促、支持和保证行政机关依法行政，保证公民的基本权利。就执政党与司法权力的关系来说，既要保障司法机关依法独立行使职权，又要在路线和原则上加强对司法机关的监督和领导。

总之，在政治和谐问题上已经具备了宪法和政策两类文本的双重认同与总体确认。但在具体实施路径、实践对策与实际运用方面还存在诸多亟待探讨的问题。为了在理论、规范与实践三方面实现有机统一，本书将从政治权力的四个基本形式——立法权、行政权、司法权、执政权入手，集中研究政治文明法治化的立法、行政、司法与执政战略，以期为实现法治的立法文明、行政文明和司法文明以及执政文明奠定理论基础。

第二章

立法文明的法治之道

人类从鸿蒙之初到"现代之后",历经了文明化的漫长旅途,而所谓人类文明,其核心主旨便是人对自身"兽性"的控制及"善性"的张扬。人类为达到这一文明旨趣,竭心穷力,利用各种方法与手段,构造了一套绵密、繁复的规则体系。立法正是这套文明规则的成熟展示,也是人类文明史上的重要"发明创造",其意义与效用能与任何"科学发现"相媲美。更重要的是,人类在立法过程中逐渐发现,仅仅依赖权威机构与个人订立的成文化法治规范,并不能完全应对多变的社会现实,因为立法者的智性不周或德性失范,更多、更严峻的问题甚至会层出不穷。面对立法自身的问题,再靠附加的立法去解决,势必会导致"恶法的循环",问题不断累积、延误会损毁本已脆弱的文明根基。换句话说,不慎的立法有可能吞噬人类千辛万苦才换回的法治文明果实。所以说,确立一种"良善"的立法理念,并依赖它指导立法过程,确实不容忽略,对于法治社会的建构与形成,也具有至关紧要的战略功用。法治社会应当是一个"良法"至上的社会,而"良法"的确立首先需要良善的立法理念,但什么才是良善的立法理念?在人本立法观的基础上，有没有可能创造出一种纯粹的"内部标准"？讲究良法至上的立法理念究竟应当如何才能在现实中获求存在依据？这种法治社会的核心理念能不能与实践，尤其是当代中国的法治实践彼此呼应、完美契合？这些问题都是本章要交代和关注的研究重点，也是基于诸多现实矛盾而促生的理论构想，与立法文明的构建息息相关。

第一节　立法文明的总体要求

一、立法文明的概念描述：理念、制度、行为与秩序

1845 年，法国经济学家弗雷德里克·巴斯底特（Frederic Bastiat）虚构了一则"蜡烛工请愿"的故事，讥讽了违背基本法治规诫的荒谬立法。蜡烛工们说："吾等已经受着无法容忍的外来竞争……当他出现，吾等的顾客向他齐涌，吾等的工业立刻停滞不前。他不是别人，就是太阳。……吾等请求，通过一项法律，命令国民关上所有的窗户、天窗、屋顶窗、帘子、百叶窗和船上的舷窗，一言以蔽之，所有的自然光线都应被视为侵害而被禁止。"① 这种请愿不大可能为立法者接受，因为，法治不能要求人们为其不能为之事，立法同样不能立人们不能遵从之法，这是立法文明的起码常识。

从理论上阐释立法文明的含义，需要把握立法与文明的各自含义以及两者对接时的核心内涵。立法是什么？立法的实质为何？文明是什么？文明的本质为何？立法文明是什么？立法文明的特质为何？这些问题是界定"立法文明"的关键。西方学者认为，立法是指"通过具有特别法律制度赋予的有效地分布法律的权力和权威的人或机构的意志制定或修改法律的过程"。② 我国学者认为，

---

① Frederic Bastiat, Economic Sophisms, Edinburgh: Oliverand Boyd, 1873, pp. 49-53.

② ［英］戴维·M. 沃克：《牛津法律大辞典》，邓正来等译，光明日报出版社 1988 年版，第 764 页。

"立法是由特定的主体，依据一定的职权和程序，运用一定技术，制定、认可和变动法这种特定社会规范的活动"。① "立法是一定的主体确立具有普遍效力的法规范和法规则。"② 从广义的哲学角度，立法包括内在立法和外在立法，康德称之为道德立法和法律立法，"不同的立法所产生的不同的法规便与这一类或那一类的动机发生联系"。③ 看来，立法并不等于法律，那种将立法与法律划等号的做法遭到批判，理所当然。立法从实质上是一种法律的形成过程，它与法律本体不能等同，用马克思的话说，法律永远只能被表述，不能被制造，对良善法律的良好表述过程是立法过程的精要。④ 在立法过程中，权威的机构或个人必须秉持良善的理念，如此才能真正表述法律本身的意志与规律，才不至于僭越立法权能，为私利或己欲立法，做到"文明"的基本要求。

就文明的内涵来讲，综观汗牛充栋的分析，文明的核心在于主体生存状况的改进，其中，思维水平、意识能力与理念层面的提高是人类文明的永恒标志。循此常理，立法文明的核心在于立法理念的文明。基于理念自身的本质性要求，亦即"理念不仅表达了某种东西所以是这种东西的性质（希腊人认为是一种决定性的'形式'），而且表达了这种东西所能达到的最好状态"⑤。"立法理念是蕴涵于立法这一环节的法律内在精神和最高原理，它体现了立法者对立法的本质、原则及其运作规律的理性认识以及由此形成的一

---

① 张文显：《法理学》，高等教育出版社、北京大学出版社 2007 年版，第224 页。

② 戚渊：《论立法权》，中国法制出版社 2002 年版，第 12 页。

③ ［德］康德：《法的形而上学原理》，沈叔平译，商务印书馆 1991 年版，第 25 页。

④ 马克思的原话是："只有毫无历史知识的人才不知道：君主们在任何时候都不得不服从经济条件，并且从来不能向经济条件发号施令。无论是政治的立法或市民的立法，都只是表明和记载经济关系的要求而已。"转引自陈兴良：《立法理念论》，载《中央政法管理干部学院学报》1996 年第 1 期。

⑤ 赵汀阳：《没有世界观的世界》，中国人民大学出版社 2003 年版，第 9 页。

种价值取向，它是立法者为实现法治这一最终目标，期望通过制定完善的法律来治理国家、管理社会生活的一种最高思想境界。"①简言之，立法理念的特质是一种表达法律性质及理想状态的指导方向与原则。立法理念的转化与更新是立法文明发展与进步的内部特征，也是立法制度、行为、秩序文明的前提与基础。

作为政治文明核心内容的立法文明除了立法理念的文明外，还包括如上所述的立法制度文明、立法行为文明和立法秩序文明。②就各自的含义而言，可以简略表达如下：立法制度文明，主要指在立法理念文明基础的指引下，通过具体的规范与律则严格控制立法权力的运行，保障公民权利在立法过程中的正义实现，维护法治的"起点公平"。立法行为文明，指的是在严格的立法制度框架下，立法者在从事立法活动中的个人行动与制度要求相符合的情况及其具体程度。立法秩序文明，则是指立法过程在总体上满足了立法理念的根本要求，呈现出一种符合法治精神的"内在秩序"，这种"内在秩序"是立法文明的最终标志。

为什么我们需要一种相对纯粹的"内部性"立法秩序？依哈耶克之见，人类秩序分两种：内部秩序（cosmos）和外部秩序（taxis）。内部秩序一直为人们忽视，因为，"秩序概念所具有的这种威权主义的涵义，却完全源于这样一种信念，即只有系统外的或'源于外部的'（exogenously）力量才能够创造秩序"。③ 所以，源

---

① 刘军平：《中国法治进程中的立法理念刍论》，载《政法论丛》2005 年第 3 期。

② 所谓政治文明，简单地说，就是人类社会政治生活的进步状态。从静态的角度看，它是人类社会政治进程中取得的全部进步政治成果；从动态的角度看，它是人类社会政治进化发展的具体过程。政治文明包括政治理念文明、政治制度文明、政治行为文明和政治秩序文明四个组成部分，是由这四个部分组成的有机整体。参见虞崇胜：《政治文明概念辨析》，载《理论前沿》2002 年第 4 期；李龙主编：《法理学》，中国社会科学出版社、人民法院出版社 2003 年版，第 506 ~ 510 页。

③ ［英］哈耶克：《法律、立法与自由》（第一卷），邓正来等译，中国大百科全书出版社 2000 年版，第 55 页。

于内部的（endogenously）均衡，正如自由市场创生的那种均衡秩序，往往无法运用一般外部秩序原理加以解释。与内部秩序相对应的"内部规则"（nomos）随之无法彰显其应有功用，构造"内部规则"的"司法造法"也为单纯的"代议立法"所掩灭，至少，司法的位序通常都尾随于立法，司法之"法"从"法律"的谱系中被无情驱逐，一些权力命令反倒穿着"立法"的外套堂皇登上法律的舞台。哈耶克洞识了"法律"与"立法"的区别，提出了"法律先于立法"的重要理念，同时，他也非常巧妙、精准而合宜地解释了司法性立法的必要。

二、立法文明的范畴特征："法治"与"立法"的紧张与调和

肇端于欧洲思想传统的法治理念向来笃诚坚信："法律不是一个人或许多人的意志，而是一种理性的、普遍的东西；不是 voluntas（意志），而是 ratio（理性）。"① 法治的理性规诫与立法权的意志表达形成了深刻的紧张，两者关系极其微妙，处理不当即有可能出现法治与立法权的理念悖论。

第一，法治社会形成必须依赖"理性法"的统一与普遍，而立法权的存在本身又急需通过一系列权威法令的颁行不断证立和强化，法和法律的裂缝不断扩大，直至尖锐对立，二元互反，冰炭不容。诚如施密特所言，近代法治国概念有一个恒稳的特征，那就是强调法规范的统一性和普遍性，"它是对法律和命令、理性与意志这一系列古老的法治国区分的最后保证，因而也就是国民法治国的观念基础的最后一点残余"。② 为了说明良善立法的可贵，他还引用特里佩尔对国会滥用立法权的批评："法律（Gesetz）不是神圣的，惟有法（Recht）才是神圣的。法凌驾于法律之上。"③ 其实，

---

① ［德］施密特：《宪法学说》，刘锋译，上海人民出版社 2005 年版，第 152 页。

② ［德］施密特：《宪法学说》，刘锋译，上海人民出版社 2005 年版，第 155～156 页。

③ ［德］施密特：《宪法学说》，刘锋译，上海人民出版社 2005 年版，第 156 页。

无论是理性法至上，还是实在法第一，法和法律的分野不能过于悬隔，适度的离剥有助于法理念的纯粹及法制度的自立，但绝对的不容只会让法治理念与立法权运行双双陷入孤独无援的抑郁境地。

第二，法治社会需要法规范从根本上限制公权力之滥用，其规范的重心便是以"制法"为己任的立法权，而立法权却秉持"国家主权"这柄至锋至利的尚方宝剑，不愿意接受法规范的制约，因为，法规范的骨架、外型皆由其赋予，除了血肉和灵魂，法规范就是立法本身的造物。

第三，法治社会的形成要求权力的分立与制约，而传统三权分立的主张将立法与行政、司法分开，造成了立法权形式上的独立与实质上的专权。如果说，行政权独立是出于管理效能之需，司法权独立是基于个案裁判之便，那么，立法权独立便是重于政治权威之立。所以，立法过程很大程度上成了权威政治的自我合法化过程，成为经由实质性统治达致形式化治理的中间阶段。立法权独立，主要是为了有效排除来自司法与行政，尤其是司法权的合法性审查，而不是为了抗拒政治权威的干涉。所以，法治的传统分权理念不可避免地造成了法治对立法权无从有效限制的尴尬局面。

上述一系列悖论的出现，很大程度上是法理的推测，在事实中是否发生，如何发生，尚取决于实际境况的交错、演变。指陈这些悖论的可能性，主要是为了阐述这样一个原理：法治与立法的紧张必须达成理念上的互融，方有可能形成事实上的互动。这样，立法文明的范畴方能实现整体的和谐与一致。否则，立法文明的重心便无从确立，制法还是法治？就会成为一个哈姆雷特式的难解。

实现立法文明范畴和谐的途径有三：一是更新传统法治理念，比如将形式上的三权分立理论转化为现实中的权力制衡学说，以期更有效地从外部监督立法权运行；二是创新立法权运行理论，从制度经济学的角度找寻到一条真正符合法治控权效能的立法路径，将立法的原则、范围、方式、监督及评测纳入一个统一的法规范框架，塑造出真正符合良法标准的"承认规则"；三是实现立法权理念与法治理念的"重叠共识"。如前所述，立法权本身的运行要求与法治社会核心的控权理念，虽然存在冲突但也不是无任何共识可言。找出那些可贵的"重叠共识",通过法理的再造,提炼出一系列基本的原则范畴,形成一套法治社会的立法理念——这种方案无疑是三者中的最优选。①

三、立法文明的理念定位:法律良善 重在统一

首先,我们对当下比较流行的几种"立法理念"略加分析:

立法"能动"理念。作为社会变革的主要工具,立法(legislation)主要是政府推进外部秩序构建的合法性依凭。现代性是对传统等级秩序、文化差别以及利益调配的全面变革,故而需要一个相对集中、统一的权威组织体通过一系列连续不断、和谐一致而又积极主动的命令发布来应对现实之变化。代议制的精髓正在于,以议会立法为权威构造之本,为行政权的命令推进创造一体化的框架。当然,在这一框架中,行政权应当受到立法权的监控,但"议行合一"的内在机理决定了立法对立法权监控力度的天然渺微,那么,立法能动性的根源只可能是政治组织体的权威统一性,由于后者的推动,立法才能具备应有的效能,立法的统一与政体的统一往往是紧密合一的。而这样的"能动"显然是有条件的高价消费行为,它自身缺乏能动力和最关键的能量源。

立法"独立"理念。所谓的"立法独立"指的无非是行使立法权的机构与个人对政治权威的专业性拒斥。它是一批"公法法律人"的理论建构,在实然层面,这只是一种姿态与宣言,没有制度及法理支撑。从制度上看,立法过程主要是政治组织体的权威命令之颁布,作为具有实证效力的规范,立法构成了法律的重要渊源,但它自身无法从政治组织体中彻底脱离,走向独立。从法理上看,立法追求的不是命令之颁行,而是命令本身是否真正表达了法

---

① 李林指出,现代法治中"良法"的立法价值追求,至关重要。第一,立法应当具有良性的价值取向。第二,立法应当是民意的表达和汇集。第三,立法程序应当科学化与民主化。第四,立法应当具有可实施性(可操作性)。第五,立法应当具有整体和谐性。参见李林:《崇尚"良法"之治(代序)》,载《立法理论与制度》,中国法制出版社2005年版,第3~7页。

律。所以，立法不能脱离法律这个"上司"，实现独立。可以说，立法是介于法律与政治之间的一种均衡过程，强调它的独立性，实质上是为了避免它受到过多的政治干扰，能够及时、一贯地围绕"构造善法"这一根本法治理念，展开运转。①

立法"开放"理念。基于政治组织体的意念，立法往往习惯作出开放姿态，通过听证、审议、批评建议等多种管道吸纳各方人士参与、广纳民意，以求科学。这是当代政治进步、民主之表现，但它不能成为立法必须开放的理由。从技术性角度看，立法是一项高难的事业，有人形容其为"神人的作为"，繁复之程度，丝毫不亚于任何一项高科技项目研发，任何环节出了问题都会产生恶性连环反应，功亏一篑。所以，真正操纵立法权的机构、个人必须是精通法理的大家，同时又要与政治体相谐和，这些人被称作"法政精英"，他们的专业性程度并非人人能及，开放的立法过程如若没有以一套专业立法机制之预先规范，很容易陷入大民主、大民意立法之陷阱，使立法的良善追求化为乌有。②

通过上述分析，我们发现，需要"立法文明"的因由很多，但择其要者，无非是因为立法承担着以科学法理构造善法之重责，

---

① 拿破仑一世说过这样一段意蕴深长的话："不可能有人比我更尊重立法权的独立性了：但是立法并不意味着撑控财政、批评行政或包揽在英国由议会所承担的 90% 的事情。立法机关应当立法，亦即依照科学的法理学原理构造善法，但是它必须尊重行政机关的独立性，一如它欲求自己的独立性受到尊重一样。"（［英］哈耶克：《法律、立法与自由》（第一卷），邓正来等译，中国大百科全书出版社 2000 年版，第 206 页。）在他看来，立法独立并非绝对的，而是有条件的，最终需要科学法理学原理，为构造善法服务。

② 庞德认为，哲学派法学家强调的是理性，而历史派法学家所强调的则是经验。这两种思想都有道理。只有能够经受理性考验的法才能坚持下来。只有基于经验或被经验考验过的理性宣言才成为法的永久部分。经验由理性而成，而理性又受经验的考验。舍此之外，在法律体系中没有任何东西能够站得住脚。法是通过理性所组织和发展起来的经验，由政治上有组织社会的造法或颁法机关正式公布，并受到社会强力的支持。立法者必须具有沟通理性与经验两端的超凡才能。参见陈兴良：《立法理念论》，载《中央政法管理干部学院学报》1996 年第 1 期。

现代性社会之构建以法为本，大量的法律需求亟待"立法"确定。良善立法以其丰厚储能、均衡期求与专业资质确保了"良法"之不竭可能——这正是我们需要立法，并呼唤良善立法理念的根本理由。

曾几何时，"法律"现世之日，便是其获得无尚"尊隆"之时。法律的"尊隆"，在不同文明类型中，具有不同的意蕴。我们不必细数林林总总的人类文明形态，只需择其大端，便可明了法律之"尊隆"无不源自三种力量：一是宗教的神化。把法律的诫令与神主的旨意紧密勾连，使立法事业成为一项神圣的工作，使宗教戒条也具有法的权威；二是政治的奴化。由于政治奴役了法律，法律成为工具，它也会享有"尊隆"，只不过这种"尊隆"会随着政治情势的变更而变更，本身不具有恒稳性和独立性；三是文化的异化。文化是一种"化人"的工程，这种"化"既包括同化也包括异化。文化的同化性表现在它可以将人团结一体，以共遵的礼俗平和共处、安乐互助，这个时候，法律往往成为可有可无的东西，故子曰："道之以德，齐之以礼，民有耻且格。"但是文化也可以产生异化之功能，尤其当几种不同的文化共存，难免会发生激烈的冲突，结果便是社会共识难以达成，民众不知其依归，这个时候，法律便会被强烈需求，以期通过法律获得基本的秩序与安全，再慢慢型构完备的社会共识。由此，法律也会受到高度礼遇，享一时"尊隆"。这三种情态下的法律"尊隆"本身无利弊优劣可言，关键在于，其是否能与现实相契、促进现状的改善，达致良好的社会治理。所以，法律自身的质量与品格就显得无比重要了。

对于法律的质量与品格，法学史上的争论非常激烈，迄今尚未有一种细密且为人所共知的评测标准。对于何种法律是良善的，这构成了法理学上的"规范派"一脉，其与强调法律之实存而不论其善恶的"分析派"长期对垒，结果是不断融合，各自从不同的角度与侧面构建良善之法的理想标准。①

---

① 有关"规范法学"的扼要介绍，可参见 Austin M Chinhengo , Essential Jurisprudence（Second Edition）武汉大学出版社 2004 年影印本，第 2 页，第 17 ~ 26 页。

　　"规范法学"，顾名思义，它是一种将法律视作一种"理想规则"的法学主张，它与我们通常理解的"法律规范之学"不同，前者是基于"应然"的法理视角，而后者主要是将法律作为实然的规则来对待。规范法学相信人的理性可以构造出一套理想的法律体系，为达成这一目标，在不同历史时期，它提出了不同的建构主张，形成了不同的法学流派。其中，有我们熟悉的希腊的理念论法哲学，以柏拉图为开山祖师，其弟子亚里士多德加以丰富和完善，形成了一套比较系统的良法实践哲学。柏拉图的《法律篇》、亚里士多德的《政治学》，都将良法与政体选择、社会治理等实践问题紧密结合，探索了良法实践的基本理论问题，诸多思想至今仍熠熠生辉。

　　古罗马的法学家更是从司法实践的角度进一步细化了良法的判别、运行及修正标准，建构了一套市民法与万民法互相协配的法律理念体系，有力地促进了罗马法的发展，为它成为世界上第一个比较成熟的商品经济法律体系建下了不朽功勋。随着历史情势的不断变迁，中世纪的混乱又促发了法学的新灵感，许多教会法学家以神学理论为名义提出了空前恢宏的法律体系理论，其中最具代表性的莫过于托马斯·阿奎那，他的理想法律的四类型说堪称神学法理学的经典分析。

　　到了近代，随着文艺复兴之后的理性觉醒，宗教改革后的教权衰落以及地理大发现带来的资本经济高潮，这一切的一切都需要规范法学发挥新的想象，建构更为适当的良法标准。于是，一股以人为中心的法哲学清风徐徐吹来，并不断扩展，开启"良法人本化"时代的门扉。良善之法必须是确保人之尊严之法，这是康德哲学对于法律理念的一大贡献，也正是这一贡献总结了法律人文主义的遗产，推动了人本法律观的构型，人权逐渐成为法律良善判别的首要标尺，人权法律化成为法律发展的重要形式与内容。但是，人究竟是什么？人权的共识如何达成？这些问题依然没有解决。尤其在当代社会，人的异化现象非常严重，各种力量都企图独霸法律的命门，于是，有一批学者开始着力反思现代性，主张对现代性加以重写，他们的主张，表现在法学界便是后现代主义法学的出现与勃兴。虽然后现代法学力求批判、解构，但它同样是在为法的良善而寻求标准。只不过，这种标准在它看来，是那么渺茫、抽象，以致于接近虚无。这可以称得上是一种暧昧的规范法学新思潮。

回顾规范法学的简史，目的是要从中抽出一个"共识"，那就是，无论在何种时期，对于何种派别的法学研究而言，只要它承认"良法"的可欲，便不会否认一个基本的理念，那就是良法必须是统一的。那些互相矛盾、彼此冲突的法则最终都应整合为一套和谐共生、互相自足的有机整体，只有这样，才能保证法律的内在品格，才能实现根本的法治理想。

然而，任何事物一旦成为目光的焦点，就会为多方的诠释改变原初的面貌。法治话语已在中国流行，但法治的本原却容易为人遗忘。我们必须抓住法治的根本，拓展一片新地。在本书中，这个关于立法文明的法治根本名为"法律统一"。总体言之，法治社会的法律不仅应统一于规范文本，统一于价值理想，还统一于规范与价值的和谐共生，并最终统一于法治之"治者"与"受治者"对文明的共识与信念。尤其对立法权的运行而言，法律统一可谓关键的要素。立法权之统一性不仅表现在国家立法机关应统一行使立法权，不经国家立法机关授权或委托，任何团体和个人不得制定成文法律、不得创制法律规范或规则，由立法授权行政机关所颁布的法规也不得抵触立法机关制定的法律；不仅表现在立法形式上，使法律结构、系统、格式及文字等方面趋于统一；不仅表现在立法技术上，要采用以禁止性规范为主、授权性规范为辅的立法技术；而且更重要的是，立法价值的统一性，即要求在宪法和法律中要有统一的价值标准。①

事实上，许多改革实务家、经济学者、政治学者、历史学者乃至哲学者都已经朦胧意识到法律统一在法治社会中的重要功用，他们习惯称之为"法律体系合理化"。但迄今为止，对于追求何种意义的法律统一以及如何去实现设定目标等关键问题，意见仍很不一致，有些场合连问题之所在也如坠云里雾中。面对社会变革时期推

---

① 参见戚渊：《论立法权》，中国法制出版社 2002 年版，第 24 页。

行法治的深刻两难，如法律的规范强制性与认知调适性、法律关系的组织化与自由化、守法与变法、法律的效用期待与负荷能力等一系列矛盾，① 任何仅在理想上坚定的法律统一论者都会陡生寒意心绪飘摇进而举棋不定误入迷区。在法治社会的理想图景中，矫治权力的异化，根治地方、部门保护主义的顽疾，树立法律权威，法律统一是关键一环。法律统一与否直接关系到法治能否实现、法治社会能否建构成型并在自然与专制状态的抵消和破坏下巍然屹立。对于良善立法理念的建构与实行，法律统一也是根本之举。

四、立法文明的基本要求：以"法律统一"为重心

（一）法律统一是形成法治共识的一根红线

对法治的苦苦探索，不同的法学流派形成了各具特色的理论见识，而长期的对立和论战加深了它们的交流与理解，使它们对一些重大理论问题达成一致成为可能。法律统一正是沟通它们的一个主题、一根红线。

1. 新分析实证主义法学的法律统一观。当以凯尔森为代表的纯粹法学日趋式微的时候，一场轰轰烈烈的新分析法学运动（a new-analytic movement）于 20 世纪下半叶兴起了。哈特是这场运动最负盛名的倡导者和推动者。根据哈特的观点，一个发达的法律制度必须是"首位规则"和"次位规则"（primary and secondary rules）的统一。"首位规则"是行为的标准方式，这种方式强制社会成员为或不为某类行为。对这类规则统一性的保障主要集中于多数人对它们的接受，这种接受会形成一种法律统一适用、普遍遵守的社会约束力，从而有效迫使少数不守法的社会成员改弦易辙服膺规则。② 但仅有首位规则还远远不够。法治社会的实现除了强调首

———————————

① 参见季卫东：《法治秩序的建构》，中国政法大学出版社 1999 年版，第 7 页。

② 参见 H. L. A. Hart, The Concept of Law（1961），pp. 77-88。转引自［美］博登海默：《法理学——法律哲学与法律方法》，邓正来译，中国政法大学出版社 1999 年版，第 126 页。

位规则的统一性之外，还注重"次位规则"的有效性。因为这些次位规则能够通过确立法定手段保障首位规则的识别、改变以及审判适用不陷于"无法无天"的恣意。次位规则并不次要，它的顺序虽然靠后但功用却非常关键，它是（首位）法律统一的（次位）法律保障，是法治社会的"最后也是最根本的一道防线"。

哈特的法律理论克服了奥斯丁"法律命令说"的偏狭和绝对。他看出了法律统一的复杂性，放弃了强制统一的幻想，吸收了社会学法学和自然法学派的合理成分，同时，坚守了分析法学"忠于实在法"的基本原则。① 在他的改造下，分析法学的法律图式不再是一个从上至下层层建构的主权命令金字塔，而是一根既有实在法之形式统一又有社会行动中的法的动态统一，还包含统一的人类法律共通因素的理论链条，环环相扣、互为补充，从其中任何一个环节都不难发现法律统一原理的眩目光影。

2. 新自然法学的法律统一观。古典自然法学将人的理性作为普适的统一法敬拜，认为有理性存在的地方就会有自然法的神光，法律统一可以不费吹灰之力实现。这种理论因其偏狭的意气，从19 世纪中期到 20 世纪初一直处于低落状态。复兴后的自然法学（新自然法学）吸取了教训，对法律统一问题采取了较前者审慎得多的态度。这一派的学者常将法律两分为规则和原则两大部分，在法律规则的统一问题上，他们主张国家权力的强效发挥；在法律原则的统一问题上，他们诉求于"正义"、"自然法"等内容多变的抽象概念。当法律规则与法律原则发生冲突，他们认为，理所当然地应当以后者为准绳。著名的德国法学家拉德布鲁赫就曾写过一篇名

---

① 哈特法律观试图避免奥斯丁命令说的片面性，通过"次位规则"理论在分析法学与社会学法学之间架起一座沟通的桥梁，这是显而易见的。除此之外，他还试图在法律实证主义者和自然法学家之间充当"和平大使"。他认为，有一些行为规则乃是任何社会组织都必须具有的，如果该社会要生存下去的话。这显然是对普适的自然法的礼赞和让步。虽然意在沟通，哈特绝不会放弃自己的理论立场。他仍然坚持根据规则的形式标准统一法律的内外秩序，即使这可能与道德意识激烈冲突。

为《法律的不法与超法律的法》① 的文章阐述自己后期的自然法立场。

新自然法学简化了法律原则，为的是更有效地发挥自然法在法律统一中作为最高标准的作用。如黑瑞赫·罗曼（Heinrich Rommen）就认为，严格意义上的自然法内容，只包含两项不证自明的原则："坚持正义、避免非正义"和"给予每个人以其应得的东西"。② 在这种简化的基础上，他们较之以前更加重视法律规则体系合理化对法律统一的基础性功用，在这一点上，接近分析实证法学派的观点。

这一学派的代表人物朗·富勒（Lon Fuller）曾大力批判"应然"与"实然"的二元论，主张将法律规则和法律原则统一起来。他认为，法律乃是为了满足或者有助于满足人们的共同需求而作出的一种合作努力。每一条法律规则都旨在实现某种价值或原则，它们是一种判断事实的标准，渗透于法律的解释和适用的每个细节。富勒认为，法律的完善主要取决于它用来实现其目的和原则的程序——自然法正是保障这套程序的最佳依据。为了实现法律规则与法律原则的协调统一，富勒费尽心思，编寓言、讲故事，终于引出了他意欲阐明并寄予厚望的"法治八原则"。③ 这八项原则实际上

---

① 中译文见郑永流主编：《法哲学与法社会学论丛》（四），中国政法大学出版社 2001 年版，第 429 ~ 443 页，译者为舒国滢。

② ［美］博登海默：《法理学——法律哲学与法律方法》，邓正来译，中国政法大学出版社 1999 年版，第 179 页。

③ 富勒在其名著《法的道德性》一书中杜撰了一个雷克斯国王的寓言。通过这则寓言，富勒向世人讲述了一个治国者因不懂法律统一原理而心力交瘁，最后郁郁而终的故事。富勒正是由此推导出了著名的"法治八原则"：（1）必须制定一些能指导特定行动的一般性规则；（2）这些一般性规则必须予以公布，至少应当对这些规则所指向适用的人加以公布；（3）在大多数情形中，这些规则应当指向未来情势而不应当溯及既往；（4）这些规则应当明确易懂；（5）这些规则不应自相矛盾；（6）这些规则不应当要求不可能实现的事情；（7）这些规则应当具有适当的稳定性亦即不应当太过频繁地更改；（8）所颁布的规则与其实际的执行之间应当具有一致性。我们可以将（1）（3）（4）（6）理解为法律规则内部合理之要求，其余四项则为外部一致之要求。这几项原则可以从总体上视为新自然法学派关于法律规则与原则统一论的集中宣言。

都是对法律规则统一的原则性要求，有的侧重法律规则的内部合理，有的强调法律规则的外部一致，但都与法律统一息息相关。

3. 社会学法学派的法律统一观。美国社会学法学的创始人庞德将法律理解为这样一种社会制度，即"在通过政治组织的社会对人们的行为进行安排而满足人们的需要或实现人们的要求的情形下，它能以付出最小代价为条件尽可能地满足社会需求——即产生于文明社会中生活的要求、需要和期望——的社会制度"。① 法律统一，在社会学法学派眼中，永远根植于对社会需求的最便利满足。法律自身缺乏统一的标准和勇气，法律不过是由一系列偶然的、任意的、孤立的判决组成的制度，逻辑、历史、习惯、功利和公认的是非标准等这些社会因素都有助于法律统一为一套完备且完善的规则体系。只有熟悉法律的历史、社会和经济因素才能真正读懂并用好法律。

社会学法学派的理论背景是当代社会，这种背景下的法律正遭受着各方面的攻击。各种社会因素都大举侵入法律的肌体吸吮养分，法律日益趋向专门化、分散化和偏狭化。在这样的时刻，社会学法学派形成，这对处于低潮的法律统一事业无疑是个很大的利好。这一学派试图超越法律规则与原则的二元对立，将法律置于更广阔的社会制度背景下实现更深远的统一，即法律与社会的理性契合。这也难怪庞德要不惜笔墨地谈论法律是一项浩大的"社会工程"。这从一个方面反映了法律统一在当代的任务之艰。

可见，关于法治与法律统一的内在关联性已成为各种法学理论与学说所关注的一个焦点，这种普适性识见集中体现为：法律统一是法治社会发展的客观规律与必然要求，没有法律的统一就不可能形成法治秩序；法律统一是法治的核心理念、战略技艺和思维方式，是法律价值、法律规范与法律信仰的三重统一；法律统一既是人类法治理想的普遍标准，又是法治现实的基本前提。

---

① ［美］博登海默：《法理学——法律哲学与法律方法》，邓正来译，中国政法大学出版社 1999 年版，第 147 页。

（二）法律统一是构筑良法体系的逻辑前提

法治之法，只能是良善之法。亚里士多德在《政治学》里指出法治具有双重含义：法律获得普遍服从，大家所服从的法律本身应制定得良好（obedience to the laws laid down and well-enacted laws laid down by which people aside），前者强调"法律至上"，后者强调"法律正当"。① 但此处有一个基本前提，那就是法律统一。我们难以想象，法律适用不统一会导致法律至上？我们同样难以想象，法律制定不统一会导致法律正当？前者涉及司法统一，后者涉及立法统一。看来，只有法律先统一才可能实现法律至上和法律正当，才可能构筑起良法之治的理想体系，否则，一切都会像建在沙滩上的高楼，根基不稳，迟早要坍塌。

从一般意义上讲，良法作为法治的前提，所关注的正是法律的完善与完备，即法律内部合理与外部和谐的统一。所谓法律的内部合理与外部和谐只是相对而言的。因为，当我们判断某一法律内部是否合理，采用的通常是外部标准，如自然法标准、宪法标准等。正确运用这些标准其实也是法律外部和谐的重要表现。如果这些标准本身都不统一，互相矛盾，那么势必导致整个法律体系的风雨飘摇。良法体系的构筑必须以法律统一为逻辑前提。法律统一不仅是法律内在合理的基本标尺，更是法律外部和谐的精核所在。

我们认为，法治社会的法律应当是一个形式科学、结构严谨、和谐统一、完善且完备的体系。② 法治社会不仅要求宏观法律体系的外部协调，也要求各部门法律制度之间、各法律规范之间以及法律规范与法律制度之间、法律制度与法律文化之间具有内在关联性和一致性，并且最终统一到宪法这一法治社会的根本法之中，法律统一也因此成为法治社会对良法体系的前提性要求。具体体现为：

1. 法律统一是法律由部分散行走向整体发展的客观要求。任何社会都由各种分散群体组成，这些群体之间存在一种有机联系，

---

① 参见周天玮：《法治理想国》，商务印书馆 1999 年版，第 88 页。

② 参见李龙主编：《依法治国实施方略问题研究》，武汉大学出版社 2002年版，第 148~149 页。

否则，便不能构成一个严格意义上的社会。"一项法律的真正制定者，不是立法者个人，而是群体。"① 群体的分散立法带来了法律多元景观，同时也造成了法律分裂恶果。散行的群体法律不能同时满足共同体和个人的多项需求。法律进化的一个显著趋势就是法律由部分散行走向整体发展，而这恰好是法律统一的基本要义。在一个社会中，除了由政权强加的法律规则、原则和价值，还存在诸多自生自发的"土法土规"。这些零散的规则与国家正式法律一道构成了"法律多元"的具体表现。但这绝不叫法律统一。因为法律统一首先就要求将法律作为一个整体看待，不仅着重部分的丰厚，而且强调相互的一致。在一个真正的法律统一论者眼中，最可怕的不是法律冲突，而是法律分裂，因为法律冲突至少表明了各部分散行法还存在激烈碰撞的可能，而法律分裂，则从根本上切断了各种法律部分之间的交互机理，相当于宣告了法律统一的提前死亡。

2. 法律统一是法律由整体完备达致内外协调的基本途径。法律统一不能仅停留在法律整体完备阶段。必须看到，当法律整体上完备之后，仍然面临着严峻的任务，那就是法律内外的协调一致。从内部看，法律作为一个整体必须首尾连贯前后如一；从外部看，不同法律体系之间、法律体系与社会结构之间都存在着协调一致的要求。要有效整合法律的内部秩序就必须进一步强化法律统一意识，优化法律统一策略，有效克服法律间冲突。要有效构建法律的外部秩序，同样离不开法律统一的战略思维。要完成这两大任务，必须倚靠现代国家的科层制力量。韦伯曾明确指出，这一力量有助于法律统一。吉登斯更是具体细微地将现代国家刻画为一个"反思性的监控体系"、一种强大的组织力量，具有跨越无限时空距离对社会关系进行规则化控制的内在需要和外部权能。② 在法治社会的制度架构中，现代国家当之无愧地居于中心地位，它可以通过各

---

① ［法］亨利·莱维·布律尔：《法律社会学》，许钧译，上海人民出版社1987年版，第71页。

② 参见［英］安东尼·吉登斯：《现代性与自我认同》，赵旭东译，三联书店1998年版，第17页。

种手段和力量实现法律内外的协调一致，塑造出真正适应法治社会要求的具有浓郁现代性的统一良善之法。在这种法律的支配下，每个人都有望获得他/她应得的权利，实现许多大哲梦寐以求的"公共正义"。

（三）法律统一是缔造立法文明的经验总结

在人类由野蛮到文明、由人治走向法治的漫长历史岁月中，法律统一就像一根黄金纽带始终缠绕其间，忠诚如一地为法治文明导航。历史经验证明，没有法律统一，文明就无法战胜野蛮，法治就无法取代人治。

在古希腊，零碎杂乱的城邦法使法律始终无法具备统一性基石。法律不统一的后果就是法律无法获得应有的权威，社会最终还得靠公民个人的善意来治理。不统一的法律只能成为多元化民意的附属品，这样的社会无论多么民主也逃脱不了人治的戕害。"当雅典的民主容不下一个苏格拉底而把他处死时，法律的悲剧和城邦的悲剧也就同时发生了。"① 斯多葛学派对此作出了深刻的反思，他们设想出一种统一的法律——自然法——并使之成为实在法的上位法。这为后来罗马万民法的实践奠定了思想基础。罗马人正是基于自然法的法律统一观念，推演出了人与人的平等观念及法治观念，从而建立起统一、普遍、超民族的法律体系，并为西欧大陆提供了法律统一的原创观念和基本理论。② 在此意义上，法律统一正是罗马法对于人类法治文明的最大贡献。

西罗马帝国覆灭之后，法律统一并未随着政治的分裂烟消云散。公元9世纪，查理大帝提出了继承罗马法和推动法律统一的任务。为实现这一任务，查理大帝制定了"两步走"的战略：第一步，维护法兰克人对其他日耳曼部落的统治，形成统一的法兰克法；第二步，将法兰克法与罗马法相互统一的原则扩大到全国，进

---

① 王人博、程燎原：《法治论》，山东人民出版社1998年版，第238页。
② 参见苏彦新：《罗马法在中世纪西欧大陆的影响》，载《外国法译评》1997年第4期。

入法律统一运动的新阶段。① 随着查理曼帝国的解体，欧洲各国进入地方法多元并立各自为阵的封建法时期。在这一时期，法律统一非但没有销声匿迹，反而出现了新的契机和生气。教会法与世俗法的竞斗加速了法律统一的进程，甚至如伯尔曼所说塑造了西方法律传统。这一时期还发生了罗马法复兴运动，这不仅是一场广泛研究和传播罗马法的学术运动，而且是新一轮法律统一运动的理论先声和舆情准备。从公元 12 世纪开始，经过注释和整理的罗马法的原文版本就通过各大学的讲坛、学术交流等方式移植到欧洲各国，各地的法律都沾染了罗马法的气质，从精神上实现了互通。这是相当了不起的历史成就，是人类法治文明进程中的辉煌一页。

19 世纪，欧洲大多数国家实现了本国法律的统一。法国以拿破仑法典编纂为法律统一的标志，意大利法于 1865 年统一，德国法于 1896—1990 年统一，西班牙的法律统一更早些，瑞士的法律统一则以 1907 年民法典的颁布为标志，就连崇信联邦制的美国也备感法律不统一的不便，通过统一州法加强联邦立法等措施，以尽快实现国内法的完全统一。这些都根植于人类对法律统一的恒久渴求，根植于法律统一运动在缔造法治文明过程中的重大功用和巨大效能。

第二节 立法文明的体制障碍

一、立法制度不文明的种种表现

在当下中国，除了国家权威立法机构，任何个人、组织均无权擅自立法。这种体制背后的法理依据是人民主权及其代议机理、基于人民享有最高主权这一先定的"最高事实"，国家及其政府成为人民意志的表达机构，人民代表大会是人民行使主权的最有力形式。在人民代表大会享有根本立法权这一前提下，为了便于各地方、各部门、各方面依法而行、便宜从事，又派生出了各种地方立

---

① 参见由嵘主编：《外国法制史》，北京大学出版社 1992 年版，第 97 页。

法权、部门立法权和特定事项的委托立法权，这些分支性的立法权力无不是国家根本利益或人民根本意志的衍生物，其自身合法性依据也无不导源于此。这种体制从理论上说的确能够有效保卫法律自身所要求的统一性，但在现实政治生活繁复多变及社会事实不断变迁的情境下，这种法律统一会因为立法层次的多样而受到削损，甚至会出现严重的立法内部冲突及外部矛盾，使得良善立法的根本理念无从实现。

（一）国家制定法的立法体制问题

当今国家制定法呈现出多头并进"百舸争流"的景观，我们不能武断地标签这种态势为良好或恶劣，只能客观地承认，其间潜藏着非均衡、分裂化、离散性的危险苗头：首先是国际法律与国内法律的分离问题。国际法与国内法的关系历来是个理论争辩的热点，在实践中更是个烫手的山芋①。提出这个问题，只是因为现今它表现得更为激进，要求解决的呼声更加强烈罢了。这主要是因为中国加入 WTO，面临着遵守 WTO 规则与服从国内法的两难选择。更复杂的是，WTO 本身有准司法机构，它的裁决必须为成员国遵守，这就意味着不仅在单纯的立法层面国内法律要和国际法律统一，而且还要在具体的司法层面统一国内法和国际法的规则、原则甚至价值理念、文化传统。对中国政府而言，这很难做到或者说无法完全做到，从而只能靠双方在具体博弈过程中良性互动，达成个案的统一。这显然不是长远之计。

其次是中央立法、部门立法及地方立法的矛盾冲突问题。对于这个问题的表现和危害，不用多述，稍有观察力的人都会脱口而出，诸如地方保护主义、部门条块分割之类的批评意见。我们要特别提醒的是，中央、地方和部门这三大利益主体实际上是一张交叉纠缠在一起的网络，它们的立法都有某种利益偏好。因此，必须把它们放到现代国家与社会的互动关系中去重新定位和辨析。从理论上讲，中央是国家的最高代表，在政治上高于部门和地方，因此它

---

① 关于这一问题的深入分析，参见李龙、汪习根：《国际法与国内法关系的法理学思考》，载《现代法学》2001 年第 1 期。

立法的权威和效力要高于部门立法和地方立法。但如果地方和部门不仅仅是一个政治单位，而在很大程度上代表某种与国家分庭抗礼的公民社会，情形将会怎样？所以，地方和部门立法实际上是不准确的说法，特别是在与中央立法比较的时候，我们最好说地方政府和政府部门立法，而不能含混地称之为地方与部门立法。地方立法不仅包括地方政府①这个主体，而且这可能有许多社会团体，它们尽管没有正式的立法权，但事实上它们许多规定规章同样具有法律的效力，甚至比正式的法规更具实际功用。部门同样可以指除国家政府部门之外的社会行业部门，这些行业的官方准则同样可以作为国家制定法对待。

再次，是普通法和特别法之间的差别问题。我们所说的"普通法"指的是除了特别行政区、经济特区和台湾地区法律之外的施行于大陆其他地方的法律，不同于"普通法系"意义上的"普通法"；"特别法"则是将普通法排除后的那部分法律。在当今中国，普通法与特别法的差别有政治方面、经济方面和社会方面的多种意义。这些差别有些是必要的，但有些却会造成问题。比如经济特区的特别法在今天就显得与 WTO 公平原则背道而驰。经济特区作为改革初期的产物本身就具有过渡的性质，国内已有学者对经济特区的各项法律特权提出有力的质疑。此外，特别行政区的法律与中央通行法特别是宪法的关系问题也成为不少法律学者争论的热点。

（二）民间习惯法的立法体制问题

民间法不等于习惯法。民间法，意指一种存在于国家之外的社会中，自发或预设形成，由一定权力提供外在强制力来保证实施的行为规则。就中国而言，它包括：（1）家法族规；（2）乡规民约；（3）宗教规范；（4）秘密社会规范；（5）行业规章；（6）少数民

---

① 此处，政府采用"大政府"的界定，在中国，包括人大、政府、法院及检察院。

族习惯法等。① 相对于民间法的人为建构和自生自发两种形成路径，习惯法纯属"自生自发的法"。此处，我们姑且将它们合称为民间习惯法。

随着中国由计划经济向市场经济的转型，民间习惯法的纷乱性愈益明显。原先在传统社会相当重要而且发达的乡规、宗规、族规、家法相应地变成了地方和组织中的土规土法，有学者称之为"土政策"。② 中国人生活单位由家庭转变为街道、乡镇、工作单位后，原先农耕社会中的家法族规逐渐变为各种各样的土政策，这些互不相干的土政策在同一个事项处理上可能会弄出千奇百怪的土办法，这样的例子不胜枚举。总之，民间习惯法长期不能通过有效的立法机制加以整合与提纯，最后必然会蜕变为侵犯人权、损害法治的消极力量。

（三）立法之"法"与司法之"法"的冲突问题

从法理上讲，立法之"法"是以国家为中心的政治组织体的规则构建，具有维护"外部秩序"的重大功用。这种"法"虽然存有这样或那样的弊陋，但终究是社会规则的权威表达，具有无可取代的特殊地位。这种"法"是应当被适用于具体个案的，行政权对这种法的适用，我们称为"执法"，而司法权对立法之"法"的适用，就显得定位迷惘：究竟是完全意义上的"司法"？还是类同行政权的"执法"？抑或是另外意义上的"法律实施"或"法律适用"？首先，司法之"法"除了立法之"法"外，还存在其他的法律渊源，这是法理通论。其次，司法之"法"尚不以"立法"为准则，诸多法源之间的选择适用究竟应以何为最后标尺？最后，司法过程如果仅仅机械适用法律或者立法，那么，它与一般的执法

① 参见郑永流：《法的有效性与有效性的法》，载《人大复印资料·法理学法史学》2002 年第 8 期。

② 社会学者对土政策下的定义是："指地方或组织根据上级的方针性政策或根据自己的需要，结合本地区和组织的实际状况和利益而制定的一套灵活、可变、可操作的社会资源的再控制与再分配准则，而这套准则对其他地方和组织没有效果。"参见翟学伟：《"土政策"的功能分析》，载《社会学研究》1997 年第 3 期。

又有何区别？独立的司法权运行还有何意义？更可怕的是，如果司法之"法"与立法之"法"本身就存在严重的、不可调和的冲突，又该如何处理？

（四）立法之"法"内部的冲突问题

现代社会的高度抽象化特征决定了它需要大量的、成批的、标准化格式的国家立法来规范各种"事实"与"行为"，除了专门的立法机关，许多行政部门也需要"权宜立法"。除了国家中央（联邦）一级的纲领性立法，不少地方的权力部门也需要细化立法。除了传统的国家组织体，一些新兴的社会组织体也呼唤自行立法，比如行业自治、居民自治等趋势反映的立法权要求。这些问题凝合为一点，那就是立法之"法"内部也存在严重的可能冲突空间。关键在于，确认"法"的规则能否有效确立以及随之的司法机制能否有效协调配合，达成一种统一的法律体制建构。就我国而言，虽然有了统一的立法法，但尚未制定统一的司法法，也没有确立一种专门的针对立法合法性的审监机制，使得大量立法之"法"长期处于性质不明的状态，在无根的漂浮中任意挤撞，严重损害了法律本应具备的尊严，使依法治国的根本法理逻辑发生了一定的混乱。

（五）立法之法与党的政策、民间习惯的冲突问题

有这样一个真实的案例：某地司法局局长与一个体老板合资办企业，由于党的文件有规定，禁止党政干部经商，该局长为逃避该规定，遂改名换姓，用假证件在工商部门注册，成为企业股东。后来，个体老板与该局长因分红事宜发生冲突，起因就是个体老板认为局长不具有合法股东身份，所以拒绝按协议分给其红利，只肯将其股本退还。此时，该企业盈利丰厚，红利远远超出了股本，局长深感不公，于是向法院提起诉讼，法院判决原告败诉。这一案例说明，在法律适用过程中，立法之"法"与党的规范性文件很容易发生冲突：依"法"局长的权益理应受到保护，但依"红头文件"这种权益成了"非法"的。无论实质正当性如何，单从形式上的法理依据而论，立法之"法"就在这一案例中就被置于了一种尴尬位置：它成为党的政策的次级规则，而党的政策又非严格意义上

的法律渊源。

至于立法之"法"与民间习惯的冲突，在当下中国，以一种更为激烈的方式呈现出来。由于民间习惯在事实上发挥着规则实效，所以被许多学者视作"民间法"／"习惯法"，而立法之"法"则被并称为"国家法"，二者的冲突则称为国家法与民间法的冲突。其实，这种界说是不符合法理的，立法之"法"与一般的民间习惯并非一个层面的规则，前者是以国家权威为实证效力保障的，而后者通常是日常生活的习俗性惯例，并不具有法律的强制性，也无从普适地进入司法过程，只有那些经过国家立法、司法机构确认的民间习惯才具有法的资格，而那时民间习惯已发生了质的变化，已成为立法之"法"或司法之"法"的有机组成部分，不再是昔日墨守成规的惯例了。可以预言，未来中国法治趋态应当是，大量民间习惯被立法程序改造、吸纳、为立法之"法"确认、保卫，而不是刻意与立法对峙、并行、冲突。所以，立法之"法"与民间习惯的统一应当是以立法为本为先的吸纳式统一，而非二者对抗后的所谓博弈均衡。

二、立法制度不文明的根本症结

（一）立法体制的缺陷

在我国，随着"变法模式"的拓展，国家越来越习惯于广泛地通过立法手段调控社会，立法体制缺陷造成的问题也愈来愈明显。有些机关越权制定法规、规章；法律之间、法规之间、规章之间，法律、法规、规章相互之间，法律、法规、规章与宪法之间普遍存在着不同程度的矛盾或冲突。这主要是因为现行宪法、地方组织法和其他有关宪法性法律涉及立法问题的规定太具体、零碎、不完整，这使得从中央到地方、从权力机关到行政机关的广泛立法活动没有一个统一集中系统合理的法律依据。在这种背景下，有必要制定一部统一的立法法。① 立法法实质上是立法统一法。《中华人民共和国立法法》已经颁行了，可它对于法律体制的完善居功甚

_____

① 参见周旺生：《论立法法的历史环境》，载《法学论坛》2001 年第 5 期。

微，未能解决诸如立法技术、立法监督、立法社会参与及成本控制等诸多体制难题。①

（二）释法技术的漏洞

对于我国法律解释体制的弊端，已有诸多专述，此处特别要强调释法技术的漏洞也是造成我国法律不统一的一大原因。释法技术，也称法律解释规则，其内容主要包括：（1）显然意义规则，指立法意图应通过法律条文用词的通常意义来理解；（2）目的解释规则又称"黄金规则"，指对法律条文所用文字应尽可能根据其通义来解释，但以不导致荒谬结果为条件；（3）整体规则，指必须从整体上理解法律的规则；（4）同类规则，是整体规则的延伸，指的是在同一法律条文中，在某些具体意义的词后面使用一般意义的词，应该和具体意义的词属于同一类②。反观我国释法实践，基本上没有上述"规则意识"，更谈不上发展专门技术避免法律解释与法律本身出现冲突的"良苦用心"。恣意的释法实践无法生长出良性的释法机制，在有缺陷的立法体制"配合下"，法律成为一团任人搓捏的泥团，成为比政策和习惯还不统一的零乱规则汇编，所谓的至上权威只能成为美丽的空谈。

（三）司法规格的混乱

所谓司法规格，是指司法过程中必须遵守的要求和必须具备的条件。由于我国正处于由传统向现代转型的"过渡社会"，民间习惯法和国家制定法的双向影响使司法机关在司法实践中左右为难。再加上，它们本身的不统一性更使得法官在进行"司法生产"的时候，没有一个统一的规格参照，导致随心所欲制造出一些具有浓厚本土特色的"司法次品"来敷衍了事，愚弄群众。正如苏力所言："要保证法律规则的统一性、普遍性、一定的前瞻性，同时又不失灵活性、丰富性、现实性，司法具有立法无法替代的优点。"③

---

① 参见周汉华：《变法模式与中国立法法》，载《中国社会科学》2000年第1期。

② 参见沈宗灵：《比较法研究》，北京大学出版社1998年版，第342页。

③ 苏力：《送法下乡》，中国政法大学出版社2000年版，第5页。

但同样是他，却对司法规格的统一毫不在意，甚至认为法官随心解释法律是社会生活"立法"的过程。① 这种理论混乱也许是现实生活中司法规格混乱的一个投影。我们认为，中国除了需要立法法，还需要甚至更需要司法法。我们需要一个框架来统一混乱的司法规格，在这个大框架下有条不紊地推进各项具体的司法改革。②

（四）民间法律的冲击

有论者根据中国城乡二元结构将中国民间法律划分为两大类型：一是城市里的单位法，二是农村中的村法③，单位现象构成了现代中国社会极为独特的两极结构，一极是权力集中的国家与政府，另一极则是大量相对分散和封闭的一个个单位。农村的村法类似于单位法，也具有分散和混杂的特点。除了单位法和村法，中国还存在大量的民间法律，我们可以统称为"准法"或"潜规则"。④ 在潜规则意义上，中国的民间法律并不仅仅存在于民间，

① 苏力的原话是："在法律没有规定的地方，一个理想的法官可能根据习惯的做法以及有关的政策性规定或原则以及多年的司法经验作出实践理性的决断，补充那些空白；在法律不明确的地方，他/她会以实践的智慧加以补充，使之丰富和细致；在法律有冲突时，选择他/她认为结果会更好或更言之成理的法律；在法律的语言具有弹性、涵盖性、意义增生性的情况下（而这是不可避免的），追求一种更为合理的法律解释。"（参见苏力：《送法下乡》，中国政法大学出版社2000年版，第6页）很多人像苏力一样不愿承认但最终又不得不承认，这些实践理性和决断智慧都是法官被司法规格混乱这一客观无奈逼出来的狗急跳墙之策，在理论上并不可欲，如果能有一套统一的司法规格，他们会毫不迟疑地抛弃这些"智慧"和"经验"。

② 搭建这个框架有两种模式可供选择：第一种是由最高法院派分庭巡回审判，统一司法的规格，在判例中形成司法法；另一种是由全国人大立法，颁行作为基本法律的《司法法》，自上而下地统一司法规格。一般而言，这两种方式并用效果较好。在英国历史上就有王室法官巡回审判形成普通法，后来又由议会颁行两个《司法法》(Judicial Act) 以结束普通法院和衡平法院分裂审判，将它们统为一体的史实成为现成例证。

③ 参见彭艳崇：《当代村法初探》，载郑永流主编：《法哲学与法社会学论丛》（四），中国政法大学出版社2001年版。

④ 关于"潜规则"饶有趣味的描述，参见吴思：《潜规则：中国历史中的真实游戏》，云南人民出版社2002年版。

它更多地集中产自于官方的"后花园"。剥去层层政治黑幕，我们会发现那些所谓民间法，无论良劣，都不过是"上位模仿"，是官方潜规则的民间翻版。这些民间法律对法律统一的冲击，可以说深入骨髓。没有法律统一这一核心法治理念的真正扬效就不可能有民间法与国家法的良性互动，更谈不上实现法律现代化的宏伟目标。

（五）政治规范的影响

这种影响主要表现在政策的灵活性对立法文明的侵蚀。"政策"在中国意为"政党和国家在一定历史时期为实现一定的纲领和任务而作出的关于行为方向和准则的指导性、规范性的规定，是遵循一定的政治路线和思想路线，根据国内外政治、经济、文化等方面形势及其变化而制定的"[1]。可见政策灵活性之大是固有的。这势必会与法律统一的要求发生冲突。我们认为，政策的底线是不能违宪，也就是不能破坏法律统一的基本规范。可在当今中国，所谓的"良性违宪"现象并不罕见，党中央的政策在一定程度上超越了国家的宪法。许多政治惯例和习惯事实上起着国家根本大法的功用。从长远看，这不利于法律统一，也不利于政策的真正贯彻落实，只会为地方推行千奇百怪的"土政策"叩开合法大门，终使政策的灵活性蜕变为无原则性。其实，法律统一与政策灵活之间并不存在根本矛盾。在西方社会科学词典中，"政策"（policy）有三层含义："一是指人们在社区里交往时的意图；二是审时度势和决定采取适当行为；三是获取和投放资源。"[2] 无论从何种含义看，政策的贯彻执行都离不开法律机制的保障，一旦统一的法律被灵活的政策取代或破坏，政策也就失去了灵活的底线，成为相互欺诈的骗术。

（六）法律权威的失落

今日中国正处于一个由传统向现代的大转变时期，法律被赋予

---

① 彭克宏主编：《社会科学大辞典》，中国国际广播出版社 1989 年版，第 415 页。

② A Kuper & J. Kuper, The Social Science Encyclopedia , London：Routledge & Kegan Pall, 1985, pp. 605-606.

了显要的工具意义。从以前的"道德之器械"到清末变法时的"富国强兵之技"再到今天的"现代化利器",法律的工具功能从未被国人忽视。说中国人没有法律意识,太武断,但说中国一直都是法治社会,那又太幼稚。事实上,法律权威在中国从古至今都没有受到应有的重视。自身也没有什么独立的价值。立法成了顺理成章的政治事业,其内涵的法理意义被不断剥蚀,直至虚无。立法文明在很大程度上也成了单纯的政治文明的附丽,缺少法治化的动力与契机。

(七) 法律理念的迷惘

我们姑且不论"法"与"法律"的区别,单就"法律"与"立法"而论,两者的界限就不容混淆。哈耶克在他的《法律、立法与自由》一书中重点批判的就是将法律和立法混同的理论。① 但这种批判对中国的"变法派"并无多大启发,因为他们拥护的是立法尤其是国家制定法至高无上,仿佛只要从形式上规定了原则和价值,一切都会自动实现,立法文明亦可以轻而易举地做到。相反,若不奉国家制定法为圭臬,一切都会成为过眼云烟,各种法律就会持续打架,断无统一之希望。在法律工具主义这一意识形态上,传统中国与当今中国高度一致。但也正是这种一致构成当今法治建构最大的障碍②,也是立法文明法治化得不到顺利实现的根本症结。

---

① 参见 [英] 哈耶克:《法律、立法与自由》第 1 卷,邓正来等译,中国大百科全书出版社 2000 年版。

② 梁治平认为,在浅显的政治层面,尽管法律工具主义在今天已经遇到了强有力的挑战,甚至也不再符合统治者的长远利益,但它显然仍是一种便于控制的意识形态。而在社会心理和认知模式的深层,克服法律工具主义的障碍可能不但来自统治者,也来自被统治者。把法律视为"专政工具"固然是官方意识形态,但是这种教条本身的合法性也部分出于潜移默化地为人民所接受的"法即是刑"的传统法律观。正统的意识形态宣称,社会主义国家的法律是人民意志的体现,这种说法看上去与传统的法律理论截然不同,不过若仔细观察法律实践,我们会发现,这种"民意"与过去的"天理—人情"法律观内在相通(参见梁治平:《法治:社会转型时期的制度建构》,载 [美]《当代中国研究》2001 年第 2期)。

换句话说，立法文明法治化的实现必须重视对法律的科学理解，确立法律的权威地位，维护法律体系的多元化和谐，实现立法过程的整体文明。法治化的立法文明呼唤一个均衡、和谐、良善的法律系统。这一系统必须具有三种互相协调、互相补足的基本成分：自然法、国家法和民间法。

三种法的整合与立法文明

联系度　　　　法的类别 统一性内容	民间法	自然法	国家法
社会法学：实质正义	√√√		
自然法学：标准正义		√√√	
实证法学：形式正义			√√√

第三节　立法文明的战略对策

一、个案的追问

2003 年 1 月 25 日，河南省洛阳市中级人民法院开庭审理了伊川县种子公司委托汝阳县种子公司代为繁殖"农大 108"玉米杂交种子的纠纷。此案的审判长为 30 岁的女法官李慧娟。汝阳县种子公司请求洛阳市中级人民法院判决伊川县种子公司违约并对其作出经济赔偿。在案件事实认定上双方没有分歧，而在赔偿问题上，若根据河南省《种子条例》第 36 条规定，种子的收购和销售必须严格执行省内统一价格，不得随意提价。而若根据《中华人民共和国种子法》的立法精神，种子价格应由市场决定。国家法律与地方性法规之间的冲突使两者的赔偿额度相差了几十万元。

此案经过市人大等有关单位的协调，法院根据上位法作出了判决。然而，判决书中的一段话却引出了大问题："《种子法》实施后，玉米种子的价格已由市场调节，《河南省农作物种子管理条例》作为法律阶位较低的地方性法规，其与《种子法》相冲突的条款自然无效，而河南省物价局、农业厅联合下发的《通知》，又是根据该条例制定的一般性规范文件，其与《种子法》相冲突的条款亦为无效条款。"

此案的判决书在当地人大和法院系统引起了很大的反响。为此，河南省高级人民法院在关于此事的通报上指出，人民法院依法行使审判权，无权对人大及其常委会通过的地方性法规的效力进行评判。在河南省人大和省高级人民法院的直接要求下，洛阳市中院已初步拟定撤销李慧娟审判长职务。河南省人大还为此专门下发了《关于洛阳市中级人民法院在民事审判中违法宣告省人大常委会通过的地方性法规有关内容无效的通报》，明确认定该判决属司法越权，主审法官停职反省。

2004 年 5 月 18 日，最高人民法院在《关于审理行政案件适用法律规范问题的座谈会纪要》中指出："人民法院可以在裁判理由中对具体应用解释和其他规范性文件是否合法、有效、合理适当进行评述。""下位法不符合上位法的判断和适用时，应当对下位法是否符合上位法一并进行判断。"

根据我国《立法法》第 87 条规定，下位法违反上位法的，有关机关有权按照第 88 条规定予以改变或撤销。而《立法法》第 88 条规定，全国人大常委会有权撤销同宪法和法律相抵触的行政法规，有权撤销同宪法和法律相抵触的地方性法规。省、自治区、直辖市的人民代表大会有权改变或者撤销它的常务委员会制定的或批准的不适当的地方性法规。地方人民代表大会常务委员会有权撤销本级人民政府制定的不适当的规章。《立法法》第 90、91 条还规定，"国务院、中央军事委员会、最高人民法院、最高人民检察院和各省、自治区、直辖市的人民代表大会常务委员会认为行政法规、地方性法规、自治条例和单行条例同宪法或者法律相抵触的，可以向全国人民代表大会常务委员会书面提出进行审查的要求，由常务委员会工作机构分送有关的专门委员会进行审查、提出意见。前款规定以外的其他国家机关和社会团体、企业事业组织以及公民认为行政法规、地方性法规、自治条例和单行条例同宪法或者法律相抵触的，可以向全国人民代表大会常务委员会书面提出进行审查的建议，由常务委员会工作机构进行研究，必要时，送有关的专门委员会进行审查、提出意见"。"全国人民代表大会专门委员会在审查中认为行政法规、地方性法规、自治条例和单行条例同宪法或者法律相抵触的，可以向制定机关提出书面审查意见；也可以由法律委员会与有关的专门委员会召开联合审查会议，要求制定机关到会说明情况，再向制定机关提出书面审查意见。制定机关应当在两个月内研究提出是否修改的意见，并向全国人民代表大会法律委员会和有关的专门委员会反馈。全国人民代表大会法律委员会和有关的专门委员会审查认为行政法规、地方性法规、自治条例和单行条例同宪法或者法律相抵触而制定机关不予修改的，可以向委员长会议提出书面审查意见和予以撤销的议案，由委员长会议决定是否提请常务委员会会议审议决定。"这两条创设了中国法律审查制度的雏形，规定了基本的程序，确立了全国人大常委会在法律审查中的绝对主导地位。

《河南省农作物种子管理条例》由河南省人大常委会 1984 年制定，属于全国人大常委会及河南省人大有权撤销、改变的地方性法规。而河南省物价局、农业厅于 1998 年制定的《关于制定主要农作物种子价格管理办法的通知》属于河南省人大常委会有权撤销的地方规章。

不难看出，依据法治社会的权力法定原则，宣告法规无效的权力如果属于对法规的撤销权或改变权，那么很明显，洛阳市中级法院的确没有行使此权的法律依据。《立法法》对地方性法规与规章的撤销和改变及其审查作了明确的实体法上与程序法上的规定，即有权撤销地方性法规的只有全国人大常委会和法规原制定机关的省一级人民代表大会。相对全国人大常委会，原制定机关的省一级人大还享有对"不适当地方性法规"的改变权，在对地方性法规审查范围及方式上较全国人大常委会要广。但总体而言，全国人大常委会除享有立法撤销权外，还可行使对法律、法规及规章的广泛审查权。

基于"种子案"，我们有必要追问：

第一，为什么《立法法》对司法机关在法律适用过程中对法律不统一，特别是下位法违反上位法如何处理的权限只字不提？根据《立法法》第 90 条第 2 款的规定，司法机关作为"其他国家机关"，可以向全国人大常委会书面提出审查的建议，再由常委会工作机构进行研究，必要时，送有关的专门委员会进行审查，提出意见。但这种审查意见的效力能否直接适用于司法过程？得出这种审查意见的时限、程序如果与司法裁判的期限、程序严重冲突，司法机关能否自行处理？如果司法机关无权处理，但又不得不面对这种冲突时，司法者该如何裁判？这些问题直接关系到个案公正及整体法律的统一，我们必须正视。

第二，全国人大常委会行使的法规撤销权与法律审查、解释权应当经由怎样的正当程序行使？它与最高司法机关的法律适用权、终极裁断权的关系如何？依我国政体设计原理，司法机关的权力源自人民主权，而人大及其常委会是人民主权的代表，所以，司法权必须向其负责，而法律的制定、改变、撤销、审查等，总之一切相关权力都是人民主权的不可分割的组成部分，只能由人大统一行使，法院不能僭越，否则便是"越权"，必须要承担法律和政治责任。这是立法即法律理念的后果，与法治社会的良法要求及法律统一理念不谋而合。

第三，即使单论人大及常委会的立法变更权，它是否应当受到如哈特所言的"改变规则"之限制呢？立法之法，应当是"承认规则"、"改变规则"与"审判规则"的结合，这是法治的核心，也是立法权正当行使的关键。立法的承认权，可以由立法机关享有，也可由司法机关享有。立法机关通过法典编纂、制定单行法规等方式宣告的立法，属于"直接的承认"，而司法机关通过个案裁决、法律渊源的选择适用等方式宣告的立法属于"间接的承认"，二者都是同等地位的立法承认方式，不存在性质之别，也不应该有高低之分。同理，立法的改变权也可以由立法机关与司法机关共享。立法机关既对自己制定、宣告的法律法规负责，也可以对司法机关宣告的法律进行汇总、改变，司法机关同样也可以对立法条文选择适用或改变。而立法的审判规则在某种程度上只能由司法机关专有。但是，就现代依法治国发展的趋势观察，在立法机关内部设置专门的司法性立法审查法院，突破了传统的立法与司法模式，体现了立法权与司法权在法治社会的制度交错与理念互融。

　　第四，与西方国家通行的司法审查制度相比，中国的立法审查制度有怎样的优势与不足？中国有无建立司法审查制度的契机与可能？能否在法律统一的共同理念之下，构建一种新的法律生长机制？庞德曾在一篇文章中哀叹："'法律'一词的含混不清，要求我们使用另一个词来指称那些得到特定时间和地点的法庭实际认可和采用的法规，来指称作为这些法规之主要起源、我们据以对它们进行批判的更具普遍性的学说和传统。"①司法过程中生长的"法"也是立法进步的重要支撑，这一点在法理学上毫无疑异，但一旦落实到制度变革的层面上，立法权与司法权的矛盾与冲突便会势不两立、水火不容。无论是立法权自身的审查还是司法权主导的审查都不能完全实现法律统一的崇高理想，只有让立法权与司法权的运行逻辑在鲜活、生动、一体化的法治建构中和谐共生，方有从根本上解决问题之希望。立法权与司法权的制度化和解，最后的落脚点在于构造一种审查法律统一性的均衡机制，超越立法权与司法权的传统疆界区分，实现法律良善确认的最后统一裁断。对此，卡多佐大法官深有感触地说："只有在存在着明确的法院裁决或准确无误的确定性时，我们才达到了法的层面。"② 虽然我们不能照抄西方法

───────────

　　① ［美］卡多佐：《法律的生长》，刘培锋、刘骁军译，贵州人民出版社2003年版，第18页。
　　② ［美］卡多佐：《法律的生长》，刘培锋、刘骁军译，贵州人民出版社2003年版，第9页。

治，但一些合理的因素还是可以作为参考的。尤其重要的是要在此基础上进行切合中国实情的创造与转换。

二、规范的创设

在立法文明法治化的进程中，立法者与司法者均肩负着神圣的使命。我们不仅需要凭靠立法者的主动努力来达到立法文明的总体要求，而且应当发挥司法者在构建良法体系中的独特功能。我们必须重视司法法。这种"法"包含三个层面：首先是司法过程中的立法条文，这是"建构性规则"在司法过程中的运用；其次是司法过程中的"规范性法规"，狄骥称之为"司法规范"，它是确认立法条文顺利运行的内部规则；最后是立法条文与司法规范的冲突法规，我们称之为法律的"审查法规"。行使这种法律审查权的司法过程应当是立法机关与司法机关合力创造、均衡互生的有机耦合产物，不能交由既有的、预定的部门或个人单独行使，更不能被他们垄断。它只能被新建，不能被改变。在某种意义上，它是法律的心脏，是所谓法律帝国的首脑枢机，是真正的法律王侯栖居裁断的场域和空间，不能因政治气候、经济需要或文化认同而作出随意的变更。它的确立，本身就是法治社会成型成熟的标志；它的缺失或塌陷，只能说明，法治未成或者法治最后无疾而终。

在著名的马伯里诉麦迪逊一案中，马歇尔大法官以高超的政治技艺确立了美国的司法审查制度。这种制度的特点有三：一是传统的宪法至上理念与法院对宪法解释权的完美结合；二是传统的判例法体系与法院选择适用成文法的特权相结合；三是传统的法官权能与新兴的司法权扩张趋势的良善结合。这几个特点决定了马歇尔能够成就确立司法审查的大业，这种特殊的历史时势也从另一面向我们揭示了中国司法审查制度久久未立的内在根由。①

---

①　当然，也有学者认为，当今中国业已确立自己的司法审查制度。根据《中华人民共和国行政诉讼法》相关规定，中国的"司法审查"是：人民法院依法对具体行政行为的合法性进行审查的国家司法活动。参见罗豪才主编：《中国司法审查制度》，北京大学出版社1993年版，第4页。

　　对比马歇尔和李慧娟这两个人物的不同命运，可以折射出不同时代、国家的立法理念之别。将李慧娟和马歇尔作比，有"关公战秦琼"之胡乱比较之嫌，但在河南"种子案"中，李慧娟试图在司法过程中宣布法律统一的基本规则（下位法违反上位法无效），却遭到了地方立法机关的反对，个人也被免职。这说明，在当下中国，立法权尚未确立，法律统一之司法审查的机制还停留在"自察自纠"的法律审查层面。这种自察自纠如果运行良好，应当是最有效率的，但是，鉴于我国立法机关的特殊属性（同时兼为权力机关），立法职能是否能有效受到监督存在诸多疑问：人大及其常委会除了立法外，还承担着诸多监督、审议职能，在某种程度上，它是一个庞大的政权复合体，立法权不过是其中核心一项，所以对立法权的监督也自然成了人大自身职能的应有之义，但自身监督能否称为"监督"，本身就存在疑问，即便这确是一种自律监督，它能否真正产生维护法律统一的实效？如果通过审查，法律需要修正、废止，立法机关又如何以自身之名行之？倘若答案是肯定的，这不是"法律的自刎"么？这不是"权力的自我否定"么？而依据我国的基本权力原理与法律原理，人大所行使的权力，所通过的法律，是最高等级的、不容否定的。这些矛盾的解决就必须有赖于建立一种立法之外的法律统一机制，在现代法治社会，它就是消弭立法冲突的司法审查机制。这种制度能否有效建立，可谓法律统一能否实现，立法良善能否现实的关键性因素，可谓法律统一之核心战役。

　　马歇尔正是因在这场核心战役中的出色表现，被誉为美国"司法审查"之父。仔细考究奠定美国司法审查制度的马伯里诉麦迪逊一案，我们惊奇地发现，维护立法之权威与推进司法之审查，二者并无天然矛盾，相反，它们是可以良性共生并互相促进的。一方面，马歇尔并未直接否定美国成文立法之权威，而是运用立法内部权威规则判定，马伯里援引的立法条文违宪无效，因而不予适用；另一方面，马歇尔充分运用了司法对立法的能动性，不再保守地将司法权定位为一种消极性的权力。自此，美国最高法院开始步入"能动"时代。马歇尔因此获得了无上声望，被后世法律人尊为一代楷模。①

司法判决如同立法一样，它既是法律的适用又是法律的创造。凯尔森认为，司法行为是法律创造过程中的一个环节，制定法和习惯法只是法律的半制成品，只有通过司法判决和执行，这个过程才趋于结束。因此，在确定适用法律的条件和规定制裁方面，司法判决都有一种构成性，而且，在确定法律事实方面，它也具有构成性，因为在法律世界中，没有什么本来是事实的东西，没有什么绝对的事实，只有主管机关依法律程序确立的事实。②"每个行为通常都同时是创造法律的行为和适用法律的行为。一个法律规范的创造通常就是调整该规范的创造的那个高级规范的适用，而高级规范的适用通常就是由高级规范决定的一个低级规范的创造。"③ 法院不仅是法律的适用机关，也是一个立法者。"法院就是与称为立法者的机关完全一样意义的立法机关。法院是一般规范的创造者。"④

凯尔森认为，"违宪法律无效"的说法本身在用语上就是一个矛盾，因为一个规范有效力，它就必定和宪法相一致；如果与宪法不一致，它就不可能是有效力的法律，也就是说，一个"违宪"的法律并不是从一开始就是无效的，它只是可以无效，可以依特殊

---

① 排除根本性的历史时势因素，单就二人对既定法律权限与程序的把握与操控的技巧上，也不可同日而语。马歇尔是通过法律手段践履政治目的的"法政精英"，有效利用程序条款转换问题，开创新的司法审查制度，在一定程度上达成了司法与立法、行政的均衡。李慧娟则是通过法律方式维护法律公理的"精英法官"，但却是一个政治上的犯错者。其实，她的"好心"并未带来"好果"——好心办错事，她违反了基本的程序正义规范，僭越了立法权限，导致了立法与司法的权力层冲突。这给了我们一个重要启示：目的良善与否对法治之实际构型并不发挥决定性作用，关键问题在于，能否遵从基本的程序正义规范，在法律的边缘处"长袖善舞"，开创出司法权均衡运行的新模式和新方法。

② 参见徐爱国：《分析法学》，法律出版社2005年版，第85页。

③ ［奥］凯尔森：《法与国家的一般理论》，沈宗灵译，中国大百科全书出版社1996年版，第150页。

④ ［奥］凯尔森：《法与国家的一般理论》，沈宗灵译，中国大百科全书出版社1996年版，第169页。

的理由而被废除，它既可以被立法机关废除，也可以被具有司法审查权力的机关所废除。① "法律规范始终是有效力的，它不可能是没有效力的，但是它是可以被废除的。"②

在凯尔森心中，法律体系即法律秩序效力的等级体系始终是统一的，不可能发生任何矛盾，法律之间的冲突一定会经由法律制度内的方式加以有效解决，从根本上不会伤害法律统一这个法治社会的根基要素。

勒内·达维德说："罗马—日耳曼法系内的各国法律是一些结构严谨的整体，一些封闭体系，即任何种类的问题，至少从理论上能够并且应该通过解释一条现有的法律规范而得到解决。"③ 梅里曼也说："大陆法系审判过程呈现出来的画面是一种典型的机械式活动的操作图。法官酷似一种专门的工匠，除了很特殊的案件外，他出席法庭仅是为了解决各种争讼事实，从现存的法律规定中寻觅显而易见的法律后果，他的作用也仅仅在于找到这个正确的法律条款，把条款与事实联系起来，从法律条款与事实的结合中会自动产生解决办法，法官赋予其法律意义。"④ "法官的形象就是立法者所设计和建造的机器的操作者，法官本身的作用也与机器无异。"⑤

这种脸谱式的描绘，并没有真实揭示大陆法系司法立法的存在样态。在以《拿破仑法典》著称的法国，这个大陆法系的代表国度，法官们依然行使着自古有之的衡平权，他们的创造性立法使立法机关颁行的法律形同虚设。为了应对司法立法的挑战，当时的法

----

① 参见徐爱国：《分析法学》，法律出版社 2005 年版，第 87 页。

② ［奥］凯尔森：《法与国家的一般理论》，沈宗灵译，中国大百科全书出版社 1996 年版，第 180 页。

③ ［法］勒内·达维德：《当代主要法律体系》，漆竹生译，上海译文出版社 1984 年版，第 339～340 页。

④ ［美］梅里曼：《大陆法系》，顾培东等译，知识出版社 1984 年版，第 40 页。

⑤ ［美］梅里曼：《大陆法系》，顾培东等译，知识出版社 1984 年版，第 40 页。

国立法机关设置了"上诉法庭"这一兼具立法权与司法权性质的新型组织，授予它废除法院所作的错误解释的权力。在今天看来，这可算作对司法解释的立法权审查，但在当时，的确是迫于司法性立法的强大压力，迫使立法机关不得已以司法权运行的逻辑加强对法院立法权的监督。"这一机构不属于司法系统的一部分，而是立法机关为保护自己不受司法机关侵犯而设置的一个特殊机构。这样，法律解释和判断的工作既不由法官进行，也不必由立法者亲自处理了。""在上诉法庭建立的初期，它并不能对其审理的案件所涉及的法律问题作出权威性的解释，而只能撤销法院的判决，然后把案件发回原审法院重新审理。随着时间的推移和实践的需要，上诉法庭逐渐发展并且具备了作出司法解释以及指导司法实践的能力，这显然有利于办案效率的提高。与此同时，把上诉法庭视为非司法机构的看法也逐渐消失了，上诉法庭演变为司法机关，成为普通法院中具有最高地位的法院。"① "这种法院具有立法性质，称为立法性法院，它领导整个法院系统正确、统一解释和适用法律，这一过程也在意大利和其他仿效法国司法系统的国家受到重视。"② "今天，法国法律的很大一部分都是从不合时宜的旧法规中通过审判创造出来的。"③

中国实行成文法制度，类似于大陆法系的有关制度，作为大陆法系代表之一的法国，其司法立法的经验很值得研究和借鉴。从法理上看，解决国家立法不统一的途径有很多，但最有效的莫过于首先确立一套集内部审查与外部审查均衡一体的立法合法性审查机制。我国的《立法法》从宏观上解决了立法权限、规格、事项、范围等问题，但对于立法自身的冲突解决仅确定了几条基本的原则，具体的制度设计尚付之阙如，因而有必要通过专门的立法审查

---

① 戚渊：《论立法权》，中国法制出版社2002年版，第212页。
② 戚渊：《论立法权》，中国法制出版社2002年版，第212~213页。
③ 戚渊：《论立法权》，中国法制出版社2002年版，第213页。

法加以填补。①

立法审查法是《立法法》的特殊法，在效力上应优先于《立法法》，制定立法审查法，也是未来统一的司法法出台之必要前提。因为，在立法审查法中，以司法审查为核心的外部审查将成为一种不容或缺的关键角色。

1. 这部法律在总则部分应当明确"立法冲突之解决"、"法律统一之维护"这样一些基本目标，这既与我国宪法相一致，又与实际问题相对应，具有提纲挈领的作用。

2. 立法审查法在分则中应分章论述"立法之内部审查"、"立法之外部审查"及"立法审查之最终判断"等基本内容。

立法内部审查一章应分节阐析立法之"原产地"审查规则与立法最高机关统一审查规则。所谓立法"原产地"审查，指的是

---

① 《立法法》第 90 条庄严宣告：任何国家机关、社会团体、企业事业组织以及公民个人"认为行政法规、地方性法规、自治条例和单行条例同宪法或者法律相抵触的，可以向全国人民代表大会常务委员会书面提出进行审查的要求"或者"建议"。（注：列入第九届全国人大第三次会议议程审议的《立法法》（草案）仅确认"一府两院"、中央军委、省级人大常委会和社会团体、企业事业组织、公民有权向全国人大常委会提出违宪、违法立法审查的要求或者建议。后经代表提出，将有权的国家机关扩大到一切国家机关。此修改将有助于违宪、违法立法审查得以广泛和经常的进行。）毋庸置疑，这是我国民主立法制度化的实质进步，是完善现行违宪监督体制的重要举措。它将保障法律统一，及时消除立法的无序现象。为使违宪、违法立法审查制度具有可操作性从而避免流于形式或者束之高阁，《立法法》第 91 条第 1 款和第 2 款还明确规定负责审查的主体、审查方式以及撤销违宪、违法立法的有权主体和撤销程序。针对具体的法律适用，《立法法》规定了五大基本原则：1. 在强调所有的规范性法文件皆"不溯及既往"的前提下，明确"为了更好地保护公民、法人和其他组织的权利和利益而作的特别规定除外"（第 84 条）。2. "宪法具有最高效力"的原则（第 78 条）。3. "上位法的效力高于下位法效力"的原则（第 83 条）。4. "同位法中特别规定优于一般规定、新规定优于旧规定"的原则（第 85 条）。5. "各位阶法之间不一致并且不能依据效力高低确定适用时，由特别机关裁决"的原则（第 86 条）。参见徐向华、林彦：《我国〈立法法〉的成功和不足（之一）》，载《法学》2000 年第 6 期。

颁行法律的原机关负有审查自身立法的权力与职责，如果出现自身立法之间严重冲突的情况应及时修正，并报国家最高立法机关备案。所谓立法最高机关统一审查规则是指当不同位阶部门立法发生冲突后由专门的立法审查部门提出统一意见，最后交由全国人大常委会讨论表决。当然，也可以在这两种方式之外设立一种"上级审查"规则，即确立由上级立法机关对下级立法机关之间立法冲突进行审查的权限，这样既可以减轻最高立法机关的工作负荷，也有利于维护同一层次、部门、位阶立法的统一性。

与内部审查不同，立法外部审查指的是由国家省级以上（包括省级）法院对个案适用中的法律冲突进行审查，选择适用之后就消除法律冲突之司法审查决议书，提交全国人大及其常委会以集中讨论，最终审议的机制。这既非西方国家的"司法立法"，也非现今惯常的"纠纷解决"，它体现了司法"形成规则"的功能，是法律发展之司法过程的制度化体现，有利于维护法律实际运行中的冲突，对于司法自身的统一也具有重要意义。可以预见，推行这一制度后，司法解释可以慢慢为立法审查之司法决议书取代，司法解释与立法之冲突也可以得到有效缓解。立法审查之最后判断一节应详细规定全国人大及其常委会的立法审查职权，从审查启动程序到审查组织、方式、结果公布都应作出明确规定。

三、整体的对策

（一）立法理念文明的战略构思

1. 立法理念文明要求我们科学分析当前的立法环境，在法律趋同化、国际化的今天，与时俱进地提出符合法治精神的立法对策，不断更新我们的立法理念。当今世界，法律的统一成为势不可挡的时代潮流，我们必须开放立法、科学立法，必须结合法律发展、变化的最新情势民主立法，这样才能确保立法质量与效益，才能为法律权威的达成创造合格的"材料"。根据《牛津法律大辞典》，"法律的统一"（Unification of Law）是指，"在各种问题上消除各国法律的特殊规定。19世纪以此为宗旨的运动在一些领域，尤其是国际贸易领域经常发生"。① 不难看出，法律的统一强调的是法律外在形式的去特殊化，这就要求我们在立法过程中必须用符合国际标准的表达形式，这样才能使中国的法律真正进入全球化的舞台，才不至于被诟病为自娱自乐的立法游戏。

2. 立法理念文明要求我们必须重视法律内在的和谐性，重视法律体系内部矛盾的克服和避免，加强立法过程的权力制约与监督，确立"和谐立法"的法治理念。法律的体系和谐首先着眼的不是法律形式的整齐单一，而是法律内质的和谐一致。法律的本质在某种意义上，就在于它是一种内蕴和谐性特征的强力规则。法律的和谐性决定了法律的普遍性、自治性及不矛盾性等次生性特征。法律区别于习惯和道德的关键就在于，它是一种和谐统一的外部规则。若不具有和谐性内质的规则，其法律的名分便相当可疑。可疑的法律，如何能达成真正的体系完备？

具体而言，法律和谐包蕴四层含义：第一，法律意思的单一性，即相同情况相同对待。法律区别于政治和行政的关键就在于，它必须服从立法的普遍性和判决的一致性目标。这两大目标恰好都是法律统一的逻辑要求即立法统一和司法统一。第二，法律权威的客观性，唯此方能避免权力意志霸道横行。第三，法律规则的明确性，唯此方能彰显法律的预测功能，使人们通过法律获得对日常生活的稳定预期。第四，法律适用的未来性，唯此方能杜绝溯及既往适用法律的可能性。可见，法律的统一性，从始至终都坚持"内部视角"，即关注法律自身的合法性。这虽然正是法律统一的核心关切，但如果据此将法律的统一性等同于法律统一，那就大错特错了。因为，除了关注法律内质的统一，法律统一还包含法律与外界的形式统一。不同的法律规则之间，法律规则与道德、习俗、宗教规则之间，直至法律与文化、法律与社会之间的统一和契合，这可以统称为法律的统一化。与法律的统一不同，它不局限于法律间的统一，而是着眼于法律形式与外部规则间的整体协调。

---

① ［英］戴维·M. 沃克：《牛津法律大辞典》，邓正来等译，光明日报出版社 1988 年版，第 904 页。

3. 立法理念文明要求我们必须认真对待法律价值的差异与沟通，特别是中西方法律文化的融合与交流。立法文明重视法律价值的和谐，法律的理念性使其区别于制度上的法律趋同。所谓制度的法律趋同，是指不同国家的法律，随着社会需要的发展，在国际交往日益发达的基础上，逐渐相互吸收渗透，从而趋于接近甚至趋于一致的现象。① 法律趋同表明的是当代法律发展的一种客观趋势，并非法治的理念要求。理念不同于制度，前者是鲜明的价值标准，后者是大致的行动框架。立法文明不仅追求制度层面的法律趋同，而且关注价值层面的法律协调。在价值观日益多元化的当代社会，要达成制度上的法律趋同并非难事，但要建立一种恒稳的法律价值统一机理就不那么容易了。众所周知，法律价值多种多样，秩序与自由、平等与效率等法律价值之间甚至还会发生激烈的内部冲突。尤其在东西方文化互异的大背景下，法律价值的统一更是困难重重。因此，我们认为立法文明具有浓郁的理念性，它重视法律价值的文化沟通与内部和谐，反映了法律内质的和谐性要求，是制度层面法律趋同的内在根基，必须认真对待。

在法律的内部价值冲突上，立法文明要求以"人的全面发展"作为法律价值系统的圆心整合人权与正义、公平与效率、秩序与自由这些法律价值的冲突。立法文明的法律统一首先是价值统一，法律规范的统一可能是暂时的统一，而法律价值的统一则是根本的统一。法律价值的统一具体表现为立法与司法上的价值统一。无论立法还是司法，都必须遵从法的统一价值。法的统一价值就是法的基本价值和文明价值，是法的其他价值必须遵从的最高价值，并且是其他价值的评价准则。法的基本价值是法律价值统一的客观标准，它是一个有机联系的整体："秩序是人类生存的基本条件；人权是人类生存和发展的必须；正义是人类社会得以维持的保证，三者共同服务于最终目标——人类的全面发展。"②

---

① 参见李双元主编：《市场经济与当代国际私法趋同化问题研究》，武汉大学出版社 1994 年版，第 3 页。

② 卓泽渊：《法的价值总论》，人民出版社 2001 年版，第 152 页。

4. 立法理念文明要求我们正确处理法律统一与法律多元的关系。法律统一关注法律过程的统一，动态性使其区别于一般的法律多元。学者们对法律多元的界定是，两种或更多种的法律制度在同一社会共存的一种状况。在法律多元论者眼中，法律除了国家法，还包括超国家法（宗教法和国际法）和亚国家法即低于国家的利益集团制定的法。有人据此说，现在是法律多元的时代，各种规则都可以被称为法律，法律包含的内容越来越广。那么，各种类型的法律如何实现统一？可不可能实现统一？法律统一会不会破坏法律多元的良性景观，为强权专制找到新的借口？这些疑问的确有力，但必须看到的是，对法律统一这个概念不能望文生义，仿佛统一只能是外力强制的结果。其实，统一也可以倚靠内生内发的规则演化自然地达成内部和谐。法律统一与法律多元并不矛盾，因为，前者语境中法律是重内质的"本体法"，而后者所谓的法律是重形态的"面相法"。法律的面相无论如何多元，其本质只有一个，这个唯一的本体必然具有内在的统一性。法律统一并非要将所有的法规则斧削周正形同一律，而是追求多元基础上的动态统一。法律多元是对法律形态多样性的静态描述，法律统一则是对法律过程一致性的动态把握。在动态的法律过程中，法律多元与法律统一会相得益彰。因为只要实现了法律统一，我们就不必担心法律多元会走向混乱和无序。

（二）立法制度文明的战略规划

1. 发挥司法的宪政审查功能，监督立法权的运行，保证立法文明的制度化实现。法治观念的光大需要宪政体制的配合。推行宪政的关键在于，首先制定一部合乎正义的宪法，然后切实保障宪法作为根本规范的最高效力，对国家各种活动进行审查和监督。但以往人们只看到合宪性审查对权力制约的意义，很少注意到它的本原功能，那就是维护法律规范的统一和立法文明的实现。如果将合宪性审查的功能定位于此，就可以避免诸多无谓的意识形态上的争论，切实地发挥宪法在国家法律规范体系内的最高协调作用，更好地实现法律在规范层面的统一，立法文明得到更好地实现。"就法律论法律"的学术态度有利于中国司法审查制度的尽早确立。①

2. 在有中国特色社会主义法律体系基本形成的基础上，进一步优化法律体系的内在结构，使之呈现更加理性、严谨与法治化的格局，以民法典编撰为契机加快国内立法体系建设的进程。欧洲大多数国家 19 世纪才实现本国立法体系的完备。法国以拿破仑法典编纂为法律体系完备的标志，意大利法于 1865 年、德国法于 1896—1990 年统一，西班牙的法律体系完备得更早些，瑞士的法律体系则以 1907 年民法典的颁布为完备标志，就连崇信联邦制的美国也备感法律不统一的不便，通过制定统一州法、加强联邦立法等措施以尽快实现国内法的体系完备。中国正在讨论编纂统一的《民法典》，可以预见，其颁行必将加速中国国内法律体系完备化进程。

3. 充分发挥最高司法机关的释法功能，发挥司法权力在立法过程中的积极作用。在各国法律统一的实践中，都非常注重在单项法规统一的同时保证法律解释的统一。这就必须注重发挥最高法院的统一释法功能。但当审案工作的需要迫使在唯一的最高法院成立几个分庭或巡回法庭时，对法律解释中产生分歧的担心会重新显露。这时就需要强调判例统一。各国对判例统一的具体实践各不相同，如战前匈牙利曾以一个所谓"法律统一庭"保证最高法院七个民事庭和三个刑事庭所作解释的一致，法国还曾采用法官轮流参加审判庭的制度解决判例统一的难题。我们认为，判例统一的根本还在于司法理念统一，在司法过程中注入立法文明法治化的思维模式才是治本之策。

4. 规范法律解释制度，整合立法解释、司法解释与行政解释的"立法"功能，保证立法文明的制度化实现。立法解释、司法解释、行政解释在中国都被认为是法律解释。其实，从本义上讲，法律解释主要指法官在司法过程中对国家制定法、判例法、民间习惯法甚至包括自然（人权）法的解释，这种解释权是法官自由裁

---

① 关于中国确立合宪性审查机制的详细讨论，参见季卫东：《合宪性审查与司法权的强化》，载《中国社会科学》2002 年第 2 期。

量权的表现。因为如果法律适用非常确定，就不需要额外的法律解释。之所以需要法律解释，是因为法律不能与社会生活在规范上对应，需要行使司法权的法官运用他们的实践理性，维护法律的统一权威。这就要求法律解释首先应当有统一的价值标准及规程约束。法律解释的规范与和谐本身也是立法文明的体现和支撑性要素。

5. 发展判例制度，确保司法立法功能的制度化实现，维护立法文明的多元化成果。有学者曾以灰色系统理论为根据，提出了"法律三色说"：黑色的法律是信息缺乏的法律，其内质特征是内涵清楚但外延不清楚，就我国现行法律形式而言，具有成文法形式的法律和最高人民法院司法解释中的规定、意见大多是黑色的法律；白色的法律是指信息充分的法律，其本质特征是内涵虽不甚明了但外延却相对清楚，我国最高法院的批复和被赋予典型意义的判例都属此类；灰色的法律是一种新型法律，是黑色法和白色法有机结合的结果。内涵明确的成文法与外延清楚的判例相结合便构成了法官最向往的"灰色法律"。只有将黑色的法与白色的法有机结合，将成文法与判例法有机统一，才能既规范法官在选择法律时的自由选择权，又规范法官在裁断案件时的自由裁量权，从而实现"司法统一"。① 为了立法文明法治化的顺利推行与尽早实现，我们完全赞同这种见解——"发展判例制度，铸造灰色之法"。

6. 建立"准法"的可诉性机制，通过司法机制将民间法初步整合，为最后的立法整合奠定基础。法律的可诉性是现代法治国家中法律的重要特征,② 但对于那些徘徊在法律边缘的"准法"，是否依然具有可诉性呢？对于红头文件、单位规定、乡规民约、宗教戒律甚至会团章程这些国家制定法视野之外的"准法"是否有必要将它们纳入到统一的可诉性机制中呢？出于立法文明法治化的目的考虑，我们应当将它们与国家制定法一道纳入统一的诉讼机制。

---

① 参见武树臣：《铸造灰色之法：再谈在我国发展判例制度的重要性》，载《法学研究》2000 年第 1 期。

② 参见王晨光：《法律的可诉性：现代法治国家中法律的特征之一》，载《法学》1998 年第 8 期。

现今国家制定法可诉性不强在很大程度上正是因为没有这些"准法"的参照和说明。对于一项侵权行为，我们也许无法根据抽象模糊的制定法作界定，但如果将那些实际造成侵害后果的"准法"规则纳入审查视野，问题也许很快就解决了。特别是对于那些保障公民人权的制定法必须辅之以"准法"的可司法性，才能真正发挥其价值功用，有助于从实际操作层面实现国家法与民间法的互通和融合。

7. 重视法律清理工作，建立立法的经常性"保洁"机制，从细节维护立法文明的成果。法律清理是指定期对全部法律或一定范围的法律加以整理、分类，清理已经失效的、实际上已经失效的、需要废止的、继续有效需要修改的和继续有效的等，为以后修改和制定法律以及进行法律汇编和法典编纂创造条件。① 法律清理是法律统一的一项基础工作，不仅包括国家制定法的清理，而且包括各地民间习惯法的清理。尤其是在今天中国民法典编纂的热潮中，做一做基本的民间习惯调查清理比纸上的论战或许更有建设性。对国家制定法而言，法律清理工作也日益重要，因为我国与 WTO 规则抵触的制定法都需要不同程度地废除或修改，许多法律法规部分失效或整体失效，许多条文需要增删，这些都离不开制度化的法律清理工作。

8. 将立法技艺提升到法律方法论的高度认识，重视发挥立法过程中法律专业人士的核心作用。立法者一般都是政治家居多，法律家属于配合与协同的角色。在政治文明法治化的背景下，这样的格局需要改变。因为，法学家法理与政治家法理不同，前者看重法律的本质，习惯于从本原到形式，强调法律自身特有的专业技艺；后者注重法律的功能，习惯于从功能求实用，追求法律外溢斜出的治理效能。一般而言，前者视法律为理想的圣物，后者视法律为世俗的工具，两者的视角和关注点殊异。在这两种不同类型的法理脉络中，立法的倾向与收效当然有异。立法文明法治化的实现，尤其应当重视法律专业人士的独特作用发挥，因为，立法文明是法律合

---

① 参见李龙主编：《法理学》，武汉大学出版社 1996 年版，第 322 页。

法性的关键环节，是法律技艺统一的专业化进程。

9. 塑造法律共同体，为立法文明的实现创造人本基石。立法文明必须"以人为本"，没有思维一致的话语协调，法律共同体就不可能有共享的法律价值、法律规范、法律实施、法律仪式和法律文化。没有坚强的法律共同体，就无法将发展判例制度、建立准法的可诉性机制、重视法律清理这些立法文明的具体工作做好。职业法律共同体的建构，不仅要求我们建立统一的法律职业资格准入制度，而且要求理性的法律教育塑造共同的法律思维模式。正是由于专业化、统一化的法律教育的兴起，法律共同体才从一个职业共同体转变为一个知识共同体。理性的法律教育带给法律人专门的知识体系、独特的思维方法和普遍的社会正义感，使他们成为分享共同知识、理想、观念的信仰共同体。今天，我们正处于这样一个关键点上，法官、律师和法学家究竟是成长为一个统一的法律共同体，还是在被各种利益诱惑驱使的同时，彼此走向敌对和分裂？这是一个希望与困境并存的关键时刻，我们有可能通过法律共同体的塑造走向我们所希望的法治社会和立法文明，也有可能因为法律共同体的解体导致我们对法治的深度失望，立法文明最终沦为美丽的镜花水月。

（三）立法行为文明的战略要点

1. 立法提案行为的主体存在过于狭窄的问题，与立法行为文明的普遍性要求不符，亟需从实践和规范上加以变革与重构。纵观世界各国立法提案行为的主体，涵盖国家元首、政府与政府首脑、政党及有关社会团体、议会和议员、成员国或下一级政权、司法机关、一定数量的选民、法定的其他机关等八大方面。虽然在实践操作中，各国都有其特殊规范，都会在一定程度上限制立法提案主体的范围，但立法提案主体毕竟不是一个"纸面的法"即可完全界定的纯应然范畴。事实上，"实践中有关机关、组织和人员是否具有立法提案权，往往不完全取决于宪法、法律是否作了明确规定。没有明确规定的，实际上也可能享有立法提案权"①。就当代中国

---

① 周旺生：《立法学教程》，北京大学出版社 2006 年版，第 243 页。

立法提案行为的规范层面而言，由于法定主体的"高层化"，使得法案形成的渠道非常有限。从实践层面看，法案主要或绝大多数都是由全国人大和国务院两个系统提出，其他方面很少提出法案。结合立法文明的普遍性与开放性准则，加之立法制度文明的民主化与科学化要求，有必要对立法提案行为主体的条件资格"降低门槛"，加强选民团体与人大代表个体的提案作用①，灵活提案的形式，放宽对法案列入议程的限制，使国家的"高层动态"立法真正融入寻常百姓的"草根议论"，为后续的一系列立法行为的文明化奠定牢固的民意基础。

2. 立法审议行为的方式存在过于机械的弊端，与立法行为文明的实践性要求不符，有必要从程序上予以多样化。从法理上讲，立法审议的目的在于充分讨论法案的内容、形式及其与社会发展相适应的程度，审议法案的过程应当是多样化的统一。而当下中国立法审议往往仅限于报告和发言，缺乏相关利益群体代表与社会公众意见的介入与表达。无论是专门委员会的审议，还是常委会与大会审议，都应当依照循序渐进、由表及里的审读、讨论程序，运用尽可能丰富、多样的方式阐释、澄清法案内蕴的实质理念，最终为立法的表决与公布创造知性的环境。美国议会委员会的专家审查制、法国议员委员会的法案报告人制，德国联邦议院委员会的立法审议公众参与制、美国的立法审议听证会制都可以作为中国立法审议方式改革的有益镜鉴。在专门委员会审议过程中，鉴于人数较少，可鼓励各抒己见，畅所欲言，激烈辩论，不必拘泥于机械的发言规程。

3. 立法表决行为的结果存在过于一致的缺陷，与立法行为文明的真实性要求不符，应当通过健全立法表决的程序机制加以矫正和完善。从法学原理看，立法表决与立法通过是两个不同的概念，

---

① 有学者提出，当代中国立法提案的法定主体应包括政党与各社会团体。（参见李林：《立法理论与制度》，中国法制出版社 2005 年版，第 185 页。）对于此种主张，笔者的意见是，对于执政党而言，其对立法的作用实际上已构成不成文的宪法惯例，无须专门法条确认。至于各民主党派与社会团体，它们对立法的影响也可以实然方式进行，如同美国立法实践中的院外集团，只要法律无禁止性规定，从事有关立法的行为是允许的。

前者是通过法案的必经程序，后者是表决行为的特定结果。在理论上之所以二者容易混淆，与当下中国立法表决行为的结果过于一致的缺陷息息相关。从地位和重要性程度而言，立法表决关乎法案能否成为真正的法律，其程序机制应当格外科学和严密。而实际情况却是，当下中国的立法表决程序内容非常单薄且存在明显的缺陷。就表决规则而言，全国人大及其常委会通常以"半数通过"为原则，"三分之二通过"为特例（仅适用于宪法及宪法修正案），对于反对票与弃权票的表决效力并未作出明确界定。假设出现这样的情况，当某法案的反对票超过四分之一，或者弃权票超过三分之一，二者相加未过半数，该法案最终还是顺利通过了。这与实质性的立法民主显然相差甚远，因为，未过半数但接近半数的反对与弃权所代表的"民意"从形式上消失了，该法案即使成为了法律，但也属问题性的"非民主之法"。此外，现今立法表决的方式属于整体性表决，一次性地通过或不通过显然不利于立法内容的逐条甄别。总之，"一致主义"的文化传统渗透到立法表决过程中的表现就是，漠视"反对意见"及"局部真理"的存在，完美的立法愿景导致了立法表决缺乏实际意义和功能，最终使得这一关键性的立法行为难以体现真实立法文明的核心精义。

4. 立法公布行为的效力存在过于虚软的漏洞，与立法文明的实效性要求不符，有必要从法律上完善中国公布法的制度。我国《立法法》中虽然对于公布法的时间和方法作出了规定，但是并未具体明确其法定责任，从而导致立法实践中对法律公布环节的不够重视，影响了法律的权威与良善性品格。从法理上看，法律之所以具有规范性效力，前提之一就是它在实施前已普遍为民众所知晓，公众知悉法律的前提又是法律必须及时公布。现代法与古代法的一个重要区别也在于前者具有严格的法律公布程序，而后者通常是在秘密或半公开状态下立法。鉴于此，当下中国立法公布行为必须强化其法定效力，首先要从规范上明确立法不公布或公布不及时的法律责任承担；其次还要改变传统的立法公开方式，尤其在信息化社会，应当积极考虑网络信息传递的优势，将立法的网上公布也列为法律允许的方式并优先加以保障；最后，基于法律公布的重要性以

及法律自身的权威性与统一性,有必要创办一份专门公布法律的多
语刊物①——《中华人民共和国法律公报》(分纸质版与网络
版)——作为各个不同层级的法律法规规章的统一性公布平台。

5. 立法修缮行为的程序存在过于随意的病症,与立法文明的
严格性要求不符,这些毛病应通过相应立法程序的规范加以解决。
从广义上讲,立法不仅包括制定法与认可法,还包括修改、补充以
及其他变动法的活动,这些活动从目的上讲都是为了对既有的立法
加以修正和维护,都属于"立法修缮"的范围。就法律修改而言,
当下中国立法实践采用了大量的"默示"程序,"这种法的修改和
补充一般都是间接的、附带的修改和补充",通常,"它以'后代
优于前法'的原则为依据"。② 这种方式有便捷之效,但其症结在
于方式过于多样、启动也流于随意,对于成文法国家而言,这种方
式应慎之又慎,需要严密的程序法调控。就法律废止而言,新中国
在此方面可谓教训深刻,这与不强调法律废止程序是有密切关系
的。对于法律废止程序化建设的思路而言,其一,减少自行废止,
增强人为废止;其二,减少集群性废止,注重经常性废止;其三,
减少模糊性废止,多用明示性废止。③ 此外对于法的清理、法的汇
编这些传统观念中的非立法行为,也应加强其程序规范,毕竟,这
些活动对于立法的完善具有很强的实用价值,也属于广义的立法修
缮范围。

(四) 立法秩序文明的战略归属

立法秩序文明的核心含义在于,通过一体化的立法过程建构,
实现立法理念、制度与行为的有机文明整体。实现立法秩序文明的

---

① 大多数国家都有专门公布法律的正式刊物,如法国的《法兰西共和国政
府公报》、意大利的《意大利共和国公报》、德国的《联邦法律公报》、瑞士的
《联邦公报》等。在多民族国家,法律的公布一般采用多语形式,如瑞士的法律
公布同时用德语、法语和意大利语。在罗马尼亚,除罗马尼亚语外,法律还译为
匈牙利语。在加拿大和喀麦隆,法律同时用英语和法语公布。参见李林:《立法
理论与制度》,中国法制出版社 2005 年版,第 198~199 页。

② 周旺生:《立法学教程》,北京大学出版社 2006 年版,第 539 页。

③ 参见周旺生:《立法学教程》,北京大学出版社 2006 年版,第 544 页。

关键在于，从理念上凸显立法过程的整体性，从制度上健全立法程序的严密性，从行为上增进立法活动的规范性，三者相互配合、彼此呼应，最终缔造"法"的自生自发程序，解决长期困扰法学界的"法"与"法律"、"法律"与"立法"二元背离的难题。

1. 完整的立法过程包括立法前的预测、规划与决策、立法中的提案、审议、表决、公布与修缮以及立法后的反馈和评估。前面已经详述了立法过程中的行为文明，对于立法准备阶段和后续阶段未予阐释。这是否意味着它们不属于立法过程的内容呢？显然不是。从广义立法过程的理念审视，立法前后的工作都是围绕"法"的产生而实施的法律行为，理所当然地具有立法的性质。这些立法活动的成效、好坏直接关系到立法秩序能否顺利形成。动态地看，准备阶段的立法预测是预先对立法的实际需要和发展趋势进行科学的考察和测算。在此基础上，有关权力主体在自己的职权范围内，对准备实施的立法工作进行设想和部署，这就是立法规划。最后，由立法主体综合各项信息，作出立法决策，实现正式立法过程的启动。当立法完成，后续的反馈与评估也是重要的立法秩序要素，因为，倘若缺少了这些后续的工作，立法的效果就无从知晓，立法的价值也无从体现，立法本身存在的问题也会被掩盖，从而丧失适时改善的良机。

2. 严密的立法程序强调事前的理性预测与规划，从"入口"处确保立法质量。在我国的《立法法》中，关于立法准备阶段的程序性规范可谓一片空白。特别是对于立法规划这种"准立法"行为，缺乏严密的程序安排是非常危险的信号，它隐藏着立法权滥用的风险与可能，它能从源头上对立法的民主与科学目的造成威胁和侵害。"人们都知道，立法的良善与否在很大程度上取决于立法准备的状况如何，立法可行性的基础几乎从立法准备中来，但不论其重要性如何，由于立法准备在法律上没有适当的位置，使人误以为立法准备是一件可以不讲程序、任意操持的非正式的事情。"① 在

————————
① 王爱声：《立法过程的法律控制》，载《立法研究》第六卷，北京大学出版社2007年版。

立法预测与规划过程中，应当充分发挥有关利益群体及中立专家的作用，制定立法计划和起草法案前必须进行充分的可行性论证。同时，应注重对代表提出法案的准备制度的完善，建立人大代表与相关利益群体、起草部门、专家之间的经常性沟通机制，保证立法质量，提升立法效能。

3. 严密的立法程序要求建立科学合理的立法后评估体制，从程序上构建立法的后续完备机制。从法理上看，系统的立法评估包括十大方面的基本内容：（1）社会背景评估：立法出台后，它与社会发展是否适应及其具体程度，直接关系到立法价值的落实，而立法实施的社会背景如何又直接关系到立法与社会的契合状况，不同性质的立法在不同的社会背景下发挥各不相同的规范及社会功能。立法的社会背景的适应性程度是立法评估的宏观内容。（2）合法性评估：具体包括合规范性与合价值性两个方面的内容，前者系法律形式评估，保证的是法律规范体系的统一与和谐；后者系法律目的评估，探寻的是法律理念倾向的正当与公平，二者相辅相成，不可偏颇。（3）立法主体资格审查：对于主体资格的评估，关系到立法的合法性与正当性，贯穿于立法过程的始终。从立法准备阶段的主体到实施阶段的主体再到完备阶段的主体，不同的阶段与环节有不同的主体性要求。（4）整体结构评估：主要从法的要素是否齐备、比例是否适当、协调的角度考察立法质量。一部优良的立法必须具备完整的法律要素，并且法律规则、原则、概念与技术性事项互相协调、比例得当，体现出原则的灵魂性、规则的主干性、概念的精确性及技术性事项的补漏功用。（5）可操作性评估：主要从法律规则的逻辑结构与类型比例上考察立法规范是否明确，行为模式与法律后果是否完整，权力性规则、义务性规则的比例是否均衡，这些内容均直接关系到立法能否在实践中顺利推行，既为用法者所知，亦为守法者所晓。（6）程序审查：从立法过程的程序性加以评估，已如前述，完整立法过程的不同阶段都应遵循特定的程序性要求。（7）实效性评估：立法的效力与时效是两个不同的概念，应然的效力不等于实然的实效。对立法进行实效性评估是检测其价值实现的重要标尺，也是决定是否对其加以修缮以及怎样进行完备的重要依据。（8）表现形式评估：主要涉及立法语言文字表达及篇章结构是否符合立法技术性要求。良善的立法除了要具备以人为本、公平正义的价值基础，还需要严谨明确、系统协调的外部形式。（9）效力层次评估：这是一个关涉立法权限体制划分及不同法律渊源效力认定的宏大问题。就我国立法实践而言，现今亟需明确的立法效力层次问题，包括全国人大制定的法律与全国人大常委会制定的法律的效力层次认定①，以及国际法转化为国内法

①　当然，从法理上讲，全国人大制定的法律要高于全国人大常委会制定的法律。但在立法实践中，全国人大常委会的立法职能从频率与广度上要高于全国人大的立法，况且，二者制定的法律均属仅次于宪法的法律。由于我国《立法法》并未明确二者的效力等级，以致于实践中二者的法律冲突很难有效解决。一个典型的例子就是全国人大制定的《刑事诉讼法》与全国人大常委会制定的《律师法》之间的冲突。"会见难"、"阅卷难"和"调查取证难"是我国律师在执业活动中长期存在的三大难题，2007年10月28日，第十届全国人大常委会第三十次会议通过了修改后的新律师法。律师法此次修改大幅度增加了律师执业权利的内容，且这些内容直接涉及现行刑事诉讼法的突破。针对这种新的法律冲突现象，学术界与实务界的看法不尽相同，一种观点认为此举值得肯定，必将推动刑事诉讼法再修改的进程。另一种观点认为，律师法不应当对刑事诉讼的具体步骤、程序作出规定，刑事程序的内容应当在刑事诉讼法中加以统一规定。这种争论背后隐藏着立法效力评估难题。关于全国人大制定的法律和全国人大常委会制定的法律之间的关系，《立法法》中只有宪法、法律、行政法规等层次的区别，没有基本法律与一般法律之分，因此，不能说基本法律与一般法律是两个位阶。关于新法与旧法，二者都是法律，只不过《刑事诉讼法》是由全国人民代表大会通过的，《律师法》是由全国人大常委会通过的。根据《立法法》中的规定，同一机关制定的法律，新的规定与旧的规定不一致的，适用新的规定。那么，全国人民代表大会与全国人大常委会是否属于"同一机关"？对于这个问题，有学者认为不能随便作出解释，需由有关机关作出立法解释。也有学者持不同意见，认为刑事诉讼法与律师法不是同一位阶的法律，刑事诉讼法是上位法，律师法是下位法。综观两派意见，我们认为，评估立法效力的法理尺度，除了体制上的规范依据外，还应考虑立法背后的价值评判。无论《律师法》还是《刑事诉讼法》，其立法宗旨都是保障人权，人权价值的统一性可以弥合两者条文上的不一致。当然，具体的制度构建，尚需权威的立法解释。只有当价值和制度均实现了立法统一时，法律体系才能达到内部的和谐一致。参见蒋安杰、贾志军：《新律师法如何与刑事诉讼法衔接》，载《法制日报》2008年2月24日。

的立法衔接机制问题等。（10）地方适应性评估：中央立法的统一适用应当强调地方的不同实际情况，地方立法的推进当然更要注重本地的特殊情况。立法过程中的变通与特例，必须符合地方的实际情况，不能扩大化使用。

4. 规范的立法活动要求立法过程在严密的程序监控下起承转合，呈现秩序、彰显正义。在当下中国的立法改革中，应着力建构立法过程的衔接性机制，确保立法程序的有机体。（1）建立专家立法咨询与论证制度，保证立法准备与立法实行的程序衔接。在对立法进行科学预测、理性规划甚至正式决策的过程中，专家的作用都不可或缺。各利益团体与立法提案权主体都应积极与有关专家形成立法沟通联系，通过制度化的立法咨询与专家论证保证立法质量。（2）建立审议中的立法听证程序，保证提案过程与审议过程的协调。如前所述，立法提案的主体范围应予扩大，同时，参与立法审议的主体范围也应相应扩大。现今世界各国的立法实践经验表明，在审议过程中设立立法听证制度，是保证立法民主的有效途径。虽然我国《立法法》确认了立法听证作为审议法案的一种重要形式，但是尚未对之作出专门的具体立法，实践中推行的也多属于地方人大的立法听证会，并且操作上也存在诸多不合规范的问题。（3）建立法案复议制度，保证表决与生效程序的衔接。对于表决通过的法案，并不意味着立即生效。特别是针对某些涉及国计民生的重大立法，尚需要进一步交由有关机构或提交全民复议（复决），这项机制或许会延缓立法制度，但对于确保法律良善，作用很大。（4）建立立法评估制度，保证立法实行与立法完备的阶段性衔接。通过理性的立法评估，我们可以对法律的修改与废止作出清晰的判断，将"问题立法"的症结找准，然后通过立法完备的相关程序予以修缮。

第三章
行政文明的法治方略

较之于立法权、司法权以及其他公共权力，行政权是内涵最为丰富的权力，人类一方面用种种方式对行政权施加限制，以防其被滥用，但另一方面，又不得不想尽办法，为行政权的高效率运行创造条件。控制行政权力与保障行政权力的高效率运行是现代法治的一条基本规则。如何通过法治模式在行政权的有限性与效率性之间保持恰当的平衡以实现文明的价值目标，是行政文明法治化建设的关键任务。

第一节 行政文明释义

一、行政理论的源流

在公共领域，行政特指政治社会的一种公共机能。《布莱克维尔政治学百科全书》将"行政"一词释义为"行政的基本含义与'去伺候'是一样的：是指协助、服务或作为某人的管家的活

动"。①《元照英美法词典》对"行政职能"一词释义为"政府主
要类型职能之一，它涉及一般政策在特定案件和具体情况下的适
用，包括在特定情况下裁量权的行使"。② 关于行政的释义在不同
的语境中的侧重点存在一定程度的差异，但执行和管理是现代行政
的基本职能。

从历史渊源来看，行政的执行功能比行政的管理功能要古老得
多。早期的行政职能专指行政的执行职能。在研究行政以及行政的
权力特征和行政权的运行机制时，迄今的政治学、行政学、法学的
绝大部分文献还是将行政与执行、行政权与执行权不加区分地使
用。这种概念模糊的研究方法导致对行政问题认识上的肤浅。

关于行政研究的各个不同学科一般采用的是一种宏大叙事的方
法，通过这种概念上的模糊方式掩盖对行政演变历史认识上的贫
乏。这种抽离执行、管理、行政自身历史变迁的研究进路既缺乏理
论上的精准性，又缺乏对行政实践的回应能力。行政理论研究如果
将学术关切点从其历史和这种学术关切赖以产生和存在的背景中抽
离出来，那我们得到的所谓行政理论只不过是满足学者自我偏好的
审美感受，这种形而上学的审美学术向路也就只能满足学者的自我
偏好，对行政就不会产生任何实践价值，也不会形成学术上反思的
公共领域。行政依然按它自己的轨迹运行，不会受到纯粹理性的反
思和批判，行政就会屈从单纯的原始力量所形成的对比关系，只受
自然必然性的重审。行政理论研究要想具备一种对现实行政的反思
和批判能力，使行政理论所形成的纯粹理性嵌入行政的实践领域，
为行政实践注入实践理性，它们就必须首先形成能共享基本关切的
学术共同体。这样的学术共同体只有在对行政权的历史变迁的考量
和对行政实践的现实解析的基础上才能形成。既有的行政理论研究
只是一种个体审美式的游击策略，无法迫使行政实践领域坐到行政
理论领域的谈判桌上来。

---

① ［英］戴维·米勒、韦农·波格丹诺主编：《布莱克维尔政治学百科全
书》，邓正来等编译，中国政法大学出版社 2002 年版，第 7 页。
② 薛波主编：《元照英美法词典》，法律出版社 2003 年版，第 35 页。

从事行政理论研究的学者，也应该把自己视为学术共同体的自由公民，我们有我们的学术自由，但也有我们的学术责任，散兵游勇式的学术向路不敌日益扩张的行政权。我们的学术关切是要为行政注入纯粹理性，构造行政的实践理性。哈贝马斯认为：实践理性的同一性只有在公民的交往形式和实践网络中才能真正发挥作用，同样，也正是在这种交往形式和实践网路中，理性的集体意志的形成才有了制度上的可靠保障。

行政领域中存在大量的剩余性范畴，对这些剩余性范畴的认识构成行政领域新的知识增长点或新行政范式的发现。从哲学意义上考量，行政发展的历史就是不断发现剩余性范畴的历史。帕森斯认为："一个理论体系即将发生变化的最确凿的征兆，就是对这种剩余性范畴产生越来越普遍的兴趣。"① 行政领域的学者主要研究的是理想形态下和法治形态下的正式的行政权力，而对非正式的行政权力知之甚少，也没有进行系统研究，这实质上是一个行政权和行政研究领域的剩余领域的价值问题。由于行政的实践品性，大量的剩余性范畴被既存的理论体系的形式合法性研究向路所遮蔽。非正式权力对行政有极大的支配力，但我们对此尚缺乏系统的研究，虽有几次理论上以个体作家的名义所做的尝试，并且他们的研究引起了学界的思虑，但都以潜规则匿名地存在。马基雅维里试图将非正式权力作正式权力使用的努力因其缺乏道德维度被后人所诟病，帕雷托对公共权力领域中的非逻辑行动的研究被认为有违现代生活的合法性，但他们研究的方法论意义没有被揭示和充分评估。② 因此，行政领域中理论上的完备性和实践上的有效性没有找到契合点。行政权似乎还是在过它的"原始生活"。

行政这一概念的发现是近现代社会的发明，但它又不是一次性

---

① ［美］T. 帕森斯：《社会行动的结构》，张明德等译，译林出版社 2003 年版，第 21 页。

② 帕森斯认为，理解剩余性范畴在理论体系中所起的作用的一个最好的例证大概要算帕雷托的"非逻辑行动"了。"非逻辑行动"是一种剩余性范畴，这一点是理解他的整个理论体系的关键。参见［美］T. 帕森斯：《社会行动的结构》，张明德等译，译林出版社 2003 年版，第 20 页。

发明出来的。它的历史脉络可以在执行权的发现与应用中找到它的渊源。亚里士多德对执行机能的发现、古罗马的执政官体制、阿奎那关于世俗权力是对上帝旨意的执行的神学政治论、马基雅维里的君主作为执政官的理论、霍布斯关于权力以及个体的执行权的发现、洛克对公共权力中的执行权的发现的划时代意义、孟德斯鸠的三权分立与政治中庸理论、联邦党人关于政体的复合共和主义的宪政安排都是行政这一概念被发明出来的历史渊源。① 德国学者斯坦因发表的七卷本《行政学》著作，首次提出了"行政学"的概念，并从行政法角度开始了对行政学的研究，它成为威尔逊提出公共行政这一划时代概念的直接知识来源。② 马克斯·韦伯关于行政权自我理性化的理论开拓了行政规制的理性视野，哈贝马斯的交往行为理论为公民程序性参与和行政规制开辟了新领域。

二、执行权的文明化

执行权这一概念在现代国家的宪政体制中经常被作为行政权的可替代的概念。这种观念成为我国学界的通识。姜明安教授的观点颇具代表性，他认为"行政可以用'执行''管理'来解释。行政是组织的一种职能，任何组织（包括国家）其要生存和发展，都必须有相应的机构和人员行使执行和管理职能。'执行'和'管理'并没有截然的区分，只是相对于不同的事物而言罢了。'执行'相对于'决策'而言，决策是确定组织的目标、纲领和行动方案，执行是贯彻实施决策所确定的目标、纲领、方案。'管理'是相对于'运作'而言，运作是组织为其生存、发展进行的各种活动，管理这是为保障运作符合决策所确定的目标、纲领、方案而对运作进行的规划、指挥、组织、协调、控制等"③。

---

① 参见［美］哈维·C. 曼斯菲尔德：《驯化君主》，冯克利译，译林出版社 2005 年版。

② 参见张康之、刘柏志：《公共行政的既往开来之路》，载《湘潭大学学报》2007 年第 1 期。

③ 姜明安主编：《行政法与行政诉讼法》，北京大学出版社、高等教育出版社 1999 年版，第 1 页。

　　这种对行政、执行、管理的界定以及它们之间关系的充满智慧的描述性解释在以下方面可以激发我们的反思：（1）这种描述实际上是一个形式化、形象化的行政，其作为立法权的传送带理论的一个中国化的脸谱，并没有反映行政的两种主要职能在不同时代的变迁中所凸现出的时代意义。事实上，自由主义的宪政理念所安排的行政职能中的执行职能是占支配地位的行政职能，管理职能是受到严格限制而不是被鼓励的行政职能。福利国家出现以后的行政继续保持执行职能的优先地位以便使行政权在宪政体系中的安排符合法治的目的，但宪政安排已放松了对行政的管理职能的严格限制。当然，以自由主义宪政理念为主导的国家对放宽行政管理职能的规制持谨慎的态度。（2）这种描述没有体现行政在宪政中的安排的价值观念，行政权是宪政建设中最难处理的一种权力，法治的主要功能就是驯化行政权使其符合保障公民权利、促进公民个人充分发展这一终极目的。（3）这种描述实质上是建立在立法权理性无限的假设的基础上的，实际上无论是个体还是个人的集合体均不可能是理性无限的。（4）这种描述没有揭示行政权与非正式权力之间的紧密联系，也就是说，这种描述叙说的只是行政权的正式来源。实际上，自由裁量权、授权立法、行政立法等已迫使现有的宪政体系将行政的非正式立法权力合法化，立法权被迫向行政权让步，立法权在行政权的非正式权力领域只保留了为立法权的尊严所必须的最低限度的象征性支配地位。法律保留原则实际上只是一种遗憾的法律技术，对行政权的非正式权力领域所起的规制作用甚微，行政权力的过剩规模性地存在。行政权发展的历史表明行政权仍然是一种"野性"的权力，人类远没有掌握"驯化"行政权的技术。

　　我国台湾地区对行政的当代理解实际上也是语意混杂，价值不明的，没有反映行政的历史变迁的现代意义，也没有反映行政的两种主要功能在当代的变化。翁岳生先生是从行政运行特征的角度来描述行政的，他认为，行政是广泛、多样、复杂且不断形成社会国家生活的国家作用——形成性与整体性；行政是追求利益的国家作用；行政是积极的国家作用；行政应受法的支配——合法性与合目的性之兼顾；行政的运作应注意配合及沟通；行政系作成具体决定的国家作用。① 从翁岳生先生对行政的特征的描述来看，我们很难发现执行权在行政中的独特地位。实际上，行政权的早期史是一部执行权的变迁史，人们对执行功能的发现比行政权要早得多。执行权在不同的历史条件中的意义存在极大的差异，但执行权受自身意志之外意志支配的历史是主流的观念。尤其是自由主义宪政主张执行权受立法权的支配，立法权是执行权的合法性源泉。福利国家的出现以及社会的日益复杂化提高了公共管理的地位，只把行政权历史理解为执行权历史的传统观点受到了理论和实践的挑战。

执行权的史前史始于亚里士多德。亚里士多德认为"一切政体都有三个要素，作为构成的基础，一个优良的立法家在创制时必须考虑到每一要素，怎样才能适合于其所构成的政体。倘使三个要素（部分）都有良好的组织，整个政体也将是一个健全的机构。三个要素的组织如不相同，由此合成的政体也不相同。三者之一为有关城邦一般公务的议事机能（部分）；其二为行政机能部分——行政机能有哪些职司，所主管的是哪些事，以及怎样选任，这些问题都须一一论及；其三为审判（司法）机能"。②

亚里士多德在这里所论及的行政机能和现代权力分立理论与实践所涉及的立法权、司法权、行政权中的行政权有很大的差异。吴寿彭先生在译注中很谨慎地谈到这种差异。"从表面上来看，这里的'三个要素（部分）'似乎相同于近代的立法、行政、司法三机能。实际上，亚氏所叙都是根据希腊各城邦的政法制度：其'议事机能'有异于现代的'立法权'。公民大会和议事会，虽也有立法权，所议却常常是有关行政和司法的案件。卷六 1317b32 就称议事会（'布利'）为行政机关。他们的'执行机能'虽各有其执行职司，却不像现今由执掌'行政权'的人员组成为政府而发号施

---

① 参见翁岳生编：《行政法》（上册），中国法制出版社 2000 年版，第 13 ~ 22 页。

② ［古希腊］亚里士多德：《政治学》，吴寿彭译，商务印书馆 1965 年版，第 214 ~ 215 页。

令；公民大会和议事会实际处于行政职司之上。"①

亚里士多德在此阐述政体三种机能的目的实际上是为王权寻找理性的根据，而不是要对政体的职能作理性的功能派分。亚里士多德所论及的王权实质上是论证在自然之善与人类之善关系中王权的合法性。亚里士多德论及政体的三种机能的目的是为了论证王权的整体性意义，是为了建构人类的政体与自然之善的和谐关系。这种王权的理想形态是混合政体，这种政体是建立在人性原则和自然原则基础上的，"只有这样，整体才能在自然与人之间，在奉行自然原则的民主政体和奉行人性原则的寡头政体之间取得协调"②。这里谈的王权实际上就是统治权，按照韦伯的理解"统治应该称之为在可以表明的一些人当中，命令得到服从"③。亚里士多德在论及政体的三种机能时，实际上是在讨论王权的三种理性的要素，而不在于这三种要素本身。亚里士多德认为能把这三种要素完美地结合在政体之中的是反映自然、体现人性的法律。"法治应包含两重意义：已成立的法律获得普遍的服从，而大家所服从的法律又本身是制定得良好的法律。"④ 实际上，亚里士多德所说的法治和我们现在谈到的法治有很大的差别。亚里士多德所谈的法治本质上是人治，只不过不是一人之治，而是多人之治。亚里士多德认为："同等的人交互做统治者也做被统治者，这才合乎正义。可是，这样的结论就是主张以法律为治；建立'轮番'制度就是法律。那么，法治应当优于一人之治。"⑤ "亚里士多德和柏拉图一样，认为最好

①　[古希腊] 亚里士多德：《政治学》，吴寿彭译，商务印书馆 1965 年版，第 215 页下注 1。

②　[美] 哈维·C. 曼斯菲尔德：《驯化君主》，冯克利译，译林出版社 2005 年版，第 42 页。

③　[德] 马克斯·韦伯：《经济与社会》（上册），林容远译，商务印书馆 1997 年版，第 81 页。

④　[古希腊] 亚里士多德：《政治学》，吴寿彭译，商务印书馆 1965 年版，第 199 页。

⑤　[古希腊] 亚里士多德：《政治学》，吴寿彭译，商务印书馆 1965 年版，第 167～168 页。

的政体是最杰出者的王权政体。"① 可见，亚里士多德的法治是关于统治权的一种制度安排。亚里士多德关于王权的理性要素本来蕴含了对执行权等权能进一步研究的契机，但对于王权理论的理想使他错过了这一良机。"在亚里士多德能够阐明一种执行权观点的关键时刻，他却开始捍卫王权，以便让法律更准确地发言。"② 在亚里士多德的混合政体——法治中，执行人最终匿名了。③

希腊人善于思辨，罗马人长于实践。罗马人在实践中使用了最原始意义上的执行官。罗马人的独裁官是原始形态的执行官。罗马人的独裁官是否具有执行官的性质取决于罗马共和国所处的环境究竟是稳定还是严重的混乱。在严重的混乱和战争状态，罗马人求助于独裁官，独裁官只不过是暴政的一种形态。狄奥尼西乌斯认为，独裁官制度不过是换了一个比较好听的名称，自愿同意或经选举产生的暴政，在出现了法律无法提供正义的情况时，例如发生了军事紧急状态，或官员无法维护法律的内乱时期，被加以利用。④ 李维认为罗马人也坚持提名独裁官时程序的合法性。西塞罗试图让独裁官符合法治，尽量给他比附上王权的优点。在这种情形下，独裁官类似于人们所熟悉的执行官制度。⑤

中世纪神学政治学用亚里士多德所谓的自然之善整体覆盖了人类之善，因此，在神学政治体系中，世俗的王权整体性地被视为"上帝"的执行者。实际上，却是垄断教义解释权的神职共同体与以王权为首的世俗权力之间的一种权力安排。以教皇为首的神职人

---

① ［美］哈维·C. 曼斯菲尔德：《驯化君主》，冯克利译，译林出版社2005年版，第51页。

② ［美］哈维·C. 曼斯菲尔德：《驯化君主》，冯克利译，译林出版社2005年版，第45页。

③ 参见［美］哈维·C. 曼斯菲尔德：《驯化君主》，冯克利译，译林出版社2005年版，第52~83页。

④ 参见［美］哈维·C. 曼斯菲尔德：《驯化君主》，冯克利译，译林出版社2005年版，第97页。

⑤ 参见［美］哈维·C. 曼斯菲尔德：《驯化君主》，冯克利译，译林出版社2005年版，第97页。

员提供行为的根据，以王权为首的世俗权力只是一个"上帝"旨意的执行者，世俗权力的合法性来源于教义。麦金太尔认为："基督教对于那些遭遇到它的人呈现的是一种律法和德性的概念，而这种概念与古代世界的多样性的人类的善与德性的哲学概念处于一种充满疑问的关系中。"① 对于"神权"来说，王权不过是奴婢；对于世俗社会来说，王权则是主人。"神权"统治下的王权是软弱的，同时也是强大的。"执行权"的这种两面性实际上融入了共和主义的宪政中。

马基雅维里无疑是现代政治科学和现代执行官的创立者。针对宗教的软弱和残忍，它从马西利乌斯对宗教的揭露和抨击出发②，抛弃了世俗权力的神启来源，同时也抛弃了自亚里士多德以来人类追寻美德的路径，他要从人性的邪恶的自然本性中汲取拯救他的国家的力量。"马基雅维里在本质上是一位爱国者，或是一位科学家，我们也仍然没有必要否认他传授邪恶。马基雅维里所理解的爱国主义，是一个族群的集体自私自利。"③ 他是一个自然神的崇拜者，不相信神启的力量，而相信人类自身的原始的邪恶，并让它装上犀利的牙齿。"对于马基雅维里来说社会和政治生活的目的是既定的。这些目的就是获得和保持权力，维持政治秩序和普遍繁荣。而之所以要维持政治秩序和普遍繁荣，部分是因为，除非你维持它们，否则你将不能继续握有权力。道德规则是有关达到这些目的的手段的技术规则，而且，运用这些手段是以这种假设为前提的：所有的人在某种程度上都是堕落的。"④ 他的没有美德的道德观是："判断一个行为不是根据行为本身，而仅仅根据行为的后果。因

---

① ［美］麦金太尔：《伦理学简史》，龚群译，商务印书馆2003年版，中译版序言第10页。

② 参见［美］哈维·C. 曼斯菲尔德：《驯化君主》，冯克利译，译林出版社2005年版，第141页。

③ ［美］利奥·施特劳斯著：《关于马基雅维里的思考》，申彤译，译林出版社2003年版，第3页。

④ ［美］麦金太尔：《伦理学简史》，龚群译，商务印书馆2003年版，第178页。

此，他所信奉观点是：行为的后果是可预测的。"在马基雅维里的
现实主义的政治哲学里，既然人性是邪恶的，那么，为了达到必然
的结果，就需要一名执行官来铲除达致必然结果道路上的一切障
碍。他需要现代执行官产生的各种要素：对惩罚的政治利用；战争
优先于和平和国内事务，增加紧急权的利用；寻求执行合法性的外
衣以及匿名控制权力的好处；发现统治技巧，以便侵入其他权力领
域；决断的能力；保守秘密；一人决断。①

马基雅维里在其现实主义的政治哲学中发现了执行官，但没有
发现执行权。执行官理论存在它的内在悖论，这与我国法家所阐释
的悖论相一致，既然由一人追求国家的繁荣而必须扫清一切障碍，
既然统治者必须以恶制恶，那么，统治者之恶也在被制和被颠覆的
逻辑之中，因此，以恶制恶、以暴制暴就成为治乱循环的常态。稳
定和繁荣也就只能是"昙花一现"。

马基雅维里的执行官因只追求"良好的效果"，受到自身品质
的决定，因而不能持久。马基雅维里追求的是一种非凡的统治，且
这种统治是以人性恶为其政治社会稳定和繁荣基础的，这种政治哲
学的内在悖论决定了它的短命。随着非常时期的结束、和平建设时
期的到来，建立在非凡的献身于一个人以及由他所默示和创立的制
度的神圣性，或者英雄气概，或者楷模样板之上的魅力型统治的环
境已不可能在和平建设时期复制。魅力型统治必然要向合法型统治
转变。其根本原因是魅力型统治无法保证政治的长治久安，因为魅
力型统治无法必然得到被统治者的同意与价值认同、尤其是与合法
律性相容；无法建构政治长治久安所必需的合法性。"相信魅力的
可继承性，从根本上讲是属于那些把最大的'偶然性'带进统治
实体的存在和结构里的条件之一，在这种可继承性原则同接班人指
派的其他形式陷入竞争时，情况尤其如此。"② 因此，要保持政治

---

① 参见［美］哈维·C. 曼斯菲尔德：《驯化君主》，冯克利译，译林出版
社 2005 年版，第 150 页。
② ［德］马克斯·韦伯：《经济与社会》（下卷），林荣远译，商务印书馆
1997 年版，第 477 页。

的长久不衰，就必须首先将这种执行官个体的"力"普遍化，这就产生了对"力"的普遍化和合法化的要求。

霍布斯是从马基雅维里的执行官身上开始构建他的理论的，他的使命是驯化马基雅维里的执行官所展现的"最原始的力量"，给这种原始的力量以灵魂。为了完成这一使命，霍布斯不得不回溯性地追寻亚里士多德的政治哲学渊源。亚里士多德追求的是自然之善和人性之善的和谐，但亚里士多德的人性之善是一种非凡的人性美德，而这种卓越的人性品质在现实社会生活中是极为稀缺的政治资源，霍布斯在追寻政治的德性之维的过程中就必须降低政治赖以生存的道德基础，使它能为普通公民所具备，这就产生了霍布斯哲学的德性普遍化的要求，即把政治存续的根据从非凡公民品质的需求中解脱出来，给消费公民"高贵品质"的政治机器注入普通公民的灵魂。"正如马基雅维里将道德化约为爱国主义的政治德性，霍布斯将德性化约为为获取和平而必须的社会德性。那些与获取和平没有直接的、毫不含糊的关系的人类优异性的形式——勇气、节制、恢宏大度、慷慨，更不用说智慧了——都不再是严格意义上的德性。"①

在解决了政治结构的基础必须建立在普通人的德性基础之上时，霍布斯构建了他自己的君主政体的政治哲学，从而与马基雅维里的"精英主义"，乃至暴政的政治哲学分道扬镳。② 但霍布斯并没有解决普通公民如何进入政治结构的内在机制问题。为了妥当解决这一基础性问题，霍布斯重回亚里士多德，从他那里借来了自然之善的假设，并将它改造为至善的自然状态和人的自然权利。霍布斯的自然权利是他的政治哲学的基础，也是公民融入政治生活的主体资格体现，同时也是政治生活的内在机制。霍布斯从亚里士多德

① ［美］列维·施特劳斯：《自然权利与历史》，彭刚译，三联书店 2003 年版，第 191 页。

② 参见 ［美］列维·施特劳斯：《自然权利与历史》，彭刚译，三联书店2003 年版，第 194 页，另见，［美］列维·施特劳斯：《霍布斯的政治哲学》，申彤译，译林出版社 2001 年版，第 71 页。另外，哈维·C. 曼斯菲尔德认为霍布斯坚持了人类中心论，属于平民的观点，这与列维·施特劳斯的观点相左。

那里借来的自然之善摆脱了人依附自然的宿命，在政治结构中注入了人性。这种政治生活中的人性基础是实现的，普遍的，他没有为公民进入政治结构设置门槛。

对马基雅维里的"原始力量"的反思，并对亚里士多德政治哲学理论资源的发现，成就了霍布斯的自然状态的描述和他的自然权利学说。正是在霍布斯的自然权力学说的结构中他为政治科学创造了"权力"这一概念。从而为政治科学的构建创建了最基本的范畴。"在霍布斯之前，权力（Power）是一个物理学概念，而不是一个政治学概念。"①"权力"概念在政治科学领域中的创生把马基雅维里的执行官改造成了具有普遍性的执行权。执行权在马基雅维里的"追求良好结果"的执行官和后马基雅维里的追求正义与合法性的时代背景中，最终被霍布斯的自然权利体系吸收、改造为执行权。"在衡量亚里士多德的执行权处于服从地位的自然正义时，必须对照霍布斯所说的新的自然权利或自然法，它终于使执行权获得了自身的生命，成为一个独立的机构。因为执行权是通过降低道德标准，即从优秀品质——以及它的种种麻烦——降低到权力（它有着种种便利），才变得符合道德。"②

霍布斯的自然权利理论是把主权者的权力和公民自我保护的权利结合在一起论证的。从公民自我保护的权利的角度，霍布斯认为公民自我保护的权利就是执行权，霍布斯的执行权分散在每一个公民捍卫自己的自然权利的行动中。同时，霍布斯又坚持君主政体。这两种不同的力量来源如何协调是霍布斯权力（实际上本质是我们现代所谓的权利）的核心问题，霍布斯诉求于自然状态后人与人之间订立的契约。霍布斯坚持君主制政体是建立在他认为主权是

---

① ［美］哈维·C. 曼斯菲尔德：《驯化君主》，冯克利译，译林出版社2005年版，第173页。另参［美］列维·施特劳斯：《自然权利与历史》，彭刚译，三联书店2003年版，第198页。
② ［美］哈维·C. 曼斯菲尔德：《驯化君主》，冯克利译，译林出版社2005年版，第175页。

不可分割的这一理论基础上的,① 霍布斯反对权力分立。霍布斯的政治理论有着不可克服的矛盾,那就是君主的主权是由公民对自然权利中的执行权创生的,但已创生的主权又不可分割而只能由君主行使,所以,霍布斯的执行权理论存在很大的张力,无法为共和主义的宪政提供基本的结构,但都为权力分立理论奠定了基础。"在霍布斯看来,权力和自由不是对头,而是相互依存的同伴;权力从来源上说依靠自由,而自由为了避免悲惨的处境,也要依靠权力。"② 霍布斯没有为这种理想提供一个合理的宪政结构。

　　洛克的自然权利在很大程度上偏离了古典自然法的传统,走上了霍布斯引导的道路。③ 然而,霍布斯的自然权利理论在个人通过自然权利的自我保护和君主的主权不可分割之间存在一个不可逾越的鸿沟,霍布斯的自然权利理论中的个人自我保护的观念本可以达至纯粹的平民主义的公民权利主张,但他却借用了博丹的主权不可分割的理论转而维护君权的神圣性。因为霍布斯要建立的是一个无限权力的君主政体。④ 这样,洛克就在霍布斯开辟的道路上反对霍布斯的结论。"洛克是站在霍布斯的自然法观念的基础上来反对霍布斯的结论的。他力图表明,霍布斯的原则——自我保全的权利——远不是有利于专制政府,而是要求有限政府的。"⑤

　　洛克是现代执行权的发明人。在霍布斯的理论体系中,执行权是模糊不清的,霍布斯的自然权利实际是为了证明仁慈君主的合法性,而不是通过自然权利对个体的自我保护。洛克之所以发明了执

---

① 参见 [美] 哈维·C. 曼斯菲尔德:《驯化君主》,冯克利译,译林出版社 2005 年版,第 185 页。

② [美] 哈维·C. 曼斯菲尔德:《驯化君主》,冯克利译,译林出版社 2005 年版,第 184 页。

③ 参见 [美] 列维·施特劳斯:《自然权利与历史》,彭刚译,三联书店 2003 年版,第 226 页。

④ 参见 [美] 哈维·C. 曼斯菲尔德:《驯化君主》,冯克利译,译林出版社 2005 年版,第 175~182 页。

⑤ [美] 列维·施特劳斯:《自然权利与历史》,彭刚译,三联书店 2003 年版,第 236 页。

行权，乃是他的终极关切是个人的自我保护。为了达致这一终极目的，洛克将自然法的理论与法治传统结合在一起，从而创立了有限政府的学说，使公共权力在宪政结构中被理性地安排。施特劳斯认为："在洛克看来，对于个人权利的最好的制度性屏障乃是由于这样一种宪制提供的：它在几乎所有的内政事务上都严格地使执行权（那一定是很强大的）隶属于法律，并且最终隶属于有明确界定的立法议会。"① 从目的论上来看，洛克的分权学说是为了实现公民的自我保护，故他认为政府应该是有限的；从方法论来看，要实现这一终极目的，就必须使政府受法的统治。"现代宪政的产生，是因为洛克把霍布斯的政治科学同宪政主义者支持法治的意见结合在一起。"② 洛克的分权理论就是要通过宪政安排来建立这样一种政治结构。执行权在洛克的宪政理论中是一个至关重要的要素，洛克认为暴政产生于君主的完全权力。将政治权力分立的价值在于防止暴政，直接目的是维护法治，终极目的是维护公民的权利。将执行权从立法权中分离出来，使执行权置于从属地位，是对全权的执行权可能产生暴政的防范。

根据曼斯菲尔德的考察，洛克是将理论与实践两个领域中的特殊问题分开研究的。一方面，洛克肯定立法至上，但洛克也看到了立法可能不能完全反映或满足自然权利实现的条件，所以，他也主张实践中的执行权至上。洛克没有放弃原始形态的由自然权利所创生的执行权。洛克认为没有自然的执行权，社会就不可能完全满足保障公民自然权利的条件。洛克的自然的执行权的观点来源于经验，他的理论涵盖了不为纯粹理性说覆盖的内容，暗含着行政权有它的非正式的来源。他想把超宪法的因素纳入到宪政体系之中的努力，正是现代非正式的实践中的执行权的源头，同时也预示了现代宪法和宪政中有两种不同品质的执行权。

① ［美］列维·施特劳斯：《自然权利与历史》，彭刚译，三联书店 2003 年版，第 238 页。

② ［美］哈维·C. 曼斯菲尔德：《驯化君主》，冯克利译，译林出版社 2005 年版，第 215 页。

　　实际上，理想的政治理念产生后，为保证这种理想能转化成政治实践，具有合法性的政治结构就成为关键。政治结构是由社会的物质生产方式决定的，但人类的理性实践同时也赋予了政治结构以一定意义。当然，政治结构本身并不能自发运动，政治结构依赖人的实践活动，而人的实践是通过人类的每一个个体的行为来运行的，反过来，政治结构又成为个人自由个性发展的外在关切点并规定了个体行为的可能性。

　　早期对政治结构的分析主要是用功能分析的方法，实际上主要是为了揭示政治结构的演化规律，属于宏大叙事的方法进路。将政治结构和行动之间的关系，尤其是个体行为与政治结构之间的关系作微观研究是一种结构—功能的分析方法，制度化模式是这种研究方式转移的产物。这样一来，政治结构就可以通过与制度化角色派分相关联的行动来研究。"对它们的研究，要依据它们在符合与偏离社会所认可的角色界定的预期之间所取得的平衡，要依据施于个人身上的各种相互冲突的角色预期，以及在这样的平衡和冲突中的各种动力和机制的汇集。"① 在个体行为和社会结构的相互关系中，由于制度的出现，个体行为和政治结构之间的直接关系变成了个体行为和政治结构之间的间接关系。个体通过制度装置作用于政治结构，而政治结构通过制度的镜像来作用于个体，制度因此成为个体行为和政治结构的中介，起到关键连接的作用。相对于政治结构而言，制度使个体行为在作用于政治结构时使个体从欲望的个人主义转向理性的个人主义，任性（黑格尔语）被制度筛选掉，自由在通过制度之镜的过程中被保留下来，政治结构的稳定得到了维护。同时，个人的创造力通过制度的保障作用增强了政治结构的活力。

　　由于制度具有保障个人自由，筛选个人任性的功能，同时，制度又具有维护政治稳定与社会和谐、为政治注入活力的功能，所以，关于个人行为与政治之间关系的描述就必须转换到考察制度本身的维度。由于制度是连接个人行为和政治的中介，所以，制度本

_____

　　① ［美］T. 帕森斯：《社会行动的结构》，张明德等译，译林出版社2003年版，第2版序言，第9页。

身必须一端连接个人的价值，一端要连接政治结构。这样，制度就必须同时承担价值和事实的双重功能。"规范或制度在社会上的存在，取决于它们在指导和评价人类在其社会环境中的活动方向所起的实际作用。"① 制度作为连接个体行为和政治结构的中介和桥梁，也不是被动地适应个体行为和政治的。在长期的发展过程中，它也有自身的相对独立性和价值取向，这就涉及制度不仅作为一个规范体系，而且作为一个价值体系，也有自身目的性与合法性的问题。当然，这个问题涉及制度的两个向度问题：一是制度本身的理性化，二是理性化的制度对政治的能动性和整合功能。

洛克的权力分立理论中的三权为立法权、行政权、对外权。对外权在洛克的理论体系中占有重要的地位。由于孟德斯鸠在他的著名的三权分立理论中放弃了将对外权作为一种独立的权力类型来予以专门研究，也由于美国宪法在制定时的国际环境的制约，洛克的对外权的理论没有被开发出完整的理论形态，也没有在现实的宪法中得到妥当的制度安排，导致宪政实践领域中的不安。洛克认为国家有一种自然的、整体的对外关系的权力，这种整体性的自然权力用于处理国际社会中的国家间关系，这种权力关涉每个成员的权利和利益，国家整体与成员个人的利益在对外关系中不可解脱地连接在一起。对外权包括战争与和平、联合与联盟以及同国外的一切人士和社会进行一切事务的权力。对外权与执行权之间存在差异。执行权包括在社会内部对其一切成员执行社会的国内法，而对外权是对外处理有关公共安全和利益的事项，它包括一切可以得到的利益或受到的损害。关于对外权的行使主体问题，洛克认为执行权和对外权总是联合在一起的，他主张由执行机关统一行使。这样一来，执行机关的权力来源就存在差别，其行为机制也是不同的。洛克只论及对外权的归属，但没有论及其行使的规则。执行权来源于对国内法的执行，法律是执行权的来源，没有法律依据的执行行为不具备合法律性，它将被立法或司法机关所撤销，它受到立法的监督，

---

① ［英］麦考密克、［奥］魏因贝格尔：《制度法论》，周叶谦译，中国政法大学出版社2004年版，第10页。

也要受到司法的审查。

在洛克的理论体系中，对外权尽管应由执行机关来统一行使，但它的合法性来源却大不相同。执行权来源于国内法的规定或明确、具体的授权。执行权在宪政主义视域中来源于法治理念；对外权在洛克的理论中则来源于情势变化和杰出人物的非凡品质——深谋远虑。洛克认为"对外权行使得是否适当，对于国家虽有重大影响，但是比起执行权来，远不能为早先规定的、经常有效的明文法所指导，所以有必要由掌握这种权力的人们凭他们的深谋远虑，为了公共福利来行使这种权力。……对于外国人应该怎样做，既然在很大程度上要看外国人的行动以及企图和兴趣的变动而定，就必须大部分交由赋有这种权力的人的智谋来决定，凭他们的才能所及为国家谋利益"①。

在洛克的分权理论中分解出对外权的意义何在？由于孟德斯鸠的三权分立理论的影响以及美国宪法的示范作用，这一理论资源并没有被进一步开掘而是被遮蔽了，这一点是让人惊异的。洛克将对外权从执行机能中剥离出来的真正意义在于它要使执行权建立在"健康的生理基础"之上而不是"病理学的生理基础"之上。洛克是一个经验主义者，他一定追忆起在霍布斯以前的执行权的发展史也是一部权力的病理学史，执行权的历史是建立在不正常的观察和不正常的假设基础上的，是一种不正常的权力，同时也导致了不正常的人。它不仅不能保护洛克所珍视的自然权利，反而成为"合法"侵害人的自然权利的渊薮。他认为这是违反自然状态，也是违背自然权利的。

亚里士多德寻找人性之善以便与自然之善相配，他的这种"以德配天"的理论诉求内在地要求把对外关系这一重大事项列入议事机能，服从慎议原则，而不是行政机能，服从决断原则。他也

---

① ［英］洛克：《政府论》（下篇），叶启芳等译，商务印书馆1964年版，第90～91页。

认为，和平与战争以及结盟与解盟属于议事机能的首要事项①，它应由混合政体执掌。亚里士多德认为："让平民混合于著名人物（贵要阶级），亦及著名人物混合于平民阶级；大家共同议事则所得结果一定比较恰当而周到。"② 在亚里士多德的理论体系中，对外权由议事机构而不是行政机构处理，这与对外权对审慎和决断的双重要求不协调。

罗马人在非正常状态情形下诉诸独裁官，但他们所理解的非正常状态还包括国内的紧急状态，这一点与洛克的观点不同。洛克的对外权不包括国内的非正常状态。在洛克的论域中，国内的非正常状态仍然属于行政权的范畴，应受法治原则的支配，不寻求行政机构的深谋远虑。罗马的独裁官在非正常情形下获得了执行权，但当他们取得了独裁官的地位，他们就利用他们赖以存在的非正常情形中获得的权力并将之普遍化为一种执行权的来源，通过欺诈和恐吓维持这种建立在"病理学"基础上的权力。罗马独裁官的非正式权力的普遍化是靠阴谋、欺诈与恐吓来维持的，它是现代法西斯主义、极权主义以及一切形式的以国家的非常状态为借口而非法扩大行政权的渊薮，它常常是政府钳制人民的工具。③

马基雅维里是一位爱国者，与我国古代法家相同的"人性恶"的假设相同，他"以恶制恶，以暴制暴"的方法论，使狭隘的爱国主义变成了君主获取权力的手段，并将其普遍化为一种君主执行（实际上是为君主周期性的处决人犯这一刑事的政治利用）的"合法性"来源。国家的非正常情形成为君主获得和维持权力的手段；国家的复兴被利用为权力的来源借口。"祖国处在危机中"成为君主维持病态权力的借口，即使在和平时期他们也会以危机可能出现为借口维持这种缺乏合法性基础的权力。我们一般认为马基雅维里

① 参见［古希腊］亚里士多德：《政治学》，吴寿彭译，商务印书馆1965年版，第215页。
② ［古希腊］亚里士多德：《政治学》，吴寿彭译，商务印书馆1965年版，第218～219页。
③ 参见［日］川崎修：《阿伦特：公共性的复权》，斯日译，河北人民出版社2002年版，第211页。

是科学政治学的始祖，但他的在"爱国者"的旗帜下的权力理论是建立在"病理学"基础上的变态的权力观。马基雅维里将古罗马的独裁官在爱国主义的旗帜下"正当化"、理论化、系统化，使他成为"病理学"变态权力观的理论创立者。狭隘的爱国主义和民族主义等常常成为统治者扩大非正式权力，剥夺公民权利的借口，在现代社会，我们必须特别警惕这些新"病理学"变态权力观。

洛克将对外权从执行权中剥离出来的深切意蕴就是要颠覆这种自古罗马以来被马基雅维里理论化、系统化的"病理学"执行权的基础，将执行权的理论建立在和平的、正常的社会之中，使曾经作为执行权根据的非正常状态作为执行权的例外；将曾经作为执行权的基础的非常状态降低为一种特殊权力类型，这就从学术战略上赢得了和平的、保障公民权利的执行权而不是恐吓公民、侵犯公民权利的执行权，对于行政权的文明化，这的确是一个釜底抽薪的战略举措。

洛克的自然状态和自然权利理论中的执行权理论自此与他以前的"病理学"执行权理论分道扬镳，行政权自此有了一个正常的、健康的基础。然而，就对外权而言，洛克关于对外权的宪政安排表现了洛克理论体系的内在紧张关系。洛克以自然状态为基础，从保障自然权利出发，颠覆了"病理学的执行权，重构了执行权的理论基础，但在如何安排对外权的问题上，洛克陷入了"错置具体感的谬误"（怀特海语）之中无法解脱。洛克一方面把对外权从执行权中剥离出来，另一方面又把它交到执行机关的手中；一方面为了保障自然权利追寻法治，另一方面却又认为对外权在法治之外。他把对外权从虎口里拯救出来，却把它转手交给了狼。他在法治之外去寻找对外权的宪政安排，寄希望于执行机构的深谋远虑以解决对外权的问题，复活了亚里士多德的精英观，同时唤醒了古罗马独裁官和马基雅维里君主的幽灵。美国在特定历史环境中对对外权的制度安排正体现了这一点，使它变得极为模糊，并形成一个"半阴影区"。自然正义与战争罪恶共享着它；智慧与阴谋与它共舞。对外权一直是行政机关非正式、非法治权力的生成带，并被转化为一种国内使用的常态。立法机关对它无可奈何、司法机关对它敬而远之，人民的命运只能寄托于"偶然的大智慧"。①

洛克的自然权利理论和权力分立理论是执行权宪政化的基础，但洛克宪政理论对行政权的非正式权力的承认是建立在其形式主义的先验的自然权利理论的基础上，并未揭示执行权的真正来源，他的关于对外权的行使主体的宪政安排为行政权非正式权力的扩张提供了不当的理论根据。

孟德斯鸠的权力分立理论在一定程度上克服了霍布斯和洛克自然状态与自然权利的先验性，将人的权利与公民的权利建立在现实的社会生活的基础上。在霍布斯和洛克的理论中，人性是不变的，政体的适应性只要契合人性的特质就能获得其合法性和稳定性。因此，他对政府的运行机制的研究在其理论体系中所占的分量较轻。孟德斯鸠理论的基础是他的变化论，他认为人性是变化的，社会生活也是变化的，各种因素的变化是相互影响的，一个因素的变化会引起其他因素的变化，这种变化论成为孟德斯鸠政治哲学的基础理论，他的全部政治哲学都是在社会变化的场域中展开的。②

孟德斯鸠认为人性是变化的，法律也是变化的。他认为："我首先研究了人；我相信，在这样无限参差驳杂的法律和风俗之中，人不是单纯地跟着幻想走的。"③

孟德斯鸠的人性变化的观点决定了他的学术使命是发现变化中的一般原则并找到它们相互适应的有效机制。他认为："我建立了一些原则。我看见了：个别情况是服从这些原则的，仿佛是由原则引申而出的；所有各国的历史都不过是由这些原则而来的结果；每一个个别的法律都和另一个法律联系着，或是依赖一个更有一般性

---

① ［美］路易斯·亨金：《宪政·民主·对外事务》，邓正来译，三联书店1996年版。

② 参见［法］孟德斯鸠：《论法的精神》（上册），张雁深译，商务印书馆1961年版，著者原序第19页。

③ ［法］孟德斯鸠：《论法的精神》（上册），张雁深译，商务印书馆1961年版，著者原序第37页。

的法律。"①　孟德斯鸠继承了霍布斯和洛克的宪政结构部分，但他给他们的理论增加了社会基本结构的底色，使他们的理论具有牢固的社会基础；同时也给他们的理论注入了时空的动力，使他们的理论鲜活起来，这也是美国宪法为什么与孟德斯鸠的理论更加亲近的原因。孟德斯鸠并没有对权力分立理论的整个体系作原创性的划时代的构建，但是他令人信服地证成了这一理论体系。孟德斯鸠在世界上第一次在他的理论体系中证成了司法独立的主张②，这一主张一证成就落户于世界上第一个宪政体系之中，并不断展现其在法治结构中的独特品性，仅这一点就足以奠定他政治哲学家不朽的历史地位。

　　孟德斯鸠确立了司法权在宪政体系中的独立地位，他借鉴洛克的独特有效的方法论，洛克将对外权从执行权的结构中剥离出来，目的是为了使执行权建立在正常的、和平的社会环境的基础上，但洛克并没有妥当解决这一问题，相反，对外权问题被休谟不正常强化理解带来了宪政体系的混乱。③　孟德斯鸠认为把惩罚权置于执行权下，由行政主体（实际上是君主）执掌，也会产生执行主体将惩罚权予以政治利用而破坏宪政结构的可能。因为，马基雅维里正是从政治功能的角度利用惩罚权的，深谙历史的孟德斯鸠不会不知道这一点。曼斯菲尔德认为："与洛克不同，也与过去得到公认的

① ［法］孟德斯鸠：《论法的精神》（上册），张雁深译，商务印书馆1961年版，著者原序第37页。
② 注：托利党人博林布鲁克在反对辉格党的论战过程中明确提出并划分了立法权、执行权、司法权；提出了三权分立的学说。他否定了被洛克所倡导，被休谟所强化的向非正式的执行权让步的主张。他认为，在宪政体制的优良运行中，任何秘密的、非正式的或准宪政的权力都是不必要的。谈到这一点，我们无意贬损孟德斯鸠的历史形象，尽管孟德斯鸠在《论法的精神》发表二十年前造访英国时的确和博林布鲁克见过面，我们只是认为应该给博林布鲁克应得的学术和历史地位，三权分立学说的荣誉的确应由博林布鲁克和孟德斯鸠分享。参见：［美］哈维·C.曼斯菲尔德：《驯化君主》，冯克利译，译林出版社2005年版，第245页。
③ 参见［美］哈维·C.曼斯菲尔德：《驯化君主》，冯克利译，译林出版社2005年版，第245页。

习惯相反，孟德斯鸠把惩罚的权力从执行官的紧急处置权和外交政策权中剥离出来。这样一来，他便使惩罚与政治相分离，由此阻止或限制了对惩罚权的政治利用，而这正是马基雅维里所筹划的事情，并被霍布斯和洛克（以更加法制的方式）加以扩大。孟德斯鸠设立了一个不必令人恐怖的强大的执行官，他证明了自由的政府不必恐吓自己的人民也能管理自身的事务。"① 孟德斯鸠将司法权从执行权中剥离出来，这种洛克式的釜底抽薪的战略安排限制了执行权的权能，祛除了执行权获得非正式权力的权源，将执行权在宪政体系中安放在与立法权、司法权均衡的比较安全的位置，这样三权在平衡中才能相互均衡、相互牵制，以实现公民权力保障的终极目的。

　　孟德斯鸠的理论不仅要使洛克的理论精致化，更重要的是要使他自己构建的宪政体系能有效地运行起来，并能经受住时间的流变和历史的风浪。洛克的理论是一个自我批判的、静态的理论体系，孟德斯鸠则倾向使他的宪政自我运行，他的理论体系是一种内在的运行机制。孟德斯鸠的政治法律哲学的最基本的理论基础除了他笃信社会演变论外，他还一直坚持理性论。孟德斯鸠的理性论不是霍布斯和洛克的抽象的人性论，他的理性论是建立在对个人、社会、国家的生存环境和生存状态的精微考察的基础上的。他认为："法律应该和国家的自然状态有关系；和寒、热、温的气候有关系；和土地的质量、形势与面积有关系；和农、猎、牧各种人民的生活方式有关系。法律应该和政制所能容忍的自由程度有关系；和居民的宗教、性癖、财产、人口、贸易、风俗、习惯相适应。最后，法律和法律之间也有关系，法律和它们的渊源，和立法者的目的以及和作为法律建立的基础的事物的秩序也有关系。应该从所有这些观点去考察法律。"② 他认为所有这些关系构成了理性论的来源和基础。

---

　　① 〔美〕哈维·C. 曼斯菲尔德：《驯化君主》，冯克利译，译林出版社2005年版，第248页。

　　② 〔法〕孟德斯鸠：《论法的精神》（上册），张雁深译，商务印书馆1961年版，第7页。

由于他的理论背景极为宽厚，这也决定了他的理论只能是精练的机制。

孟德斯鸠的宪政运行机制具有很强的适应性，他把亚里士多德理论中隐藏的具备人性至善的潜在君主、古罗马独裁官对社会非正常状态的普遍化使用、马基雅维里将"野性"注入执行官的品质之中、洛克对执行权的自然品性的诉求都同宪政体制和宪政运行机制相分离，这样，他的宪政机制就把执行权所要求的品质交给了人民去选择，从而增加了宪政对于社会变迁的适应性。所以，孟德斯鸠宪政理论的精微之处就在于他能把宪政所要求的自主性与开放性有机地结合在一起，以便经受住时间的考验。更为可贵的是，他的宪政理论中没有先定的人民主权的身影。先定的人民主权实际上是同时代人的即时性选择或统治者的选择，本质上要么不能适应时势变迁，要么只能证成统治权的合法性，而不能使人权与人民主权相互证成。孟德斯鸠的宪政理论改变了洛克宪政理论的单向证成关系。因为，洛克要么证成了人的自然权利的合法性，要么证成了权力的正当性，但他的理论没有同时证成人权与主权的内在联系，没有完成人权与主权之间的相互证成，没有完成民主与法治之间的相互证成，这是洛克的宪政理论带有自反性的原因，洛克的权利证成与权力证成是潜在冲突的。孟德斯鸠的人民主权原则在他的宪政体系中表面上是匿名的，但只要宪政体系能运行起来，人民主权原则就会显现出来实际主宰宪政进程，所以，他的宪政理论中的人民主权原则是形成性的，而不是先定性的。① 在这一点上，他的宪政理

① 孟德斯鸠没有借助于人民主权原则来构建他的宪政体系，他反对社会契约论的虚假的论证，这和他相信社会进化观、社会理性观、唯物历史观是一致的。因为，社会契约论的前提是假设前社会的至善自然状态，这不符合他的知识理念；更为重要的是：深谙历史、善察现实的孟德斯鸠不会没有发现自然权利和公共权力的单向证成所导致的内在冲突。但这不表明他忽视人民主权，只是他要使人民主权原则与宪政体系一同运转。（参见 ［美］哈维·C.曼斯菲尔德：《驯化君主》，冯克利译，译林出版社 2005 年版，第 244～320 页。孟德斯鸠的宪政设计与哈贝马斯的人权与主权的相互证成理论一致。参见 ［德］哈贝马斯：《在事实与规范之间——关于法律和民主法治国的商谈理论》，童世俊译，三联书店 2003 年版，第 106～128 页。

论与哈贝马斯、罗尔斯的宪政理论具有内在的必然联系。可以说，孟德斯鸠的宪政理论是熊彼特、哈贝马斯、罗尔斯宪政理论的早期形态。曼斯菲尔德认为："在孟德斯鸠的学说中，没有任何超宪政的东西（或全部都是），执行官便失去了它在自然状态下与执行权的联系。有党派身份的、作为代表的执行官，同洛克的执行官拥有的自然特权相比，更不用说与马基雅维里的君主相比，有着更完美的宪政品格，也有着更可靠的自我执行能力。"①

尽管孟德斯鸠把司法权从执行权的支配中剥离出来，具有深远的法治意义，但是，孟德斯鸠让对外权和紧急事态权躺在执行权的怀抱中而没有为其构设规范的制衡机制，听任行政非正式权源的扩张显示其理论的不足与他的温和个性，也许孟德斯鸠认为宪政在他那个时代不可能走得再远。

执行权的演变和理论在近代带着他的良善和时代的、理论的缺陷落户于现代宪政体系之中，后人享受了它们带来的安全和繁荣，但也经受了它们的缺陷引致的苦难，非正式行政权在他们的理论体系的缺陷中撕开了越来越大的裂口，从这个裂口中产生了耶稣，但也有撒旦，一切寄希望于非凡的品质，无异于寄托于"必然"。在紧急事态中我们是否还能找到更好的方式既保障我们的安全又保障我们的自由不被克减，这仍然是一个未竟的课题。

通过对执行权的演变史的考察我们可以得出这样的几个基本结论：（1）执行权的史前史是建立在"病理学"的基础上的，非常态的社会关系成为获得与控制执行权的权力来源，这种"病理学"基础上的执行权是国家主义的，权利保障不是这种执行权的终极价值。（2）自霍布斯和洛克以来的近代执行权理论与实践是建立在正常、和平的社会秩序基础之上的，他们的终极价值是权利保障取向的。但是，他们的理论在对外权、紧急事态处置权等方面为执行权留下了非正式权力获得的巨大空间，破坏了现有的宪政安排，为行政权的扩张提供了依据。在一个风险不断增大的复杂化社会关系

---

① [美] 哈维·C. 曼斯菲尔德：《驯化君主》，冯克利译，译林出版社2005年版，第282页。

中，在全球化背景下，执行权理论必须解决这种法治下的"灰色地带"问题，非正式权力的问题也是现代性问题中的重要问题。①（3）执行权的文明程度直接制约着行政权的文明程度，而通过法治对执行权加以确认尤其是构建合乎理性的执行权法律机制成为现代法治与政治文明发展的必然要求。

三、管理权的文明化

国家介入经济活动之前，行政管理是行政权中发育缓慢的一个职能。近代以前，行政职能主要是行使执行权，与政治职能密不可分，行政职能是实现政治目标的主要手段，不是对社会生活的日常管理。近代自由主义宪政理念倡导有限政府，最小化的国家，反对国家对公民日常生活的介入，这也抑制了行政管理职能的生长。凯恩斯倡导国家对经济生活的干预，行政开始进入经济领域；福利国家的发展和公民社会权利的诞生，国家产生了"生存照顾"的义务，行政广泛进入社会领域，行政管理职能迅速发展。原有的以执行权为基础的宪政体制明显对行政管理职能的扩展缺乏回应能力，在行政管理职能无法被旧的宪政体制容纳的背景下，行政法学家只能先寻求行政权的自我理性化。威尔逊率先将行政与政治分开，事实上是要重新评估行政体系中的执行功能与公共管理职能。他认为："行政的问题不是政治问题，虽然政治为行政确定了任务，但

---

① 关于现代性的观点，有各种不同的认识和理论，并没有统一的认识，但其共识为：以市场和竞争为手段的社会造成了许多社会不和谐的现代性问题。一种观点认为现代化具有自反性。未来的社会是一个风险社会。（参见［德］乌尔里希·贝克：《风险社会》，何博闻译，译林出版社 2004 年版；［德］乌尔里希·贝克，［英］安东尼·吉登斯，［英］斯科特·拉什：《自反性现代性》，赵文书译，商务印书馆 2001 年版）；一种理论认为现代性是可以选择的，并没有超出人类理性的可控范围。（参见［美］安德鲁·芬伯格：《可选择的现代性》，陆俊等译，中国社会科学出版社 2003 年版）；一种理论认为现代性导致了人的异化，对其应予以批判性而不是同情性的解释。（参见［美］理查德·沃林：《文化批判的观念》，张国清译，商务印书馆 2000 年版）。

行政不应受到政治的操纵。"① 马克斯·韦伯在行政管理规制宪政缺位的情形下，也阐述了行政自我理性化的理论。②

1. 管理范式中的单向行政关系与传统行政法治理论

（1）国家管理模式

从政治权能的配置出发，行政权在古典公共权力理论中一直被界定为一种执行权，是保证立法权所表达的公共意志实现的积极权力。"立法权是指享有权利来指导如何运用国家的力量以保障这个社会及其成员的权力。"③ 立法权是人民意志的反映，其表现为一种国家意志，尽管这种国家意志是一时或在短期内制定的法律，但为了保证法律的持续效力，就需要一种经常存在的权力负责执行被制定的法律，这种执行法律的权力就是行政权。④

近代行政是对封建时期行政专横的一种否定，因此，近代国家在公共权力方面均强调有限政府，即公共权力来源于人民，其权力来源于人民的授权，权力的运行必须按法定方式，在法定权限范围内依法定程序积极行使。不行使法定权力或者违法行使法定权力将承担相应的法律责任。另外一方面，近代行政是在强调"守夜人"式国家的权力背景中设计的，政治制度的设计者担心出现弱政府、强社会的无政府状态，从而导致公民自由和权利无保障的局面，因此，他们强调有限权力行使的有效性。在立法权、行政权、司法权三权的配置方面特别强调行政权的有效性。汉密尔顿等人认为："决定行政管理是否完善的首要因素就是行政部门的强而有力。舍此，不能保卫社会免遭外国的进攻；舍此，亦不能保证稳定地执行

---

① ［美］伍德诺·威尔逊：《行政研究》，载［英］戴维·米勒等主编：《布莱克维尔政治学百科全书》，邓正来等编译，中国政法大学出版社 2002 年版，第 8 页。

② 参见［德］马克斯·韦伯：《经济与社会》，林荣远译，商务印书馆 1997 年版。

③ ［英］洛克：《政府论》（下篇），叶启芳等译，商务印书馆 1964 年版，第 89 页。

④ 参见［英］洛克：《政府论》（下篇），叶启芳等译，商务印书馆 1964 年版，第 90 页。

法律；不能保障财产以抵制联合起来破坏正常司法的巧取与豪夺；不能保障自由以抵御野心家、帮派、无政府状态的暗箭与明枪。"①为保证行政部门权力行使的有效性，其所需要的因素是："第一，统一；第二，稳定；第三，充分的法律支持；第四，足够的权力。"②

近代行政是在相互冲突的两种关系中构建起来的：一方面，鉴于封建社会行政专横对人民的压迫与剥夺，为保障公民的自由具有对抗国家的积极意义，需要保留公民以广泛的自由权。这种自由是一种国家不得干预和侵犯的消极自由。消极自由以宪法的方式划定了国家权力的边界，使国家权力止于公民自由的领域，因此，从相对的方向也限定了国家权力，使国家权力成为一种有限的权力，消极自由成为国家权力的绝对屏障。③ 另一方面，为防止无政府状态和保证法律的持续效力，又必须保障行政权的有效性。行政权有效性的目的同样是为了保障公民的自由不受他人的侵犯。密尔认为：不把执行必要的政府职能的足够权力集中于政府当局的手中，则是公共权力的消极缺陷。④ 当公民的权利受到侵害时，公民有请求政府予以排除的权利，政府则有积极消除这种侵害的职责。奥斯特罗姆认为："立宪共和制的关键问题在于任何个人能够有权向政府当局就政府是否恰当地行使了其特权提出并实施法律的诉求。"⑤ 诉求权是公民的一项基本宪法权利。康芒斯认为："公民的权利就是官员的义务。就这个问题来说，公民有权利要求官员代表他使用暴力。"⑥

---

① ［美］汉密尔顿、杰伊、麦迪逊：《联邦党人文集》，程逢如等译，商务印书馆1980年版，第356页。
② ［美］汉密尔顿、杰伊、麦迪逊：《联邦党人文集》，程逢如等译，商务印书馆1980年版，第356页。
③ 参见［英］柏林：《自由的两种概念》，载刘军林等编：《市场社会与公共秩序》，三联书店1996年版。
④ 参见［英］J. S. 密尔：《代议制政府》，汪渲译，商务印书馆1982年版，第26页。
⑤ ［美］文森特·奥斯特罗姆：《复合共和制的政治理论》，毛寿龙译，三联书店1999年版，第151页。
⑥ ［美］康芒斯：《制度经济学》（下册），于树生译，商务印书馆1962年版，第351页。

近代行政是在公共权力有限性和公共权力有效性，亦即公共权力合目的性和公共权力有效性之间所作的一种选择和制度安排。纯粹理性所进行的设计是由立法机关表达公共意志为国家法律，行政机关忠实地保证法律的实现，超越法律的行为由司法机关予以矫正。由于"执行法律对任何政府来说都是根本性的"，① 因此，必须赋予行政机关以强有力的实权以保障其执行力。正是基于这种认识，在对行政机关的权力配置方面近代宪法选择了管理范式而不是民主范式。② 民主范式是公共权力合目的性的必然要求。公共权力的合目的性逻辑服从民主范式，建立的是委托关系，构造的是监督——被监督结构，其价值的核心是个人权利行使的自由，依托的基础是个人自治。③ 代议机关的设置是依民主范式设计的。自由民主的制度设计尽管是以民主范式为基础的，但民主的功能在价值取向上在于使统治权获得合法性。民主的批判性和形成性被统治权的操纵性和展示性所替代。

公共权力有效性的逻辑追求管理范式，建立的是统治关系，构造的是管理——被管理结构，遵循命令——服从系统，依托的是公共权威。由于人们将行政权界定为一种执行权，因此，行政垄断了社会对法律的执行权。行政机关作为唯一的管理主体，实行封闭性和单向度的国家管理模式。④ 在管理范式中，行政权是一元的执行权力。在横向职能分工上，其有别于立法权和司法权，在纵向关系上，其是垂直的权力体系，且以先定力、确定力和执行力保障行政的单向运动。近代行政管理是以统治权的巩固为价值取向的，旨在维护统治秩序，其无法与公民社会的公共性相互作用从而挤兑了公

① ［美］文森特·奥斯特罗姆：《复合共和制的政治理论》，毛寿龙译，三联书店 1999 年版，第 141 页。

② 参见［美］文森特·奥斯特罗姆：《复合共和制的政治理论》，毛寿龙译，三联书店 1999 年版，第 25~29 页。

③ 参见［美］汉密尔顿、杰伊、麦迪逊：《联邦党人文集》，程逢如等译，商务印书馆 1980 年版，第 192 页。

④ 参见罗豪才、宋功德：《公域之治的转型》，载《中国法学》2005 年第 5 期。

民权利，也不能能动地保护被政治过程边缘化的利益，为新兴利益社群的利益发展提供空间。行政管理只服从政治，而不服从民主，行政垄断执行权无法与社会权和公民权之间构成一种平等的商谈关系。行政权在运行过程中服从的是一种机械的程序而不是一种为民主所要求的正当程序。这种情况在中国行政法中表现得尤为明显。季卫东认为："显而易见，在目前的中国，程序仍然主要与科层制而往往不是法律职业主义或民主政治联结在一起。因此，程序规则还未能真正体现程序价值。"① 国家管理范式中的行政权遵循的是一种形式标准而非实质性的权利保障标准，权利价值在行政运行中被官僚的形式主义所消解。行政组织依托一个封闭的、严密等级的科层体系。行政以强制力保证公民服从，而行政组织内无条件依等级关系服从。国家强制力成为行政权运行的唯一依托。行政权在运行中实质上是自我负责的，法律责任体系很难构建，与此同时，行政机关则片面地强调公民的法律责任乃至道德责任，强调行政权的执行性与惩罚性。

　　针对在国家管理模式基础上建立起来的行政权的种种弊端，行政法发展出三种约束和控制行政权的模式。② 一种是代议机关至上的模式。这种模式强调行政权的中立性和执行性，具有政治安排上的民主合法性，但其有效性受到行政权扩大所导致的宪法危机的挑战。③ 一种是通过司法机关对行政权进行控制的模式。④ 政治意义上的有美国司法机关的违宪审查和欧洲大陆国家的宪法委员会和宪法法院的审查，法律意义上的有司法机关的司法审查。司法机关对行政权的控制受到多种因素的限制。由于司法权与行政权在传统权

---

① 季卫东：《法律程序的形式性与实质性》，载《北京大学学报（哲学社会科学版）》，2006 年第 1 期。
② 参见［美］威廉·F. 韦斯特：《控制官僚》，张定淮等译，重庆出版社 2001 年版，第 1 页。
③ 参见［美］文森特·奥斯特罗姆：《美国公共行政的思想危机》，毛寿龙译，三联书店 1999 年版，第 29 页。
④ 参见［美］克里斯托弗·沃尔夫《司法能动主义》，黄金荣译，中国政法大学出版社 2004 年版，第 7 页。

力配置中受到限制且民主的合法性不足，再加上司法权具有被动的属性，因此，政治行为、军事行为、外交行为一直难以纳入司法审查的范围。同时，由于受到集体行为的逻辑的限制，① 司法对抽象行政行为的控制力极为有限。另一方面，司法机关通过个案对行政权进行约束也遇到极大的障碍。尽管"立宪政府体制结构中统治者要服从法治，这一结构的根本要素是，任何个人（有）能够提出诉讼的权威，或者任何个人拥有不可剥夺的权利，个人通过司法程序有潜在的否决权，用来对行使政府特权的人施加制约"，② 但是这种对行政权的控制方式仍然不可能成为一种普遍有效的措施。因为，首先，为保证行政权的执行性和有效性，行政权与行政相对人的权力和权利配置是不平等的。尽管行政主体只是少数，但其在取得公共权力的配置上则代表政治社群中的"多数"，且以公共利益为其假设条件，这样，少数行政权力的行使者就通过政治权力的分配获得了多数人的授权，构成一种民主的局限。"任何国家都是对被压迫阶级'实行镇压的特殊力量'。因此，任何国家都不是自由的，都不是人民的。"③ "'多数'集体地优于'少数'。"④ 与此同时，少数行政权的行使者还会因为异化而变成压迫"多数"的力量。所以，用个人诉权来对抗行政权实质上是以个人来对抗"多数"，其会受到很大的道德局限。其次，即使在行政相对人众多的情况下，这种局限性仍然存在。因为，行政权是一种高度组织化的机器。行政权通过其组织行为可以实现一切既定的"公共利益"和排除任何对抗力量。行政主体通过组织化具有一种"多数

---

① 参见［美］曼瑟尔·奥尔森：《集体行为的逻辑》，陈郁等译，三联书店、上海人民出版社1995年版。按照奥尔森的研究：除非一个集团中人数很少，或者除非存在强制或其他某些特殊手段以使个人按照他们的共同利益行事，有理性的、要求自我利益的个人不会采取行动以实现他们共同的或集团的利益。

② ［美］文森特·奥斯特罗姆：《复合共和制的政治理论》，毛寿龙译，三联书店1999年版，第151页。

③ 《列宁选集》（第3卷），人民出版社1960年版，第186页。

④ ［古希腊］亚里士多德：《政治学》，吴寿彭译，商务印书馆1965年版，第154页。

的优越性"，"即占统治地位的少数有可能特别快地相互理解，并随时形成和有计划地领导一次服务于保持其权力地位的，进行理性安排的社会行为……通过少数的那种社会行为，就能毫不费力地镇压威胁他们的群众行为或共同体行为"。① 再次，以个人诉权对抗和否定行政权会使个人付出高昂的代价，使个人在代价和利益的权衡中丧失其行使诉权、恢复权利的动力。因为在对抗和否定行政权的具体行为时，个人支付的是私人成本而行政权力的行使者则支付的是社会成本。即使在司法独立的条件下，个人仍有可能支付极大的风险成本。对此，个人在行使诉权时其动机被扼制。奥斯特罗姆认为："要维持对政府的限制，其关键在于当个人深信某一普遍法律违反宪法性法律的基本条款，并愿意为否定性的决定付出可能被罚款或监禁，或者两者皆有的代价时，个人愿意拒绝遵守普通法律。"② 在对抗行政权的抽象行为时，人人不仅会支付经济上的成本，而且还有可能会付出自由被剥夺的代价，且即使胜诉，支付成本的是个人，而受益的则是抽象行为标示的所有人。因此，在这种情况下，个人难以形成通过司法机关制约行政权的动力。③

行政权的发展表明，通过代议机关和司法机关对行政权的控制其有效性受到各种限制。因此，韦伯发展了对行政权的另外一种控制模式。韦伯从历史经验和社会管理的实证中发现了代议机构和司法机关在同官僚体制比较中的劣势以及控制的无效性和官僚体制自身发展的必然性。韦伯认为：充分发展的官僚体制的权力地位是一种很强大的权力地位。面对正在进行行政管理的、训练有素的官员，代议机构和法官总是处于一知半解地面对专家的形势。④ 从实

---

① ［德］马克斯·韦伯：《经济与社会》（下卷），林荣远译，商务印书馆1997年版，第275～276页。
② ［美］文森特·奥斯特罗姆：《复合共和制的政治理论》，毛寿龙译，三联书店1999年版，第151页。
③ 参见 ［美］曼瑟尔·奥尔森：《集体行为的逻辑》，陈郁等译，三联书店、上海人民出版社1995年版，第258页。
④ 参见 ［德］马克斯·韦伯：《经济与社会》（下卷），林荣远译，商务印书馆1997年版，第313～314页。

证的考察中，韦伯发现"任何统治都表现为行政管理，并且作为行政管理发挥其职能"①，而且，市场的发展对行政管理提出了理性化的要求，"向行政管理提出要求既尽可能快捷地、又精确地、明晰地、持续地完成职务工作，这首先是因现代资本主义经济文化提出来的"。② 韦伯特别担心行政民主化对官僚体制的消解而导致专制。③ 因此，韦伯关注行政权的自我设限和理性化。"官僚体制是'理性'的：规则、目的、手段和'求实'的非人格性控制着它的行为。因此，它的产生和传统处处都是在那种特别的、还在讨论意义上发挥了'革命'作用。"④ 对于韦伯而言，官僚制是现代文明所内含的维持法律、经济和技术理性的必要条件和组织手段。行政中的理性依托的是等级关系的结构。准确、速度、知识、连续性、灵活、统一、严格的服从、摩擦少、物力和人力成本低，是严格的官僚制行政的属性。⑤ 尽管韦伯认为官僚制行政是统治权发展的必然趋势，但是韦伯也表现出了对官僚制行政合法性不足以及可能异化的担心。他认为"官僚体制的行政管理按其倾向总是一种排斥公众的行政管理"⑥，同时韦伯也观察到管理范式即使发展到理性化的官僚制这样一种发达形态其必然也突破其自身的局限而要与民主范式之间发生冲突。"民主社会追求的是与具体问题有关的群众利益，强调在具体案件中实现具体个人的实体正义。它最终要

---

① 〔德〕马克斯·韦伯：《经济与社会》（下卷），林荣远译，商务印书馆1997年版，第271页。

② 〔德〕马克斯·韦伯：《经济与社会》（下卷），林荣远译，商务印书馆1997年版，第296～297页。

③ 参见〔德〕马克斯·韦伯：《经济与社会》（下卷），林荣远译，商务印书馆1997年版，第306～307页。

④ 〔德〕马克斯·韦伯：《经济与社会》（下卷），林荣远译，商务印书馆1997年版，第324页。

⑤ 参见〔美〕文森特·奥斯特罗姆：《美国公共行政的思想危机》，毛寿龙译，三联书店1999年版，第37～38页。

⑥ 〔德〕马克斯·韦伯：《经济与社会》（下卷），林荣远译，商务印书馆1997年版，第314页。

与官僚行政的形式主义、规则约束和客观性相冲突。"①

（2）公共管理模式在管理范式中的拓展

随着行政权的不断扩大，以权力分立与制约和以议会至上为宪法设计基础的宪法安排在此动摇了，宪法出现了危机。"问题不限于行政机关。立法和司法程序的活动也失序了。"② 通过个人权利制约行政权和通过权力制约行政权的扩张与异化其有效性受到局限。因此，在不断反思过程中人们只能求助于比个人更大单元的组织化的社会力量——社会权力。相对于统治权内部的立法权与司法权而言，社会权力可以构成一种外在制约力量而形成一种促使行政权的自我反思性的批判力量。更重要的是，社会权力通过其不断成熟的公民社会在统治权体制之外与行政权分享社会管理权。这种理念构成公共管理的基础。至此，社会管理权被行政权垄断的历史开始终结。

公共管理模式相对于国家管理而言具有明显的特征：其由内部取向转向外部取向，由重视机构、过程和程序转向重视行为、结果和绩效，公共管理模式以政治环境、战略环境、绩效评估、公共责任感为核心主题。③ 公共管理的兴起意味着管理范式自身的嬗变与拓展，也是管理范式自身理性化的产物。公共管理相对于国家管理而言在下列方面引起行政法的变化。①管理理念取代统治理念；②国家不再是调控公域的唯一主体，社会自治组织分享公共权威，公共管理主体多元化；③衡量公共管理正当性的标准由形式标准转向实质标准，从过程导向转向目的导向，行政法从自治型法转向回应型法；④对政府的全能假设和对公务员的利他性假设受到质疑，取而代之的是有限理性和利己假设。有限政府、责任政府、服务型政府成为基本要求；⑤公共管理在结构上由纵向横式转向横向横式；

① ［德］马克斯·韦伯：《论经济与社会中的法律》，张乃根译，中国大百科全书出版社1998年版，第356页。

② ［美］文森特·奥斯特罗姆：《美国公共行政的思想危机》，毛寿龙译，三联书店1999年版，第29页。

③ 参见陈振民：《公共管理的兴起与特征》，载《中国人民大学学报》2001年第1期。

⑥公共管理方式多元化，在规制、处罚等强化措施之外出现了指导、契约等非强制管理方式。①

公共管理的兴起主要产生于两个方面的原因：一是经济上的市场失灵与政府失灵；二是政治上为制约权力提供新的工具。

市场失灵与行政规制，行政规制与政府失灵是在寻求社会管理资源过程中相伴生的两种公共选择模式以及这两种模式的效率性描述。

市场失灵是二战以后运用市场工具配置资源国家的一种普遍现象。为消除由于市场失灵而引起的社会不安和社会问题，各国均采取政府宏观调控的方式，希望借助行政权力以解决经济领域中引起的社会问题。"规制，是由行政机构依据有关法规制定并执行直接干预市场配置机制或间接改变企业或消费者的供需决策的一般规则或特殊行为。"② 政府规制是以公共利益理论为基础的，该理论主张政府规制是对市场失灵的回应。"政府规制是从公共利益观点出发，纠正在市场失灵下发生的资源配置的非效率性和分配的不公正性，是以维护社会秩序和社会稳定为目的的。"③

随着政府对市场的广泛干预和规制，人们发现在政府规制过程中出现了一种偏离公共利益而对某些特殊利益集团形成偏好的客观倾向。"现在，不仅主张公共利益的法律家，而且学术批评者、立法者、法官甚至某些行政官员都普遍认为，受管制利益或受保护利益在行政决定过程中得到了相对过分的代表，从而导致了一种持续的有利于这些利益的政策偏向。"④ 这是部门利益理论揭示出的行政规制的局限。同时，针对政府规制过程中出现的寻租和创租情形而建立起来的政府规制俘虏理论（Capture Theory of Regulation）增

---

① 参见罗豪才、宋功德：《公域之治的转型》，载《中国法学》2005 年第 5 期。

② 陈富良：《放松规制与强化规制》，三联书店 2001 年版，第 6 页。

③ 陈富良：《放松规制与强化规制》，三联书店 2001 年版，第 14~15 页。

④ ［美］理查德·B. 斯图尔特：《美国行政法的重构》，沈岿译，商务印书馆 2002 年版，第 65 页。

强了反政府规制的倾向，英美国家出现了放松规制的运动。① "放松规制的支持者提供了放松规制的三个理由：首先，即使有正当动机的规制（如保护公共利益或弥补市场失灵），一旦实施，它们仍然不会产生预期的或有害的效果；其次，其他观察者则从政治上批评规制，认为规制被用来奖励政治同盟，并保护产业集团的利益；最后，其他学者则相信，政府解决社会和经济问题的任何努力，与自由市场相比，都会产生非最优的结果。"② 放松规制的理论揭示了行政干预市场的失灵。

市场失灵对政府干预的需求反映了人们对全能政府的期望，以及对传统制度的路径依赖。政府对市场的积极干预反映了政府的父爱主义传统和利己动机。政府在市场调控中的失灵反映了社会制度工具和制度资源的不足。面对市场失灵和政府失灵的困境，人们必须反思重新获取制度资源的新主体与新工具。随着公民社会中自治组织的成熟，人们开始把目光投向公民社会中的自治组织，希望能从其中获取制度资源，这个过程就是国家权力社会化的过程。公共管理在经济领域中首先拓展了自己的空间。

在政治领域，个人权利约束行政权的方式因行政权以管理范式为基础而产生悖论，其有效性受到很大的局限。同时，由于行政权的不断扩大从而导致了权力制约机制的失衡，因而必须反思自由民主基础上的宪法安排。行政理性化最大的局限就是不断消解了其自身的公共性而变成形式主义的附庸。基于对以上局限性的反思，对行政权的制约必须借助外在的公共性以补充行政内在公共性的不足，同时，以外在的公共性促使行政权内在的理性化。

人们希望通过公民社会的力量来制约行政权的理念是伴随着解决现代性问题而出现的。"事实和身为情节的插曲之间的内在联系性把人们的注意力从单个作者个人身上转移到了集体性的故事

---

① 参见陈富良：《放松规制与强化规制》，三联书店 2001 年版，第 14～15 页。

② 陈富良：《放松规制与强化规制》，三联书店 2001 年版，第 23 页。

上。"①　人们"如不学会自动地互助,就将全部陷入无能为力的状态"②。在互助的实践关系中,人们对整体大于个人的力量之和首先获得一种经验性的认识,然后将其理性化为一种社会权利。人们寄希望于将公民社会理性化而构成对行政权的制约以克服其他制约方式的局限。"在市民社会中特殊性和普遍性虽然是分离的,但它们仍然是互相约束和相互制约的。"③　以公民社会制约行政权通过以下两种方式予以实现:

一种方式是确立公民社会的秩序和发展基础为自治。自治以自治共同体内个人权利的实现为取向,以互助为其运行规则,互助不仅能够满足共同体成员之间的同质性,而且还能满足共同体成员之间的异质性。"在不尽其数的、多种多样的、也许甚至是相互争斗的个人之中,有一种充满智慧的秩序。"④　"'互助'的结果是一切矛盾的利益的一种合理的调和。"⑤　公民社会的自治是通过限制行政权在公共领域中的作用范围来实现的。"物质生活这种自私生活的一切前提正是作为市场社会的特性继续存在于国家之外、存在于市民社会。"⑥

当然,公民社会的权利需要通过宪法予以确认才能转化为对行政权的一种制约力量。一般而言,其是通过造成对行政权的紧张以及形成一种外在的批判性的公共性而维护自身利益,构成对行政权

---

①　[英]马丁·阿尔布劳:《全球时代——超越现代性之外的国家和社会》,高湘泽等译,商务印书馆2001年版,第25页。

②　[法]托克维尔:《论美国的民主》(下卷),董果良译,商务印书馆1988年版,第637页。

③　[德]黑格尔:《法哲学原理》,范扬等译,商务印书馆1961年版,第198页。

④　[德]威廉·冯·洪堡:《论国家的作用》,林荣远等译,中国社会科学出版社1998年版,第85页。

⑤　[美]康芒斯:《制度经济学》(下册),于树生译,商务印书馆1962年版,第430页。

⑥　[德]马克思:《论犹太人问题》(全集) Vol. I. pp. 428-431,转引自《顾准笔记》,中国青年出版社2002年版,第371页。

的制约。①

　　另一种方式是希望通过公民社会的斗争而取得对议会权力的控制，从源头上控制行政权。其谋求对行政权的积极制约而以获得对议会的领导权和对行政的控制权为价值取向。相对于公民社会的自治而言，这种方式是一种积极的行动。其期望将公民社会的公共性直接转化为行政权必须服从的代议机构的公共性。这是一种公民社会直接深入国家以控制行政权的方式。如果说公民社会的自治是一种防卫策略，则公民社会深入国家则是一种积极的策略。"议会'深入'国家的观点是政治科学和艺术的重大发现，值得当代的克里斯托弗·哥伦布们作出反响。"②

　　公共管理模式拓展了国家管理模式的规制空间，对于理顺公共关系、解决公共问题、提供公共物品是一个历史进步，国家垄断法律的执行权成为历史。但是，公共管理只是在一定程度上弥补了国家管理的某些缺陷，而没有从根本上消除国家管理的缺陷。事实上，公共管理模式仍然是在管理范式中有选择地利用制度资源的。

　　政府干预的动因是由于市场失灵，而市场失灵导致的政府干预反过来又导致政府失灵。在经济领域，市场失灵和政府失灵暴露了管理范式的内在局限。市场失灵对政府干预的需求导致了行政对被管理经济单元有利的利益偏好，同时也激励了被管理经济单元的创租动机和管制机关的寻租动机，加速了权力腐败的进程。与此同时，政府失灵求助于公民社会，然而，公民社会在经济中的组织者一般都是导致市场失灵的有机力量。政府失灵后将治理市场失灵的公共责任寄希望于造成市场失灵的社会自治组织只是导致公民自由的进一步无保障。"单位专制"广泛存在"大企业家们将私人社会权力转化为政治权力"。③ 大企业家们借助政府失灵通过社会权成

---

①　参见［德］哈贝马斯：《公共领域的结构转型》，曹卫东等译，学林出版社 1999 年版，第 154~155 页。

②　［意］安东尼奥·葛兰西：《狱中札记》，曹雷雨等译，中国社会科学出版社 2000 年版，第 209 页。

③　［德］哈贝马斯：《公共领域的结构转型》，曹卫东等译，学林出版社 1999 年版，第 174 页。

功地占有了国家行政权退出的公共领域，朝着利益最大化的方向操纵了这一公共领域，排挤了这一领域的公共性，进一步限制了公民在这一领域的经济民主与自由。由此分析，在经济领域，将市场失灵和政府失灵的领域交给公民社会，实质上是将经济中的公共领域交给大企业和企业家，并不能消除市场失灵导致的两极分化。另外，公民社会中的中介组织在一定程度上只不过是经济上占支配地位的经济单元的附属物，其对市场失灵和政府失灵的矫正作用是极为有限的。哈贝马斯认为："私人机构本身在很大程度上具有半公共性质；我们甚至可以说，私人经济组织在某种程度上具有准政治性质。从具有公共性质的市民社会私人领域中，形成了一个再政治化的社会领域。在这个领域中，国家机构和社会机构在功能上融为一体。"①

在政治领域，立法权、行政权、司法权的分立与制约是近代宪法关于公共权力结构的基础，这种宪法安排是以权力之间的平衡为前提的。随着行政权的日益扩大，权力之间的结构性平衡被打破了。社会寄希望于社会权力以制约行政权。然而，在现实的宪法制度中，公民社会的自治仍然不是一种正式的制度安排。"国家机构与社会公共组织的管理地位存在尊卑之别。国家扮演主角，社会公共组织只是配角，只具有辅助功能、起补充作用——这集中体现为国家被当作'掌舵者'，享有垄断制定规则和实施、运用绝大部分规则的权力，而社会自治组织则主要是公共规则的遵守者，只有少数场合有可能成为部分公共规则的实施者和运用者，基本上没有公共规则制定权。"② 以社会权利制约行政权只是一种边缘的制度安排。在管理范式中，自治仍是主权范围内的一种管理方式。自治不能脱离主权而存在。在这种边缘的、非正式的制度安排中，自治是公民社会的权力和公共权力之间力量对比的反映，其重要的条件是均势的判断和代价的选择。公共权力总是在寻找机会扩大对自治的

---

① ［德］哈贝马斯：《公共领域的结构转型》，曹卫东等译，学林出版社1999年版，第176页。
② 罗豪才、宋功德：《公域之治的转型》，载《中国法学》2005年第5期。

控制和影响,"国家有可能会吞没市民社会"。① 自治追求构造公民社会与公共权力的二元结构,使这种结构形成一种批判性的公共力量作用于国家行政权,但是,传统的行政权因假定其执行性的特征而不可能为吸纳这种公共性提供可商谈的民主空间。

2. 行政范式的转型

尽管公共管理拓展了国家管理的领域,但是行政权仍然处于中心地位,社会权力只是一个边际性的制度安排,公共管理并不能有效地消除行政权的扩大造成的宪法危机,公民的自由并没有实质性地拓展,公民的价值也没有真正提升,原先的政治问题还原为公民社会中的经济问题和社会问题,但公共管理并没解决经济与社会中的公民自主与自由的问题。同样,经济和社会中的问题通过组织化的力量在政治领域中也没有有效解决。因此,社会必须寻求新的范式。这首先涉及对行政权的界定。行政的管理范式是以假设行政权只是一种执行代议机关法律的执行权,而现实的问题是:行政权不仅是一种执行权,而且也是一种形成性的权力。"当行政官员行动时,他们既在管理,也在构造。"② 行政权的形成性使得行政权不只是一个执行法律的过程,而且是一个创设法律关系的过程。行政权在运行过程中已超越其法律功能而具有政治权的性质。因此,将民主的要素引入行政权的行使过程之中既是必要的,也具有合法性。"一个日益增长的趋势是,行政法的功能不再是保障私人自主权,而是代之以提供一个政治过程,从而确保在行政程序中广大受影响的利益得到公平的代表。"③

(1) 民主制行政范式的形成

行政的这种法律性质为公民参与提供了法律保障,行政法的政治性质为公民参与提供了正当性。在行政过程中,行政机关与公民

---

① [英] 安东尼·吉登斯:《第三条道路》,郑戈译,北京大学出版社、三联书店 2000 年版,第 89 页。

② [美] 文森特·奥斯特罗姆:《美国公共行政的思想危机》,毛寿龙译,三联书店 1999 年版,第 29 页。

③ [美] 理查德·B. 斯图尔特:《美国行政法的重构》,沈岿译,商务印书馆 2002 年版,第 2 页。

之间构成一种互动关系。这种行政互动关系要求行政过程具有开放性，行政机关与公民之间具有一种法律条件下的商谈性。"法律多元主义的一个结果就是在法律秩序内部增加了参与法律制定的机会。在这方面，法律舞台成了一种特殊的政治论坛，法律参与具有了政治的一面。"① 在行政民主化的过程中，被官僚制行政挤兑的公民参与权开始从局外走向了行政过程之中，并获得了正当性。这是行政互动关系形成的根本原因。自此，民主范式成为管理范式的一种可替代方案成为公共行政的基础。行政过程的封闭性完全被打破，取而代之的是行政过程的开放性、交涉性和互动关系。自此，公民权和社会权不仅深入议会，而且深入行政过程。成为行政过程中具有平等法律地位的一种互动和具有平等话语权的对话力量，影响行政决策和具体行政行为。

依管理范式而构建的官僚制行政理论是以权力为中心的。官僚制行政追求公共权力的单一性权威。选择官僚制行政模式的内在理由是：以人民主权为基础在权力的渊源上总概式地证明代议机关的合法性，在合法性权力基础上由代议机关完成政治过程形成法律，然后由行政机关忠实地执行代议机关制定的法律，行政机关因忠实地执行代议机关制定的法律间接地具有民主的合法性。公民的权利只能在代议机关的政治过程中才有对话空间，在行政执行过程中其不能主张权利。这样一种范式选择具有两方面的价值：一是使行政管理——对法律的执行更有效率，防止法律问题还原为一个政治过程，减少法律的不稳定性，维护法律的安定性和完整性，从而避免了开放性和忠于法律的两难。"在开放性和忠于法律之间存在着某种紧张关系，这种紧张关系构成了法律发展的一个主要问题。"② 二是防止法律执行过程中较大的民主单元对法律在具体案件中的操

---

① 〔美〕P. 诺内特、P. 塞尔兹尼克：《转变中的法律与社会：迈向回应型法》，张志铭译，中国政法大学出版社 2004 年版，第 107 页。

② 〔美〕P. 诺内特、P. 塞尔兹尼克：《转变中的法律与社会：迈向回应型法》，张志铭译，中国政法大学出版社 2004 年版，第 84 页。

纵。"'民主化'这个名称可能发挥着把人们引入歧途的作用：在较大的团体中，在无组织的群众意义上'民'永远没有自己进行过'管理'，而是被管理，只不过是变换选择进行领导的行政领导者们的方式，或者更确切地说：他在当中的其他人员通过所谓的'公众舆论'能够对行政管理工作的内容和方向施加影响的程度。在这里所指的意义上的'民主化'，并非必然会增加被统治者积极参与有关的社会实体内部的统治。"① 由于在行政权的运行中选择了管理范式，构造了官僚制行政体制，而以民主范式为基础的行政体制被抛弃了。②

官僚制行政是以彻底的间接民主为基础的。由于间接民主的固有局限，公共治理模式寻求在行政过程中直接民主对间接民主的修正。"治理理论的实质和核心，是管理的民主化问题，没有民主，就没有现代意义上的治理。"③

民主制行政范式的选择与治理理念的兴起密切相连。全球治理委员会将治理界定为：治理是各种公共的或私人的个人和机构管理其共同事务的诸多方式的总和，它是使相互冲突的或不同的利益得以调和并采取联合行动的持续的过程。它既包括有权迫使人们服从的正式制度和规则，也包括各种人们同意或认为符合其利益的非正式的制度安排。它有四个特征：治理不是一整套规则，也不是一种活动，而是一个过程；治理过程的基础不是控制，而是协调；治理既涉及公共部门，也包括私人部门；治理不是一种正式的制度，而是持续的互动。④ 治理理念最为关键的是协调与互动。俞可平将治理的基本要素概括为六个：合法性、透明性、责任性、法治、回

---

① ［德］马克斯·韦伯：《经济与社会》（下卷），林荣远译，商务印书馆1997年版，第306～307页。

② 参见［美］文森特·奥斯特罗姆：《美国公共行政的思想危机》，毛寿龙译，三联书店1999年版，第4页。

③ 高小平：《实现良好治理的三大基础》，载《中国行政管理》2001年第9期。

④ 参见全球治理委员会：《我们的全球伙伴关系》，牛津大学出版社1995年版，第2～3页。

应、有效。① 而善治最基本的要素是公民参与政治管理的权力。
"善治是政府与公民之间的积极而有成效的合作，这种合作成功与
否的关键是参与政治管理的权力。……保证公民享有充分自由和平
等的政治权力的实现机制只能是民主政治，这样，善治与民主便有
机地结合了起来。"② 罗豪才、宋功德认为："所谓公共治理，就其
构成而言，是由开放的公共管理元素与广泛的公民参与元素整合而
成——'公共治理＝开放的公共管理＋广泛的公众参与'，二者缺
一不可。"③ 关于公共治理的特征，罗豪才、宋功德归纳为：广泛
的公众参与；个人主义和互动主义的诉讼法论；自由与秩序、公平
与正义的辩证统一；社会利益的最大化；主体多元；治理方式的多
元化、民主化、市场化；责权一致。④

　　威尔逊从古典的权力分立与制衡的逻辑出发，以议会至上原则
为核心，在寻求一元权力中心的管理范式中认为官僚制行政是应选
择的行政范式，与此同时，他也拒绝了可能导致多元权力中心的民
主制理论。⑤ 韦伯则认为民主制行政只能适用于地方组织或成员数
量有限的组织。民主制行政既不能与官僚制行政相互包容，也不能
替代官僚制行政，官僚制行政的局限可以通过行政自身的理性化克
服，他从担心"多数暴政"的角度拒绝了民主制行政。⑥ 托克维尔
也担心普遍民主而导致的专制。但是他认为：在政府集权的同时而

---

① 参见俞可平：《权利政治与公益政治》，社会科学文献出版社 2005 年版，
第 146～149 页。

② 俞可平：《权利政治与公益政治》，社会科学文献出版社 2005 年版，第
150 页。

③ 罗豪才、宋功德：《公域之治的转型》，载《中国法学》2005 年第 5 期。

④ 参见罗豪才、宋功德：《公域之治的转型》，载《中国法学》2005 年第 5
期。

⑤ 参见［美］文森特·奥斯特罗姆：《美国公共行政的思想危机》，毛寿
龙译，三联书店 1999 年版，第 81～84 页。

⑥ 参见［美］文森特·奥斯特罗姆：《美国公共行政的思想危机》，毛寿
龙译，三联书店 1999 年版，第 84～85 页。另参见［德］马克斯·韦伯：《经济
与社会》（下卷），林荣远译，商务印书馆 1997 年版。

使行政分权是避免"多数暴政"的首要条件。① 托克维尔相信："民主国家在把自由引进政治领域的同时而加强行政领域的专制以后，必然产生一些非常离奇的现象。……实难想象完全丧失自治习惯的人，能够开会选好将要治理他们的人……我永远认为，上层为共和制的而其余部分为极端君主制的政体是个短命的怪物。统治者的腐败和被统治者的低能，早晚会使这个怪物倒台。"② 托克维尔发现了行政体制中公民自治的基础价值，他极力主张以民主制行政替代官僚制行政，以民主范式替代管理范式，认为只有民主制行政才是公民自由的唯一保证。

（2）民主制行政范式的特征

奥斯特罗姆将民主制行政的基本特征概括为：①每个人都有资格参与公共事务处理的平等至上主义的假设；②所有重要的决定都留给所有社群成员以及他们所选择的代表考虑；③把命令的权力限制在必要的最小的范围；④把行政机关的地位从主要的行政机关变成公仆的行政机关。③

民主制行政的社会原因是社会越来越复杂化且不断追求开放性，主体多元、利益多样使得建立在间接民主逻辑上的官僚制行政无法有效回应。

民主制行政的直接原因是市场失灵诉求政府干预以求公正；政府失灵诉求市场以求效率；但当市场与政府同时失灵时，官僚制行政则无法回应。

民主制行政从边缘类型的范式走向中心是由于民主理论和实践的发展。自由民主的基本理念认为间接民主和直接民主之间是排他性的，然而，现代社会提供了克服直接民主障碍的技术手段——信息技术。阻障直接民主功能实现的两大障碍——规范限制和信息不

---

① 参见［法］托克维尔：《论美国的民主》（下卷），董果良译，商务印书馆 1988 年版，第 873 页。

② ［法］托克维尔：《论美国的民主》（下卷），董果良译，商务印书馆 1988 年版，第 872 页。

③ 参见［美］文森特·奥斯特罗姆：《美国公共行政的思想危机》，毛寿龙译，三联书店 1999 年版，第 87 页。

对称在现代社会有克服的可能。多元民主理论为自治提供了理论基础，打破了行政对执行法律权力的垄断，主张多权力中心。协商民主理论为大民主单元和平解决利益争端提供了理论基础，其证明了高度组织化的强势民主单元之间沟通、交涉、互动的可行性。商谈民主理论认为从最小的民主单元到最大的民主单元之间有平等的商谈话语权。程序民主理论为行政互动关系提供了制度平台。因此，民主制行政最基本的关系是行政互动关系。在这一互动关系网络中，行政系统的开放性是一个制度性前提，公民参与具有实质性的法律意义，且以权利的形态存在于行政过程之中，法律程序使行政系统的开放性收敛于程序规范之中，公民参与在法律程序中构成行政决定的一部分，并获得一种法律效力。在这一行政互动关系网络中，行政主体（行政机关、公民）在贡献于一个行政决策的结果时是一种同向度的行政互动关系，表现出互动结果的一致性；由于行政机关与公民在行政过程中的利益诉求和价值取向各有侧重，沟通、交涉、商谈、论争等一系列环节又是一个法律条件下的逆向互动过程，经过一系列环节的逆向互动，最终达成一个具有反思与回应能力的行政决定从而达成对行政决定的公共理解。

行政互动关系是以多样性、互助性、开放性、包容性、交涉性、程序性、回应性、可替代性、形成性为其特征的。

①多样性。官僚制行政的同一性特质会使得它"对不同的需要的反应会日益变得毫无区别"。① 在官僚制行政体制下，个人会变得越来越同质化、无助、依附、缺乏创造性，这反过来又会强化公民对全能政府的依赖以及政府的父爱主义精神，助长政府的腐败。民主制行政鼓励公民与行政之间的互动，它是以承认和尊重公民的多样性为前提的。"在任何一个这样的机构设置里，都是由政府的精神统治着，尽管这种精神多么贤明，多么有益，它都造成在

---

① ［美］文森特·奥斯特罗姆：《美国公共行政的思想危机》，毛寿龙译，三联书店1999年版，第71页。

民族里生活形式单调，带来一种外来的行为方式。"① "恰恰是由于多人联合而产生的多样性是社会给予的最大财富，无疑，这种多样性总是随着国家干预程度的上升而逐渐丧失。"② 多样性是行政互动关系的社会基础。

②互助性。官僚制行政的一个假设前提是认为在代议机关形成的法律中它已获得了合法性。其对法律的执行使它成为公共利益的代言人，因此，官僚制行政排斥互助性从而使政治过程中被边缘化的利益得不到保障。与此同时，它也扼杀了新兴利益的增长。官僚制行政加剧了公共利益和私人利益之间的对立。民主制行政是在承认公共利益和私人利益之间具有互助性的基础上发展起来的。互助不仅能够满足共同体之间的同质性，而且还能满足共同体成员之间的多样性。"在不尽其数的、多种多样的，也许甚至是相互争斗的个人之中，有一种充满智慧的秩序。"③ "'互助'是平等的人们之间的协议。" "'互助'的结果是一切矛盾的利益的一种合理调和。"④ 互助性是民主制行政的基本条件和制度预设。人们 "如不学会自动地互助，就将全部陷入无能为力的状态"⑤。互助性是行政互动关系得以确立的哲学基础。

③开放性。官僚制行政是一个封闭的管理体系，其独立垄断法律的执行权和社会管理权，不允许公民和其他社会组织分享公共权力和公共权威，拒绝与公民和其他组织分享决策资源，也不与公民和其他组织交换信息。其理性化过程来自官僚制行政内部，严格依

---

① ［德］威廉·冯·洪堡：《论国家的作用》，林荣远、冯兴元译，中国社会科学出版社 1998 年版，第 38 页。
② ［德］威廉·冯·洪堡：《论国家的作用》，林荣远、冯兴元译，中国社会科学出版社 1998 年版，第 38 页。
③ ［德］威廉·冯·洪堡：《论国家的作用》，林荣远、冯兴元译，中国社会科学出版社 1998 年版，第 85 页。
④ ［美］康芒斯：《制度经济学》（下册），于树生译，商务印书馆 1962 年版，第 430 页。
⑤ ［法］托克维尔：《论美国的民主》（下卷），董果良译，商务印书馆 1988 年版，第 637 页。

等级规则和程式进行，无法从外部获取批判性的反思资源。民主制行政作为官僚制行政的回应物其基本的方法论就是开放行政体制，借以解决官僚制信息不足，决策资源匮乏，追求程式性的弊端，同时也解决行政政策合法性缺乏问题。民主制行政的开放性为公民和社会组织的利益诉求提供了一个互动、合作、交涉的法律平台。民主制行政为社会治理提供了一个在平等基础上持续互动的合作网络。①

④包容性。官僚制行政是一种一元权威的刚性体系，其缺乏包容性。官僚制行政是一种排他性的权力体系，即使倡导官僚制行政的韦伯也认识到这一点，"官僚体制的行政管理按其倾向总是一种排斥公众的行政管理"②。官僚制行政的排他性特征源于假设其在代议机关制定的法律中已获得充分的合法性，所以，任何公民与社会组织均无合法性与其分享执行法律的权力。民主制行政是在互动基础上的一种包容性的方案，其目的是形成互助关系，其并不排除行政的价值，因而它不是一个纯粹替代性的方案，民主制行政既追求价值，也追求效率，其是一个开放性与制度化的方案。民主制行政追求一种非中心化的秩序，每个参与的单元通过开放性的程序均有自己的话语权。③ 民主制行政是以多元主义为其特征的。民主制行政的一个基本假设是无论何种利益只要是法益，其并无优劣之分，均具有平等性，也有平等的话语权，所以，民主制行政是以法益平等为前提的。

⑤交涉性。官僚制行政以其一元权威保证行政行为的效力，并以强制力保证行政行为的效力实现。因此，行政过程依赖行政权的单方线性运行，行政主体在行政过程中排除交涉性。行政主体依赖自我纠错，同时又自我免责，其纠错机制因缺乏外在的交涉性和压力而没有真正的动力系统，且针对错误又缺乏相应的责任系统，所

---

① 参见俞可平：《权利政治与公益政治》，社会科学文献出版社2005年版，第147页。

② ［德］马克斯·韦伯：《经济与社会》（下卷），林荣远译，商务印书馆1997年版，第314页。

③ 参见［德］尤尔根·哈贝马斯：《包容他者》，曹卫东译，上海人民出版社2002年版，第279～293页。

以官僚制行政日益变得易于犯错，不可控制，使行政行为剧烈地偏离公共目的，且导致补救性的行动恶化而不是缓解了问题。① 官僚制行政的组织性越来越封闭，信息系统越来越经验化、经院化。民主制行政关注决策的合法性支持和外来信息的批判性价值②，因此，民主制行政具有反思功能，注重行政决策和决定的参照物和背景物，在其反思和回应过程中注重回复到制度前的制度事实乃至社会事实。所以它在方法论上是一个由法律的抽象到案件的具体的过程，反映了方法论上的深刻性和决策、决定的针对性、有效性。行政主体在和行政相对人的交涉过程中扩大了信息量以及决策的可选择性，同时，在交涉过程中充分考虑到行政相对人的合法权益因而使行政行为本质上具有反思性和回应性。通过交涉、反思所做的行政决定增加了公民服从的自觉性以及提高行政执行的效力。交涉性是民主制行政的基本方法论，民主制行政的目的就是要注入一种借参与和回应而使行政主体获得一种反思压力与自我矫正能力的精神与制度安排。③

⑥程序性。官僚制行政并不排斥程序的功能，但它对程序的吸收主要是与科层结构相契合的。因此，官僚制行政中的程序吸收的是程序的形式特征而消除了程序的价值。被官僚制行政吸收的程序形式性对内表现为一套僵硬的程式规则，对外表现为一种形式主义。这种程序形式性对内成为维护科层权力结构的纽带，而不是增加内在说服性的工具，对外则成为阻止官僚制行政对外交涉与公民参与的屏障。民主制行政中的程序具有实质性的独立价值，其与民主政治直接关联。科层之间的关系是以围绕法律基础上的说理展开的。科层之间的权力关系是以法律为基础关系的，并不是一种盲目的指挥与服从的关系。权威关系的确认是以法律为根据的，等级关

---

① 参见［美］文森特·奥斯特罗姆：《美国公共行政的思想危机》，毛寿龙译，三联书店 1999 年版，第 71 页。

② 参见［美］理查德·B. 斯图尔特：《美国行政法的重构》，沈岿译，商务印书馆 2002 年版，第 25 页。

③ 参见［美］P. 诺内特、P. 塞尔兹尼克：《转变中的法律与社会：迈向回应型法》，张志铭译，中国政法大学出版社 2004 年版，第 126~128 页。

系以服从法律关系为前提。问责制不是依权力等级而是依法律的规定建立起来的。在对外关系中，程序构成行政体系交涉的平台，并为公民直接参与提供实质性价值的交换和共识形成所必须的话语空间。①

⑦回应性。官僚制行政的责任体系是依权力等级建立起来的，权力等级越高，法律责任越轻，权力等级越低，法律责任越重。因此，在回应性上，官僚制行政对权力的回应过度，而对法律和公民的要求则缺乏回应性。公务员在官僚制行政中只对上位的权力负责而不对法律和公民负责。"经过专业训练的公务员对单一权力中心负责，这种等级秩序的完善，会削弱大型行政体制对公民对许多形形色色的公益物品的种种偏好作出反映的能力，也会削弱其应付各种环境条件的能力。"② 民主制行政的责任体系是依法律建立起来的，因为行政的首要功能是执行法律而不是权力等级的意志。因此，民主制行政是以对法律的执行为己任的。它必须对法律的规定和公民的需要作出及时而负责任的回应，主动满足公民的需求。公务员在民主制行政中是以对法律和人民负责为依归的。③

⑧可替代性。官僚制行政是以行政对法律执行权的垄断为假设前提的。因此，官僚制行政拒绝与公民以及公民组织分享法律的执行权。行政的执行权具有不可替代性。官僚制行政建立的是法律执行的一元权力体系和一元权威。民主制行政理念认为行政不是唯一的公共物品的供给者。各种社会组织也可以替代行政组织为社会提供公共物品和服务，以增进公民的福利。行政组织为公民提供最基本的公共物品——秩序和安全。④ 公民参与会提高公共物品的质

----

① 参见季卫东：《法律程序的形式性与实质性》，载《北京大学学报（哲学社会科学版）》2006 年第 1 期。

② ［美］文森特·奥斯特罗姆：《美国公共行政的思想危机》，毛寿龙译，三联书店 1999 年版，第 116 页。

③ 参见俞可平：《权利政治与公益政治》，社会科学文献出版社 2005 年版，第 148 页。

④ 参见［德］威廉·冯·洪堡：《论国家的作用》，林荣远等译，中国社会科学出版社 1998 年版。另参见杨雪冬：《论作为公共品的秩序》，载《中国人民大学学报》2005 年第 6 期。

量、扩大公共物品的范围。民主制行政是一种开放、多元的关于法律执行的主张，公民参与具有优化公共物品品质的价值。民主制行政以实现法的价值为导向而不是以一般执行为导向，它包含各种组织制度化竞争的可能，行政组织未必是最佳的公共物品的供给者，它有潜在的替代者。公民参与是优化选择的内在动力。"形形色色的组织安排可以用作提供不同的公益物品和服务。这些组织可以通过各种各样的多组织安排得以协调，它们包括互利性的贸易和协议、竞争性的对抗、裁定冲突以及有限等级的命令权力。"①

⑨形成性。官僚制行政假设其权力的合法性来源于代议机关，其对法律的执行代表了公共利益，这为其强制力提供了正当性；同时，官僚制行政是以公共利益优越于私人利益为理论条件的。因此，官僚制行政理论认为公共利益是一个构成性的概念，它排除交涉性和商谈性，行政过程是行政主体对公共利益的自我理解，它与私人利益之间没有一种有机联系且是相互对立的。民主制行政认为公共利益是私人利益的转化物，自身并没有终极意义。公共利益并不优越于私人利益，公共利益和私人利益之间是在交涉的基础上达成的，公共利益并不能自我理解，它是在各种私人利益商谈的基础上形成的。② 民主制行政理论认为，公共利益和私人利益在法益上是平等的。

四、行政权的理性化

行政权是一个现代概念，它反映了现代发展的必然性。③ 古老的公共领域并没有行政权这一概念，但我们能够从文献中找到它的早期形态，行政权是人类的发明，但它又不是一次发明出来的。自

---

① ［美］文森特·奥斯特罗姆：《美国公共行政的思想危机》，毛寿龙译，三联书店 1999 年版，第 116 页。

② 参见［英］杰弗里·托马斯：《政治哲学导论》，顾肃等译，中国人民大学出版社 2006 年版，第 271～276 页。

③ 参见［美］哈维·C. 曼斯菲尔德：《驯化君主》，冯克利译，译林出版社 2005 年版，第 1 页。

由主义的宪政理念造就了它。①

　　亚里士多德的王权理论、马基雅维里的"霸权"主张、霍布斯的自然权利学说、洛克和孟德斯鸠的分权理论、联邦党人的宪政共和主义都为行政权的发现和驯化作出了贡献。行政权是一种"野性"的权力，人类在将人性注入其中的过程中深切思虑，不断寻求驯化它的工具；理性化、共和化、宪政化并没有实现预期的目的，它还是一个现代社会特别难处理的问题②，行政权不断扩大的现实说明了这一点。我们对行政权的研究明显落后于行政权自身的变化。到现在为止的实证考量表明，人类似乎还没有找到驯化和利用行政权的有效工具。人类理性的力量似乎还没有跟上行政权受必然性支配的步伐，必然性主宰着行政权。

　　既有的行政权理论显示，行政权可能是一个更多受实践理性支配的公共权力领域，纯粹理性对于实践理性的回应能力在行政权领域的作用受到更大的限制。行政权运行的主导逻辑是行动，而行动领域的难题是实践理性的二律背反，康德认为："对于我们实践的，亦即通过我们的意志而实现出来的至善里面，德行和幸福被思想必然地联接在一起的，因此，实践理性若不能认识其中一项，另一项也就不属于至善。"③ 实践理性二律背反的难题就是：如何在实践中注入至善。在这一过程中，我们必须找到行为的可能性，将德行建立在必然性所提供的可能性基础上。或者追求幸福的欲望必须是德行准则的动机，或者德行的准则必须是幸福的有效原因。

　　实践理性二律背反的第一个难题是，如果我们将行为的必然性作为意志决定的根据，也就是把对幸福追求的准则完全寄托在必然性上，那么我们实际上不是在追寻美德，也不是在追寻文明。因

---

　　① 参见 [美] 哈维·C. 曼斯菲尔德：《驯化君主》，冯克利译，译林出版社 2005 年版，前言第 9 页。

　　② Cf William T. Hutchinson et al, eds., The Papers of James Madison (Chicago and Charlottesville, VA: University Press and University of Virginia, 1962), X. pp. 208-209; Farrand, Records, I. pp. 138-139.

　　③ [德] 康德：《实践理性批判》，韩水法译，商务印书馆 1999 年版，第125 页。

为，这种安排使人的幸福建立在事实的原始力量的对比关系中，成为单纯的社会力量对比的被动物，人被镶嵌在自然和社会事实之中，人不可能有自由的空间和创造力的释放机会。唯科学主义的方法论和纯粹历史主义的方法论等是这种主张的典型理论形态。① 人类行为的目的是为了追求一种有意义的生活②，生活的意义与价值对个体而言是幸福，对人类而言是文明。

　　实践理性二律背反的第二个难题是，"世界上一切原因和结果的实践连接，作为意志决定的后果，并不取决于意志的道德意向，而取决于自然法则的知识以及把他们用于意志的目标的自然能力，从而通过一丝不苟遵循道德法则而成就的幸福与德行之间必然的和足以达到至善的连接，在这个世上是无法指望了"③。这一难题实质上揭示的是人类理性的有限性。尽管价值领域的陈述充满着多样解释的可能性，但是，由于人类理性的有限性终究不能逃离由"自然神"归一的命运。一切形式的唯意志论表达的均是这种理念。如何在我们的意志中精微地考量意志中的必然要素需要深厚的社会学知识的支持。④ 现实的问题是，意志形成所需要的科学知识在人群中的分布是不均匀的，科学知识在人群中的分布状态直接影响社会领域中人们追求幸福的能力以及的精英和普通公民之间的关系，同时也揭示了教育与知识普及的生活和政治意义。

　　在解决实践理性的二律背反难题上，康德诉诸纯粹实践理性与

---

　　① 参见［美］郭颖颐：《中国现代思想中的唯科学主义》，雷颐译，江苏人民出版社 1998 年版；另参［英］卡·波普尔：《历史主义的贫困论》，何林等译，中国社会科学出版社 1998 年版。

　　② 参见［德］鲁道夫·奥伊肯：《生活的意义与价值》，万以译，上海译文出版社 2005 年版。

　　③ ［德］康德：《实践理性批判》，韩水法译，商务印书馆 1999 年版，第125 页。

　　④ 参见［法］孔多塞：《人类精神进步史表纲要》，何兆武等译，三联书店 1998 年版；另参见［德］卡尔·曼海姆：《意识形态与乌托邦》，黎鸣等译，商务印书馆 2000 年版。

思辨理性的联接。① 奥伊肯认为："人的生活与宇宙的生活无可解脱地连在一起：人们必须弄清它在宇宙中的地位，并据此来调节他的活动，而避免沉溺于任何有悖于万物之理、有悖于他自身的诚实本性的幸福。"② 实践领域的二律背反意味着我们人类只能过一种可能的生活。赵汀阳认为："人是世界中的一种存在，这一点意味着人不是神，人的存在受制了世界的存在，于是，任何一个事实真理（经验真理）都是人的存在的一个限制，我们不可能超越事实真理来设想人的可能性。"③

行政权的实践本性决定了行政权理论的限度、自身可能存在的局限性和有限性。行政权理论研究的基本范式被形式主义的理论所主宰，我们采取的是一种理想的理性构造策略，企图将行政权的运行置入我们构想的理论框架之中，这种处理理论与实践关系的路径对于解决立法和司法中的审慎品质也许是有效的，因为立法和司法的品质是审慎。审慎是亚里士多德王权理论的基本精神，也体现希腊人长于思辨，个性审慎的品质。亚里士多德将政体的要素分为三类：议事机能、行政机能、审判机能。④ 亚里士多德认为议事机能具有最高权力，它们包括："（1）和平与战争以及结盟与解盟事项；（2）制定法律；（3）司法方面有关死刑、放逐的案件；（4）行政人员的选任以及任期终了时对他们的审查。"⑤ 实际上，亚里

---

① ［德］康德：《实践理性批判》，韩水法译，商务印书馆1999年版，第131页。

② ［德］鲁道夫·奥伊肯：《生活的意义与价值》，万以译，上海译文出版社2005年版，第2页。

③ 赵汀阳：《论可能生活———一种关于幸福和公正的理论》(修订版)，中国人民大学出版社2004年版，第82页。

④ 参见［古希腊］亚里士多德：《政治学》，吴寿彭译，商务印书馆1965年版，第215页，研究亚里士多德的列表1298a；值得注意的是：一般学者认为亚里士多德关于政体的三种机能的划分是现代权力分立学说的早期形态，但也有学者对此提出异议，参见［美］哈维·C. 曼斯菲尔德：《驯化君主》，冯克利译，译林出版社2005年版，第54页正文以及本书的引注①所列作品。

⑤ ［古希腊］亚里士多德：《政治学》，吴寿彭译，商务印书馆1965年版，第215页，研究亚里士多德的列表1298a。

士多德所列的具有最高权力的审慎事项涉及现代权力分立机构中的立法、司法、行政的职能。毫无疑问，公共权力领域中的重大事项需要审慎，同时，在希腊城邦那种人口较少①、地域较狭的诉诸直接民主的国家将审慎原则作为最高原则也是现实可行的。但是，在现代国家大的基本结构和实行以代议制民主为主体的共和国内，如果将审慎原则作为行政权运行的最高原则，并将其普遍化到行政权的各个方面和各个环节是不会出现被怀特海称为的"错置具体感"的谬误。② 企图将行政权整体纳入审慎原则宰制下的理论体系和实践框架的努力似乎没有产生预设的效果，这一情势同时还受到全球化等一系列现代性问题的挑战。也许到了该系统反思我们的行政理论、检讨我们的行政结构安排的时候。

　　与立法权和司法权不同，行政权的运行与时间有更密切的关系，时间构成行政权运行的一部分，时间和行政权无可解脱地交织在一起。立法权和司法权的运行在与时间的关系上比较松散，相对分离的时间给了立法权和司法权以慎思和反思的机会，正是由于时间的宽容给了立法权至上的品质，同时也给了司法权以尊严。立法与司法可以对事实和事件作回溯性反思并按审慎原则处断立法和司法事项。时间没有给行政权回溯性反思的机会，行政事项不会在时间中停顿下来。行政权的运行无法提取时间，也就是说，我们无法将时间从行政行为中抽出，并在审慎原则的指导下冷静地处理行政事务。相对于行政权而言，时间永远是稀缺的。行政权与时间是同时运行的，时间成为行政权的内在必然。行政权本质上只能是时间的奴仆，无法逃离时间的宰制，时间是行政权的宿命。时间考验着人类对行政权驾驭的能力，它给行政权的执掌者带来荣誉，也为他们带来厄运。公共权力文明化的关键就是行政权的运行质量，穿行于时间之中，检验行政体系的笨重与灵便。对行政权的理论思考如果不考量时间，那么，这种行政权的理论体系就不可能真正有效。

---

　　① 希腊各城邦的人口本身较少，其中又只有很少的人才有公民权。参见〔古希腊〕亚里士多德：《雅典政制》，日知、力野译，商务印书馆 1959 年版。

　　② 参见林毓生：《热烈与冷静》，上海文艺出版社 1998 年版。

时间是行政权实践理性的关键要素，时间是行政权具有非正式性的主要原因。正是由于时间的压力我们才断言行政权主要受实践理性的支配，并将行政权描述为以实践为导向的一种权力。

行政权的实践本性和固有品质决定了我们在处理纯粹理性和实践理性之间的关系时不能照搬立法原理和司法原则。在论及纯粹实践理性在与思辨理性联接中的优先地位时，康德认为："理性思辨应用的关切在于认识客体，直至最高的先天原则，理性实践应有的关切在于相对于最终和最完整的目的的决定意志。为一般理性应用的可能性所需的东西，也就是理性的原则和主张彼此不相矛盾，不构成它的关切的一部分，而是毕竟具备理性的条件；只有理性的拓展，而非其单纯与自己的一致，才算在理性的关切之列。"①

人是一个社会性的存在物。生物学从基因和亲缘的关系中研究了亲缘的利他主义生物学基础。②"利他主义者只需拥有相当数量的与他的近亲相同的基因，就能够使遗传原则得到尊重：他在进行有益于其他亲属的活动时，也要求这些亲属传播他们的共同基因，从而也传播社会行为。"③

社会生物学认为，由于重复互动而产生的互惠利他主义可以解释人类的合作机制。这种理论假设人的行为在亲缘之外也会发生重复性交往的可能，人们不得不采取互惠利他的态度和行为取向。但是这种理论无法解释非重复性交往的可能，人们不得不采取互惠利他的态度和行为取向。但是这种理论无法解释非重复性交往行为是否存在一种合作机制的问题。④ 鲍尔斯、金迪斯则认为人类的合作是一种强互惠的合作关系。制度的内化、文化和符号在人类的合作

① ［德］康德：《实践理性批判》，韩水法译，商务印书馆 1999 年版，第131～132 页。

② 参见［俄］克鲁泡特金：《互助论》，李平沤译，商务印书馆 1963 年版，第9 页。

③ ［法］米歇尔·弗伊：《社会生物学》，殷世才等译，商务印书馆 1997 年版，第2 页。

④ 参见［美］赫伯特·金迪斯等：《人类的趋社会性及其研究》，浙江大学跨学科社会科学研究中心译，上海世纪出版集团 2006 年版，第 54～55 页。

中起着关健作用①。

人类的合作基础并不必然表明人们合作的必然性。奥尔森认为，促进个人进行社会合作的原因是制度和强制。而不是内在的经济的欲望、个人主义的合作动机。"实际上，除非一个集团中人数很少，或者除非存在强制或其他某些特殊手段以使个人按照他们的共同利益行事，有理性的、寻求自我利益的个人不会采取行动以实现他们共同的或集团的利益。"②"历史记录显示，人类生来既不爱好和平，也不喜欢战争，既不倾向合作，也不倾向侵略。决定人类行为的不是他们的基因，而是他们所处的社会教给他们的行事方法。"③

行政权的基本功能就是为了人类的福祉，其通过连续的、日常化的调节方式促进人和人之间的合作。"生存关照"自魏玛宪法以来就成为行政权的主要职责，恩斯特·福斯托夫认为，现代行政管理的合法性"不仅仅只是体现在它是一个特定的政治制度的执行机构，同时也是每天都必须关照百姓日常生活的承担者"④。

如何在规范行政权的制度设计中充分考量时间这一要素是公法设计的重要关切，也是宪政体制安排的关键点。我们应当从将慎思作为考量行政权最高原则的理论范式中解脱出来，将我们的视角深入到时间的领域，转变行政权的研究范式。这种新的范式将带来对行政权本质认识上的变革。既有的行政权理论的通说是将行政权简约为立法权的执行权，通说认为行政权只是立法权的一个传送带。这种理论具有形式上的完美性，属于纯粹理性主导与优先的美学关切，它在实践领域已经表现出深嵌其中的缺陷：它将形式的合法性

① 参见［美］赫伯特·金迪斯等：《人类的趋社会性及其研究》，浙江大学跨学科社会科学研究中心译，上海世纪出版集团 2006 年版，第 52~67 页。

② ［美］曼瑟尔·奥尔森：《集体行动的逻辑》，陈郁等译，三联书店、上海人民出版社 1995 年版，第 2 页。

③ ［美］丹尼尔·朗：《权力论》，陆震纶等译，中国社会科学出版社 2000 年版，第 5 页。

④ 转引自［德］埃贝哈德·施密特—阿斯曼等著：《德国行政法读本》，于安等译，高等教育出版社 2006 年版，第 8 页。

外衣披在行政权身上，通过空白的无限量授权的方式解脱了立法权的责任，实质上是一个立法权自我免责的圈套；它等待行政权在实践领域的陷阱中向它求救；它在行政权名誉扫地时，再考虑如何在行政权的恶名上建立起自己的权威；它在行政权的艰难摸索中汲取行政权的营养补充自己的体能；它在自我免责的过程中同时也放任了行政权的滥用；最后，无论是立法权还是行政权均成了不负责任的公共权力。在这种公共权力哲学指导下的宪政安排使公共权力成了责任体系中的匿名者；行政权甘于这种形式卑贱性下的屈从地位和对实际权力的掌控，行政权通过别人安排的这种卑贱地位成为匿名的君主、新的无冕之王。这种安排实际上是神权——世俗权力结构的中世纪理论的现代版本。这种公共权力集体免责的制度安排引发了公共权力的结构性滥用，深度、持续、规模性地"合法"侵犯了公民的权利。这是一个公共权力合谋共同宰制公民权利的宪政体制。

我们必须在充分认清行政权的实践品性以及在对既有的行政权理论深刻反思的基础上才能追寻到行政权研究的新范式。立法机关广泛授予行政机关权力已在某种程度上改变了行政权作为一种执行权的性质，同时也凸显了立法与司法对行政权控制模式的势微，国家权力的中心已由立法权渐入行政权。为回应行政权日益扩大的趋势而兴起的以善治为目标，以行政民主化为导向的公共治理模式试图将行政权置于一个更大的社会权的评判范围之中。这种以多元主义为基本理念，以社会权为基础，以公民参与为基本方式的治理模式构成行政互动关系的基础，国家权力之间的内在制约模式受到社会权以及公民参与权等外在制约模式的评判。对此，国家权力与社会权的互动必将推动行政关系和行政法律关系的模式变迁。

行政互动关系的构建可以克服行政权被必然性宰制的命运：（1）行政互动关系的构建可以克服行政权运行中理性有限的局限。行政权的主体和公民共同参与行政过程，共同进入行政活动的场域可以扩大行政行为所需要的理性，化解时间等必然性因素给行政主体带来的压力。（2）行政互动关系的构建可以防止行政权的滥用。如何防止行政主体回避使用正式的权力而寻求非正式权力的使用是有效规制行政权的关键。但是，不管是立法监督、司法监督、还是公民通过诉权的监督方式均只是一种事后的监督，均不可能将侵权行政行为在行政权的运行过程中阻却下来。公民的参与以及确认公民参与的法律意义将开辟一个及时性行政监督的新方式。公民参与的法律意义在于能及时地防范行政主体不当使用非正式权力，迫使行政主体在常态情形下只能使用正式权力，非正式权力的使用只能在极为特殊的个别状态下才能使用。现实的情形是由于制度设计的缺陷，行政主体规模性地使用非正式地权力，事后又以情势压力为借口寻求免责，立法机构或司法部门也往往以情势作为行政主体免责或减责的理由，这反过来又强化和鼓励了行政主体滥用非正式的权力，非正式权力的使用普遍化。（3）行政互动关系的构建有利于改变行政关系双方的关系。行政传送带理论使立法机关在现代复杂化、高风险的情势下对行政权不得不采取广泛授权的方式以维持立法的形式上的权威地位，同时，司法部门也不得不尊重行政权的自由裁量权，这实际上放任了对行政权的有效规制。这种安排导致两个方面的后果：一是行政权从形式上来源于立法权，非正式的行政权力无分辨地被立法权赋予了合法性，这种表面具有合法性的非正式权力对行政机关来说是无限量的自由裁量权，但对公民来说，这种权力即使没有实质合法性，也必须无条件服从，这就极大地加剧了行政关系中的对抗性。二是非正式权力的使用会导致对同样的行政事项作出完全不同的处断，这既破坏了法律统一，也增加了公民的不公平感，这种不公平感增加了行政行为的阻力。行政互动关系的构建可以在行政程序的约束下，使行政机关在行政自由裁量权范围内，在公民自我理解的基础上形成双方均可以接受的公共共识。这就极大地改变了行政权力与公民权利之间的对抗性，改变了行政权单一性的刚性结构。

行政权的变迁正面临从管理范式向民主范式的转型，公法理论对此应作出积极回应。①

---

① 参见程关松、王国良：《行政互动关系的法律回应》，载《华东政法学院学报》2007 年第 5 期。

第二节　行政文明法治化的基本理念

行政文明经历了一个从屈服权力必然性到尊重权力必然性与人类理性相结合的过程，在人类追求行政的文明化过程中，行政理性化是行政文明的基础，行政法治化是行政文明的高级形态。从行政文明的法治化进程分析，我们可以归纳出行政文明法治化的基本理念，这些基本理念体现在行政文明法治化的基本模式之中，成为反思不同行政文明法治化模式优点与缺陷的理论基础，也是行政文明法治化重构的理论源泉。

一、在渊源上，行政权力与公民权利的统一

行政权的史前史是国内的秩序与对外安全，国内秩序的维护与对外安全的需要使得权力的执掌者更为关切非正式权力，秩序与安全在权力体系和法律体制中成为优先考虑的首要价值。现代社会认为是行政权非正式权力来源的秩序与安全问题在行政权的史前史时期则是执行官的正式权力渊源，也是执行官合法性的根据。由于执行官享有行动的权力，因此，在权力体制中执行官处于中心位置，而议事机构的慎思机能与立法权常常被边缘化，这在罗马帝国时期表现得十分显著。由于罗马共和国后期出现了政治失序、商业扩张、道德混乱的局面，一系列新问题开始出现，它们涉及中央和地方行政事项、防卫、经济与土地分配、强大的商业利益的勃兴、哲学与宗教新观念以及新的行为模式的产生等问题的处理，罗马共和国时期的权力制衡安排让位于执行官独大的帝王体制，古希腊人的慎思让位于古罗马人的实践精神，王政让位于僭政。①

非和平的情势所产生的权力安排即使在和平时期也被普遍化，公民权利只能获得一种形式上的法律地位，而在实际的权力运行结

---

① 参见［英］R. H. 巴洛著：《罗马人》，黄韬译，上海人民出版社 2000年版，第 22～23 页，第 6 章；另参见［美］施特劳斯、科耶夫著：《论僭主》，何地译，华夏出版社 2006 年版。

构中则处于一种边缘状态，这是以形式民主掩盖实质专制的以执行权为主导的僭主政治的典型特征。① 僭主政治的执行权导向来源于内外两个方面：在国内，将紧急状态这种特殊情势普遍化为执行权的"合法性"基础；在对外关系中，将战争体制延伸到和平时期，取向权力运行的归一性。② 将危险情形永恒化是一切专制体制与权力导向的政治体制的固有伎俩。③ 在这种情形下，行政权力与公民权利之间是分离的，总体上是权力导向的。

　　自然权利学说把人的自然权利与公民权利提高到本体论的地位，权利相对于权力的附属地位被颠覆，权利成为一切权力的本源，公共权力只有在维护和保障权利时才是正当的，这是现代宪政的基本理念。

　　现代宪政中的权利观念带着它的批判性品质进入宪政体系之中，它以价值上的优位性和个人对于国家的防卫权利捍卫着个体的人性尊严。有史以来保持着"野性本能"的行政权在宪政体制中祛除了其超然的优势而置于立法权的项下，成为立法权的传送带，至少在形式合法性上行政权处于一种附属地位，保持着它的"卑贱性"。公民社会的兴起作为社群性的聚合力量成为新的批判性的力量，它成为公民自由的生存环境，维护着公民的自治权利，也是行政权力运行的边界。④ 现代宪政的基本理念是对此前行政权专横的一种批判与否定，在制度安排上是取向"控权"的，对行政进行控制的理念就是在这一背景中诞生的。白芝浩认为："民众政府的每一项权力都应该是被告知的。这种政府的全部理念是，政治人——行使治权——按照它认为适当的方式进行统治。每一个行政当局的

---

　　① 参见［美］施特劳斯、科耶夫著：《论僭主》，何地译，华夏出版社2006年版。

　　② 参见［法］邦雅曼·贡斯当著：《古代人的自由与现代人的自由》，刘满贵译，商务印书馆1999年版，第3、4编。

　　③ 参见［美］赫伯特·马尔库塞著：《单向度的人》，刘继译，上海译文出版社2006年版，第1页。

　　④ 参见［美］赫伯特·马尔库塞著：《单向度的人》，刘继译，上海译文出版社2006年版，第5~6页。

所有行为都必须受到它的详细检查；如果这些行为显得适当，它就可以进行观望；如果失当，它就可以某种方式进行干预。"① 宪政最上位的制度安排是将行政权置于立法权的下位，法律制约机制则是在行政法中具体化、规范化的。

　　福利国家的兴起使得国家负有更多的对公民的生存照顾义务，行政权在国家对公民的生存照顾义务中承担主要责任。现代行政的基本理念既不是行政主导的，也不是只对行政权进行控制，而是将对行政权的控制与保障行政权的功能的有效发挥结合在一起，是权力控制与权力保障的结合。行政权的目的是为了保障公民权利的实现，这是行政权的合法性源泉，是行政权行使的正当性根据。现代宪政的基本理念是通过宪法的方式划分出公民权利与国家权力之间的界限，"宪法的基本内容主要可分为国家机关权力的正当行使和公民权利的有效保障两大部分。……公民权利与国家权力实际上是宪法与宪政最基本的矛盾。"② 在现代宪政的基本结构中，公民权利是防范国家权力侵犯的主要手段，公民权利既具有目的论的价值，也有对抗国家权力的重要功能。国家权力与公民权利之间的统一是建立在这种对抗性的基础上的。无论是通过公民消极自由、公民主观公权利、市民社会、权力制约、还是权力理性化的途径均没有保证行政权与公民权的和谐统一。公民参与理论在尊重间接民主主导的宪政安排的条件下试图将公民的参与权引入到行政权的运行之中，原来单一的权利——权力安排被复合的权利——权力安排所替代；以结果为导向的行政规制让位于以过程为导向的行政规制，通过公民参与行政权的运行过程所形成的行政互动关系，我们有希望实现公民权利与行政权力的统一。③ 总之，文明的行政必然存在于行政权力与公民权利的理性关系模式之中，失去了这一背景，行

---

① ［英］沃尔特·白芝浩著：《英国宪法》，夏彦才译，商务印书馆2005年版，第102~103页。
② 李龙著：《宪法基础理论》，武汉大学出版社1999年版，第158页。
③ 参见［美］卡罗尔·佩特曼著：《参与和民主理论》，陈尧译，世纪出版集团2006年版；另参［德］哈贝马斯著：《在事实与规范之间——关于法律和民主法治国的商谈理论》，童世俊译，三联书店2003年版。

政文明便成为无本之木、无源之水。

二、在主体上，行政权力与行政权力的融合

关于行政权的载体在不同的研究领域中的称谓与分析功能是不同的，由行政主体所形成的行政体制在不同的分析框架中的学术旨趣各有差异。

第一种分析方法是通过揭示行政权在整个国家权力结构中的非正式主导地位，以描述特定国家的权力特征。如迈耶通过行政权的变迁将现代国家描述为邦君权国、警察国、法治国。迈耶认为只有在法治国家行政法治才有可能实现。① 王亚南为了研究行政体制在国家中的消极影响，也为了找到消除官僚主义的根本路径，将中国传统的以官僚为主导的政治体制的消极面概括为官僚政治。② 在这种分析框架中，行政权力之间是相互为了各自的甚至只是为了行政官员自身的利益而相互分离或者是异化的。密尔在其著名的著作《代议制政府》中将一种行政职位被职业文官所占据的体制称为官僚体制，并将官僚体制视为代议制政体的唯一严肃替代物。③ 这种类型研究的目的主要是为了描述一国的政治结构与政治体制的总体特征，而不是为了规范分析的目的，实质上研究的是行政法治的前提条件。

第二种分析方法属于组织社会学，它源于马克斯·韦伯的著作。对于韦伯而言，行政体制的关切点不在于组织本身，而是行政权运行过程中承担具体行政职能的专业人员。这一分析方法实际上继承了西塞罗关于法律与官员之间关系的基本思路。西塞罗认为："官员的职责在于领导和发布正确的、有益的、与法律一致的政令。犹如法律指导官员，官员也这样指导人民，因此完全可以说，官员是说话的法律，法律是不说话的官员。……没有官员的智慧和

---

① 参见［德］奥托·迈耶著：《德国行政法》，刘飞译，商务印书馆 2002 年版，第 1 编。

② 参见王亚南著：《中国官僚政治研究》，中国社会科学出版社 1981 年版。

③ 参见［英］密尔著：《代议制政府》，汪暄译，商务印书馆 1997 年版。

尽心，国家便不可能存在，整个国家管理靠官员之间的权力分配来维持。"① 韦伯认为，官僚制度不是一种政府类型，而是指一种由训练有素的专业人员依既定规则持续运作的行政管理体制。韦伯认为，在民主的行政管理范式中，任何统治都表现为行政管理，并且作为行政管理发挥其职能。任何行政管理都在某种方式上需要统治，因为进行行政领导总是必须把某些命令权力置于某个人的手中。在韦伯看来，民主制的行政管理因其缺乏有效性和效率而需要内在的理性化，法治不可能同时完全满足行政权在运行中的效率与公平这两个基本的目的。法定行政组织的稳定性会受到行政官员的灵活性与情势变迁的挑战。任何先定的行政组织目标没有行政官员的理性化行为就不可能实现。② 他认为："甚至在国家的行政之内，在法国、北美和现在的英国，官僚体制化的进步都表现出是民主的平行现象。同时当然要时刻注意，'民主化'这个名称可能发挥着把人引入歧途的作用：在较大的团体中，在无组织的群众意义上的'民'永远没有自己进行过'管理'，而是被管理，只不过是变换选择进行统治的行政领导的方式，以及他或者更正确地说：他在当中的其他人员通过所谓的'公众舆论'能够对行政管理工作的内容和方式施加影响的程度。在这里所指的'民主化'，并非必然会增加被统治者积极参与有关的社会实体的内部的统治。增加参与可能是这里所指的这种进程的结果，但并非必然如此。"③ 可见，韦伯对行政权力运行的民主化持极为谨慎的态度。

韦伯认为："官僚体制是'理性'性质的：规则、目的、手段和'求实的'非人格性控制着它的行动。因此，它的产生和传播处处都是在那种特别的、还在讨论的意义上发挥了'革命'的作用，正如理性主义的进军在一切领域里一般都发挥这种作用一样。

---

① ［古希腊］西塞罗著：《论共和国　论法律》，王焕生译，中国政法大学出版社 1997 年版，第 255～256 页。

② 参见［德］马克斯·韦伯著：《经济与社会》（下卷），林荣远译，商务印书馆 1997 年版，第 9 章第 1、2 节。

③ ［德］马克斯·韦伯著：《经济与社会》（下卷），林荣远译，商务印书馆 1997 年版，第 306～307 页。

同时，它摧毁了统治的不在这个意义上的理性性质的结构形式。"①
在韦伯的分析框架中，行政权力的理性化与行政权力的民主化是同
步并行的，行政权力的理性化是行政权力法治化的前提和基础。行
政权理性化的基本目标就是行政权力之间的理性关系的体制化。

　　第三种分析方法源于公共行政学，它是由德国的施泰因、美国
的威尔逊提出的，被美国的古德诺系统化、理论化的行政科学。在
其理论创建初期，其方法是将公共行政从政治中分离出来。威尔逊
将行政描述为一个中立的、专业的、纯粹的技术领域，不赞成政治
对行政进行干预。政治与行政的分离具有两个方面的功能：一是限
制了政党对行政的直接干预，从而使依法行政成为可能；二是推动
了行政科学研究，增加了公共行政管理的科学性，使科学性成为公
共行政管理的重要品质，从而使政治与行政之间的功能派分成为可
能。② 行政与政治的分离使行政权在依法的基础上避免了政治对行
政权的运行过程和运行方式的干预，从而保证了行政权的执行性特
征，也保证了行政权的相对独立性，为行政权与行政权之间的融合
提供制度条件。

　　公共行政学的方法论发展到其后期，关于行政与政治之间的分
离基本达成共识，但是，由于将行政描述为一个中立的、专业的、
纯粹的技术领域，这样一来，公共行政与私人管理之间的界分在特
定的社会领域变得较为模糊。而这个特定的社会领域在现代社会越
来越庞大，并且还在不断发展，其边界更为模糊。这个特定的社会
领域主要包括公营事业机构，公共福利设施。在德国和我国的台湾
地区，公营事业机构指各级政府设置或控有过半股份，以从事私经
济活动为目的的组织体。公营事业机构具有公法上的法人资格，它
的活动仍然应受到行政规制，不像纯粹的私人经济活动那样只受私

---

　　①　［德］马克斯·韦伯著：《经济与社会》（下卷），林荣远译，商务印书馆
1997 年版，第 324 页。
　　②　参见戴维·米勒、韦农·波格丹诺主编：《布莱克维尔政治学百科全
书》，邓正来等译，中国政法大学出版社 2002 年版，第 7～9 页。

法的调节。① 公营造物由德国公法学家迈耶首创,被德国、日本、我国的台湾地区所延用。吴庚认为,公营造物系指"行政主体为达成公共行政上之特定目的,将人与物作功能上之结合,以制定法规作为组织之依据所设置之组织体,与公众或特定人间发生法律上之利用关系"。② 公营造物包括服务性营造物、文教性营造物、保育性营造物、民俗性营造物、营业性营造物等。关于公营造物是否具有行政法上的公法人资格,依赖法律自身的规定。③ 公共行政学关于公共行政与私人行政之间的界定在现代社会变得异常困难,这也是当代公共行政学未竟的领域,许多属于公共行政学的剩余性范畴。行政权的社会化和社会权的行政化扩大了行政权的开放性,从而也加剧了行政权自身融合的难度。

在现代社会,行政主体是一个庞大的系统,其有内在的、复杂的结构,如何在民主、法治的条件下保证行政权的统一行使仍是现代宪政的一个困难问题。为保证行政主体与行政主体之间的融合,行政法治化发展出行政一体性原则。行政一体性原则包含两个层面的意思:一是指在一个辖区内,行政权的行使应归之于一个行政机关或一个行政首长;二是指所有的国家行政机关应该以相同的思考对外作出行政决定。行政一体意指国家行政整体形成一体,由最高行政首长指挥、监督并向选民与代议机构负责。行政一体性指单一性、方向同一性、组织上的自足性。④ 行政主体之间的融合是为了保证行政权的统一和集中行使,同时在整体上为依法行政提供组织基础。行政一体性,是由科层原则、责任制、首长负责制等原则和制度来调节的,这些制度和原则体现了行政内部的统一性和对外的

---

① 参见吴庚著:《行政法之理论与实用》,中国人民大学出版社 2005 年版,第 119~120 页。

② 吴庚著:《行政法之理论与实用》,中国人民大学出版社 2005 年版,第121 页

③ 参见吴庚著:《行政法之理论与实用》,中国人民大学出版社 2005 年版,第 122 页。

④ 参见翁岳生主编:《行政法》(上册),中国政法大学出版社 2000 年版,328~334 页。

有效性；但在整体上，行政一体性原则服从宪政主义的民主原则和法治原则。行政主体之间的融合是行政效率的基础，也是行政民主化、法治化的前提。

三、在价值上，效率行政与公正行政的互动

效率与公正是行政权的基本价值，相对于立法权与司法权而言，行政权更注重效率。

在现代宪政体系中，选择以什么为价值导向的行政模式存在重大分歧。一种主张认为应建立一个有效率的、强大的行政体制，以应对外来的侵略、内部的纷争，紧急状态，从而保障个人权利的实现；另一种主张认为应建立一个和平、民主、法治的行政体系，以防止行政权对公民权利的侵犯。前一种主张以效率为导向，后一种主张以公正为导向。

建立一个强有力的行政体系是行政权在自身的演化过程中被反复强化了的一个基本理念，传统的行政权理论一直是以行政权的非正式来源——防御侵略，消除紧急状态为其制度设计的基础的。① 现代宪政在行政权的宪政安排中充分考虑了这一传统，并将这种理念转化为一种现代行政基本理念。在美国建国初期，由于人民痛恨英国殖民主义对人民权利的侵犯，因此，在最初的《邦联条例》中，美国在行政体制的安排方面所采用的是民主制行政体制，但由于内外的危机使得美国人民在制定《联邦宪法》时开始转向建立一个以效率为导向的、强大、迅速、有效的行政体系。② 联邦党人认为："决定行政管理是否完善的首要因素就是行政部门的强而有力。舍此，不能保卫社会免遭外国的进攻；舍此，亦不能保证稳定地执行法律；不能保障财产以抵制联合起来破坏正常司法的巧取与豪夺；不能保障自由以抵制野心家、帮派、无政府状态的暗箭与明

---

① 参见［美］哈维·C. 曼斯菲尔德著：《驯化君主》，冯克利译，译林出版社 2005 年版。

② 参见［美］哈维·C. 曼斯菲尔德著：《驯化君主》，冯克利译，译林出版社 2005 年版，第 286 页。

枪。"① 在内外交困的背景下，美国宪法选择了以效率为导向的行政体系。威尔逊的理论和韦伯的理论支持了这一主张，以公平为导向的民主制行政理论被放弃了。美国宪政最终选择了罗马模式而不是希腊模式。②

以效率为导向的行政模式依韦伯的描述具有以下特征：（1）层级制。在一种阶层的分工中，每个官员都有明确界定的权限，并在履行职责时对其上级负责。（2）连续性。借助于提供有规则的晋升机会的职业结构，公职成为一种专职的、领薪的职业。（3）非人格性。工作按既定的规则进行，而不听任于任意和个人偏好，每一项事务都被记录在案。（4）专业化。官员依据实绩进行选拔，依据职责进行培训，通过存档的信息对他们进行控制。③ 以效率为导向的行政模式法治化的基本理念是：首先将行政权置于立法权的附属地位以满足人民主权的要求，在此，行政权只是立法权的功能有效的传送带，只是一个代议机构的忠实的执行机关，其本身没有也不应有自己的意志；在满足这一条件下，行政系统通过严格的科层制和技术要素的结合保证代议机构的意志得到忠实地执行。这是一种民主政府的理论而不是一种民主制行政理论。④ 威尔逊的民主政府理论、韦伯的官僚制理论、古力克的异常学说、西蒙的决策理论不但发展和完善着以效率为导向的行政模式。⑤ 以效率为导向的行政模式所发展出的行政法治化路径的传送带理论的缺陷在于：传送带中的任何一个环节都有不连续的可能；行政机构在行政权的实

① ［美］汉密尔顿、杰伊、麦迪逊著：《联邦党人文集》，程逢如等译，商务印书馆1980年版，第356页。

② 参见［美］汉密尔顿、杰伊、麦迪逊著：《联邦党人文集》，程逢如等译，商务印书馆1980年版，第356页。

③ 参见戴维·毕瑟姆著：《官僚制》，韩志明、张毅译，吉林人民出版社2005年版，第4页。

④ 参见［美］文森特·奥斯特罗姆著：《美国公共行政的危机》，毛寿龙译，三联书店1999年版，第35页。

⑤ 参见［美］文森特·奥斯特罗姆著：《美国公共行政的危机》，毛寿龙译，三联书店1999年版，第2、3章。

际运行中常常伴随自己的意志；立法机关在现代社会越来越依赖行政机构的创造性。效率行政的发展加速了宪法的危机。①

　　以效率为导向的行政模式加剧了现代宪法的危机，人们重新开始把注意力转向对民主制行政这一曾经被放弃了的行政模式的考察。民主制行政模式的首要价值就是公平。民主制行政的特征包括以下几个方面：（1）每个人都有资格参与公共事务处理的平等至上主义的假设；（2）所有重要的决定都留给所有社群成员以及他们所选择的代表考虑；（3）把命令的权力限制在必要的、最小的范围；（4）把行政机关的地位从主子的行政机关变成公仆的行政机关。

　　毫无疑问，从民主制行政的基本特征我们能够看出其明显的民主、公平价值取向。② 但是，民主制行政在现代宪政设计中被认为是一个"边际性"的行政模式的主要原因不是由于其不能提供公平的价值支持，而是人们担心其不能提供行政所需要的效率支持。行政理论的发展证明这也许是一个错误的认识。奥斯特罗姆认为："如果具有这些特色的公共行政能够在遵循理性法律规则的法律秩序之内运作，能够像官僚制那样有效地提供公共服务，那么就不必把民主制行政看成是'边际类型的事务'。"③ 民主制行政与行政效率之间并不是一种排除性的关系。

　　将民主制行政模式看作一种缺乏效率的"边际性"行政模式的主要原因是人们对效率的理解。官僚制行政模式对效率的理解是一种偏狭的效率观，它所关注的是行政自身的工作效率问题而不是行政体系所能为社会提供的效率。一种民主的行政管理的独特性在于，行政系统作为整体向社会全体公众负责，补充了每个行政人员

____

　　① 参见［美］文森特·奥斯特罗姆著：《美国公共行政的危机》，毛寿龙译，三联书店1999年版第1章；另参见［美］理查德·B. 斯图尔特著：《美国行政法的重构》，沈岿译，商务印书馆2002年版。

　　② 参见［美］文森特·奥斯特罗姆著：《美国公共行政的危机》，毛寿龙译，三联书店1999年版，第87页。

　　③ ［美］文森特·奥斯特罗姆著：《美国公共行政的危机》，毛寿龙译，三联书店1999年版，第87页。

向上级负责的官僚制原则。行政系统向社会公众负责是行政法治化的终极目的。毕瑟姆认为，民主制行政与效率价值的要求是一致的。开放性、咨询性、解释责任表面看起来是耗费时间的，从一种短视的眼光来看，它比官僚制更为昂贵。但是，从长远来看，这样的准则为市场竞争之外的公共领域内的行政体系构建了一个重要的原则：使管理不善最小化；暴露腐败以及阻止采用或者继续那些浪费的或者不起作用的政策。如果我们把效率概念从成本—效率的狭隘含义扩展到更宽泛的政策效果的含义，就会得出相似的结论。实际上，在公共行政部门中，根本不存在收益性这种评估政策效果的单一标准；效果就是在相互竞争的价值中找到某种平衡，这些价值被公众认为是正当的和可接受的，并且被运用在实践中。在这里，同意使行政管理的形式对于更宽泛的、政府的民主原则作出了自己的贡献。①

　　早期的效率导向的行政体制在现代社会与公正要求之间产生矛盾；而曾经被排除了的公正导向的行政体制在民主化和法治化的背景下重塑着自己的地位。将行政效率与行政公正有机地结合在一起是行政法治化战略的一个关键问题。新的行政模式的选择必须将行政效率与公正行政有机地结合在一起，在效率导向和公正导向之间寻求到一个最佳结合点。在保证行政有效性的基础上，首先要使行政体系的封闭性适度开放，再利用公民参与的理论和现代法律程序技术，将民主行政模式中的公正因素融入到行政体系以及行政的实际运行之中，将会实现行政的效率与公正价值的有机结合。这种制度设计的优点是在保证现有行政体制的稳定性的前提下对行政体制作机制性的改造，既避免了重组行政体系可能存在的巨大风险，又可以对现有行政体系作功能上、价值上的改造，从而为行政体系的转型创造生成条件。行政系统的效率是行政权的重要价值，但在民主法治国家，公正也是行政体系的重要价值。韦德认为："行政公

---

① 参见［英］戴维·毕瑟姆著：《官僚制》，韩志明、张毅译，吉林人民出版社 2005 年版，第 107～108 页。

平是贯穿始终、承上启下的原则。"① 无论是效率还是公正都最终
服从于人权保障这一终极目的，效率行政与公正行政的融合是实现
人权保障的必要条件。

四、在指向上，集约行政与开放行政的并重

在现代宪政设计中，行政权在被界定为立法权的执行机关时，
它的合法性来源于立法机关的立法以及立法机关的授权；同时，正
是由于行政机关的合法性来源于立法机关，这也为行政机关的单向
性提供了合法性，行政权的这种形式上的屈从地位同时也构造了行
政权的强大。行政权来源于人民的代表机关的立法与授权使行政机
关与个体公民之间的关系变成了一种间接关系，这也是行政集约化
的根据。行政集约化的合法性是立法机关的立法与授权，集约行政
是通过行政一体化来实现的。在内部关系中，行政一体化又是通过
行政机关的等级化和序列化来实现的，在对外关系中，行政权是通
过执行立法机关的意志来实现的。作为立法机关的执行机关，法律
赋予行政机关作出的行政行为以公定力、确定力、拘束力、执行
力。②

集约行政是行政一体化的运行导向的描述，它的结构是由行政
系统内部的等级制来构造的，这种行政系统中的科层等级制度构成
行政体系的组织原则。学者对关于行政系统中的科层制组织原则的
认识和评价不一。

一种观点认为，构成集约行政基本结构的科层制是封建社会等
级制的现代形态，他必然带有封建社会等级制度的诸多弊端。毕瑟
姆认为："我们都乐意于憎恶官僚制。官僚制同时表现出笨拙的无
效率和咄咄逼人的权力这样两种相互矛盾的形象。一方面是无能、
官僚主义和人浮于事，另一方面是操纵、拖延和拜占庭式的阴谋诡

---

① ［英］威廉·韦德著：《行政法》，徐炳等译，中国大百科全书出版社
1997 年版，第 7 页。

② 参见姜明安主编：《行政法与行政诉讼法》，北京大学出版社、高等教育
出版社 1999 年版，第 154～157 页。

计。在某种程度上，几乎没有哪一种邪恶不可以算到它的账上。官僚制罕见地受到所有政治派别的咒诅。右派以自由市场的名义寻求对它的限制，中间派以开放和责任的名义改革它，左派以参与和自我管理的名义想取代他。①"曼斯菲尔德认为："执行权的早期的导师，是想把专制政体的某些权力和技巧赋予自由政府，以此维持两者的区别。这类技巧之一是，让人民事实上服从你，同时又让他们觉得是在服从某种必然性。"② 非正式权力来源对行政权具有极大的影响力。

另一种观点认为，构成集约行政基本结构的科层制是行政权发展的必然，也是现代宪政的基本要求。曼斯菲尔德认为："执行权的必然性，也不能被轻描淡写地说成一种无意识的假设，一种不受任何挑战的普遍现象。它受到过挑战，但挑战从未得逞。尽管有关执行权必然性的假设具有普遍性，然而总有一些生活在自由政府下的人，有时是很多人，对他们认为具有灾难性的强大的执行行为发出抱怨。他们把这些行为当作专制政体的做法，表示悲哀并予以反对……可是，一旦认识到它们的必然性抗议声很快就会平息下来。要不然就是换了一副口气，开始大声呼吁过去不赞成但如今发现其有益的强大的执行行为。"③ 行政权的这种必然性是由行政权的执行功能决定的。在现代宪政以前，非正式权力来源对行政权的演变具有极大的支配作用，现代宪政产生以后，法律成为行政权的正式来源并成为行政权的合法性基础。国家的任务是由宪法来确定的，行政权的功能是保证国家任务的实现，在实现国家任务的过程中，行政机关直接对代议机关负责，其对公民的责任是目的论上的、间接的。

行政机关科层制与民主原则之间的协调性决定了行政机关的命

---

① [英]戴维·毕瑟姆著：《官僚制》，韩志明、张毅译，吉林人民出版社2005年版，第1页。

② [美]哈维·曼斯菲尔德著：《顺化君主》，冯克利译，译林出版社2005年版，第2页。

③ [美]哈维·曼斯菲尔德著：《顺化君主》，冯克利译，译林出版社2005年版，第1页。

运。行政机关集约行政来源于一种基于民主治理基础上的统一国家。这一民主治理机构的运行依赖于按照等级制建立的、服务于政治首脑富于变化的各种政治目标的工具化行政机构。这首先是一种立法优先的宪法理念，它给予制度上共同统治以结构形式和统一的建制。制度上的共同统治表现为人民主权，通过议会代表机构的民主代议制，受法律约束的行政和部长负责制以及官僚序列化的行政组织。在民主的宪政国家中，这意味着，行政从立法机关以及从对议会负责并依赖于议会的政府那里得到中央集权统治的动力。金字塔式的等级制的优点在于：建立和保持长的行为的稳定性以及不受情势左右的结构重复能力；高度的目的明晰性；因分工和序列化而产生的效率；政治性决策的垄断性；在稳定的行政机构中凭借其明确的等级和精确的任务分配而达到的有效的可监督性和可指挥性以及各个行政机关相对简单的协调和通过共同的上级领导决定调节权限之争。所有这些严格的等级制组织的有利因素，都能够有益于议会民主。① 行政一体化是集约行政的组织基础，法律统一是集约行政的制度前提，集约行政是统一行使国家权力的重要方式。

　　集约行政在宪政安排中需要满足许多条件，而这些条件在现代复杂社会已变得越来越难以满足，在这样一种背景下，我们必须通过行政社会化的途径来解决集约行政的缺欠。现代化工业社会和不断的专业化、技术化和复杂化所产生的效果是，面对任务的多样化和任务的分化的相应增长，国家行政不能只满足于利用其内部行政机构的扩展和结构优化来被动地完成既定的任务，而不需确信自己处于众多社会专业事务之中，行政权相对于立法与司法的专业比较优势地位在社会的高度专业化背景中不断消解，被韦伯所描述的具有专业优势的行政人员必须借助于更为专业的社会机构和公民才能完成行政任务，也必须使用更能包容和吸收社会专业知识的方式才能增加行政机关的适应性。专业的中介机构、顾问等社会力量所提供的专业能力、知识和技术能够扩大行政机构的适应性。社会的高

---

① 参见［德］埃贝哈德·施密特—阿斯曼等著：《德国行政法读本》，于安等译，高等教育出版社 2006 年版，第 123～125 页。

度专业化使得行政机构必须开放，同时也为行政机构的开放准备了社会条件。行政机构要以可利用的和可以工具化的社会专业知识为基础，但把外部知识和判断能力结合起来的形式，很少能通过行政机关完全独立对其自身决定拥有充分支配权的国家来中立地获取信息，而是不可避免地倾向于合作决定，这就是现代复杂化社会条件下的开放、合作行政的社会原因和社会条件。尽管合作行政并不出现在对外有效力的具体行政决定中，但是，由行政系统的开放性所形成的合作行政在行政机关的决定行政过程之中获得了相应的存在形式。合作行政的特征是，行政的命令式结构转化为对话式结构。① 行政的效率越来越依赖广泛的社会合作与沟通。随着这种行政对社会专业知识的诉求不断增加，公民参与就会转入这一行政社会化的过程之中，民主制行政的样态就会被塑造出来。行政对社会专业知识的诉求以及公民参与的介入并不寻求对集约行政的替代方案，而是通过行政的开放性来增加行政在复杂化社会中的适应性。行政开放性的具体方式包括：行政系统灵活地采用行政计划、行政指导、行政合同、行政事实行为等行政工具增加行政的适应性；将部分行政事务交给市场、社会中介机构去完成，行政机关起监管作用；在行政管理过程中，尊重和吸收公民的自我理解，使其成为行政公共理解的有法律意义的重要部分；严格法律和行政程序，以保障行政机关的公正性。

五、在方式上，命令行政与宽容行政的一体

行政权的运行是通过行政行为来实现的，行政行为的向度是由我们对行政权的认识来决定的，行政行为的类型学主要是以行政行为的运行方式为标准来划分的，行政行为的类型标示行政权的基本价值取向。行政行为种类繁多，"从作出之性质或任务而言，行政通常分为干涉行政、给付行政与计划行政三类；从行政所受法规羁

---

① 参见 ［德］埃贝哈德·施密特—阿斯曼等著：《德国行政法读本》，于安等译，高等教育出版社 2006 年版，第 127～129 页。

束之程度而言，又有羁束行政与裁量行政之差异"。①

现代宪政体系的基本假设是将行政权界定为立法机关的执行工具，这是行政行为作为高权公权力行为的宪法根据；将行政机关理解为立法机关的传送带，这是行政行为具有高度强制性的理论基础。行政行为作用方式的强制性、命令性同时还是由行政法的基本理论来支持的。行政法基础理论中的公共权力理论、公共利益理论、公共管理理论、行政控制理论均支持行政行为的强制性和命令性。以命令的方式作出行政行为是行政权运行的基本方式。

现代社会的复杂化进一步产生了对行政工具的需求，这种需求引发了行政的重要变迁：

一方面，对复杂化社会事务的处断人们诉求于行政权的强制与高效。这首先来源于现代性复杂化社会关系可能引发的社会高风险，为防止高风险可能引发的连锁反应，人们充分利用行政效率这一政治资源。② 其次，由于代议机构在应对社会复杂事项方面表现出的知识缺乏与组织机能的缓慢，在回应现代社会的复杂事项的解决方案时，行政的优势效应表现出来。"低效率的议会立法产生的真空被日益发展的行政优势填补。"③ 再次，"福利国家发展的运动也是朝着行政国家方向发展的运动"。④ 福利国家将更多的日常事务的管理事项纳入到行政管理的范围增加了社会管理的强制性，这是一个社会管理行政化的过程，也构成社会管理行政化的运动。最后，市场失灵也为行政权的介入提供了契机。市场失灵导致行政管理在传统市场领域内的规模性的放量介入，而行政对经济领域的介

---

①　吴庚著：《行政法之理论与实用》，中国人民大学出版社 2005 年版，第 9 页。

②　参见［德］乌尔里希·贝克著：《风险社会》，何博闻译，译林出版社 2004 年版。

③　［美］伯纳德·施瓦茨著：《美国法律史》，王军译，中国政法大学出版社 1990 年版，第 228 页。

④　［美］伯纳德·施瓦茨著：《美国法律史》，王军译，中国政法大学出版社 1990 年版，第 228 页。

人又会使得部分行政管理落入"俘虏理论"的覆盖范围①，原始的行政管理行为引起对行政行为本身的管理使得行政管理复杂化。总之，基于"公共利益"的理论在现代社会支持了行政行为的放量增长，也强化了行政管理的效率功能，扩大了行政管理的强制性和作用范围。施瓦茨认为："现代行政机构的显著特点是，他拥有对私人权利和义务的决定权，通常是采取制定规则或作出裁决的方式。典型的行政机构既享有立法权，也享有裁判权。……在行政权的范围之内，行政机关制定法令和执行裁判的权力，在重要性上至少可以和立法机关、审判机关的权力相比。总的来说，行政立法的重要性更突出一些。"②在我国，命令是行政的主要手段，合作在行政行为中的作用和地位被忽视或遭到排斥。③

另一方面，由于行政管理范围的扩大，单纯的命令行政在新的条件下就缺乏有效性，在这种背景下，行政合同、行政规划、行政计划、行政事实行为等新的行政工具被开发出来。在现代国家中，随着国家理念的转换和客观条件的变化，行政的作用领域、活动范围显著增加，行政工具不断多样化。特别是在20世纪末期和21世纪初期的现代社会，与行政法学的基础性理论体系化得以完成的20世纪20年代相比，随着社会经济的发展，各种新的行政领域得以扩展，行政内容也进一步专业化、技术化、复杂化，出现了传统的行政法治化理论和范畴已经无法涵盖和包容的行政类型。并且，传统的行政法治理论能够解释的行政类型在现代行政的论域中亦不能得到满足，新的理论类型是关于不同的行政范畴的类型化说明，

① 参见陈富良著：《放松规制与强化规制》，三联书店2001年版，第14~16页。
② [美]伯纳德·施瓦茨著：《美国法律史》，王军译，中国政法大学出版社1990年版，第229页。
③ 参见[德]何意志文：《德国现代行政法的奠基人奥托·迈耶与行政法学的发展》，载[德]奥托·迈耶著：《德国行政法》，刘飞译，商务印书馆2002年版，代中文序第9页。

统一的行政理论很难形成。① 行政机关在根据宽泛的制定法指令行使自由裁量权以平等地、有效地履行其职责方面已归于失败，而传统的行政法治理论所提供的理论不能满足现代行政的发展。传统的行政法治理论在制度设计上所关切的是一种规制政府权力的消极机制；它并未涉及行政积极作为的领域——公民社会、社会福利和市场失灵的领域。行政积极作为的行政相对人一方面从行政那里获得某种福利，另一方面，他们的权利也有可能受到侵犯。积极行政需要公民的参与，同时也要为福利对象制定行政政策，而为福利对象制定政策又可能受到被管理对象的俘虏，也就是说，福利是靠行政政策来实现的，而行政机关在制定行政政策的过程中产生更多的不公平与寻租机遇，这是传统的行政理论所不能解决的。传统的行政法治理论只是为受管理对象的规制提供正式程序。但是，在福利领域和市场失灵领域，那些被忽视或被边缘化了的利益主体由于没有成为管理的对象，他们的利益就不可能获得传统行政法治所设计的救济手段所提供的权利保障。当他们的权益得不到保障时，他们所能使用的只能是非正式的方式。② 例如，我国的信访制度就是希望将非正式的方式转化为一种行政上的正式解决的补充制度。再如，新的社会背景下的新型工人——农民身份转化的现代化产物的权利救济主要是通过非正式的渠道来解决的，所有这些非正式的解决不是传统的行政法治理论所能涵盖的。

行政宽容既包括行政过程中的公民参与，也包括行政工具的多样化，同时还包括将命令行政之外的行政合同、行政规划、行政计划、行政事实行为等被视为正式的、经常的行政方式，将命令行政视为最低限度的行政体系维护方式。宽容行政秉承民主制行政所具有的多样性、互助性、开放性、包容性、交涉性、程序性、回应

① 参见杨建顺著：《日本行政法通论》，中国法制出版社 1998 年版，第 295 页。

② 参见［美］理查德·B. 斯图尔特著：《美国行政法的重构》，沈岿译，商务印书馆 2002 年版，第 27 页。

性、可替代性、形成性的特点①，以民主、公开、协商为主要方式，立足于以人为本的法治精神，以公共服务为行为指向，把行政行为的强制性和行政过程的开放性整合于行政方式的选择之中，改变行政的单方意志性和高权运行方式，通过法律程序吸收行政相对人参与到行政决定的形成之中，使相对人在行政参与过程中认识到自己的行为与利益构成行政决定的一部分，增加行政相对人保护权利和履行义务的自觉性，减少行政权运行中的阻力，从而更富成效地达成行政目的，既引领了权力的行使，又促进了权利的实现。

宽容行政的行为方式表现为：（1）在行政手段的运用和选择方面，由行政机关的单方强制转向行政机关与行政相对人之间的互动合作。传统的行政模式是行政命令主导下的行政，而在民主制行政过程中，需要运用平等、合作的精神来实现权力，将以往的强迫服从引向自愿配合和对权威的自觉认同，从而实现政府与公民对公共生活平等而有效的合作管理。（2）在行政的主体方面，由单一化向多元化转变。民主制行政主张公共事务管理的最优选择，使社会管理主体由单一向多元转变。宽容行政致力于培育和引导社会中介组织，拓展公民参与公共治理的渠道，包容行政的社会化发展趋势，促进行政社会化的运动。（3）在行政的作用领域方面，由强化行政规制向放松行政规制转变。规制改革是当今世界各国行政改革的潮流，共同的诉求是缓和或放松规制。②

宽容行政并不寻求对命令行政的替代意义，而是为行政行为的选择提供基本理念与可替代的行政行为的具体工具。因为，行政放松规制也可能产生一系列新的问题。在这些问题中，首先遇到的问题就是中介机构或者是原先的规制对象争夺社会规制权。规制权是国家委托有关中介机构行使行业社会管理的权力，行业管理的社会规制权是一种稀缺资源，获得这种社会规制权的中介机构便拥有许多特权，利用这种特权，中介机构就有获得特殊利益的便利，同时

---

① 参见程关松、王国良：《对行政互动关系的法律回应》，载《华东政法大学学报》2007年第3期。

② 参见陈良富著：《规制与放松规制》，三联书店2001年版。

也扩大了寻租的便利性。① 其次是行政放松规制还会遇到制度惯性和制度依赖的问题。行政法治也是一个制度积累的过程,行政放松规制后的产物可能还会出现制度的初始化问题,原先被抛弃了的行政制度又需要初始化,这就产生了行政控制无效的机会成本。

总之,命令行政与宽容行政必须结合使用,任何单一的行政方式的使用均不可能达致现代复杂化社会行政管理问题的完结,其可行的行政方式是,创设不同的行政工具,在不同的行政管理领域中选择最有效的手段。

六、在后果上,责任行政与诚信行政的一致

责任行政是在相互关联的两个层次上使用的。一个是在法治国家这个意义上使用责任行政。这个意义上的责任行政是将行政作为一个与立法、司法并行的建制而确立行政在法治国中的社会责任,通常也可以称为责任政府。责任政府通常是指"一种需要通过其赖以存在的立法机关而向全体选民解释其所作出的决策并证明这些决策是正确的行政机构;同时,它还必须符合责任政府的一般定义的要求。但是,这种令人信服的一般性解释却来自一种与严格的政治概念和适当规模的国家机器并存并立的自由立宪主义。这一概念越来越多地被用来界定与政府责任有关的现代问题"。②

责任行政是现代宪政与法治国家的必然要求。现代宪政的基本理念是:所有国家权力来源于人民的委托,国家权力由立法、行政、司法机关根据宪政安排统一行使。立法权直接来源于人民主权,行政机关只能是执行立法机关制定的法律的执行机构,行政机关依法向立法机关负责。在现代宪政的基本理论中,行政权的行使是有限的,责任行政首先是一种权力有限的行政。迈耶认为:"宪

---

① 参见陈良富著:《规制与放松规制》,三联书店2001年版,第36~37页。

② 戴维·米勒、韦农·波格丹诺主编:《布莱克维尔政治学百科全书》,邓正来等译,中国政法大学出版社2002年版,第702~703页。

政国家是行政法的前提。"① 责任行政只能在现代宪政所保证的法治国家才有可能实现。同时，责任行政也是一种限权行政。在民主制法治国家，每一项行政权力的行使均要受到法律的限制。另外，责任行政还是一种权力责任相统一的行政。宪政之前的国家权力无责任可言，国家责任无合法性根据。而现代宪政主张权责的不可分离性。现代行政不仅主张权责结合，而且主张权责明确，主张行政权力与责任紧密挂钩，与行政权力主体利益彻底脱钩②，行政权力的行使以公共财政予以保证，彻底消除行政权力寻租的正当性，并确认行政权力寻租的违法性。

从法治国的基本理念出发，责任行政是国家对公民在公法上的一种责任。传统国家并不存在国家对公民的公法上的责任，它是建立在暴力强制使公民服从的基础上的，也就是说，传统国家是建立在对暴力的垄断的基础上的。马克斯·韦伯认为："权力意味着在一种社会关系里哪怕是遇到反对也能贯彻自己意志的任何机会，不管这种机会是建立在什么基础之上。"③ 传统国家并不寻求民主的合法性，它也就不寻求国家的责任。只有现代民主国家将国家的合法性建立在人民主权的基础上，并认为一切国家权力来源于人民的授权，人民是国家合法性的根据，国家权力相对于人民的权力而言具有派生性，只有在这种理论基础上，我们才有可能确立国家对公民的责任。孙笑侠认为："在人类历史上曾经有过国家无责任状态。正是为了克服这种状态下的专制与滥用职权，才建立起近代意义上的行政法。所以行政法的发展也意味着是从国家无责任向有责任的转变过程。随着现代行政权力的扩张化和复杂化，它与公民的利益关系也更加密切。公民权益因行政活动而蒙受侵害或负担的可

---

① ［德］奥托·迈耶著：《德国行政法》，刘飞译，商务印书馆 2002 年版，第 57 页。

② 参见国务院：国发［20045］10 号，《全面推行依法行政实施纲要》。

③ ［德］马克斯·韦伯著：《经济与社会》（上卷），林荣远译，商务印书馆 1997 年版，第 81 页。

能性也日益增大。"① 现代宪政的基本理念是，有权必有责，行政机关不能脱离责任而行使权力。因此，责任行政也是行政主体的行政责任的普遍化不断增加的过程，责任政府是现代宪政法治国家的基本目标。

　　责任行政的另外一层意义是指行政法治化中的责任行政原则以及行政责任的具体制度，它是指行政主体必须对自己的行政行为承担法律责任。这一意义的目的是为了通过行政责任原则和行政责任制度来规制行政行为，使其符合法治目的，满足公民权利保障的要求。因此，从法治国的理念来看，责任行政是行政责任的法治前提和制度基础，行政责任是责任行政的实现形式和制度化、规范化表现；责任行政是行政责任的普遍化，行政责任是责任行政的具体化。责任行政是行政法治的必然要求，行政责任则是责任行政的必然结果。

　　行政责任制度的基本理念是：所有的行政活动均处于责任状态，行政责任是与行政权相伴随的法律规制装置；行政权力与行政主体的利益彻底分离，行政权的行使以国家的公共财政来保证，任何与行政主体自身利益相关涉的行政行为均是违法的；立法监督和司法监督是实现行政责任的主要途径；行政主体的自我约束和监督是保障行政责任的主要内容；公民维护和捍卫自己的权利是行政责任的基本方式。

　　行政责任制度的基本原理是：有权必有责、用权受监督、违法受追究、侵权须赔偿；也就是说，所有的行政权力在配置过程中必须确立其相应的法律责任，"一部行政法的发展史，实际上也就是行政主体的行政法律责任的发展史"。② 所有的行政权力在行使过程中都必须受到立法机关、司法机关、社会和公民个人的监督。所有的行政主体的违法行为都要受到追究。所有的行政主体在行使行

---

　　① 孙笑侠著：《法律对行政的控制——现代行政法的法理解释》，山东人民出版社 1999 年版，第 187 页。
　　② 皮纯协、王丛虎：《行政主体的行政法律责任的演进》，载《行政法学研究》2000 年第 2 期。

政权的过程中对行政相对人的侵害都应赔偿。与此相适应，国家有义务建立相应的行政权力与行政责任相适应的权责配置制度、行政权的监督体系、行政权违法使用的责任追究制度、行政赔偿制度、公民的权利救济制度。

行政责任制度的基本条件是：行政活动应处于责任状态，这是行政责任的最基本条件。行政责任的承担以行政行为违法、不当或损害为前提。行政行为的违法性一般表现为：（1）直接违反法律的行政行为。（2）行政行为不当或者合法行政行为损害行政相对人的合法权益；（3）行政行为事实上造成行政相对人的权益损害；对行政赔偿应当进行合理归责，随着依法行政的展开和深化，行政责任趋于严格化①；对于因行政违法导致的行政相对人的损失应予以行政救济；违法行政行为的确认权属于特定机关，司法审查应当是终局裁判。

以责任行政为基础建立行政权的整个运行机制是行政法治化的基本路径，但是，仅仅有行政责任制度并不能完全达致行政法治化。行政法治化还需要许多先决条件，其中一个重要的问题就是如何克服官僚主义、消除官僚主义在社会生活中的恶劣影响，构建政府的诚信形象，实现诚信行政。

在我国，构建诚信政府，实现诚信行政的最大障碍就是官僚主义。官僚主义在我国漫长的封建社会不断繁衍、发达，并在我国半封建、半殖民地时期延续下来②，同时在新中国成立后也有新的表现。1980年，邓小平在《党和国家领导制度的改革》的讲话中将官僚主义列为党和国家的领导制度、干部制度所要改革的主要弊端之首③，此后，1986年，邓小平在同竹入义胜的会谈中，亦将消除

① 参见皮纯协、王丛虎：《行政主体的行政法律责任的演进》，载《行政法学研究》2000年第2期。
② 参见王亚南著：《中国官僚政治研究》，中国社会科学出版社1981年版。
③ 参见邓小平：《邓小平文选》（第2卷），人民出版社1983年版，第287页。

官僚主义作为我国政治体制改革的首要目的。① 官僚主义的外在表现是：高高在上，滥用权力，脱离实际，脱离群众，好摆门面，好说空话，思想僵化，墨守成规，机构臃肿，人浮于事，办事拖沓，不讲效率，不负责任，不守信用，公费旅行，互相推诿，以至官气十足，动辄训人，打击报复，压制民主，欺上瞒下，专横跋扈，徇私行贿，贪赃枉法②，凡此种种，严重影响了政府的诚信形象，阻碍了诚信行政的实现。官僚主义的产生存在其深刻的社会根源，既有经济上的根源，也有政治上的根源，还有文化上的根源。③ 现代宪政国家产生之前，由行政所主导的传统国家被称为官僚政治。拉斯基认为："官僚政治一语，通常应用在政府权力全把握于官僚手中，官僚有权侵夺普通公民自由的那种政治制度上。那种政治制度的性质，习惯把行政当作例行公事处理，谈不上动机，遇事拖延不决，不重实验。在极端场合，官僚会变成世袭阶级，把一切政治措施，作为自己图谋利益的勾当。"④ 以行政为主导的官僚政治充满着暴力与欺诈，其本质上不可能是诚信的。在传统的行政官僚体制中，"暴力和欺诈不仅本身是重要的，而且还是那些被帕累托称为'决定社会均衡'的更深力量的征兆，在其他情况下，这种力量也可以称之为决定社会整合状况的力量"。⑤ 官僚主义的产生有其特定的社会环境。

传统的行政存在利益关系上的异化。由于行政权的行使者久据要津，一方面，他们必然利用自己的政治特权将统治者的利益最大化而将被统治者的利益最小化。西塞罗认为："人们根据有利原则

---

① 参见邓小平：《邓小平文选》（第 3 卷），人民出版社 1983 年版，第 177 页。

② 参见邓小平：《邓小平文选》（第 2 卷），人民出版社 1983 年版，第 287 页。

③ 参见王亚南著：《中国官僚政治研究》，中国社会科学出版社 1981 年版。

④ 转引自王亚南著：《中国官僚政治研究》，中国社会科学出版社 1981 年版，第 19 页。

⑤ ［美］T. 帕森斯著：《社会行动的结构》，张明德、夏遇南、彭刚译，译林出版社 2003 年版，第 325 页。

为自己立法。"① 在公共权力与社会的分离过程中"社会产生着它所不能缺少的某些共同职能。被指定去执行这种职能的人，就形成社会内部分工的一个新部门。这样，他们就获得了也和授权给他们的人相对立的特殊利益"②；另一方面，职业官员在利益上均有一种将政治作为达成经济利益最短途径的内在期望。③ 官员的寻租和腐败进一步加深了官僚政治和民主之间的深刻矛盾④，在我国传统的政治文化中，"内圣外王"的政治哲学和政治行为中的"反智特征"⑤ 进一步强化了官员寻租和腐化的便利性，弱化了对此类行为的道德谴责和民主约束力量。一个人或一个阶级的人，发现他们手中有不受制约的权力，这个人的个人利益或这个阶级独有的利益就在他们的心目中具有更大的重要性。

行政权力在利益上的异化必然导致政治生活的经济化和经济生活的政治化；官僚的政治活动往往以追逐更大权力为中心，而不是以保障权利为中心。同时，经济上占优势的个人必然以各种方式挤入官僚阶层借以维护和扩大自己的经济利益，国家机构处于不断膨胀之中而日益成为社会发展的负担。"没有官员的智慧和尽心，国家便不可能存在。"⑥ 哪里没有人民，哪里就没有国家，而只有僭主，"一个完全处于集团权力之下的国家也根本不能称之为国家"。⑦ 职业官僚政治行为的异化会比公共权力的结构性紧张更深

---

① ［古罗马］西塞罗著：《论共和国 论法律》，王焕生译，中国政法大学出版社，1997年版，第112页。
② 《马克思恩格斯选集》（第4卷），人民出版社1972年版，第482页。
③ 参见王亚南著：《中国官僚政治研究》，中国社会科学出版社1981年版，第116页。
④ 参见［德］马克斯·韦伯著：《儒教与道教》，洪天富译，江苏人民出版社1997年版，译者序，第16页。
⑤ 余英时著：《中国思想传统的现代诠释》，江苏人民出版社1998年版，第61~124页。
⑥ ［古罗马］西塞罗著：《论共和国 论法律》，王焕生译，中国政法大学出版社1997年版，第255页。
⑦ ［古罗马］西塞罗著：《论共和国 论法律》，王焕生译，中国政法大学出版社1997年版，第127页。

地伤害社会的机体和个人的利益。而且官员的行为还会影响社会中其他人的行为。"品行恶劣的显要人士从而会给国家造成更大的危害，因为他们不仅敢于腐败，而且还将其扩散于国家。"① "腐化堕落也应被列为使国家走向衰弱和灭亡的主要原因。"② 官员行为上的异化特质，具有相当大的包容性和贯通性，它几乎能和人类所有的政治经济制度之间保持亲和关系。③ 其依附于政治时则使民主政治演化为官僚政治，他们在追寻自己的既得利益和享受权利时就寻求"集中"；而在承担义务和开脱责任时就寻求"民主"。其依附于经济时，是一种变形的手。政治团体的存在，对于经济来说首先"表现在它们自己作为供应者对于有用效益的需求，在接近相同的情况下，一般都优先照顾自己的利益"。④ 为有效抑制官员的异化倾向，人们曾经设计出种种制度，均未达到预期目的，相反，官员异化处处表现其坚韧的特质。为有效地防止官员的异化，我们必须促成民间社会的发育，通过宪法确认个人的权利，使每个人不仅有防止官员异化的意识和能力，而且有便利有效的诉求途径；同时还必须使政治生活民主化、法律化，将官员的行为纳入法治的轨道，更重要的是必须割断官员与经济的直接联系，将官员所行使的权力转化为宪法权力，从而从根本上消除官员为了私利而实施过剩行为的机会。

在现代法治国家，诚信行政是行政法上的诚信原则的具体要求。行政法治下的诚实信用原则本源于民法上的诚实信用原则，民法上的诚实信用原则体现了民法的基本精神，其规范化为一项基本原则成为民法其他原则的一种元规范。民法上的诚实信用原则是一

---

① ［古罗马］西塞罗著：《论共和国　论法律》，王焕生译，中国政法大学出版社 1997 年版，第 272 页。

② ［英］弗格森著：《文明社会史论》，林本椿、王绍祥译，辽宁教育出版社 1999 年版，第 161 页。

③ 参见王亚南著：《中国官僚政治研究》，中国社会科学出版社 1981 年版，序言第 10 页，正文第 41 页。

④ ［德］马克斯·韦伯著：《经济与社会》（上卷），林荣远译，商务印书馆 1997 年版，第 223 页。

项重要的私法原则，但这种私法原则何以应当成为行政法治公法论域中一个基本原则这是 20 世纪早期的事。1926 年，德国行政法院在一判决中认为："国家作为立法者以及法的监督者，若课以国民特别义务，于国民私法关系，相互遵守诚实信用乃正当的要求；且国家对于个别国民在国家公法关系上，该诚实信用原则亦是妥当的。"① 德国最高法院 1930 年 10 月 2 日的判决明确肯定："诚实信用原则，对于一切法律，并包括公法在内，皆适用之。"② 此后，大陆法系不同国家和地区在行政立法中也有采诚实信用原则的。

关于诚实信用原则在行政法上的成立的理论主要有：类推适用说、一般法律思想理论、法之本质说、法之价值说。③ 我们知道，法律原则与法律规则不同，法律规则是一个有效与无效的问题，而法律原则不同，法律原则是一个需要证成的规范，当原则进入适用阶段，由于不同的原则是不同的法律价值的规范表达，不同原则之间会存在价值冲突，因此，原则的证成涉及法律的价值选择问题，原则的适用涉及时代变迁对价值的衡量。④ 法律原则证成与适用中的价值选择与价值整合的原则，在康德的实践哲学和罗尔斯的政治哲学中是以优先原则为理论基础的。⑤ 优先原则的一个问题是法律原则的优先地位由谁来确认的问题，这里可能隐含了一个法律优先原则与精英主义的亲缘关系的命题。哈贝马斯试图将交往理论引入到价值冲突与整合之中，通过价值的相互证成来解决法律中的精英

① 转引自谢孟瑶：《行政法学上之诚实信用原则》，载城仲模编：《行政法之一般法律原则》（二），台湾三民书局 1997 年版，第 207 页。

② 林孝元：《诚实信用原则与衡平法之性质及其功能》，载刁荣华主编：《现代民法基本问题》，台湾汉林出版社 1981 年版，第 49 页。

③ 参见刘莘、邓毅：《行政法上之诚信原则刍议》，载《行政法学研究》2002 年第 4 期。

④ 参见〔美〕麦克尔·D. 贝勒斯著：《法律原则》，张文显、宋金娜、朱卫国、黄文艺译，中国大百科全书出版社 1996 年版，第 12～13 页。

⑤ 参见〔德〕康德著：《实践理性批判》，韩水法译，商务印书馆 1999 年版，第 131～133 页；另参见〔美〕约翰·罗尔斯著：《正义论》，何怀宏、何包钢、廖申白译，中国社会科学出版社 1988 年版，第 298～303 页，第 544～556 页。

主义与平民主义的问题。①

行政法治中的诚实信用原则的证成首先来源于民主宪政国家的权力来源问题。宪政的基本理念是：国家权力来源于人民的授权，人民主权是国家权力的基础，国家权力通过人民主权的民主形式而获得合法性，没有人民委托的公共权力就没有合法性。人民与国家之间的这种委托与被委托关系的理念实际上来源于私人领域中的委托关系在公共领域中的延展。民法上的委托关系的伦理基础就是诚实信用，诚实信用首先是一种伦理原则，在社会私法化过程中其被吸收、规范化为一种私法原则，随着私法在社会生活领域中的重要性的凸显，诚实信用原则进入社会生活领域成为人们生活规则的一部分，随着诚实信用原则的生活化，人们便将其推进到公法领域，并在宪政构造过程中将其改造为公法理论的基础。由此，我们了解到，诚实信用首先是在生活中提炼出的伦理原则，然后被引入私法之中予以规范化，再由私法原则进入广泛的生活领域中沉淀下来作为一种规范法文化的重要部分，当我们试图驯化国家时，这种来源于社会生活的规范法文化就成为解释国家权力正当性来源的法文化基础，同时也是驯化国家权力的具有社会生活基础的便利化的工具。根据这种公法关系的委托理论的解释，人民将公共权力委托给国家，国家按照代议制度将权力集中于代议机关，代议机关的意志由行政机关来执行，整个公共权力是由一个委托关系的链条来连接的，诚实信用是这种委托链条的基础。

行政法上的诚实信用原则的证成实际上是由公共权力的证成来完成的。但是，自由主义的宪政体系中的行政法治并没有揭示出行政的诚实信用原则。行政法的原则依次确认的是：法律优先原则、法律保留原则、比例原则。这三个原则是秩序行政的必要原则，与诚实信用之间没有直接的亲和关系。但是，随着福利国家理念的出现，行政领域中出现了与公民的生存权和社会发展权相适应的给付行政，因而也就出现了公民对国家的信赖利益问题，在这一背景

---

①　参见〔德〕哈贝马斯著：《在事实与规范之间——关于法律与民主法治国家的商谈理论》，童世骏译，三联书店 2003 年版。

下，行政法发展出了信赖保护原则。在德国，行政法中的信赖原则在二战前的司法实践中出现过，但作为一项独立的行政法原则是二战以后，20世纪50年代为了界定违法的授益行政行为的法律效力与是否能撤回的问题而发展出的一项新原则，这一原则的适用范围随后扩展到了广泛的行政领域。首先以信任原则来界定法律的溯及力，然后在较大范围约束立法机关，其进一步在下列讨论中出现：关于复议行政行为；关于行政机关的承诺和信息的约束力；关于违法行政合同的效力；关于行政规定的外部效力和行政实践本身的约束性；关于对私人财产的确认；关于执行计划的根据和理由；关于改变最高法院司法判决的溯及力等方面。① 行政法上的信赖原则在大陆法系发展起来的同时，在世界范围内，行政公开原则也得到了发展并不断制度化、规范化。行政公开是第二次世界大战后行政发展的新趋势，我国称这种趋势为加强行政的透明度。行政公开是指个人或团体有权知悉并取得行政机关的档案资料和其他信息，通常称这种权利为了解权，也称知情权。知情权不是完全没有限制，政府为了国家安全、行政活动能够有效地进行，以及不妨碍个人的隐私起见，也有可以不公开行政机关掌握的某些信息的保密权。美国的行政公开制度较为完备，在一定程度上对西方其他国家起了示范作用。② 行政公开原则的主要目的是保障公民的知情权，使行政权运行的每一个环节都在公民的监督下进行，防止行政的暗箱行为，防范行政腐败，故其规范化也称之为阳光法案。

私法上的诚实信用原则为行政法上的诚实信用原则提供了法文化资源和社会条件，行政法上的信赖原则和公开原则为诚实信用原则的证成提供了直接根据，也可以说，诚实信用原则是信赖原则和公开原则扩展并不断普遍化的结果。我国行政法治上的诚实信用原则的基本要求是：行政机关公布的信息应当全面、准确、真实；非

---

① 参见［德］埃贝哈德·施密特—阿斯曼等著：《德国行政法读本》，于安等译，高等教育出版社2006年版，第77~78页。

② 参见王名扬著：《美国行政法》（下），中国政法大学出版社2005年版，第945页。

因法定事由并经法定程序，行政机关不得撤销、变更已经生效的行政决定；因国家利益、公共利益或者其他法定事由需要撤回或者变更行政决定的，应当依照法定权限和程序进行，并对行政管理相对人因此而受到的财产损失依法予以补偿。

总之，责任行政是诚信行政的制度保障，诚信行政是责任行政的精神动力与法文化资源。

第三节　行政文明法治化的基本模式

如何消除行政权与个人权利的对立倾向，人们进行过种种政治设计和各种政治实验。然而，既有的不管哪一种行政规制方式都表现其驯化行政权一定程度的有效性，同时也表现了其局限性。为此，有必要对已有各种模式进行一番审慎的检视，为文明行政的法治构建提供知识前提。

一、消极自由与行政规制

自由主义对行政规制的宪政安排是建立在公民社会与政治国家二元结构分离的基础上的。自由主义宪政假设个体自由的至上性，国家为一种必要的恶。宪法划定了公民自由与国家公权力的边界。对行政权的规制在于以公民的权利对抗国家的行政权力，行政法是一种控权法。

这种行政规制的基本机制是，以个人权利为政治活动的皈依，确立个人权利在权利——权力结构中的核心地位，借以消除行政权异化的特质。政治自由主义和人权理念集中地表达了这种理想。根据这种理想的基本构想，个人权利是一个不断扩大的范畴且有排斥公共权力的特征，其在运行方式上是自由和自治的，而公共权力在运行方式上是他律和法治的。权利是民主统治过程中最为关键的一种建筑材料。[①]"任何个人的权利，意味着对行使政府特权者权威

①　参见〔美〕罗伯特·达尔：《论民主》，李柏光等译，商务印书馆1999年版，第56页。

的制约。"① 个人权利对抗公共权力的异化是通过诉权来实现的。诉权是公民的一项基本宪法权利,它意味着"公民有权利要求官员代表他使用暴力"。② "立宪政府体制结构中统治者要服从法治,这一结构的根本要素是,任何个人(有)能够提出诉求的权威,或者任何个人拥有不可剥夺的权利,个人通过司法程序有潜在的否决权,用来对行使政府特权的人施加制约。"③

该设计具有目的层次上的正义性,然而,作为一种对抗公共权力的手段却有其局限性,其不可能成为一种普遍有效的措施。因为,首先,为保证公共权力的有效行使,公共权力的分配是不平等的,政治上权力的不平等配置是公共权力行使的必要条件。尽管行使公共权力的官员只是少数,但其在取得公共权力的配置上则代表政治社群中的"多数",这样,少数公共权力的行使者就通过政治权力的分配获得了多数人的授权,构成民主的局限。"民主也是国家。"④ "任何国家都是对被压迫阶级'实行镇压的特殊力量'。因此,任何国家都不是自由的,都不是人民的",⑤ "'多数'集体地优于'少数'"。⑥ 与此同时,少数公共权力的行使者还会因为异化而变成压迫"多数"的力量。所以,用个人权威来对抗公共权力实则是以个人来对抗"多数"。其次,公共权力是一种高度组织化的机器。公共权力通过其组织行为可以实现自己的一切既得利益和排除任何的对抗力量。统治者通过组织化具有"少数的优越

---

① [美] 文森特·奥斯特罗姆:《复合共和制的政治理论》,毛寿龙译,三联书店 1999 年版,第 150 页。
② [美] 康芒斯:《制度经济学》(下册),于树生译,商务印书馆 1962 年版,第 351 页。
③ [美] 文森特·奥斯特罗姆:《复合共和制的政治理论》,毛寿龙译,三联书店 1999 年版,第 151 页。
④ 《列宁选集》第 3 卷,人民出版社 1960 年版,第 185 页。
⑤ 《列宁选集》第 3 卷,人民出版社 1960 年版,第 186 页。
⑥ [古希腊] 亚里士多德:《政治学》,吴寿彭译,商务印书馆 1965 年版,第 154 页。

性"，"即占统治地位的少数有可能特别快地相互理解，并随时形成和有计划地领导一次服务于保持其权力地位的，进行理性安排的社会行为……通过少数的那种社会行为，就能毫不费力地镇压威胁他们的群众行为或共同体行为"。① 再次，以个人权利对抗公共权力会使个人付出高昂的代价，使其在代价和利益的权衡中丧失其行使诉权的动力。因为在对抗公共权力的具体行为时，个人支付的是私人成本而公共权力的行使者则支付的是社会成本。即使在司法独立的条件下，个人仍有可能支付极大的风险成本。在对抗公共权力的抽象行为时，个人不仅会支付经济上的成本，而且还有可能会付出自由被剥夺的代价，且即使胜诉支付成本的也是个人，而受益的则是抽象行为标示的所有人。对此，个人更难产生行使诉权的动力。"要维持对政府的限制，其关键在于当个人深信某一普通法律违反宪法性法律的基本条款，并愿意为否定性的决定付出可能被罚款或监禁，或者两者皆有的代价时，个人愿意拒绝遵守普通法律。"②

自由主义的行政规制模式不仅存在技术上有效性的局限，而且，随着福利国家和给付行政的出现，对国家和行政权力的性质人们开始有新的认识。随着积极自由和社会权的出现，公共权力也许不能仅仅被界定为一种必要的恶，它也许有达致人类良好生活的必要要素，1959 年在新德里召开的国际法学家大会上，这种认识达成了一种基本共识：在法律统治的自由社会中，立法机关的功能是创制维护个人有尊严地生存的条件。这种尊严不仅要求承认他的社会和政治权利，而且要求确立个人充分发展其个性所需的社会、经济、教育和文化条件。不仅要为制止行政权的滥用提供法律保障，而且要使政府能有效地维护法律秩序，借以保证人们充分的社会和

---

① ［德］马克斯·韦伯：《经济与社会》（下卷），林荣远译，商务印书馆1997 年版，第 275～276 页。

② ［美］文森特·奥斯特罗姆：《复合共和制的政治理论》，毛寿龙译，三联书店 1999 年版，第 151 页。

经济条件。① 这种共识实质上表明了对行政权合法性的一种新认识。

二、主观公权与行政规制

福利国家和公民社会权利的出现一方面引起了人们对国家性质中善、恶要素的新认识，同时由于给付行政等新的行政行为的需要引发了国家义务的增加和公民主观公权利的出现。在控制行政权和维护行政权这两个相互冲突的价值的过程中，自由主义的以公民自由权为规制行政权工具的模式在合法性和有效性两方面均受到挑战。公民的主观公权利就是在这一背景下所发现的一种新的控制技术，行政作为科学的对象也是在这一背景中发明出来的。

斯坦因提出行政学这一理论研究范式的时代背景正值公民社会权利的兴起，公民寻求对于国家的自由的主观公权利，实际上是公民从宪法和行政法的角度对国家提出自己的权利主张的权利。② 公民自由的主观公权利具有两个方面的功能：

第一，它保留了自由主义的宪政传统，也就是公民对国家的对抗性的权利。这种对抗性功能取向的主观公权利与伯林所分离出的消极自由概念的诉求是同一问题的两种不同的表达方式；③ 消极自由是主观公权利的价值表达，主观公权利是消极自由的法律保障和实现形式。公民的主观公权利是相对于国家公权力的。迈耶认为："公权力是以国家名义表达的、具有法律上优势效率的意志。我们把这种作用力当作是拟人化的国家所应有的，但这样一个被设定的意志只能是由被授权表达该意志的人来表达，这些人——君主、王侯和人民——通过授权而拥有了对于全部公共权力的控制力，其他

① 参见［英］约瑟夫·拉兹：《法律的权威》，朱峰译，法律出版社2005年版，第184页；另参见王人博、程燎原：《法治论》，山东人民出版社1989年版，第131页。

② 参见［德］奥托·迈耶：《德国行政法》，刘飞译，商务印书馆2002年版，第2篇第10章。

③ 参见［英］以亚赛·伯林：《自由论》，胡传胜译，译林出版社2003年版，第186~247页。

人则部分地拥有对公权力的控制力。国家的法律秩序又不是将这种控制力设定为仅仅是自行作用，而是也对授权于他人的控制力施加影响。只要这种控制力为臣民利益而赋予了臣民，那么这里也出现了属于公权力的相对于国家的权力，这就是主体在公法上的权利"。①

第二，它开拓了福利主义国家宪政安排的新领域，这种理念最终在《魏玛宪法》中获得了宪法表达的机会。自由的主观公权利的这一理念开发了公民社会权的新领域。国家至此不仅有不干涉公民自由的消极义务，而且还有为公民提供生存保障和发展机会的积极义务。与这种公民的主观公权利价值取向相契合的是伯林分离出的公民的积极自由。② 在行政领域，这种功能直接提升了行政的公共管理职能，同时也直接催生了给付行政这种行政类型。国家的积极义务拓展了行政的功能，同时也扩大了行政权和行政权的覆盖范围。福利主义国家中的行政的管理职能的地位不断提升。一方面，行政法学界不断寻求控制这种不断扩大了的行政权的法律技术，另一方面，行政法学界不断将人道主义和社会权的理念注入到行政体制之中，他们试图在利用行政权的积极功能时同时也能驯化行政权。行政法学界试图通过价值注入和技术控制这两种方式的努力，使行政权一方面能不间断、连续进行公共领域的日常管理，另一方面，它还要使行政权符合对公民的"生存关照"的目的。

这种价值是对自由主义捍卫的自由权的一种超越。公民的社会权是这种价值的法律表达，给付行政是这种价值的重要载体，福利国家是这种价值的总体描述，国家义务的法定化这是这种价值的必要保障。现代行政的合法性已不再仅以忠实地执行法律为充分条件，对公民的日常事务的经常管理和对公民生存的日常关照与对公民发展的有效保障成为行政合法性的重要基础。1938 年德国行政

① ［德］奥托·迈耶：《德国行政法》，刘飞译，商务印书馆 2002 年版，第112～113 页。
② 参见［英］以赛亚·伯林：《自由论》，胡传胜译，译林出版社 2003 年版，第 186～247 页。

法学家恩斯特·福斯托夫将其在 1935 年提出的"生存关照"思想引入到行政法的研究领域，从而丰富了行政权的合法性基础。恩斯特·福斯托夫认为，现代行政管理的合法性"不仅仅只是体现在它是一个特定的政治制度的执行机构，同时也是每天都必须关照百姓日常生活的承担者"。① "生存关照"的价值观改变了行政的品质，它使以秩序为取向的行政转变为以给付为取向的行政，公民社会权的有效保障成为行政不可解脱的义务。

随着行政职能的不断扩大，新的行政技术和行政法技术也不断开发出来。行政给付制度、行政合同、行政事实行为、行政计划、行政程序、行政赔偿和行政补偿制度等成为新的行政工具，极大地提高了行政能力。公民自由的主观公权利的发明从整体上确认了国家的义务②，同时也为个体权利的实现提供了法律保障，还为个体的权利救济开辟了多样化的路径。行政程序法、行政许可法、行政诉讼法、行政计划法、行政合同法、行政执行法、行政补偿法、国家赔偿法、行政诉愿制度、行政事实行为的法律规制制度等成为行政法的新领域。

以国家对公民的"生存照顾"为基本价值导向的福利国家以及相联接的给付行政一方面满足了公民生存和发展的需要，另一方面也带来了控制国家公共权力的困难。不管是以个人自由权利为防御工具的自由权，还是以公民结社自由为基础的社会权，以及以权力的结构性分立的分权宪政安排均没能阻止行政权的超需要扩大的趋势，也没有有效的制度装置防止规模性的侵权事实发生。

---

① ［德］埃贝哈德·施密特—阿斯曼等著：《德国行政法读本》，于安等译，高等教育出版社 2006 年版，第 8 页。

② 迈耶认为："从警察国的立场而言，臣民是没有公法权利的。"以前常用的"公法权利是指与公共利益有关的权利"的表述是完全无关痛痒的。自由人们对公权力的概念再进一步分析，才可能涉及个人针对公权力的权利的思想。参见［德］奥托·迈耶：《德国行政法》，刘飞译，商务印书馆 2002 年版，第 113 页注释 1。

三、权力分立与行政规制

以权力制约权力的主张实际上是一种自由主义的宪政主张，它的基本假设是权力为必要的恶，权力分立实质上想要实现的目的是以恶制恶，并将它作为人民主权原则建制化下的一种辅助机制。

以权力制约权力的首要条件是必须对权力进行结构性分离。分权作为一种政治实践最早源于古罗马。① 洛克在总结平等派的政治主张的基础上提出了分权学说，后由孟德斯鸠完成，实践于美国。人们之所以提出以权力制约权力的政治主张，是基于人们对人性的怀疑，人们不能绝对地寄希望于人性的善。"因为如果没有约束，人的情感就不会听从理智和正义的指挥"②，"如果人都是天使，就不需要任何政府了。如果是天使统治人，就不需要对政府有任何外来的或内在的控制了"。③ 同时，人们也不放心权力，且认为权力为必要的恶，"防御规定必须与攻击的危险相称。野心必须用野心来对抗"。④ 以权力制约权力的目的是防止绝对权力的出现以实现个人权利的自由。"当立法权和行政权集中在同一个人或同一个机构之手"或者"司法权如果不同立法权和行政权分立，自由就不存在了"。⑤ 1789 年《人权宣言》第 16 条规定："凡享受权利而无切实保障和分权未确定的社会，就没有宪法。"

以权力制约权力的政治设计尽管在一定程度可以防止绝对权力的出现和保障个人的自由。然而，这种措施仍有其内在的局限性。

---

① 参见 [古罗马] 西塞罗：《论共和国　论法律》，王焕生译，中国政法大学出版社 1992 年版，第 91 页。

② [美] 汉密尔顿等：《联邦党人文集》，程逢如等译，商务印书馆 1980 年版，第 75 页。

③ [美] 汉密尔顿等：《联邦党人文集》，程逢如等译，商务印书馆 1980 年版，第 264 页。

④ [美] 汉密尔顿等：《联邦党人文集》，程逢如等译，商务印书馆 1980 年版，第 264 页。

⑤ [法] 孟德斯鸠：《论法的精神》(上卷)，张雁深译，商务印书馆 1982 年版，第 156 页。

因为，以权力制约权力的一个主要方面是权力之间的平衡，一旦这种平衡在政治实践中被打破，必然会削弱其制约的有效性。威尔逊认为："宪法中的平衡大部分只是理想。"①"任何制度总有一个权力中心。"② 而对以权力制约权力的政治设计提出挑战，反映了一部分人希望摆脱多权力中心而走向单一权力中心的愿望。另一方面，其还会受到关于效率问题的挑战，如亨廷顿认为，"分权的一个显而易见的代价就是政府缺乏效率"。③ 尽管波斯纳认为，"美国宪法的创制者们通过全面周密的考虑，认为这种类型的效率是无效率的"④，然而，这种思潮伴随着对行政权力的扩大而以权力制约权力的设计却难以及时灵活应对的失望必然会影响人们的政治选择和制约的有效性。以权力制约权力的构想还会受到政治上的"分赃制度"和官僚体制化的双重局限。"这种分赃制度——把所有的联邦职位都给予获胜的候选人的追随者——对于政党的形成来说。意味着毫无思想原则的各政党相互对立，成为一些纯粹追逐者的组织，它们对于具体的竞争总是根据得票的机会，变换它们的纲领。"⑤ 韦伯认为，这实际上是一种外行领导内行的体制，其必将由合法的官僚政治所取代。期望以追逐职位为己任的官员保护权利和自由是不可能的。⑥ 因为公共权力是由官员来行使的："官员是

---

①　[美]威尔逊：《国会政体：美国政治研究》，熊希龄等译，商务印书馆1986年版，第32页。

②　[美]威尔逊：《国会政体：美国政治研究》，熊希龄等译，商务印书馆1986年版，第11页。

③　[美]塞缪尔·P.亨廷顿：《变化社会中的政治秩序》，王冠华等译，三联书店1989年版，第102页。

④　[美]理查德·A.波斯纳：《法律的经济分析》（下册），蒋兆康译，中国大百科全书出版社1997年版，第810页。

⑤　[德]马克斯·韦伯：《经济与社会》（下卷），林荣远译，商务印书馆1997年版，第773页。

⑥　参见[德]马克斯·韦伯：《经济与社会》（下卷），林荣远译，商务印书馆1997年版，第774~777页。

说话的法律，法律是不说话的官员。"① 分赃制还会降低政治的品质，"面对官僚体制化倾向的这种压倒优势，如何还有可能去拯救在某种意义上'个人主义的'活动自由的任何残余呢？"② "国家官员的日益不可或缺和由此所制约的日益上升的权力地位，如何能提供某种保障能有一些权力来限制这个日益重要的阶层的巨大优势并有效地监督它？"③ 这种政治构想和政治实践，在监督公共权力，保障个人自由方面只能起有限的作用。"在组织一个人统治人的政府时，最大困难在于必须首先使政府能管理被统治者，然后再使政府管理自身。毫无疑问，依靠人民是对政府的主要控制；但是经验教导人们，必须有辅助性的预防措施。"④

四、公民社会与行政规制

以市民社会来规制公共权力实际上是为了弥补公民个体自由权在对抗公共权力有效性方面的局限，目的还是以自由权利来规制公共权力，只是这种自由权所依托的不是公民的自治权，而是公民的联合力量，它的基础是结社自由。这一权力制约模式为托克维尔所倡导，并受到达尔等人的推崇。

公共权力来源于社会而又凌驾于社会之上。人们希望通过市民社会的发展和市民社会的力量来制约公共权力的理念是伴随着解决现代性问题而出现的。"事实和身为情节的插曲之间的内在联系性把人们的注意力从单个作者个人身上转移到了集体性的故事上。"⑤

----

① ［古罗马］西塞罗：《论共和国　论法律》，王焕生译，中国政法大学出版社1997年版，第25页。

② ［德］马克斯·韦伯：《经济与社会》（下卷），林荣远译，商务印书馆1997年版，第755页。

③ ［德］马克斯·韦伯：《经济与社会》（下卷），林荣远译，商务印书馆1997年版，第756页。

④ ［美］汉密尔顿等：《联邦党人文集》，程逢如等译，商务印书馆1980年版，第264页。

⑤ ［英］马丁·阿尔布劳：《全球时代：超越现代性之外的国家和社会》，高湘泽等译，商务印书馆2001年版，第25页。

在人类社会中，纯粹的个人是不存在的。① 人们"如不学会自动地互助，就将全部陷人无能为力的状态"。②

在互助的实践关系中，人们对整体大于个人的力量之和首先获得一种经验性的认识，然后将其理性化为人的一种自然权利，人们寄希望于将市民社会理性化而构成对公共权力的制约以克服其他制约方式的局限，"在市民社会中特殊性和普遍性虽然是分离的，但它们仍然是相互约束和相互制约的"。③

这种制约一般通过两种方式予以实现。一种方式是确立市民社会的秩序和发展基础为自治。"一个团体可能是自治的或他治的……自治意味着不像他治那样，由外人制定团体的章程，而是由团体的成员按其本质制定章程（而且不管它是如何进行的）。"④自治以自治共同体内个人权利的实现为取向，以互助为其运行规则，互助不仅能够满足共同体成员之间的同质性，而且还能满足共同体成员之间的异质性，"在不尽其数的、多种多样的，也许甚至是相互争斗的个人之中，有一种充满智慧的秩序。"⑤ "'互助'是平等的人们之间的协议"，"'互助'的结果是一切矛盾的利益的一种合理的调和"。⑥ 自治的正义性来源于其对多样性的维护。"多人联合而产生的多样性是社会给予的最大财富。"⑦ 自治是通过限制

---

① 参见［德］康德：《法的形而上学原理：权利的科学》，沈叔平译，商务印书馆1991年版，第39页。

② ［法］托克维尔：《论美国的民主》（下卷），董果良译，商务印书馆1988年版，第637页。

③ ［德］黑格尔：《法哲学原理》，范杨等译，商务印书馆1961年版，第198页。

④ ［德］马克斯·韦伯：《经济与社会》（下卷），林荣远译，商务印书馆1997年版，第78页。

⑤ ［德］威廉·冯·洪堡：《论国家的作用》，林荣远等译，中国社会科学出版社1998年版，第85页。

⑥ ［美］康芒斯：《制度经济学》（下册），于树生译，商务印书馆1962年版，第430页。

⑦ ［德］威廉·冯·洪堡：《论国家的作用》，林荣远等译，中国社会科学出版社1998年版，第38页。

公共权力在公域中的作用范围来实现的。"物质生活这种私生活的一切前提正是作为市民社会的特性继续存在于国家范围之外，存在于市民社会。"①

在现实条件下，自治构成对公共权力的制约，但并不对公共权力采虚无主义的态度。自治要求公共权力建立在自治的基础上，"符合革命的基本原则或者符合鼓励每个爱好自由之士把我们的一切政治实验寄托于人类自治能力的基础上"。② 市民社会自治的正义性来源于自治共同体的多样性，其对抗公共权力的正当性是通过自身的多样性以对抗公共权力的单一性。其有效性的逻辑首先依赖设定其为一种集体人权，"世界上每一个人和每一个集体都有自治的权利"。③ 然而，市民社会的权利要转化为一种社会权力需通过宪法予以确认才能构成对公共权力的制约，一般而言，其是通过造成对公共权力的紧张而维护自身利益的。自治仍是主权范围内的一种管理方式。自治不能脱离主权而存在，"人们一般都会承认，古代和现代一些成熟的思想和感情都是坚持'自治'的，因为它以某种方式包含着政治义务的真正根源和基础"。④ 自治是市民社会的权力和公共权力之间力量对比的反映，其重要的条件是均势的判断和代价的选择。公共权力总是在寻找机遇扩大对自治的影响，"国家有可能会吞没市民社会"⑤。自治追求构造市民社会与公共权力之间的二元结构，公共权力追求构成市民社会与公共权力之间的一元结构。市民社会是通过自身的组织化而形成的利益集团来作用于公共权力的。

---

① 《顾准笔记》，中国青年出版社 2002 年版，第 371 页。

② [美] 汉密尔顿等：《联邦党人文集》，程逢如等译，商务印书馆 1980 年版，第 192 页。

③ [美] 杰斐逊：《杰斐逊文集》，朱曾汶译，商务印书馆 1999 年版，第 299 页。

④ [英] 鲍桑葵：《关于国家的哲学理论》，汪淑钧译，商务印书馆 1995 年版，第 85 页。

⑤ [英] 安东尼·吉登斯：《第三条道路——社会民主主义的复兴》，郑戈译，北京大学出版社、三联书店 2000 年版，第 89 页。

　　另一种方式是希望通过市民社会的斗争而取得对议会权力的控制，从源头上控制公共权力。其谋求对公共权力的积极制约且以获得对议会的领导权和对公共权力的控制权为价值取向。相对于自治而言，这种方式是一种积极的行动。其仍然在市民社会与公共权力的一元结构中谋求对公共权力的控制而不仅仅是制约。"凡是利用和平宣传能更快更可靠地达到这一目的的地方，举行起义就是不明智的。"① 当立宪道路可以做到为无产阶级利益所需的一切时（当然，应该得到大多数人民的拥护），和平过渡是适宜的。②

　　权力的分离并不是公共权力自身的理性化方式，而是"市民社会和政治社会在特定历史时期互相斗争的产物"③。权力的分离，使得代议机构的作用和地位不断凸显出来。"议会'深入'国家的观点是政治科学和艺术的重大发现，值得当代的克里斯托弗·哥伦布们作出反响。"④ 同时，分权中的国家统一：议会与市民社会的联系更加密切；政府和议会分别的司法权代表了成文法律的连贯性（甚至可以反对政府）。三种权力自然也是政治霸权的工具，只是程度各异。⑤ 根据葛兰西的逻辑，市民社会是通过控制议会，制定法律从而控制和利用司法权以使行政权变成市民社会的工具的。葛兰西逻辑的困境在于使立法权、行政权、司法权变成市民社会"霸权"的工具之后，这种霸权是属于市民社会的权力还是属于公共权力？更重要的是这种设想是使社会更为民主还是更为集权？公

---

　　① 《马克思恩格斯全集》，第 17 卷，人民出版社 1963 年版，第 683 页。转引自［苏］K. A. 莫基切夫主编：《政治学说史》（下册），中国社会科学院法学研究所编译室译，中国社会科学出版社 1979 年版，第 651 页。

　　② 转引自［苏］K. A. 莫基切夫主编：《政治学说史》（下册），中国社会科学院法学研究所编译室译，中国社会科学出版社 1979 年版，第 651 页。

　　③ ［意］安东尼奥·葛兰西：《狱中札记》，曹雷雨等译，中国社会科学出版社 2000 年版，第 201 页。

　　④ ［意］安东尼奥·葛兰西：《狱中札记》，曹雷雨等译，中国社会科学出版社 2000 年版，第 209 页。

　　⑤ ［意］安东尼奥·葛兰西：《狱中札记》，曹雷雨等译，中国社会科学出版社 2000 年版，第 201～202 页。

共权力的异化特质是得到了消解还是得到了强化？公共权力是获得了永恒性还是彻底消失了？① 现实的政治事实是"议会化和民主化并非绝对必须有着相互联系，而是往往处于对立之中"。② 这个问题必将把我们引入一个关于政党政治组织问题的更为理性的思考之中。政党的兴起是市民社会力量增长的必然产物，是多样性的市民社会结构的对应物，是市民社会权益的体现者。其与公共权力的松散关联必不利于其使命的实现；其与公共权力的密切关联必须通过严格组织化的形式才能实现，而严格的组织化与公共权力结构的同态必将导致市民社会权力政治化和同一化，这样，代表市民社会权益的政党在完成自己的使命时也会背离自己的宗旨，政党政治需有外在机制才能有效地防止其再异化。

第四节　行政文明法治化的制度建构

基于对各种行政法治模式的分析，我们认为有必要建立一种能够真正顺应行政发展规律、回应现实社会动态的行政法治新模式，在此，我们姑且把它称之为行政互动关系模式。行政互动关系的两个基本要素是行政系统的开放性和公民的参与，这两个要素在行政互动关系中交互作用消解了传统的行政管理范式，使行政法治只能在民主范式的基础上重新构造。

一、行政系统开放是重构行政法治的前提

传统的行政体系是以公民社会与国家之间的分离为背景的，这使得社会分为两个领域：一个是受私法调整的私法领域，它通过市场与竞争机制满足私人的需求与偏好；另一个是受公法调整的公法领域，它通过共和制度和宪法规范公共权力。自由主义宪政理论是

---

① 参见［意］安东尼奥·葛兰西：《狱中札记》，曹雷雨等译，中国社会科学出版社 2000 年版，第 209 页。

② ［德］马克斯·韦伯：《经济与社会》(下卷)，林荣远译，商务印书馆 1997 年版，第 793 页。

建立在公法与私法彻底分离的基础之上的。①　"在现代自然法观念和苏格兰社会学说中，市民社会（civil society）总的说来一直是私人领域，因而与公共权力机关或政府（government）是相对立的。"②　国家和经济的相互融合剥夺了私法和自由主义宪法关系的基础，"作为国家干预政策的结果，国家和社会之间的分离趋势真正消失了。根据这一过程在法律层面上的反映，我称之为新社团主义的'国家的社会化'和'社会的国家化'"③。国家的社会化和社会的国家化是共时性的两种互逆的运动过程，在这两种互逆的运动过程中，公共权力被迫开放和公民的自发参与是同时产生的。"在涉及公共交往中以话语形式进行的价值与规范的形成过程时，民主概念的规范内涵不仅仅指民主法治国家中恰当的机制安排。它更超出成文的交往和决策过程之外。只有当意愿形成过程（此过程最终导向决策，并以团体组织形式出现）对围绕它的政治交往的自由的价值、观点、贡献和辩论是开放的，它才能实现共同寻求真理的目标。"④　行政法的目的是要使行政的这种开放性不仅有一种规范意义，而且在行政法的理论中自觉地适应这种开放性的事实。行政法应当在重新界定行政权与公民权利的基础上，充分指涉行政关系的开放性和公共性的事实，让公共事物成为行政和公民共同指涉、关注、交涉、达成共识的对象，超越于行政与公民权利之间表面的、局部的冲突之外，全面考察行政权与公民权利之间的有机联系，在民主范式中将传统的行政对抗和控制关系改造为合作与互动的行政关系。

传统的行政法理念在于保障行政的有效性，其内在机制在于以

---

① 参见［德］哈贝马斯：《公共领域的结构转型》，曹卫东等译，学林出版社1999年版，1990年版序言第10页。

② ［德］哈贝马斯：《公共领域的结构转型》，曹卫东等译，学林出版社1999年版，1990年版序言第12页。

③ ［德］哈贝马斯：《公共领域的结构转型》，曹卫东等译，学林出版社1999年版，1990年版序言第12页。

④ ［德］哈贝马斯：《公共领域的结构转型》，曹卫东等译，学林出版社1999年版，1990年版序言第27页。

规范的方式保证行政对法律的忠诚。这种行政法理念是以保障法律的完整性为基本指涉的，而法的完整性和自恰性是法治国家的基础，是法获得对社会统治的理性力量。法的实施在传统行政法看来主要依赖于执行。然而，行政机关在封闭地执行法律的过程中逐渐丧失了对周围环境的敏感性，随着理念上的经院化和规范执行上的形式主义，行政系统越来越缺乏对规范前的制度事实和社会事实的回应能力，行政机关逐渐陷入法条主义的泥潭而越来越丧失其目的性。

为挽救管理范式下的行政危机，人们寻求种种方案，授权立法是代议机构缺乏回应能力的反映；行政机关的立法是为了严格规制；放松规则在某种程度上是行政机会主义的一种表现；行政程序在管理范式中被转化为一种程式，种种回应方式并没有挽救行政管理范式的危机。

行政民主化导致行政法的范式转型。民主制行政加剧了行政在开放性和忠于法律之间存在紧张关系，这种紧张关系构成了行政法发展的一个主要问题。① 以民主范式为基础的行政法必须解决法的完整性和开放性、规则的严格性和自由裁量权的结合问题。由行政法所调整的行政机关必须保留其对法的完整性的维护，同时它必须考虑其所处的环境中的各种新生力量，它应当把社会压力理解为认识的来源和自我反思以及矫正的机会。行政的回应性扩大了行政法对制度事实和社会事实的考察范围。

法律是一种社会事实，是组织和规制社会生活的手段，因此，法律有效性有两个核心命题：一是法律体系的存在是其社会功效的作用结果；二是法律必须有渊源，因此，法律有效性的判断部分来源于对事实的规范性判断。② 法律有效性既取决于制度事实中的规范性，同时又取决于法律渊源上的正当性，这两个方面均处于变化

---

① 参见［美］P. 诺内特等：《转变中的法律与社会：迈向回应型法》，张志铭译，中国政法大学出版社 2004 年版，第 84 页。

② 参见［英］约瑟夫·拉兹：《法律的权威》，朱峰译，法律出版社 2005 年版，第 132～135 页。

之中。社会事实的发展不断演生制度事实，而法律渊源在不同时代又是不同的。与简单社会不同的是，复杂社会的事实是经过了民主过程过滤的事实，因此，在这个过程中原初的客观事实被民主的主观事实所取代，原初的客观事实不再具有规范性意义，而只是作为民主的主观事实的背景物，民主的主观事实具有规范性意义，同时，法律因其民主性而在渊源上具有了正当性。传统行政法将行政机关的正当性仅仅寄托在代议机关制定的法律上已不足以证成其正当性与来源上的合法性。

随着社会的复杂化程度不断加深，社会分化的过程首先必然导致功能上分化的各种任务、社会角色和利益立场的多样性。社会整合的负担越来越多地依赖于行动者的理解成就，这种理解依赖于行动者之间的互动关系。互动关系依赖于行动者相互之间的交涉、商谈、反思和共识的达成，而这种达成的共识是暂时的、具体的，因而，互动关系必须考虑利益取向，而不可能仅仅在以成功为取向的行动者的相互影响基础上得到稳定，说到底，社会整合必须在民主基础上通过扩大交往才能完成。

间接民主所获得的是关于权力渊源的一个总括性证明，是关于权力格局的一个战略性的安排，这种战略安排企图达到一个较长时间有效性的效果，但其并不表明权力正当性的深度。因此，仅仅通过间接民主方式为行政权提供合法性在行政权的行使过程中是不充足的。现代社会谋求权力运行的持续性的正当性证明，它表明行政权正当性深刻性的转型。"如果民主政治被等同于多数统治，那么结果也许只是一种粗糙的负责任。但是，如果民主政治是论及被统治者自我保存的同意的一系列原则的速写，那么负责任的可能性就得以提高。换言之，随着我们从笼统的正统化走向深刻的正统化，正统化的约束力也逐渐增强。……从对权力渊源的总括性证明到对权力运用的持续的正当性论证，这是一个基本的转变。"① 这种转型是在行政权的运行过程中完成的，它追求行政运行中一系列的策

---

① ［美］P. 诺内特等：《转变中的法律与社会：迈向回应型法》，张志铭译，中国政法大学出版社 2004 年版，第 62 页。

略性安排。

民主制行政是以承认公民的主观性和个人权利为前提的，它尊重对私人利益的策略性追求，这构成了现代行政法的核心。行政运行过程对策略性利益追求也会出现两种不同的向度。"事实性和有效性对行动主体本身来说分解为两个互相排斥的向度。对于取向成功的行动者来说，情境的所有组成部分都转化为事实，并根据其偏好进行评价，而取向于理解的行动者，则依赖于共同谈妥的情境理解，并仅仅根据主体间承认的有效性主张来诠释有关的事实。"①为导向主体间的相互理解，行政法中的策略性互动必须在民主的基础上进行，同时，由民主过程过滤的事实进入规范性调节，在规范的调节下，主体间达成相互理解。"这些规则要作出一些事实性限制，这些限制会改变有关信息，以至于策略行动者觉得有必要对其行为作一种客观上有利的调整。另一方面，这些规则又必须表现出一种社会整合力来。"② 民主范式基础上的行政法既是一个开放的体系，又是一个包容的体系，它在民主的基础上修正了原始的事实关系，通过交往与商谈达成一系列策略性共识，通过互动实现法的社会整合功能，通过尊重私人利益的策略性追求形成公共利益，理解、沟通、交涉、反思成为现代行政法的基本主题，在互动过程中不断形成和巩固行政法的规范性和有效性。法律有效性的两个元素即强制和自由在行政法的民主范式中同时获得满足，即一方面社会的或事实的有效性得到接受，另一方面是法律的合法性或规范有效性得到接受。

二、公民参与是重构行政法治的核心要素

民主范式基础上的行政法最基本的要素是公民参与，这是民主制行政最本质的元素。"所谓参与的自由，即是指我们直接参与那

① ［德］哈贝马斯：《在事实与规范之间——关于法律和民主法治国的商谈理论》，童世俊译，三联书店 2003 年版，第 32 页。
② ［德］哈贝马斯：《在事实与规范之间——关于法律和民主法治国的商谈理论》，童世俊译，三联书店 2003 年版，第 32 页。

些影响我们利益的决定过程。"① 行政法中的公民参与是指公民或
公民组织直接参与那些影响公民利益的决定过程，并具有法律上的
意义。

　　公民的参与表现在各个不同的领域。在政治领域中公民参与
形成一种互逆的力量。一种是通过公民资格，以选举的方式形成公
共权力体系，这种参与是人民主权的一种具体表现，其功能一则是
配置权力，另一方面则使权力的正当性获得一种概括性的证明。
但是，"在民主政治中，所有的目的都是暂时的。任何公民都不能
宣称他已经一劳永逸地说服了他的同胞"②。另一种是形成批判性
的公共领域，通过辩论、交涉使公共权力具有反思特征。这种批判
性的公共领域只形成话语权，但并不指涉话语霸权。"话语并不具
有统治功能。话语产生一种交往权力，并不取代管理权力，只是对
其施加影响，影响局限于创造和取缔合法性。交往权力不能取缔
公共官僚体系的独特性，而是"'以围攻的方式'对其施加影
响"③。

　　政治上的公民参与是为了公共目的，社会生活领域的公民参与
指向公民私人利益的实现，社会生活领域中的公民参与一般表现为
一种法律权利。

　　在传统行政法体系中，由于将行政权界定为一种对法律的执行
权，因此，行政法体系中所能容纳的只是社会生活领域中的公民参
与权。自由主义宪政的一个基本理念是政治问题由代议机关以间接
民主的方式解决，而法律问题由行政和司法机关处理，政治和法律
是分离的。随着社会的日益复杂化，政治问题和法律问题之间的界
限变得越来越模糊。在行政领域，随着授权立法范围的不断扩大，
也随着行政立法的不断繁复，行政机关已不仅仅是一个单纯的法律

---

　　① ［英］杰弗里·托马斯：《政治哲学导论》，顾肃等译，中国人民大学出
版社 2006 年版，第 239 页。
　　② ［美］迈克尔·沃尔泽：《正义诸领域——为多元主义与平等一辩》，褚
松燕译，译林出版社 2002 年版，第 414 页。
　　③ ［德］哈贝马斯：《公共领域的结构转型》，曹卫东等译，学林出版社
1999 年版，第 28 页。

执行机关，其政治功能不断增加。"当行政官员行动时，他们既在管理，也在构造。"① 行政机关的政治功能在授权立法中表现得特别突出，"关于授权立法的必要性，当前已经达成普遍的共识；真正的问题在于如何使此种立法与民主协商过程、严格审查过程和控制过程保持协调一致"。②

行政权既具有政治功能又具有执行功能这一事实已超出传统的宪法框架，其已成为宪法危机的主要方面，因此，这个方面的解决在某种程度上依赖于宪法的重新安排，这涉及重新定位立法权、行政权、司法权三者的功能与角色派分以及三权之间的互相关系。

1. 公民参与的历史演变

关于公民如何参与行政过程，行政法从权利的角度作过各种安排。

第一，从权利救济的角度出发，行政法确认公民以诉权，通过诉权的方式，公民有权要求行政机关改变不利于公民的决定。"任何私人公民的地位，在法律面前，和那些对他行使统治权的物质管辖的官员完全平等。他可以对一个官员依法起诉或者依法给自己辩护，如同他可以依法控诉任何私人公民一样。"③ 严格地讲，诉权并不是公民的一项参与权，公民并没有参与到行政过程中对行政决定形成影响，其只不过是通过司法权来改变行政的结果，另外，诉权只是公民的一项消极的权利，并未介入行政过程之中。

第二，与公民个人的同具体案件不可分离的诉权不同，为寻求集合的与每个公民的自由息息相关的保障方式，人们提出了主观权利学说。主观权利学说是自由主义的主张，它通过私人自主的保护，划定了公共权力行使的边界。主观性权利保护的是私人自主的空间，确认的是国家不得干预的范围，因而是一种消极的权利，保

① [美] 文森特·奥斯特罗姆：《美国公共行政的思想危机》，毛寿龙译，三联书店1999年版，第28页。
② 转引自 [美] 理查德·B. 斯图尔特：《美国行政法的重构》，沈岿译，商务印书馆2002年版，第1页。
③ [美] 康芒斯：《制度经济学》（下册），于树生译，商务印书馆1962年版，第350页。

护的是公民的消极自由。主观权利学说在自然法学派、分析法学派、历史法学派、社会法学派、系统法学派等学派中都获得了证明。"主观权利学说的发展开始于具有道德内容的主观权利——这些权利面对政治立法过程主张一种更高的合法性——的规范性自主化。主观权利所具有的确保自由的意义，被认为应该为主观权利提供一种道德权威，这种道德权威既是独立于民主的立法过程的，又是无法在法律理论内部加以论证的。"① 主观权利"所涉及的是彼此合作的法律主体的相互承认"②，"作为法律秩序的成分，主观权利毋宁说预设了这样一些主体之间的协作关系，这些主体通过互相关涉的权利和义务彼此承认为自由和平等的法律同伴"③。主观权利学说可以为授权立法和行政立法提供某些理论资源，但是它很难在私人自主和行政体系之间构成一种民主的联系从而使公民参与具有规范效力。主观权利学说是在私人自主和公共权力两个领域相互独立的基础上的一种相互尊重，其并未为公民参与行政过程开拓一条规范性的道路。主观权利学说无法解决社会复杂化过程中的"国家社会化"和"社会国家化"问题，也无法解决公民的积极自由，公民参与权本质上是一种积极的权利。

第三，主观权利相对于公共权力而言是一种宪法层次的权利，在宪法上其具有一种规范效力，但是，从实践层面来看，对内它则是一种公民自主的私法上的权利，它并不对行政过程产生直接的影响，无法导入公民的参与权从而使公民的参与权具有规范效力，因此，公法学家从权力的派生性逻辑出发导入了公民公法上的权利这一概念，以便推导出公民参与权。

公法上的权利是从私法上借鉴而来的，它指涉公民为了私人利益而相对于国家的控制力，公法上的权利是公民个人针对公权力的

---

① ［德］哈贝马斯：《在事实与规范之间——关于法律和民主法治国的商谈理论》，童世俊译，三联书店 2003 年版，第 111 页。

② ［德］哈贝马斯：《在事实与规范之间——关于法律和民主法治国的商谈理论》，童世俊译，三联书店 2003 年版，第 110 页。

③ ［德］哈贝马斯：《在事实与规范之间——关于法律和民主法治国的商谈理论》，童世俊译，三联书店 2003 年版，第 111 页。

权利。它包括宪法为公民保留的自由权利，行政法上的诉权、申诉权、异议权、征收征用补偿权、请示许可权、监督权等。① 公法上的权利是公民由公法获得的权利。在行政法领域，公民公法上的权利的相对人是行政主体，公民由行政法获得公法上的权利，便可以向行政主体主张自己的权利，要求行政主体为某种作为、忍受或不作为，以满足公民的利益。② 行政权的相对人是公民，而公民公法上的权利相对人是行政主体，两者之间的运行方向是互逆的，与主观权利概念不同，公法上的权利是一种积极的权利，它可以直接深入到行政过程之中，对行政权的运行产生影响。

真正的公法上的权利是从授予个人参与权开始的，在行政机关追求公共目的的同时，私人利益对行政机关也有权提出自己的要求，个人可以根据行政法的规定参与到行政活动中，要求行政机关改变行政决定，满足公民个人的权利要求，或者对行政机关实施控制，在此，公民个人利益的实现同时也有助于行政公共目的的正确实现。不仅如此，公法上的权利还可以借助于对部分行政权的控制，仅仅致力于享有者自身利益而自主决定。③

公民公法上的权利成为公民直接介入和影响行政过程的一种力量，它是公民在行政法中依法维护和主张自己利益的有效法律工具，它使公民可以积极参与行政过程，从而改变了行政行为的单一性和闭封性，主观权利是一种有效防御，公法上的权利则是一种积极回应。然而，由于公法上的权利依赖行政法的规定，没有行政法的规定，则相应的公法上的权利就不存在，代议机关所制定的行政法一般会在行政权与公民的公法权利之间构造一种互逆的平衡关系，但是，在授权立法和行政机关的立法中，法律常常会更倾向于

---

① 参见［德］奥托·迈耶：《德国行政法》，刘飞译，商务印书馆2002年版，第109～119页。

② 参见陈新民：《中国行政法学原理》，中国政法大学出版社2002年版，第58～59页。

③ 参见［德］奥托·迈耶：《德国行政法》，刘飞译，商务印书馆2002年版，第114～117页。

强化行政权的有效性而弱化公民公法上的权利，这样，公法上的权利就会受到极大限制而被弱化或者因没有设置相应的正当程序机制而使公民的公法上的权利被虚置。另外，即使行政法体系充分规定了公民公法上的权利，然而由于公法上的权利对行政法的依附性使其也不能进入行政体系中的政治过程而只能进入行政过程中的法律过程，所以，公法上的权利所指涉的参与权只是一种行政过程中的法律参与权而不是政治参与权，因此，公法上的权利仍然不能适应行政权日益政治化的现实。

第四，由于诉权、主观权利、公法上的权利均只能解决行政权中的执行功能而不能解决行政权中的政治功能部分，因此，法律多元主义开拓了一种新的公民参与的路径，即，使公民的法律参与具有政治的性质，通过法律参与实现特定的政治功能。这种参与方式扩大了既有的法律参与资源而成为参与决定公共政策的一种工具。法律多元主义的核心在于法律渊源的复合分散性，它把法律看作是人类相互作用的必然结果，法律的主要作用是把权威导向民间的制度安排。法律多元主义的一个结果就是在法律程序内部增加了参与法律制定的机会。在这方面，法律舞台成了一种特殊的政治论坛，法律参与具有了政治的一面，借助公民的法律参与从而实现直接影响和决定公共政策。以法律参与方式实现直接影响行政公共政策的方式借助的依然是法律权威，但公民诉诸的仍然是法定权利而不是政治意志。这种法律参与和政治参与的混合显然鼓励了对一些被代议制政治过程边缘化的和新兴的利益主张。法律参与的扩大不只是增进法律秩序的民主价值，它还有助于提高民主制行政的法律执行与政治表达能力。民主制行政鼓励参与性决策，它从民主政治的经验中借用了许多资源，但是这些资源首先是一种手段，其目的是获得一种有别于官僚制行政的更为民主、更有目的性的组织体系，并使这种组织建立在民主范式的基础上，实现行政范式的转型。民主制行政吸收民间的参与，鼓励创造性和负责任以及互动的合作体系，在互动和合作的基础上注重开发参与成分的自主贡献。在民主制行政中，权威必须是开放性和参与性的：鼓励协商、交涉，鼓励合意与共识的达成；说明决策的理由；吸收批判性的资源；把同意当成是对合法性的一种检验；利用参与性以增加自我反思的能力。① 以法律参与的方式实现在行政过程中政治功能的目的主要是借助诉权方式和公法上的权利来实现的，其典型的方式是以典型案例为切入点，以利益集群为运作单元进入实践领域，其有效性取决于司法机关的态度和主张。如果司法机关采取司法消极主义的态度，则这种参与方式的效力性就很难实现，如果司法机关采取司法能动主义的态度，则这种参与方式的效力性就较强。在我国违宪审查制度未进入操作层面这种背景下，这种参与方式的效力很难实现，而在社会转型期，我国的行政机关承担了分量较重的政治功能。

第五，借助于法律参与的方式以实现政治参与的目的尽管是一种创造性的方式，但因其依托既有的法律权威而使其对行政中的政治功能部分所切入的领域极为有限，从而影响到公民参与对授权立法和行政立法的有效性，因此，在行政的政治功能领域这种混合参与方式的效用极为有限，实质上，混合参与对行政过程的影响带有偶然性，为使这种偶然性拓展为一种具有必然性的制度安排，行政法在实践领域中形成了行政利益代表模式。

利益代表模式是从拓展诉讼资格、参与和促使行政正式程序启动权利开始的。这种实践首先是在司法领域中展开的，起初其限于对行政权中的法律领域的参与制度化，然后不断拓展到行政权中的政治功能领域，经历了一个从边缘制度到中心制度机制化的过程，从而引起了行政法传统模式的根本变革，使行政法经历了由管理范式到民主范式的转型。这个发展过程"已经超出了单纯的拓展参与权利和起诉权利，形成了传统模式的一个根本性变革。一个日益增长的趋势是，行政法的功能不再是保障私人自主权，而是代之以提供一个政治过程，从而确保在行政程序中广大受影响的利益得到

---

① 参见［美］P. 诺内特等：《转变中的法律与社会：迈向回应型法》，张志铭译，中国政法大学出版社2004年版，第106～111页。

公平的代表"①。

传统的行政法理念是：运用代议机关制定的规则和程序，通过公民的积极法律参与使原来不向公民直接负责的行政机关在对私人利益行使行政权时可以获得合法性，然而，如果代议机关只能提供抽象的原则，如果规则和程序只是授权立法的结果，如果规则和程序本身就是由行政机关自己制定的，也就是说，如果行政机关承担的不是法律的执行功能而是创制法律的功能，表达的是一种政治意志，那么，传统的行政法就不可能为行政过程中的政治功能提供合法性，审视行政法理论的一致性和自恰性就成为民主制行政范式的主要任务。利益代表模式正是在这种条件所作的一种回应。

利益代表模式具有极大的灵活性和适应性，它分布于行政权的各个领域。在行政既有的法律执行领域，它是通过扩大听证程序的适用范围、扩展起诉资格、拓展公民行政程序参与权、适当考虑行政相对人利益等方式实现的；在行政执行政治功能的领域，它是通过民选行政官员、利益团体选任行政官员、选任政治性利益代表、激发司法能动主义等方式实现的。通过对行政利益代表模式的深入分析，人们发现，尽管行政利益代表模式并不能完全消除行政权中的所有问题，但其仍然表现出了民主制行政以扩大公民参与权为指涉的某种有效性。②

2. 行政法治互动理论对公民参与的制度安排

公民参与是民主制行政的核心，但是公民参与并非完美无缺，它也会产生一系列问题，以民主范式为基础的行政法必须妥善解决这些问题。

首先，公民参与可能削弱法律权威。这个问题涉及民主与不服从之间的关系。③ 公民参与的目的是通过互动与交涉，使行政过程

---

① ［美］理查德·B. 斯图尔特：《美国行政法的重构》，沈岿译，商务印书馆 2002 年版，第 2 页。

② 参见［美］理查德·B. 斯图尔特：《美国行政法的重构》，沈岿译，商务印书馆 2002 年版。

③ 参见［英］杰弗里·托马斯：《政治哲学导论》，顾肃等译，中国人民大学出版社 2006 年版，第 269 ~ 271 页。

中的反思性具有规范意义。在行政只执行法律规定的领域，公民参与如果只形成一种话语功能，则公民与行政机关之间只产生一种交往权力，只是对行政过程施加影响，且这种影响局限于创造和取缔合法性，并不取代行政机关的执法行为，因而这种方式的公民参与没有削弱法律权威，也没有破坏行政过程的完整性，因为"话语指的是对待社会协作的一种态度，一种开放的态度，它允许经过论证接受他人和自己的要求。话语中介是平等交换观点——包括参与者提交他们自己对于他们所尊重的利益的看法……在此过程中，只要作出选择，就表明赞同一种看法"①。

在公民参与行政执行政治功能的领域，公民参与的目的在于贡献规则的形成过程，这时，公民参与所形成的批判的公共性追求一种转化为具有独立政治功能的公共性。"如果原则和目的是批判规则的手段，那么一种代价就是对权威的侵蚀。公民的服从义务的减少紧随探求更灵活的规则制定而来。由于丰富了律令周围的背景物，规则的效力更加容易受到质疑。由于扩大了有权威材料的范围，就有了更多的辩护理由可以利用来反对要求服从，因而行使自主的判断也有了更多的机会。"②

解决这一问题必须建立一种新的行政法理念。在行政领域，应当把公民参与看成一种提高行政能力、回归公共目的、促进社会理解、增强反思能力的机会，只有站在政治文明的高度，我们才能建立法治义明。行政对公民参与的平等尊重才可能使行政法充满一种"责任伦理"。③ 在公民方面，应当把参与看成一种利益表达的方式，在交涉、沟通、互动过程中尊重他人的利益，同时在参与过程

---

① 转引自［德］哈贝马斯：《包容他者》，曹卫东译，上海人民出版社2002 年版，第 284 页。

② ［美］P. 诺内特等：《转变中的法律与社会：迈向回应型法》，张志铭译，中国政法大学出版社 2004 年版，第 97 页。

③ ［德］马克斯·韦伯：《学术与政治》，冯克利译，三联书店 1998 年版，第 99～117 页。

中理解和尊重法律的价值。① 建立在民主范式基础上的行政关系本质就是政治文明的产物，因此，民主制行政致力于促进行政法治文明。互动与合作是民主制行政的最基本方式和追求，"文明的标准既扩展到权威的行使，又扩展到公民的参与。在这两个层次上，文明都要求一种温和而开放的精神"②。民主范式是政治文明的产物，但因其在运行中有可能产生一系列的问题，因此，我们必须借助于法治的力量使其积极功能规范化、程序化，同时，我们也必须借助法治的力量抑制其消极面，"法律是国家进行积极文明建设的压抑和消极表现"③。

其次，公民参与可能引发制度屈从。开放性是民主范式的前提条件，由于否定了关于行政的"传送带"理论，行政拓展了政治功能，因此，开放性本身就损害了行政的完整性和自足性。行政承担政治功能合法性不足使行政过程变得可以质疑和可协商，行政过程演化为另外一个可政治商谈的领域，这极大地便利了各种利益集群的聚结，其必然的结果是：（1）被代议制政治过程边缘化的利益和未经过代议制政治过程的新兴利益在行政过程中获得了满足。（2）未经组织的利益得不到行政机关的切实保障。"在行政决定的非正式程序之中，未经组织的利益仍然可能处于相当不利的地位，因为他们相对缺乏内部凝聚力和资金，使他们无法像有组织的利益那样获得有效的代表"④，这样一来，被代议机关政治过程充分代表的未组织的利益在行政过程中被边缘化了。（3）受行政机关管制或受保护团体的利益在代议机关政治过程中其利益受同等保护，但在行政过程中其利益被过分代表。"受管制的利益在行政决定的

---

① 参见［英］约瑟夫·拉兹著：《法律的权威》，朱峰译，法律出版社2005年版，第218~228页。

②［美］P. 诺内特等：《转变中的法律与社会：迈向回应型法》，张志铭译，中国政法大学出版社2004年版，第101页。

③［意］安东尼奥·葛兰西：《狱中札记》，曹雷雨译，中国社会科学出版社2000年版，第203页。

④［美］理查德·B. 斯图尔特：《美国行政法的重构》，沈岿译，商务印书馆2002年版，第143页。

所有阶段都有优势"①，因为，行政机关暴露于受管制或受保护团体的强大压力之下，"行政机关如果要生存和发展，就必须依靠受管制或受保护团体以获得信息、政治支持和其他形式的合作"②。（4）地方利益在行政过程中代表不平衡。"分散管理和'草根'参与意味着强有力的地方利益超过那些更广泛却更间接的利益。"③

代议机关通过政治过程所形成的法律体系是制度的基础，它所形成的法律关系是行政机关职能的根据，但是在行政机关也承担政治功能的领域，由于行政过程回复到制度前的社会背景的重新考量，因此，行政过程会导致制度屈服。公民参与权的扩大，"使得公共利益的界定和保护处于不确定和成问题的状态。由于机构对它们的参与团体开放，就变得（1）更易受到社会中各种力量不平衡的损害，以及（2）更容易把注意力集中于那些范围狭窄的事务上。实际上，它们对更大的政治体变得不那么负责，对于它的那些问题和愿望也变得更加缺乏了解"④。

制度性屈从是民主制行政可能引发的最显著的局限，其不仅影响到行政权的运行，还可能导致国家权力结构的改变，从横向的角度来看，其影响立法权、行政权、司法权的职能分工和角色派分；从纵向的角度来看，其影响到中央和地方之间的权力划分。制度是国家的基础，制度屈从对一个国家的基本结构将产生深远的影响，因此，以民主范式为基础的行政法必须有效地规制这种制度性屈从的局限。

在行政法中通过行政过程解决被代议制政治过程边缘化的利益和新兴利益首先必须解决行政权满足这些利益的合法性问题，合法

---

① ［美］理查德·B. 斯图尔特：《美国行政法的重构》，沈岿译，商务印书馆2002年版，第66页。

② ［美］理查德·B. 斯图尔特：《美国行政法的重构》，沈岿译，商务印书馆2002年版，第150～151页。

③ ［美］P. 诺内特等：《转变中的法律与社会：迈向回应型法》，张志铭译，中国政法大学出版社2004年版，第113～114页。

④ ［美］P. 诺内特等：《转变中的法律与社会：迈向回应型法》，张志铭译，中国政法大学出版社2004年版，第115页。

性的问题来源于宪法的重新安排。从行政法的规范角度考察，如果通过行政过程满足这些利益诉求，行政权对此作出的决定因缺乏既有规范的合法性就不可能是终局的，解决这个问题必须依赖司法审查，通过司法审查的终局性以确认这些利益诉求的正当性。

未经组织的利益在宪法安排上具有合法性，行政机关在法律执行过程中应当维护这种利益，但在民主制行政体制的实际运行过程中，由于行政过程容忍交涉与商谈，这种利益有可能被边缘化，因此，行政法必须使这种利益受到正当程序的保护，通过程序装置以防止这种利益被边缘化。

要解决被管制和被保护的利益被过度代表的问题，一方面必须切断行政机关和这些利益之间的关联，消除行政机关对这些利益在经济和政治上的依赖关系。另一方面，行政机关必须建立完备的信息系统，以防止对这些利益集群的信息依赖，扩大公民参与在一定程度上可以减少这种依赖。

排除强势地方利益在行政过程中的作用也许不是行政法所能胜任的，解决这一问题的根本方式在于宪法安排而不在于行政法的调控。民主制行政法的制度设计在这个领域必须借鉴官僚制行政在这个方面的经验与有效性。

再次，当行政过程不能容纳非组织化的众多公民直接参与时，公众参与只能通过代表来实现，在这种情况下，公民参与可能受到集体行动逻辑的限制。"除非在集团成员同意分担实现集团目标所需的成本的情况下给予他们不同于共同或集团利益的独立的激励，或者除非强迫他们这么做，不然的话，如果一个大集团中的成员有理性地寻求使他们的自我利益最大化，他们不会采取行动以增进他们的共同目标或集团目标。在缺乏强制或缺乏上述的独立激励时，这样的大集团也不会建立组织以追求他们的共同目标。"① 另外，在不得已通过代表参与的情况下，公民参与还可能受到代表异化代表性的问题，"能动的参与者脱离他们所代表的群体，以及他们所

① ［美］曼瑟尔·奥尔森：《集体行为的逻辑》，陈郁等译，三联书店、上海人民出版社1995年版，第3页。

坚持的要求歪曲了他们为之辩护的那些需要"①。

　　在民主制行政模式中，解决公民参与受集体行动逻辑限制的法律机制重在建立公民参与的激励机制和代表的选任制度。如果在非组织化的公民参与中缺乏有效的激励机制，那么行政过程中的参与社会不足，即使部分公民被推选为代表，由于其动机不足也会出现代表不充分履行代表职责的问题。另外，行政法必须建立公民参与代表的责任机制，使公民参与代表不仅能积极参与行政过程，而且能正确行使自己的代表职责，否则将会承担相应的后果，这种责任机制的制度资源应可以从代议制机关代表的产生中获得某种借鉴。

　　公民参与的合法性和行政过程开放性的合法性是一个硬币的两面。建立民主制行政的实质性条件必须从理论上解决公民参与的合法性。公民参与是行政承载政治功能的直接回应。官僚制行政的合法性是建立在代议机关授权的基础上，其合法性并不依赖公民的参与。由于行政承载政治功能，而政治过程依赖协商与妥协，因此，将公民参与引入行政过程一方面意味着行政与公民之间的互动与合作关系，有利于公民权利的有效保障，另一方面，公民参与在一定程度上成为行政权合法性的来源。

　　公民参与的另一个前提是代议制间接民主固有的缺陷，代议制民主使得立法权在实践中严重地依赖行政权。"随着行政过程的两种概念化模式——'传送带'模式和'专家知识'模式——的解体，把行政机关看成仅仅是立法指令之执行者的行政法理论不再令人信服。"② 法治的理念关注法律的完整性和自足性，法治鼓励规范的制定，但规范不可能完全满足社会的需求，因此，代议机关不可能制定一切精确的规范，行政机关的自由裁量权是对这一事实的回应。"由于国会（或者任何规则制定者）没有能力给出精确的指

————————
① ［美］P. 诺内特等：《转变中的法律与社会：迈向回应型法》，张志铭译，中国政法大学出版社 2004 年版，第 114 页。
② ［美］理查德·B. 斯图尔特：《美国行政法的重构》，沈岿译，商务印书馆 2002 年版，第 63 页。

令或设定毫无疑义的目标，以便行政机关将来对具体情形作出有效决定。"① 公民参与是一种直接民主方式，它在某种程度上可以弥补代议制民主的不足。公民参与是以互动与合作为基础的，这有别于代议制民主的分立与对抗，"从各个方面承认合作并重新强调合作是在实现某种既包含有组织的人之努力又含括自由自发创见的理想的过程中迈出的一大步"②。以民主范式为基础的行政法不仅要考虑行政法治的完整性和自足性，而且还必须将其视野转入到对行政规范前的制度事实和社会事实之中，这种对行政法规范的制度事实和社会背景的考察不仅仅体现在立法原则之中，而且，应该在行政过程的实践中予以动态的考量，将其作为行政权运行的一个重要维度。

三、程序理性是行政法治运行的基本保证

行政过程的开放性和公民对行政过程的参与基于同一社会事实，即社会的多元化。利益和价值观的多元化迫使行政提供多样化的公共物品，作出满足多样化的公共选择。多元化迫使公共行政向社会开放，这种开放一方面是对社会多元化的回应，另一方面则是在多元化社会背景中寻求自身的合法性，因为在多元化社会背景中，行政过程的合法性越来越受到质疑，"世界观、价值观的多元化导致政治社会的统一正当性根据的丧失，导致现代国家意识形态的动摇，从而迫使最重要的思想家都不得不探求如何重新建构普遍性公共哲学体系以及探索秩序的替代性范式的课题。其中最值得关注的是不同版本的新程序主义计划"③。社会多元化不断将行政导入一个政治过程，"承担导控任务的政府行政，它已经不再能够在一个规范含义明确无误的责任框架中，把活动仅限于以规范上中立

---

① 〔美〕理查德·B. 斯图尔特：《美国行政法的重构》，沈岿译，商务印书馆 2002 年版，第 63 页。

② 〔美〕罗斯科·庞德：《法理学》（第 1 卷），邓正来译，中国政法大学出版社 2004 年版，第 557 页。

③ 季卫东：《法律程序的形式性与实质性》，载《北京大学学报（哲学社会科学版）》2006 年第 1 期。

的、具有专业能力的方式来执行法律"①。

　　在民主制行政模式中，大量的问题是要对公共物品和多样化的利益进行价值权衡，在相互冲突的目标之间作出公共选择，在具体案件中进行规范性评价，而代议机关并不能对这些流变性的多样化利益提供一个清晰的实质正义标准。在这种社会背景下，制度事实对正当程序产生一种依赖。"在纯粹程序正义中，不存在对正当结果的独立标准，而是存在一种正确的或公平的程序，这种程序若被人们恰当地遵守，其结果也会是正确的或公正的，无论它们可能会是一些什么样的结果。"② 在民主范式中，由于不存在一个关于公共目标的先定性实质标准，因此，行政过程中的公共目标只能在公民参与条件下形成，这样，行政对实质正义的诉求就转化为一个正当程序问题，行政合法性的获得依赖正当程序，即卢曼所说的"通过程序的正统化"③。罗尔斯在寻求实质正义的过程中转而诉求程序正义，哈贝马斯在寻求程序主义规范过程中转而诉求实质正义这两个互逆的过程说明了程序装置的实质价值。④

　　由于行政过程不能从代议机关那里获得充足的合法性。因此，它必须从程序那里吸收合法性，"纯粹程序正义的一个明确特征是：决定正当程序结果的程序必须实际地被执行，因为在这种情形中没有任何独立的、参照它即知道一个确定的结果是否正义的标准"⑤。从合法性的角度分析，正当程序具有提供实质性标准替代物的实质意义。"参与行政的实践不能被看作法律保护的替代物，

　　① ［德］哈贝马斯：《在事实与规范之间——关于法律和民主法治国的商谈理论》，童世俊译，三联书店 2003 年版，第 543 页。

　　② ［美］约翰·罗尔斯：《正义论》，何怀宏等译，中国社会科学出版社 1988 年版，第 86 页。

　　③ 转引自季卫东：《法律程序的形式性与实质性》，载《北京大学学报（哲学社会科学版）》2006 年第 1 期。

　　④ 转引自季卫东：《法律程序的形式性与实质性》，载《北京大学学报（哲学社会科学版）》2006 年第 1 期。

　　⑤ ［美］约翰·罗尔斯：《正义论》，何怀宏等译，中国社会科学出版社 1988 年版，第 87 页。

而要看作是确定那些行政决定——那些从其规范内容来说代替了立法行动或司法判决的决定——之合法性的事先起作用的程序。"①

相对于行政决定而言，转化为一种行政上的正当结果，程序具有实质性的功能，但是，相对于行政权寻求合法性资源而言，民主制行政开放性对正当程序的诉求具有形式性的特征，正当程序只是行政寻求合法性的一种方法，"民主是一种政治方法，即，为达政治——立法与行政的——决定而作出的某种形式的制度安排。因之其本身不能是目的，不管它在一定历史条件下产生的是什么决定都是一样"②。正当程序在民主制行政中具有形式性和实质性双重意义。

官僚制行政并不排除行政程序的形式性，相反，它在对程序的吸收过程中将程序转化为一种程式而与科层制相得益彰。传统程序主义的理论关注程序对社会事务的隔绝和阻断功能，"纯粹的程序正义的巨大实践优点就是：在满足正义的要求时，它不再需要追溯无数的特殊环境和个人在不断改变着的相对地位"③。传统程序主义理论主张程序对于法律自足的封闭性，这种主张对于司法也许是适切的，但是对于民主范式为基础的行政则显然缺乏普适性。

官僚制行政对程序的吸收并不能完结官僚制行政的自我理性化，相反，它还会产生新的需要完结的问题。"扩大行政参与权利，不可能解决宽泛立法授权之下行政机关选择偏向的根本问题。参与权利的拓宽增加了行政机关必须考虑的利益，凸显了案件所涉争议问题的复杂性，开发了更为完整、记录可选方案和相互冲突考虑的案卷，但也由此可能削弱程序有效控制行政自由裁量权的程

---

① ［德］哈贝马斯：《在事实与规范之间——关于法律和民主法治国的商谈理论》，童世俊译，三联书店 2003 年版，第 544 页。
② ［美］约瑟夫·熊彼特：《资本主义、社会主义与民主》，吴良健译，商务印书馆 1999 年版，第 359 页。
③ ［美］约翰·罗尔斯：《正义论》，何怀宏等译，中国社会科学出版社 1988 年版，第 88 页。

度。"① 在官僚制行政中，程序主要是与科层制而往往不是与法律职业主义或民主政治勾连，因此，程序规则演化为一种形式主义的程式，并未真正体现程序的价值。

程序开辟了三个不同价值的领域，承担三种不同的制度构造功能；即作为控制行政自由裁量权的手段；作为行政获取合法性的工具；作为开辟公民参与渠道的制度装置。民主制行政的程序价值的"主要方式还是促进公民重视程序以及积极地利用程序进行维权、达到程序的目的。在某种意义上，激活程序就是激活公民与国家之间的互动，同时也是激活围绕程序的各种价值辩论"②。民主制行政是在程序的基础上构造出来的，它的目的是在互动、交涉、商谈的基础上将公民自我理解的话语在程序机制上形成一种公共话语，并将这种公共话语转化为行政决定的有机部分从而使公正的话语在行政过程中具有可得性且不必诉求外在的资源，从而具有形成性价值。在这一过程中，程序建立了公民自我理解的话语与公正话语之间的有机联系从而具有规范意义。③ 民主制行政依赖相应程序的规范作用。

民主制行政的基本结构是交涉和互动，交涉、互动、合作构成行政法的制度基础。制度化、程序化的公民参与是民主制行政的关键。官僚制行政在排斥公民参与的同时也吸收公民参与，但这种参与是由行政权予以选择的，公民参与对于行政决定没有实质性的影响，而是为了满足行政程序的形式性要件，是为了行政过程的合法性所进行的一个形式上的证明过程，公民参与没有平等的法律地位，只有一种附属地位而没有独立的形成价值。民主制行政追求公民参与权利的自主性，这种自主权在程序的作用下形成一种互动和交往的权利。"基本政治权利必须把对于交往自由的公开运用建制

① ［美］理查德·B.斯图尔特：《美国行政法的重构》，沈岿译，商务印书馆2002年版，第151页。
② 季卫东：《法律程序的形式性与实质性》，载《北京大学学报（哲学社会科学版）》2006年第1期。
③ 参见［德］哈贝马斯：《包容他者》，曹卫东译，上海人民出版社2002年版，第286～287页。

化成为主观权利的形式。法律代码不允许作其他选择；表达交往权利和参与权利的只能是这样一种语言，它让法律主体自己去决定是否运用这些权利，以及，如果要运用的话，如何来运用这些权利。"①

民主制行政否定行政决定的单方性但也承认行政决定的有效性，行政决定并不是行政权的一元运行产物，而是在公民参与基础上的合成物，是公权运行和私权自主的互动结果。"公民的自主性和法律的合法性是相互参照的。……只有那些产生于平等权利之公民的商谈性意见形成和意志形成过程的法律，才是具有合法性的法律。"② 在这方面，具有法律约束力的行政决定既不是行政权，也不是公民参与权的结果。民主制行政所面临的问题"只能在论证性商谈和运用性商谈中才能作合理的处理，而这些商谈则是以规范上中立的方式解决问题的专业框架所容纳不了的。因此，必须借助于程序法在一个始终取向于效率视角的行政决策过程中建立起合法化过滤器"。③

在行政承担政治功能的领域，公民参与交涉、商谈、互动更依赖于正式的程序装置。"只要行政部门在实行公开的法规纲领时无法避免运用规范性理由，这样的行政立法步骤就应该是能够以交往的形式，依照满足法治国合法化条件的程序而进行的。"④

民主制行政与程序主义法律范式具有一种内在的亲和性。程序主义法律范式的核心是：法律建制化的人民主权和非建制化的人民主权的普遍结合和互为中介是民主地产生法律的关键。实现权利体系所需要的社会基础之建成，既不依靠自发运作的市场社会的力

---

① [德]哈贝马斯：《在事实与规范之间——关于法律和民主法治国的商谈理论》，童世俊译，三联书店2003年版，第158页。
② [德]哈贝马斯：《在事实与规范之间——关于法律和民主法治国的商谈理论》，童世俊译，三联书店2003年版，第507页。
③ [德]哈贝马斯：《在事实与规范之间——关于法律和民主法治国的商谈理论》，童世俊译，三联书店2003年版，第544页。
④ [德]哈贝马斯：《在事实与规范之间——关于法律和民主法治国的商谈理论》，童世俊译，三联书店2003年版，第544页。

量，也不依靠有意运作的福利的措施，而是依靠产生于公民社会和公共领域，通过民主程序而转化为交往权力的交往之流和舆论影响。① 民主范式依系于程序才能将开放性转化为确定性，将公民参与转化为对形成性决定的服从。

由于行政系统向社会开放，公民参与也会引发一系列问题。因此，行政法必须在尊重公民参与权的前提下通过程序装置保证行政互动的有效性。公民参与行政过程要获得一种规范性的效力就必须依靠程序装置的中介作用。如果没有程序保障多元化的公民参与，行政过程就不可能自我完结。"程序是交涉过程的制度化。"② 公民参与行政过程经过表达、商谈、沟通、交涉、论战等一系列过程必须在程序规则压力下达成共识，一切程序参加者都受自己的陈述和判断的约束，在程序规则中达成的共识具有规范效力，共识一旦达成，一个行政过程即告完结。程序能保证行政过程在开放的基础上的公共自主，公民在自主参与的条件下受共识的约束。程序约束下的行政具有反思性，公民参与通过程序规范在自我理解的基础上具有公共理解的属性。"在涉及价值判断的争执中，固守实质正义的立场并不能解决共识问题，所以有必要通过中立的程序安排来寻求在自主性前提下的相互理解和相互承认。"③

在民主制行政范式中，行政系统是开放的，公民参与具有平等性和自主性。由于社会交涉与互动往往是无原则的，容易为力量对比关系所左右，行政过程容易变成一种交易过程④，且没有一种约束规范而很难自我完结。在程序规范下的交涉与互动"可以保障既竞争又合作的法律决定在合理的、公平的条件下进行，造成既有

① 参见［德］哈贝马斯：《在事实与规范之间——关于法律和民主法治国的商谈理论》，童世俊译，三联书店2003年版，第545页。

② 季卫东：《法律程序的意义——对中国法制建设的另一种思考》，中国法制出版社2004年版，第33页。

③ 季卫东：《法律程序的形式性与实质性》，载《北京大学学报（哲学社会科学版）》2006年第1期。

④ 参见季卫东：《法律程序的意义——对中国法制建设的另一种思考》，中国法制出版社2004年版，第143～144页。

原则性又有灵活性的局面"①。

民主制行政的首要制度性条件是将公民参与纳入程序规范之中，使互动和交涉进入程序轨道以保证参与者地位的平等性和交涉内容的合理性，即把公民个人的自我理解转化为公共话语，把公民社会转化为公共领域。"话语理论还提出了另外一种理解：意见和意志具有民主形式，对于政府和权力机关依靠权利和法律作出决策而言，其程序和交往前提是最重要的话语合理化力量。"②

以民主范式为基础的行政法必须把程序置于制度的基础地位。"中国法制改革的程序化作业的出发点和基本设想是，在人际关系网络非常强韧、交涉以及达成合意的非正式沟通活动非常活跃的社会环境里，尤其应该借助程序这个形式操作杠杆把利益的讨价还价以及特殊的价值取向都转化为合乎正义的、以法律语言表达权利诉求，进而通过程序的过滤装置取得关于公共选择的实质性共识，并把程序正义作为各种法律决定是否妥当的担保。"③

行政互动关系的形成瓦解了传统的只将行政权作为执行代议机关制定的法律的忠实执行者的"传送带"理论。行政机关在多元化的社会背景中承担着越来越多的政治功能，自由民主的宪法安排已无法容纳行政权的这种嬗变，对这种事实的最终法律回应取决于宪法的重新安排。在既有的宪法安排中任何寻求行政法治的统一理论的努力都只能是暂时性的。④

以管理范式为基础的行政法治理论已无法为行政互动关系提供充分的理论证成，行政法治理论必须建立在民主范式的基础上。以民主范式为基础的行政法理论是对行政互动关系的积极回应。

---

① 季卫东：《法律程序的意义——对中国法制建设的另一种思考》，中国法制出版社 2004 年版，第 145 页。

② ［德］哈贝马斯：《包容他者》，曹卫东译，上海人民出版社 2002 年版，第 290 页。

③ 季卫东：《法律程序的形式性与实质性》，载《北京大学学报（哲学社会科学版）》2006 年第 1 期。

④ 参见［美］理查德·B. 斯图尔特：《美国行政法的重构》，沈岿译，商务印书馆 2002 年版，第 192 页。

　　以民主范式为基础的行政法是以行政系统的开放性、公民的自主参与和程序的规范意义为基本元素的。行政系统的开放性既是行政权寻求新的合法性的结果，同时也是公民自主参与的制度前提；公民的自主参与是权利运行逻辑的结果，同时也为行政权提供了合法性，程序是行政权与公民参与权之间形成规范性互动的中介，是民主范式中最基本的制度装置，行政系统的开放性收敛于程序规范之中，公民的自主参与在程序中获得一种规范意义。民主程序通过表达、沟通、交涉、商谈、论争等一系列的互动过程使公民的自我理解以及行政的公共理解在程序规范的压力下形成一种"交叠共识"或一种暂时性的公正理解，从而在开放性和参与性之间建立了一种有机联系。民主范式与程序主义规范范式具有内在的亲和性。事实与规范在民主程序中通过互动关系统一于有效性之中。社会事实的日益多元化与制度事实的自足性之间的紧张在民主程序中得到了累积性的消解。

第四章

司法文明的法治构建

司法权是国家政治权力的重要组成部分，司法权力的文明程度是衡量政治文明程度的基本标志之一。当实现了立法权和行政权的文明运行之后，司法权便具有了最根本的意义，因为司法是正义的最后一道防线。无论是权力的界分及其冲突解决，还是政治权力与公民权利的关系调整与修复，都离不开司法。为此，应当在深入揭示司法文明的理论意蕴的基础上，科学地探讨司法文明法治构建的战略选择和具体形式，实现司法理念文明、司法制度文明、司法器物文明与司法行为文明的统一。

第一节　司法文明的法理解析

一、司法文明的理论背景

"司法文明"一词由"司法"与"文明"两个词组合而成，究竟是何人第一次使用这个词，迄今无从考证。但可以肯定的是，由于近代意义上的"司法"系清末变法修律从西方引入的一个概念①，故可断定"司法文明"一词形成于近代，而不可能来源于中国古代文献。新中国成立后，董必武同志一贯主张法制文明是人类文明的重要组成部分，认为："说到文明，法制要算一项，虽不是唯一的一项，但也是主要的一项。简单地说，国家没有法制就不可能成为一个国家。"② 将文明与法制联系起来，董必武可能是近现代中国第一人。2002 年 3 月 11 日，肖扬院长在第九届全国人大第五次会议上作最高人民法院 2001 年度工作报告中，谈到 2002 年工作打算时指出："（要）强化服务意识，弘扬司法文明。"这可能是最高人民法院官方文件中第一次正式使用"司法文明"这个概念。2002 年 11 月，中国共产党十六大报告明确提出："发展社会主义民主政治，建设社会主义政治文明，是全面建设小康社会的重要目标。"政治文明的提出，立即掀起了一股对政治文明讨论和研究的理论热潮。政治文明的核心是法治，而法治的重要环节是司法，故有关政治文明的分析自然引申出法治文明与司法文明问题。③ 在此背景下，司法文明议题立即引起学术界和司法界的共鸣。从学术界来讲，2003 年 3 月，有学者发表理论文章《论司法文明》，几乎在很短的时间内作出了理论回应；④ 从司法界来讲，2003 年 10 月，最高人民检察院检察长贾春旺在《学习时报》第 208 期发表答该报记者问的长篇文章中指出："严格执法、尊重和保障人权，是司

---

①　"司法"一词，在我国古代已经使用，例如唐代州一级掌管刑法的官名为"司法参军"，县一级掌管狱讼的官名为"司法"。但近代的"司法"，是与立法、行政相对应的概念，始于清末变法修律而从西方引进的一个概念。这时，在清末的《法院编制法》、《大清新刑律》等法律文件中才出现了"司法"一词，而且《大清法规大全·宪政部》中明确规定："立法、行政、司法则是总揽于君上统治之大权。"参见王利明：《司法改革研究》，法律出版社 2001 年版，第 3 ~ 4 页。

②　《董必武政治法律文集》，法律出版社 1986 年版，第 520 页。

③　应该指出的是，早在 1998 年就有学者关注法治文明问题，并以此为题作了专门探讨。详见文正邦：《论法治文明》，载张生、汪祥欣主编：《法治问题研究》，法律出版社 1998 年版。

④　参见张波：《论司法文明》，载《江苏警察学院学报》2003 年第 2 期。

法文明的应有之义，是依法治国，建设社会主义法治国家的必然要
求。"

目前国内对司法文明的理论探讨，体现为理论界和实务界两种
不同的研究路径和学术旨趣。实务界对司法文明的探讨，多体现为
司法文明的建设论，或者从政治文明的角度来谈论司法文明，有待
于进一步深化。2003 年 3 月 14 日，新华网播出了关于司法文明的
一场专题访谈节目，最高人民法院研究室副主任胡云腾博士就司法
文明发表了较为系统的阐述：关于司法文明的含义，胡博士认为，
司法文明是精神文明、物质文明、政治文明在司法领域中的表现方
式，简单说它是司法活动发展进步的一种状态，是一种客观现实，
是人类社会在长期的司法活动中所积累创造的精神成果、物质成果
和制度成果的总和；关于司法文明的内容，胡博士指出，司法文明
从范围上讲是法治文明的一部分，从内容上讲，包括司法理念、司
法理论、司法规范、司法制度、司法的物质条件和司法人员的行为
方式等丰富的内容，具体包括先进的司法理念、科学的司法理论、
完备的司法规范、健全的司法制度、司法人员文明的司法行为方式
和良好的司法环境等六个方面。此外，胡博士还谈到强调司法文明
的意义、司法文明在司法实践中的具体体现、近几年最高人民法院
在建设司法文明方面采取的措施和效果，以及司法文明建设应注意
的几个问题等。① 可以说，关于司法文明的以上阐述，在司法界具
有一定的代表性。

就理论界来讲，其对司法文明的研究主要集中于本体论的视
角，着重于分析司法文明的含义、结构形式、基本要求或评价标准
等；但也有从解构的视角，对现行司法实践中不符合司法文明的现
状进行分析和批判。例如，有学者对人民法院主动启动再审程序，
以及司法实践中存在的权力审判、新闻审判和舆论审判等现象进行
了分析与反思。② 从总体来讲，当前理论界对司法文明的内容结

---

① 参见胡云腾：《专题访谈：司法文明》，载新华网，http：//www. xinhua-
net. com/zhibo/fangtan/20030314b/wz. htm。

② 参见陈界融：《司法文明四辩》，载《现代法学》2004 年第 2 期。

构、评价标准等基本问题存在一定的分歧，对司法文明的探讨需要
在理论上加以深化和系统化。比如，关于司法文明的内容结构，有
学者认为包括司法理念文明、司法制度文明、司法条件文明和司法
行为文明四个方面；① 有学者认为应包括司法方式文明、司法结构
文明、司法信赖文明、司法独立文明和司法价值文明五个方面；②
还有学者认为，司法文明包括先进的司法理念、科学的司法理论、
完备的司法规范、健全的司法制度和司法人员文明的司法行为方式
五个方面。③ 在司法文明的评价标准方面，有学者从价值和实证相
结合的角度，提出了现代司法文明的评价标准体系包括公正与正
义、效率与效益、人权与人道、民主与理性、中立与平等、人文与
人性、发展与进步、改革与创新等八个方面；④ 有学者则从司法文
明的构成要件的角度，认为司法文明的基本要件包括形式要件和实
质要件。形式要件包括程序性、组织性、司法文书的统一性和司法
人员服装的一致性等，实质要件包括中立性、独立性、专业性、公
开性、公正性和权威性。⑤

　　综上所述，关于司法文明的理论分歧，有待进一步整合，以免
给司法实践造成混乱。笔者认为，司法文明的内容结构，根据其内
在属性和外在形态，应包括司法理念文明、司法制度文明、司法器
物文明和司法行为文明四个层次，它们相互勾连与关照从而科学地
构成了现代司法文明的理论体系。司法文明与司法文化一样，是一
个复杂的综合体，既包括有形的东西，也包括无形的东西，是精
神、制度、物质和行为的混合体，很难用构成要件的方式来加以评

---

　　① 参见陈建军：《论司法文明》，载《云梦学刊》2004 年第 4 期。
　　② 参见张波：《论司法文明》，载《江苏警官学院院报》2003 年第 2 期。
　　③ 参见陈世民、颜玉南：《司法文明：司法改革的根本目标》，载《邵阳学
院学报（哲学社会科学版）》2004 年第 5 期。
　　④ 参见缪蒂生：《价值与实证：现代司法文明的评价标准体系》，载《江苏
社会科学》2005 年第 3 期。
　　⑤ 参见陈世民、颜玉南：《司法文明：司法改革的根本目标》，载《邵阳学
院学报（哲学社会科学版）》2004 年第 5 期。

价，也很难用几个具体的价值标准来加以判定，宜采用综合的、全面的评价方式来加以衡量。

二、司法文明的含义解析

与司法公正一样，司法文明已经成为一个时髦的词汇，并且炙手可热。其使用频率之高，利用"谷歌"搜索一下即可领略一番。然而，究竟什么是司法文明？司法文明的本质是什么？司法文明应满足哪些基本要求？司法文明有哪些表现形式？如何建设现代司法文明？这些问题并非是不假思索即可回答的。事实上，人们对司法文明的认识，可以说是既熟悉又陌生，似乎处于一种"你不说我尚清楚，你一说我就糊涂"的状态。

司法文明既是具体和浅显的，又是抽象和深奥的。说它是具体和浅显的，是因为人们根据一些法律知识和文明常识就很容易判断那些司法行为是不是文明的。例如，司法中人性化办案的新闻近年来不断见诸媒体：检察院反贪局依法搜查，避开犯罪嫌疑人的未成年子女；公安机关押解犯罪嫌疑人，给他们带上"头套"；法院作出的判决书，出现人性化判词。凡此种种，都让人看到法律对每一个人的生命、人格、尊严、情感的尊重和保护，让人真切感受到司法文明的意义所在。说司法文明是抽象和深奥的，是因为人类对文明的追求是无限制的，而对司法的认识是一个渐进过程。在此过程中，人们对一些司法现象和行为的认识，基于对司法文明价值认识的偏差而存在模糊不清的现象，甚至出现截然相反的情况。例如，对于前不久被告人邱兴华故意杀人案的精神病鉴定问题，专家与普通民众形成尖锐的对立意见。① 类似的情况，在司法实践中时有发生。由此说明，对司法文明的认识并非是简单的事情，有时牵涉到对社会基本价值观的审视和评判问题。例如，美国联邦最高法院审理"终止植物人进食案"，引起美国民众对生命权的反思和争论。因此，对司法文明的认识需要从理论的高度加以理性分析和

---

① 参见乔新生：《从邱兴华案看司法变革之痛》，载《江南时报》2006年12月15日。

研究。

在界定"司法文明"的含义时，需先弄清楚"文明"的含义。文明一般是指有人居住，有一定的经济文化的地区。文明经常与城市有很密切的联系，其本身就有"城市化"和"城市的形成"的含义。英文中的文明（Civilization）一词源于拉丁文"*Civis*"，意思是城市的居民，其本质含义为人民和睦地生活于城市和社会集团中的能力，引申后的含义为一种先进的社会和文化发展的进步状态，其涉及的领域包括民族意识、技术水准、礼仪规范、宗教思想、风俗习惯以及科学知识的发展等。按照现代汉语的解释，文明主要有两种含义：一个是指文化，即人类社会历史过程中所创造的物质财富和精神财富的总和（特指精神财富），如古希腊文明、亚细亚文明等；另一个是指人类社会的进步状态，即人类社会发展到较高阶段和具有较高文化的状态，与"野蛮"、"愚昧"相对应。①前者是从现实存在的角度对文明的诠释，后者则是从历史发展的角度对文明的诠释。文明的含义有时与文化相同，但在考古学和人类学里，文明和文化有截然不同的含义。从广义来讲，文明与文化的内涵基本相同。但从词性来讲，文明与文化是有区别的：文化是一个中性词，并不表示价值内涵，亦即不表示文化的进步与落后；文明则是一个褒义词，它明确标识着一种进步状态。

将文明的概念用于分析人类社会，较为规范的用法见于摩尔根（1818—1881）的《古代社会》。他把社会发展分为蒙昧时代、野蛮时代和文明时代，认为文明时代始于表音文字的发明及文字的使用。恩格斯在《家庭、私有制与国家的起源》中沿用了摩尔根的概念，认为文明社会始于第三次社会大分工，国家的出现是文明社会的总概括。根据恩格斯的分析，当社会发展到一定阶段的时候，社会便分裂为矛盾和冲突不可调和的阶级。为了使这样的阶级不至于在无谓的矛盾和冲突中把自己和社会消灭掉，这时候就需要一种凌驾于社会之上的力量，把这种矛盾和冲突保持在秩序的范围内。

---

①　参见《新华词典》，内蒙古人民出版社 2005 年版，第 820 页。

这个力量就是国家，就是社会的公共权力。① 在恩格斯看来，人类能够通过国家公共权力的力量来维系社会秩序，使人类社会能够在一种秩序框架内生存下去，是人类政治文明发端的一个重要标志。我们认为，司法权及其司法活动的出现本身是人类社会文明的重要成果之一，也是人类社会文明的一个重要标志。司法是一种文明解决社会矛盾的公力救济方式。正如西方学者所讲的，司法是国家"为双方当事人提供不使用武力解决争端的方法"②。司法方式解决纠纷，相对于原始社会中采用"自力救济"方式解决纠纷，是社会的一种进步，它属于"公力救济"的范畴。所谓公力救济，即凭借国家和社会的力量，而不是凭借纠纷当事人自己的力量，对受到侵害的权利进行救济。司法的出现使人类社会逐渐放弃长期采取的同态复仇、武力决斗和部落间征战等充满暴力和血腥的私力救济方式，从而给人类社会带来文明和秩序。公力救济历史性地取代私力救济，反映了人类社会对私力救济的厌恶和唾弃，也反映了对公力救济的一种理性认识和根本渴求，体现了人类社会的文明与进步。其历史意义，正如西方学者所言："由国家审判制度取代私人复仇制度，这是人类文明发展过程中的一次伟大成就。"③

　　界定司法文明的含义还需弄清"司法"的含义。"司法"一词的含义，在我国理论界一直是一个有争议的话题，主要存在三种不同的学说观点：一是广义说，认为司法是指适用和执行法律的活动，凡是能适用和执行国家法律的国家机关和社会组织都可以称为司法机关。例如，有关我国司法制度的教科书，一般认为我国司法制度包括审判、检察、侦查、监狱、律师、公证和仲裁等七项制

---

① 参见桑玉成：《现代政治文明的源起及其演进——桑玉成教授在复旦大学的讲演（节选）》，载复旦大学网，http：//www.fda.fudan.edu.cn/fdahome/mrlt/20.htm。

② 张文显：《当代西方法哲学》，吉林大学出版社1987年版，第206页。

③ ［英］彼得·兰德：《新个人主义伦理观》，秦裕祥译，三联书店1993年版，第39页。

度，相应的这些制度的执行机关都是司法机关。① 二是中义说，认为司法是指人民法院和人民检察院依法定职权和程序具体适用法律处理诉讼案件的专门活动。该说目前在我国处于主流学说观点。三是狭义说，认为是指法院裁判纠纷的活动，司法权也就是指审判权。为了论述的便利尤其是为了尽量揭示清楚司法文明的意义，在此采取司法狭义说的观点，而限于篇幅等原因，对前两种意义的司法暂时不予考虑。

综上所述，我们认为，所谓司法文明，是指人类社会采用公力救济方式，在依据法律解决社会矛盾和纠纷的过程中所建立的司法制度及其活动，能够科学反映司法的本质及其规律，具有高度社会公信力，能够最大限度地实现社会公平与正义，并有效促进社会和谐与福祉的一种司法进步状态。上述定义表明：

第一，司法文明既是一种应然状态，也是一种实然状态。司法文明的应然状态，反映了人类社会对司法的一种理性认识能力和水平，表现为人们对司法的一种理想追求，是人们评价和衡量司法文明的一种应然标准。司法文明的实然状态，是指现实生活中司法运作的现实进步状态。例如，体现司法文明的司法正义，对于我国司法现状而言，它是一种应然状态。据此评价我国司法制度，在司法文明上则并非十全十美，尚存在差距和不足。又如，我国法官开庭穿法袍和使用法槌，其既是我国司法的一种现实状况，也同时体现了一种司法文明，相对于过去法官开庭穿军事化的制服和拍桌子的情况而言，是一种司法进步和文明的表现。

第二，司法文明的内涵十分丰富，具有多层次外延结构。与司法文化一样，司法文明的内涵十分丰富，体系博大精深，内容包罗万象。但从总体上分析，其外延结构至少包括司法理念文明、司法制度文明、司法器物文明和司法行为文明四个层次。具体来讲：首先，司法理念文明，包括法官居中裁判、审判独立及司法的公开、公正、民主、效率、权威等理念。这些司法理念体现了人们对司法

① 参见章武生等主编：《中国司法制度导论》，法律出版社1994年版，第2页。

本质及其规律的一种科学认识。其次，司法制度文明，指具备健全的司法制度、科学的司法机制和完备的司法程序。再次，司法器物文明，是指司法建筑及其司法设施完备，能够充分保障司法运行的物质需要。最后，司法行为文明，包括司法人员的行为举止、态度、指导行为之思维方式等，能够体现为一种文明的司法方式。

第三，司法文明既具有一国特色，也具有人类社会的共同特性。作为一种文明，既具有一定的地域特色，也具有人类社会的共同特性。比如古希腊文明与亚细亚文明，既具有浓郁的地域特色和个性特征，也具有人类社会文明的共同特性。对于人类文明出现的判定标准，主要包括城市的出现、文字的产生和国家制度的建立等，其中最为重要的前提条件是城市的出现。这种判定标准既适用于古希腊文明，也适用亚细亚文明。在文明的标准上，不同文明之间具有人类文明的共同特性。司法文明作为人类社会文明的重要组成部分，其同样具有人类文明的上述特性。就西方的两大法系而言，大陆法系国家的司法与英美法系国家的司法之间具有明显的个性特征，但它们也具有人类司法文明的一些共性特征，比如司法的独立性、法官的职业化和程序的正当性等。因此，分析和判断司法文明，既不能简单地拿他国的司法文明来对比评价自己国家的司法文明，也不能因此而拒绝人类司法文明的共同成果。

三、司法文明的价值分析

如果说司法文明的概念回答的是"什么是司法文明"的话，那么司法文明的评价标准则是回答"怎样才是司法文明"。就两个问题的关系而言，后者是前者的具体化，前者告诉我们的是一个抽象的司法文明，后者告诉我们的是一个具体的司法文明。因此，分析和研究司法文明的评价标准，是司法文明理论中的一个重要课题，也是建构司法文明的一套重要的技术指标。

第一，先进性。文明意味着进步和先进，不文明意味着野蛮和落后。因此，先进性应该是评价司法文明的一个重要指标。先进性是一个比较概念，只有比较才能鉴别出先进与否。先进性的比较方式包括横向比较和纵向比较两个方面。两种比较方式都有它的积极意义，纵向比较可以发现自己的进步，横向比较可以发现自己的差距。判断一国司法是否先进，既要看其司法现状比过去是不是有所进步，也要看其司法现状与国外司法相比是不是处在同一发展水平。关于先进性的理论问题，在学术领域表现为"现代化理论"。现代化理论作为一种思潮，发轫于 20 世纪 60 年代。其产生的历史背景，是昔日的殖民帝国主义体系的瓦解，以欧洲为中心的世界秩序的崩溃，以及战后第三世界国家的独立和发展问题。现代化理论探求的目标之一，是在不同文化环境下由传统社会向现代社会转化的共同特征，以揭示现代化进程的普遍意义。① 在法学领域，现代化理论表现为"法制的现代化"与"司法的现代化"。司法现代化的含义具有多层性，是一个用来指称在市场经济、民主政治和多元文化条件下司法与之相适应的概念；是司法主体（司法组织及其工作人员）、司法过程、司法内容和司法目标与现代法律保持一致，或甚至以司法活动为基础创造现代法律（法官造法）的过程；是与司法固有传统相对立、并因而解构传统司法特征的过程；是司法活动职业化和专门化的过程。② 司法现代化是一个系统工程，包含了司法理念、司法组织、司法职业、司法运行机制以及司法效果评价机制等多方面的现代化。因此，有关司法现代化的理论是衡量司法先进性的标准，也是评价司法文明的重要标准。

第二，科学性。司法既是一门艺术，也是一门科学。"作为一门科学，它是关于人类的与神明的事务之知识，是关于是与非的一般理论；作为一门艺术，它乃是对善与公正的事务之促进。"③ 由此表明，将"书本上的法律"变为"行动中的法律"，需要法官通过一定的方法和技术加以实现，这是司法艺术的表现；司法作为人类社会管理自身事务的一个重要手段和活动，自其产生以来已经形

————————

① 参见丁学良：《"现代化理论"的渊源和概念构架》，载《中国社会科学》1998 年第 1 期。

② 参见谢晖：《规范选择与价值重建》，山东人民出版社 1998 年版，第 454 页。

③ 转引自汪习根主编：《司法权论：当代中国司法权运行的目标模式、方法与技巧》，武汉大学出版社 2006 年版，第 2 页。

成了不同于人类其他活动的基本规律和特性，这是司法科学的表现。司法的本质及其规律性是不以人的意志为转移的，它反映了人类社会对司法活动客观规律性的认识水平和成果。司法文明的科学性，表现为以司法理念为核心内容的司法理论，能够科学反映司法的本质及其规律；表现为司法制度的设计安排及其活动能够充分反映现代司法理念和尊重司法的本质与规律。司法的本质是一种居中裁判纠纷的活动，由此决定了司法具有一定的独立性、中立性、被动性、权威性、程序性、终结性和自治性等基本规律和特征。尊重和维护司法的个性和特征，意味着要尊重司法活动的独特品质和运行规律，尊重法官的独立地位和中立品性；也意味着要重视建构一套切实有效的、能够维护司法运行规律和特性的制度保障机制。因此，司法制度及其活动的科学性也是评价司法文明的一个重要的标准。

第三，公信度。获得公众的信任、信赖与信仰的司法才是正义的司法：其一是信任。即社会主体普遍地相信司法的公正性与理性运行，而不会怀疑它会肆无忌惮地践踏民意、破坏公正，从而在社会与司法之间架起联结与沟通的桥梁。其二是信赖。正是基于诚信，社会主体才心甘情愿地将司法作为解决争端、谋求正义的靠山，将自己的权利与未来交给它来判断与确证。可信赖性是司法公正的力量所在和寄托。其三是信仰。即司法要能够以其独特的秉性、高超的技艺、不偏不倚的判断才能获得社会的支持与认可，而非仅凭外部的强力来维持对它的服从。司法权威是司法的外在强制力与内在说服力达到了高度一致，而被同化为社会的内心信念的产物。一个被社会信仰的司法才是公正的司法。从某种意义上讲，司法制度及其活动能否得到社会公众的普遍信赖，是否具有很高的公信力，是司法发挥作用和功能的前提与基础，也是评价司法文明的一个重要依据。① 在现代社会，司法作为最终的纠纷解决机制，其所面对的问题都是当事人自行无法解决，并且往往也是一般国家机关不能解决的问题。司法要实现平息纠纷，重塑社会秩序，必须获

① 参见汪习根：《在冲突与和谐之间——对司法权本性的追问》，载《法学评论》2005 年第 5 期。

得社会公众对司法的普遍认同和高度信赖。正如澳大利亚法官马丁所讲："在一个秩序良好的国家中，司法部门应得到人民的信任和支持。从这个意义出发，公信力的丧失就意味着司法权的丧失。"①因此，一国司法制度及其活动是否具有公信力，既反映了司法的文明程度，又反映了社会的文明程度。

第四，公正性。公平与正义是人类进入文明社会以来，为寻求社会公平而持有的一种人文理想和对现实社会制度正义与否的一种价值评价。基于人类对正义的向往和追求，司法发展的历史就是一部人类社会不断追求公正的历史。一国的司法现状可能因各国的政治体制、基本国情而有所不同，但无论什么性质的社会和国家，司法的公正性都是它们追求的共同价值目标，因为没有一个国家不希望其法律得到公正的实施。古往今来，良性社会，无不追求公正原则；文明之邦，无不尊崇司法公正。将公正性作为评价司法文明的一个重要标准，其原因在于：首先，"正义是社会制度的首要价值，正像真理是思想体系的首要价值"。② 司法制度作为人类社会制度的重要组成部分，必须体现公平和正义。因此，公平和正义是评价司法制度文明的重要标准。其次，公正性是法治社会对司法的基本要求。按照法治的要求，法的实施是法律的生命，司法是法治的核心环节，只有将"纸上的法律"转变为"行动中的法律"，法律才具有实质意义。因此，法治的实践状态在很大程度上取决于司法的实践状态，而司法的公正性不仅是现代法治的基本要求，也是现代法治的基本保证和标志。最后，公正性既是评价司法过程的重要依据，也是评价司法结果的重要依据。因此，司法公正包括程序公正和实体公正两个方面的内容。前者指过程公正，也称看得见的公正；后者指结果公正，也称看不见的公正。实体公正是相对的，程序公正是绝对的。此外，对司法公正的评价，自古有制度内的专

---

① 转引自上海一中院研究室：《21 世纪司法制度面临的基本课题》，载《法学》1998 年第 12 期。

② ［美］约翰·罗尔斯：《正义论》，何怀宏等译，中国社会科学出版社1997 年版，第 1 页。

业评价和制度外的自发评价两种方式，应正确引导而不能迁就制度外的自发评价，更不能将其代替制度内的专业评价，应维护制度内专业评价的权威性。

第五，实效性。在现代法治社会，规则之治成为维护人类文明进步的重要保障，亦是实现社会正义和共同福祉的重要方式。为此，对于法律的产生，美国法学家博登海默曾充满激情地评价道："法律是人类最伟大的发明。别的发明让人类学会驾驭自然，而法律发明则令人类学会如何驾驭自己。"① 司法活动虽然不能直接产生经济效益，但司法能够为经济发展创造和谐稳定的社会环境，能够通过保障人权、矫正违法的方式促进社会进步和公共福祉。司法制度及其活动能否给社会带来这些积极影响，能否发挥其应有的职能和作用，也是衡量和评价司法文明的一个重要依据。基于法律秩序是社会文明和进步的基础，是每个公民幸福自由的保证，法官应通过司法活动来维护法律和社会的和谐统一，剔除"恶法"对社会秩序和公民生活的不利影响，以促进公民自由、社会和谐和公共福祉。司法既可以给人类社会带来幸福，也可能给人类社会带来灾难。德国纳粹时期的司法，将司法作为屠杀犹太人的工具，给人类社会带来万复不劫的灾难，尽管其司法运作高效且规范，但不能称之为司法文明，因为它给人类社会带来的是灾难而不是幸福。因此，司法对社会的积极影响和正面作用（亦即司法的实效性），是评价司法文明的一个实证标准。

司法文明的提出及其理论研究，具有重要理论价值和现实意义，直接关乎到我国司法体制改革的成效，并影响到我国法治建设的前进方向和历史进程。笔者认为，弘扬司法文明，加强对司法文明的研究，具有如下重要的理论和现实意义：

第一，司法文明是政治文明的应有之义，是政治文明发展水平的一个重要标志。政治文明的核心内容是民主和法制建设，而法治文明是政治文明的重要保障。在法治文明中，司法文明是不可忽视

---

① ［美］E. 博登海默：《法理学：法律哲学与法律方法》，邓正来译，中国政法大学出版社 1999 年版，第 9 页。

的重要内容。在政治生活中，人们根据法律，实行民主选举、民主决策、民主管理和民主监督，这种广泛的政治权利和自由，需要法律给予明确、稳定和可靠的保障。政治文明的必由之路是实现政治的制度化和法律化。政治法律化之后，如何保证政治权力的行使符合法律规定，如何防止政治权力的异化，离不开司法的监督、制约和矫正。正因为如此，行政诉讼法的颁布与实施，扩充了司法权的内涵和外延，结束了政府法外特权的历史，对推动民主法制建设功不可没，被视为政治文明的一个重要标志。司法对其他权力的监督与制约，是法治的基本精神。因此，弘扬司法文明，是建设社会主义政治文明的重要推动力量。

第二，司法文明是司法改革的一个重要目标。由于历史和文化等诸多原因，我国的司法观念、司法制度、司法方式均存在不能适应社会发展的需要，急需通过司法改革来促进司法对社会发展的需求。在这个过程中，司法改革的根本目标就是要实现司法文明。从司法的性质来讲，公正和效率是人民法院永恒的工作主题，要实现司法公正，提高司法效率，必须要运用文明的司法方式，而公正和效率本身也是司法文明的应有之义。从动态上来讲，从不文明到文明、从较低级文明到较高级文明，是人类社会的发展规律，也是司法文明的发展规律。司法只有通过不断改革和完善，才能不断走向司法文明。根据现代司法文明的基本要求，我们要摒弃阻碍司法文明、与现代司法不符的陈旧观念，树立现代司法理念；要立足全球化的时代背景，改革和完善我们的司法制度，使其能够符合现代司法制度的基本要求，促进我国司法制度文明建设；通过加强法官职业化建设，努力建设一支政治坚定、业务精通、作风优良、执法公正的司法队伍，不断规范司法行为，促进司法行为文明建设。

第三，司法文明是保障人权与社会和谐的现实需要。司法作为社会正义的最后一道防线，在维护社会正义、促进社会和谐、尊重和保障人权方面具有举足轻重的作用。人权的思想基础是对人的生命、自由和尊严的敬畏和重视。尊重和保障人权是弘扬人道主义价值观的重要表现，也是司法文明的重要表现，因为司法文明本身就体现了以人为本的价值观。司法具有人权保障和促进社会和谐的功能，是现代司法文明的一个基本要求。在尊重和保障人权、促进社会和谐发展方面，司法发挥着越来越积极的重要作用。例如，通过刑事审判，坚持罪刑法定原则和罪刑相适应的原则，在依法严惩各种犯罪活动、努力营造稳定的社会环境的同时，依法保障被告人应有的合法权利，真正做到依法惩罚犯罪与依法保障人权的有机统一；通过民商事审判，依法及时化解各类社会矛盾和纠纷，保障公民、法人和其他组织基本的经济、社会和文化权利；通过行政审判，依法监督和纠正行政机关的违法行政行为，充分保障行政相对人的合法权益，促进官民之间的和谐关系，维护政局的稳定。再如，贫穷、愚昧、法律知识的缺乏，都可能导致当事人之间法律资源利用上的不平等性和对抗制结构间的不公平性，从而影响到对弱势当事人合法权益的保护。因此，建立和完善司法救助和法律援助制度，将有利于克服上述存在的弊端。综上所述，弘扬司法文明，有利于促进公民人权保障与社会和谐发展。

第二节　司法理念文明

一、司法理念文明的意义探寻

理念（idea），亦即"理性的观念"，指原理、信念或价值观，表现为一种制度在建构和规划中的指导思想、基本原则、价值选择等哲学基础，是"一种理想的、永恒的、精神性的普遍范型"。①从某种意义上讲，理念相当于库恩所言的"范式"（paradigm），即包括规律、理论、标准、方法等在内的一整套信念，是某一领域的世界观，它决定了某一领域的个体有着共同的信念、价值标准、理论背景和研究方法技术。②因此，所谓司法理念，是指人们对司法

---

① 《中国大百科全书·哲学》（I卷），中国大百科全书出版社 1987 年版，第 465 页。

② 转引自徐亚文、孙国东：《普遍性与特殊性：现代司法理念的法理建构》，载《武汉大学学报（哲学社会科学版）》2005 年第 3 期。

本质及其规律的理性认识与整体把握而形成的一系列理性的基本观念，是对法律精神的理解和对法律价值的解读而形成的一种认知模式。① 它是指导司法制度设计和司法实际运作的理论基础和主导的价值观，同时也就基于不同的价值观（意识形态或文化传统）对司法的功能、性质、价值取向和应然模式的系统思考。

司法理念文明，是指人们所具有的司法理念能够科学反映其对司法本质及其规律的认识能力和水平，是司法实践经验和司法理论的积淀与升华，从中形成的关于司法价值原则、基本精神和法律意识之基本观念，代表了人类司法历史进程中的一种先进性和科学性的司法观念。司法理念作为一种实用司法哲学，表现为一种知识理性和实践理性。倡导文明的司法理念，也就是倡导文明的司法价值观，具有十分重要的现实意义：

首先，司法理念是司法制度设计的基础。司法理念是指导司法制度设计和司法实际运作的理论基础和主导的价值观，也是基于不同价值观对司法的功能、性质和应然模式的系统思考。理念是行为的先导，因而理念准备不足会导致立法的矛盾、混乱和缺乏可操作性，也会带来法律制度的不稳定性。因此，司法制度在设计之初就应该以系统成熟的理念作为基础。然而，我国现行司法制度产生于计划经济时期，其体现的理念既有先进合理的一面，也有与现代法治和市场经济条件不相适应的一面，故对现行司法制度进行改革是历史的必然和现实的要求。比如，在我国司法制度设计之初，由于缺乏对司法的本质及其规律的正确认识，没有根据司法独立的理念，将司法机关置于中央统一领导之下，而是将其置于地方权力的统置下，从而导致司法权地方化倾向较为严重，在个别情况下俨然成为维护地方利益的保护工具，严重影响了国家法律的统一和尊严。

其次，司法改革的关键是司法理念的变革。司法改革的前提是理念的变革，没有理论指导的改革将是反复无常、混乱不堪的。我

---

① 参见汪习根、孙国东：《中国现代司法理念的理性反思》，载《浙江社会科学》2006 年第 1 期。

们的问题是，一方面旧的司法体制难以变革，另一方面浅层次的司法改革又缺乏系统成熟的理论作指导，其结果必然导致我们司法理念充满了陈旧的与超前的、落后的与现代的等各色理念内容，相互混杂和相互作用后便产生了冲突和扭曲。司法改革必须形成相对成熟的思考和共识，而没有理念指导的改革将呈现出反复无常和司法行为混乱的现象。例如，在一些地方，人们对改革的步骤和方案歧见纷纭，改革的指导思想和目标也不明确，出台的一些改革措施与现行法律规范相冲突，有的甚至引起人们的争论，导致地方法院改革出现混乱现象。① 当然，我国当下的司法理念在本质上反映了法治与社会文明进步的普遍规律，只是在具体层次、环节和内容与形式上尚需进一步深化认识。

再次，司法理念是司法公正的前提和保障。公正的司法理念是司法制度运行中的"润滑剂"和"添缝剂"，能够指引法官在制度框架内自由裁量，而又不失其公正性，尤其是在制度规制缺失的情况下。② 司法理念对于司法公正的实现，具有十分重要的意义：（1）司法理念是指导法官正确解释法律的前提。法官在解释法律时，不可避免地体现自己的观念模式与价值判断。在此意义上，法官的司法理念和法律素养，是法律得以正确实施的基础，也是确保司法公正的前提。（2）司法理念是约束法官正确行使自由裁量权

---

① 如吉林省磐石市法院 2003 年 2 月 13 日出台的《关于对干警实施不信任弹劾的暂行办法（试行）》（以下简称"办法"），后更名为《关于对干警实施合理怀疑问责的暂行办法（试行）》。《办法》出台后，引起社会广泛关注，新闻媒体纷纷报道并加以评论，有的称该办法率先将"弹劾制"引入中国，并首次对法官"动用了弹劾程序"；网民也在网上引发议论，有的为之叫好，认为这有利于司法公正；有的则为之叫"停"，认为对这种不伦不类有损法律程序正义的办法冠以"法官弹劾制度"之名，是对弹劾制度的亵渎和玷污；但多数法律学者认为，该办法明显于法无据，且对弹劾制度缺乏基本了解，是一起带有作秀意味的改革表演。参见周道鸾：《"对法官弹劾"、"合理怀疑问责"规定的质疑与思考》；焦洪昌、姚国建：《对法官的弹劾与司法的公正》，载《人民法院报》2003 年 6 月 12 日。

② 参见张卫平：《体制、观念与司法改革》，载《中国法学》2003 年第 1 期。

的基础。正确行使自由裁量权，要求法官必须具有深厚的理论基础和现代司法理念，从而保证法官自由裁量权的行使能够符合法律的基本精神和价值追求，并在个案中实现公平、正义等价值目标。（3）司法理念是决定法律推理过程正确的重要保障。法律推理是法官适用法律的一个重要环节。① 法律推理不仅仅是科学的逻辑思维活动，也是一个价值判断的活动，要求保证推理结果合乎规则和法的目的。在法律推理过程中，法官的司法理念直接决定了法律推理的过程和质量。在此意义上，理念往往比制度更为重要，居于一种更高的位置。

最后，司法理念是法官坚守法律理想的精神支柱。理念的匮乏会导致信仰危机，从而使主体失去坚持下去的精神支柱。理念具有规范和引导行为的作用，体现了行为的目的性、节制性和选择性。基于此种认识，有专家认为，法官职业化建设应以现代司法理念为先导。② 肖扬院长在分析法官队伍现状时曾指出："我们法官队伍比较缺少职业传统和职业气质，其职业特点也处于模糊状态，不仅在法律意识、法律专业知识上难以形成共同语言，而且在职业伦理、职业操守方面也难以达成共识，内部自律机制因而难以有效建立。"③ 这种对法官队伍现状的分析，说明了法官队伍理念的匮乏，会导致信仰危机。法律信仰是法官最基本的价值观念。法律职业对于法官而言，不仅仅是一种谋生的手段，而是为之献身的一项伟大事业。正如军人以服从命令为天职一样，法官对法律的信仰和服从亦是法官的天职。法律信仰是法官职业道德衍生的基础，也是法官自律机制建构的前提。法官对法律的信仰，意味着法律在法官心目中神圣不可侵犯，从而促使法官把维护公平与正义作为一种职业信念，深深地扎根于心灵之中。法律信仰理念，决定了法官对法律的

---

① 参见吴家友主编、吕忠梅执行主编：《法官论司法理念》，法律出版社2005年版，卷首语。

② 参见祝铭山：《法官职业与现代司法观念》，载《法学家》2003年第3期。

③ 转引自倪寿明：《法官职业任重而道远》，载《人民法院报》2002年7月16日。

无限忠诚和对法官职业的无限热爱。法律信仰还直接决定了法官的司法动机和价值目标，并给予法官以克服任何困难的强大勇气和精神支持，从而使法官具有无比坚强的护法精神和坚决勇敢的崇法品格。这种对法律终极价值的追求，带动了法官职业生涯中内心无比严格的理性自律，为法官严格司法、公正裁决提供了无比巨大的精神动力。

二、司法理念文明的表现形式

作为一种先进的文明的司法理念应该具有普遍性和特殊性。普遍性反映了人类司法的本质及其一般规律性，特殊性反映了一国的具体国情和司法历史传统。普遍性说明了一种先进的司法理念可以适用于所有不同性质的社会和国家；特殊性说明了任何一种先进的司法理念都不是绝对的真理，当它适用于一个国家时必然要受到这个国家的具体国情和传统文化的影响。事实上，普遍性司法理念仅反映了现代司法的一般性要求，并不排斥基于文化背景不同而产生的运作和实现方式的多样性。现代司法诸理念都不是绝对的，相互之间也存有紧张关系；现代司法理念之所谓"现代"，也有其基本的运行逻辑，如立法至上的民主制度等。因此，如何理性认识现代司法的诸理念，特别是其相对性及其关系仍是一个远未解决的问题。例如，关于司法独立理念，即使是奉行"司法独立"的西方国家，其司法的实然运作也有一定的受制性。这些制约因素主要有社会的制约、政治的制约和情感的制约等。① 结合国内关于司法理念的主流观点，笔者认为，司法理念文明具体表现在以下几个方面：

第一，司法的相对独立与中立。司法独立作为一项被现代法治国家普遍认可和遵循的基本法律准则，是现代法治的基石，也是现代司法制度确立的基础。该原则确立的根本目的，在于确保法院和法官公正行使裁判权，防止法官在司法裁判过程中受到来自其他权力机关或外界力量（包括内部同事及领导）的任何干涉和影响，

① 参见汪习根、孙国东：《中国现代司法理念的理性反思》，载《浙江社会科学》2006 年第 1 期。

从而使法院和法官真正成为人们抵制专横权力，实现社会正义的最后一道屏障。因此，"司法独立是司法公正最重要的前提和基础，同时，也是衡量司法公正的一项重要标准，缺乏独立性的司法很难说是公正的司法"。① 司法独立至少包括两层含义：法院整体独立和法官个体独立。法院整体独立是前提和基础，法官个体独立是根本和关键。司法的中立性是由司法所追求的公正价值目标所决定的。没有司法机关在审理案件中的中立态度和立场，就不会产生公正的结果，即使在某些情况下结果并未受到影响，但由于法官没有做到在立场和态度上"不偏不倚"，也难以使人信服。司法的中立性主要体现在两个方面：一是司法程序启动的被动性，即法院不得主动去寻找案源，在无人起诉的情况下自行开始审理程序，而是实行"不告不理"的原则；二是司法裁判的平等性，即法官审理案件时应当对双方当事人不偏不倚，实行"无差别对待"，只根据事实和法律作出裁判。司法中立是对诉讼机制的基本要求，也是程序正义的基本体现，因而它是当事人对司法产生信任的精神支柱，也是保证司法公正的重要机制。当然，在中国社会主义法治模式下，司法的独立性与中立性不能脱离执政党的政治领导性和外部社会的制约性这两方面。

第二，司法的被动性与保守性。各类诉讼程序的启动主体不能包括法院和法官，从而限制司法裁判权的主动性，突出其被动性的职业特点。自古以来，"不告不理"的司法传统，体现了司法的被动性规律。法国学者托克维尔对此曾有过生动的描述："从性质上看，司法权自身不是主动的。要想使它行动，就得推动它。向它告发一个犯罪案件，它就惩罚犯罪的人；请它纠正一个非法行为，它就加以纠正；让它审查一项法案，它就予以解释。但是，它不能自己去追捕罪犯、调查非法行为和纠察事实。"② 司法活动在程序上

————————

① 江伟等主编：《民事诉讼机制的变革》，人民法院出版社1998年版，第22页。

② 转引自陈瑞华：《司法公正与司法的被动》，载《人民法院报》2001年3月19日。

的被动性，还引申出一个重要的司法原则，那就是"任何人不能作为自己的法官"①，因为你不能自己启动司法程序，又作为程序当中的裁判者。法律具有保守性的特点，这是法律自身的规律性所决定的。法律的保守性决定了司法具有保守的倾向。法律的保守性与消极性品格告诉我们，法律实际上无力建设什么，它存在的意义更在于防止什么，它只是为社会的存续提供某种最低保障，为人们的自主发展提供广阔的空间。在英美法系国家中，遵循先例是其司法传统的一个重要原则，故向后看而不是向前看是他们法官思维的一个重要特点；而在大陆法系国家中，严格的规则意识是其司法传统的一项重要内容，立法者要求法官严格按照其立法意图来解释和适用法律，以防止法律在实施中走样，故据法裁判和逻辑"三段论"是其司法的重要特点。当然，司法的被动与保守也不是绝对的无条件的。

第三，司法的程序性与专业性。司法裁判活动的开展，一方面是以程序作为载体，离开程序的指引和规范，司法裁判活动将无法开展；另一方面公正程序又是司法作出正确裁判的重要保障，并因其独特的程序规则和功能作用，可以吸收公民可能对司法裁判的不满，从而有利于保护司法裁判的权威性。因此，马克思认为："审判程序只是法的生命形式，因而也是法律内部生命的表现。"② 哈贝马斯指出："正是程序决定了法治与恣意的人治之间的基本区别。"③ 追求程序正义是现代司法的基本要求。程序正义不仅表现为程序的正当、公开和民主，还表现为程序的经济。程序的经济性，是指程序的构建应以司法资源的有效开发和运用为重要目的，尽量提升诉讼节奏，减少诉讼环节，设置多元可供选择的诉讼程序，特别是方便简易的案件处理程序，以提高诉讼效率，减少诉讼

① 贺卫方：《司法的理念与制度》，中国政法大学出版社1998年版，第165页。

② 转引自江伟等主编：《民事诉讼机制的变革》，人民法院出版社1998年版，前言。

③ 转引自季卫东：《程序比较论》，载《比较法研究》1993年第1期。

成本。法律是一门专业性很强的职业，从业人员需要专业知识。西方法制史表明，从法律技术到法律职业，从掌握法律技术的人到法律职业共同体的发展过程，表明了法律职业并不是一项任何人都可以从事和轻松胜任的一般性职业，它是一项专业性和技术性比较强的精英式职业。专业性是划分传统型法院与现代型法院的重要标准，具体表现在如下五个方面：（1）法官的司法活动具有独特的知识性、技术性，它要求法官具备专门的法律知识、相应的实践经验和独特的判断推理等思考方式；（2）法官应当具备独特、严格的职业标准；（3）建立系统的职业培训制度；（4）建立严格的国家司法考试制度；（5）职业共同体意识与制度的形成。① 此外，还应当注意程序的理性化与人性化的互动与融通。

第四，司法的公正性与权威性。公正是司法的本质所在，司法和公正不能割裂。司法公正是法律本身运作的一种规律性要求，是司法活动追求的根本目标和应然结果。司法公正是司法裁判工作的灵魂和生命线，也是司法裁判获得正当性和权威性的基础与前提。不公正的司法不但无任何权威可言，而且会导致司法腐败，动摇人们对法治的信念。正如英国哲学家培根所说："一次不公正的司法判决比多次不平的举动为害尤烈，因为这些不平的举动不过弄脏了水流，而不公正的判决则把水源败坏了。"② 因此，维护司法的公正性是法官义不容辞的责任。司法作为社会正义的最后一道防线，必须具有权威性。司法权威的获得，一方面来源于人们对法治的信仰和司法的信任，另一方面来源于司法的公正性和终结性。就前者来说，正如有学者所指出的，"就司法的社会控制本质而言，能不能充分发挥规范力，一如宗教或伦理，关键还是在于其决定的'被信赖'而被接受，不在于其'正确性'。故当信赖不足时，决

---

① 参见左卫民等：《变迁与改革——法院制度现代化研究》，法律出版社2000年版，第106～112页。

② ［英］培根：《培根论说文集》，水天同译，商务印书馆1983年版，第193页。

定的质与量再改善，也是徒劳无功"。① 就后者而言，"法官裁决的
安定终结是维护司法权威、确保社会秩序的必需。如果法官裁决可
以朝令夕改，利益争端就无法得到终局性解决，司法的功能意义就
会丧失殆尽，社会的秩序保障就沦为空谈"。② 在现代法治国家，
司法的权威性被视为法治程度高低的一个基本标志。

第五，司法的民主性与服务性。与传统司法不同的是，民主性
与服务性成为现代司法的一个发展趋势。司法民主的发展趋势表现
在司法的参与性、公开性、交涉性和选择性等几个方面的变化：
（1）司法的参与性是司法民主化的一个重要表现。其内涵主要包
括两个方面：一是裁判者和当事人对程序的参与，二是公众对司法
权行使过程的参与。③（2）司法的公开性是司法民主化的一个重要
形式。司法公开是一项古老的司法原则，而现代意义的司法公开，
已不仅仅表现在庭审公开方面，而是包括能够公开的所有司法环
节，充分体现了司法裁判的透明度和民主意识，从而全方位有效地
保障了当事人和社会公众对司法裁判的知情权。（3）司法的交涉
性和选择性是司法民主化的一个重要内容。现代司法民主化的一个
重要发展趋势，就是由过去片面强调民众对司法活动的参与，实行
陪审制度或参审制度，转而强调当事人对诉讼活动的参与和决策，
探求和发展纠纷解决的合意机制。例如，ADR 非诉解决纠纷机制
的兴起和刑事诉讼中出现的辩诉交易制度。这代表了司法裁判的一
个发展方向，即司法过程不再是法官主导的过程，而是各方当事人
合意主导的过程。自 20 世纪七八十年代起，司法消费观念在西方
的兴起，重新界定了司法权与社会（当事人）之间的关系，迎合
了现代社会以人为本的价值取向。美国是一个十分强调司法独立和
司法权威的国家，但近 20 年来，为了弥补高度职业化所带来的不

---

① 苏永钦：《司法改革的再改革》，台北月旦出版社 1998 年版，第 14 页。

② 汪习根、廖奕：《论法治社会的法律统一》，载《法制与社会发展》2004
年第 5 期。

③ 参见姚莉、尹世康：《司法公正要素分析》，载《法学研究》2004 年第 1
期。

良后果，发挥司法功能在社会治理中的作用，确立了一种"回归人群，服务社会"的司法理念，并于 1997 年制定了"初审法院运作标准及评价体系"，被人称作美国"五好法院"的考核标准和方法，集中体现了一种独立与负责并举、权威与服务并重的现代司法意识形态，使司法走入社会，走近民众，从而树立起其司法亲民的良好形象。① 美国、澳大利亚等国的司法机构甚至提供专门人员在法院大厅为当事人或公众服务，把诉讼文书样式或表格设计得通俗易懂，每周安排一次夜间开庭，方便公民旁听，还提供舒适的旁听坐椅，提供冷热饮等，从细微之处体现了为司法消费者服务的周致考虑。在这种潮流的影响下，韩国、日本等国也分别将司法消费观念导入其司法改革的内容，设计了一系列方便和服务于司法消费者的程序和措施。② 在全球化时代，最高人民法院于 2003 年 8 月份提出了与上述理念相同的司法为民思想，表示要制定切实有效的司法为民、司法便民、司法护民的具体措施。③ 可见，司法并不必然具有一幅高高在上、自说自话、不通人情的脸孔，以人为本的法律理念应当成为司法文明的价值基础。

三、司法理念文明与法律价值冲突

在司法实践中，司法价值追求与司法理念之间经常会发生矛盾和冲突。这种矛盾和冲突贯穿了人类司法的历史发展过程，也贯穿了具体个案的司法过程，成为司法实践中的一个难题。这种矛盾和冲突在社会转型时期，表现得尤为突出。司法理念、价值追求之间

---

① 参见于秀艳、赵荔：《美国"五好法院"的标准与考评》，载《人民法院报·法治时代周刊》2002 年 11 月 11 日。

② 分别参见韩大元：《韩国司法改革及其启示》，载《人民法院报·法治时代周刊》2002 年 1 月 21 日；季卫东：《世纪之交日本司法改革述评》，载《人民法院报·法治时代周刊》2001 年 11 月 5 日。

③ 参见原最高人民法院院长肖扬于 2003 年 8 月 24 日在全国高级法院院长座谈会上的讲话，载《人民法院报》2003 年 8 月 25 日；最高人民法院常务副院长曹建明在全国高级法院院长座谈会闭幕式上的讲话，载《人民法院报》2003 年 8 月 26 日。

的矛盾和冲突，在实践中的表现形式是多种多样的。有的表现为司法指导思想之间的前后矛盾，有的表现为司法指导思想与司法理念之间的冲突，有的表现为不同司法价值追求之间的矛盾等。具体来讲：

第一，现代司法理念与陈旧司法体制所折射出的价值之间的冲突。基于现代司法理念与陈旧司法体制之间的矛盾，主要表现为"五个冲突"：官本位主义观念与现代法治理念相冲突；司法权配置不科学与依法独立行使审判权相冲突；行政化管理模式与审判工作的自身特性相冲突；法官职业大众化与社会对法官职业化的要求相冲突；经费保障不到位与公正廉洁文明司法相冲突。① 这些冲突不仅扭曲了人们的法制观念，而且产生出种种弊端，如在司法实践中存在的裁判不公、久拖不决和办关系案、权力案、人情案和金钱案等现象。司法腐败不仅导致法院公信力和权威受损，而且导致法官职业成为一种高风险的职业，有人曾形象地将法官称为"刀尖上的舞者"。据调查，2005 年底，浙江省宁波市北仑区法院以问卷、座谈及个别访谈等形式，对基层法院法官的心理压力问题进行了调查。调查结果表明，高达 52.6% 的法官心情时常感到压抑、焦虑、担忧、不安。② 在司法实践中，想做一个公正、超脱的法官，凭证据规则去认定事实，凭法律规则去判断案件，经常遇到阻力。这些现实实际上反映了理念与体制上的冲突，从而导致法官理想与现实的落差。

第二，现代司法理念与司法的实际价值追求之间的冲突。现代司法理念与司法的应然价值追求之间应该是统一的，但在现实实践中司法的实然价值追求与应然价值追求是有距离的，甚至是相互扭曲的，从而导致现代司法理念与司法的实然价值追求之间出现不可避免的冲突：（1）司法的稳定性与运动式司法的冲突。司法制度作为一个固定的诉讼机制，强调的是司法活动的连续性和稳定性，

---

① 参见詹顺初：《推进司法体制改革的调查与思考》，载《人民法院报》2004 年 4 月 17 日。

② 参见刘岚、应启明：《基层法官心理压力有多大？——来自宁波市北仑区人民法院的访谈》，载《人民法院报》2006 年 2 月 28 日。

不能今天这样，明天那样，让当事人和法官无所适从。而现实的情况是，我们习惯于运动式司法，所谓的"严打"、"执行会战"以及提出的各种司法口号等就是最典型的表现。（2）司法中立性与司法行政化的矛盾。一方面认识到司法中立是司法的基本要求和理念，另一方面为了迎合形势和社会舆论的需要，又推行一些行政化的举措。如经常听到的一些"为市场经济保驾护航"之类的口号，与司法理念极不相称。（3）法官自律性与官本位的冲突。法官职业的特殊性，决定了法官职业是一个高度自治的群体，为了保障法官的相对独立和中立，法官除了法律以外没有上级；法官之间应该是平等的，法官不应该有等级区别，更不允许存在法官之上有法官的制度。但法院内部的行政化管理制度，与上述法官制度理念又存在一定差距。① （4）司法中立与新闻媒体及民意的冲突。司法中立

---

　　①　关于法官等级制度，有不少学者提出了批评意见，认为该制度与法官平等、独立原则相悖，亦与司法运行机制的特殊性不相适应。而最高人民法院对于什么是法官等级，在认识上也是含混不清的，如关于法官等级的理解问题，最高人民法院组织编写的一本关于《法官法》学习丛书中这样写道：法官等级不同于法官职务，但在一定条件下，等级与职务又有对应关系；法官等级也不是职称；法官等级也不同于军衔和警衔……说了半天，也不知法官等级是什么东西（参见周道鸾主编：《法官法讲义》，人民法院出版社 1995 年版，第 135～136 页）。为此，有学者指出，"将法官分作十二个级别的制度强化了法官之间的等级差异，不利于法官独立意识的养成"。参见贺卫方：《中国的法院改革与司法独立——一个参与者的观察与反思》，载中国法院网 http://bbs.chinacourt.org/index.php? showtopic=47018；关于法院内部行政化倾向和官本位主导地位问题，贺卫方曾讲过这样一个亲身经历的事例：他曾有幸和我国的一个司法代表团一起考察美国制度，在与美国同行的交流过程中，我们的法官，包括那些院长、副院长们感到最难以理解的问题之一，不是美国法院的位高权重，而是法院院长（首席法官）对于其"下属"无权无势，上级法院不用开会，也不向下级法院部署工作。中国法官感到困惑的是，整个法院及国家的司法体系将如何保障运转？中国法官硬是想不到世界上竟还有这样一种非行政化的法官管理模式。法官之间不存在上下级的分别，院长也是法官"平等者中平等的一员"；而且这种平等不仅表现在同一级法院，不同级别法院的法官之间也是平等的。参见贺卫方、魏甫华：《改造权力——法律职业阶层在中国的兴起》，载葛洪义主编《法律方法与法律思维》（第 2 辑），中国政法大学出版社 2003 年版，第 85 页。

的理念要求法官审理案件时，应该尽量避免受新闻媒体及民意的影响，但在司法实践中却恰恰相反，新闻媒体及民意左右法官审判的现象频频发生，被学者讥讽为新闻审判和舆论审判。例如，四川泸州"二奶"继承案的判决就是典型例证。① （5）法律效果与社会效果的冲突。实践中存在一种现象：为什么公正的判决得不到当事人和社会的认可？这既反映了法律与社会之间的缝隙未能得到法官很好的弥补，也反映了制度评价机制与社会评价机制在司法公正的认识上存在差异，如一些"重点企业"、"税收大户"成为强制执行的"禁区"，等等。现代司法理念与司法实然价值追求之间的冲突与扭曲，不仅严重干扰了法官的司法思想，而且造成了当前司法改革的混乱和无序状态。

第三，纠纷解决与规则之治的冲突。在现实生活中，为什么法官严格司法，却带来"秋菊打官司"式的困惑？这引起人们对纠纷解决与规则之治的反思，并直接影响到中国基层司法及其方式问题。2004 年 5 月 25 日《人民法院报》第 2 版刊登了一则图片新闻，报道河南省浚县人民法院善堂法庭法官苏建新为化解一起邻里纠纷，亲自动手将原告刘某新房墙壁上的两处窟窿补好（该窟窿系被告侵权所致），终使原、被告达成谅解，使一起纠纷化干戈为玉帛。该新闻报道反映了我国司法现状的实际。由于观念和制度上的原因，我国司法裁判制度赋予法院/法官的职责不仅是法律意义上的"解决纠纷"，而且可能还是社会意义上的"平息矛盾"，要求通过平息个案纠纷来维护政局稳定和社会安定团结，为改革开放和经济发展提供法律保障，强调司法裁判法律效果与社会效果的统一。但是在实践中，有时还存在重个案正义、轻普遍正义，重司法民主、轻司法中立，重平息矛盾（调解）、轻判断是非（判决）等现象。这种以息诉为目的的司法理念，如果发展到极端，势必会以牺牲法律规则为代价，并不利于法律秩序的建构和纠纷的真正解决；因为这种做法也许可以使个案问题得到一时解决，但社会上类

---

① 参见王丽萍：《在法律与道德之间——由一起司法判决引起的思考》，载《山东社会科学》2004 年第 2 期。

似纠纷却丧失了可遵循的规则标准，人们因此将难以预期自己的行为后果，社会也因此难以建立起相应的法律秩序。这就涉及法院/法官司法职责的本质，究竟是落实和形成规则（普遍地解决问题），还是解决个案纠纷（具体地解决问题），或者在两者不可偏废的情况下以何为重并将向哪个方向发展的问题。① 该问题在宏观层面上直接反映了纠纷解决与规则之治在我国司法实践中的矛盾与冲突，在微观层面上则涉及法院/法官解决纠纷之方式方法的选择，并在当前具体表现为司法决策者对判调关系认识的模糊和分歧，指挥棒一直在两者之间摇摆不定：时而强调调解，时而强调判决，时而强调判调并重。但判调之间的矛盾不仅仅是指结案方式问题，其背后还涉及司法民主与司法中立、司法主动与司法被动、司法广场化与司法剧场化、实质理性与形式理性、实体至上与程序至上、个案正义与普遍正义、送法下乡与坐堂问案、民间法与国家法等一系列司法理念的冲突问题。对于处在社会转型的中国法院/法官来说，"司法现代化"既是一种美好的理想，也是一种模糊的信念；而理想与现实的距离，常常令法官们困惑和惆怅。这些问题如果不从根本上解决，不仅会导致法院/法官在司法实践中的角色错位和行为失范，而且将制约着法院/法官司法能力的提高。

四、司法理念文明与法律价值整合

造成司法理念、价值追求之间的矛盾和冲突，其原因是多方面的。有文化观念的因素，有现行体制的因素，也有法律制度自身局限性的因素等。如何正确处理这些矛盾和冲突，既是我们建设社会主义法治国家的一个重要课题，也是我们实现社会主义司法文明的一个重要课题。我们以为，必须实现司法理念、价值追求之间的和谐归一，和谐司法应该是我们寻求的必由之路。"司法在生活与艺术、对抗与和谐、规制与宽容、为民与为公、形式与实体之间的博弈与关联，为司法调整利益关系、维护社会公平、实现民众共同福祉奠定了基础。不可一味地偏好司法的对抗性、规制性与公正性而

---

① 参见苏力：《送法下乡》，中国政法大学出版社 2002 年版，第 134 页。

抛弃司法的和谐性、宽容性与民本性。当然，我们也不能反其道而行之。谋求对抗与冲突的均衡，和谐司法正是司法的应然本性。"①和谐乃中庸之道、平衡之术，实现和谐是一门艺术。"和谐司法"的理念很快得到最高人民法院的认可。2007年1月6日，原最高人民法院院长肖扬在济南召开的第七次全国民事审判工作会议上，首次提出"司法和谐"理念，要求全国各级人民法院努力创建和谐的诉讼秩序，着力维护和谐的司法环境。② 社会稳定与和谐仰赖于司法和谐。司法是社会纠纷的最后一道防线，也是纷争的最后仲裁者，司法不和谐，社会纠纷就难以得到和谐解决，社会矛盾就会聚集，容易产生群体性事件并导致大量矛盾的激化，产生诸多影响社会和谐的因素。那么，如何实现"和谐司法"的理念呢？笔者以为，应从以下几个方面加以理解和把握：

　　第一，科学理解和正确把握"和谐司法"的含义。首先，司法和谐并不等于"和稀泥"，不能以和谐取代公正，将和谐司法与公正司法对立起来。和谐是从司法精神、行为态度、风格及立基点上来讲的，而公正则是从实质内容与客观标准上而言的。和谐有助于指导公正司法，树立司法权威，铸造民众的尚法信念。而公正则是和谐的根本保障和运行机理之所在，失去公正的和谐秩序只能是人治下的专制与滥权，有违民主法治的原则。③ 其次，"和谐司法"是基于司法裁判"没有唯一正确的答案"而言的，其目的在于保证法官以一种平和的方式找到一种更佳的纠纷解决方案。再次，世间万事万物都具有相对性，故任何事情都不能走极端。正如冷冷冰冰不能体现法官的尊严、嬉皮笑脸不能代表法官的亲和一样，法官的司法方式、司法态度应该充分体现"以人为本"的原则，在平

---

① 汪习根：《在冲突与和谐之间——对司法权本性的追问》，载《法学评论》2005年第5期。另参见汪习根：《漫谈和谐司法》，载《新华文摘》2007年第5期。

② 参见田雨：《最高法首次提出"司法和谐"理念》，载法易网，http://www.lawease.cn/todaynews/newsjj.php?id=9587.

③ 参见汪习根：《在冲突与和谐之间——对司法权本性的追问》，载《法学评论》2005年第5期。

和中体现威严，在威严中体现平和，在平和与威严之间体现自然与和谐。这是一种处世艺术，也是一种司法艺术。最后，我国正处于新中国成立以来一个至关重要的转型时期，传统与现代、专制与民主、落后与文明、人治与法治、迷信与科学之间的矛盾随着社会主义现代化事业的不断推进，渐渐被放大、凸现出来。特殊的时代背景和社会、文化背景，使得现代的法官身份隐含着不同于"传统的法官"、"未来的法官"的内涵。如果说以"马锡五"为代表的"传统的法官"习惯于在"下面"活动，深入群众、探寻实体真实，法学教材中所描述的"未来的法官"惯于"高高在上"，严格遵照法律、追寻程序正义的话，"转型期"这一特殊的时代背景对当代中国的法官们的要求就是"能上能下"。一方面，我们必须坚定不移地继续我们现代法治建设的进程，法官在审判中必须"高高在上"，居中裁判、严格依法办案、遵循程序正义、放弃落后的实体正义观；另一方面，为了更好地消除社会矛盾，逐步建立起社会大众对法律的信仰，法官们又必须"能下"，下到群众中，在依法判案的同时，担负起"普法工作者"、"法治信仰培育人"的历史重任，让老百姓真正建立起对法律的信任与信仰。① 这正是中国社会转型时期所需要的"和谐司法"。

第二，对我国司法价值取向的校正与协调。从不协调向协调发展是社会进步的必然。法的价值观是社会发展状况的反映，也影响着社会发展。法的价值观对社会发展具有先导、适应和阻碍三种作用。社会协调发展要求法的价值观转换，也要求司法的价值观转换。因此，社会的和谐发展，要求我国的司法价值取向必须予以协调和校正：（1）从偏重秩序转向秩序与自由相协调。现代社会必然是矛盾丛生的社会。我们不能寄希望于不发生矛盾，也不能寄希望于彻底地根除一切矛盾，我们只能尽量减少矛盾的发生，并在矛盾发生时能够以最好途径加以及时解决。但不能为了秩序而以牺牲自由为代价。对自由的不适当抑制反而会影响秩序本身。因此，为

---

① 参见陈卫东：《双重冲突中的司法公正——电影〈真水无香〉观后》，载《人民法院报》2006 年 8 月 7 日。

了适应社会和谐发展的需要，我们需要从偏重秩序转向秩序与自由相协调。（2）从偏重稳定转向稳定与发展相协调。稳定的实质是秩序。稳定与发展在抽象意义上并不矛盾，因为稳定是发展的基础，发展是稳定的保障。但在现实生活中，因发展带来对原有秩序的变化从而影响到稳定，为了稳定而限制发展，将稳定与发展对立起来。稳定与发展都是我们的追求，应把二者有机协调起来。（3）从偏重效率转向效率与公正相协调。经济的发展固然应追求效率，但应兼顾社会公平。对于司法而言，更不能为了追求效率而忽视了公正，应有机协调效率和公正。（4）从偏重义务转向义务与权利相协调。权利与义务是相对应的范畴，是法律规范最基本内容。没有权利就没有义务，没有义务也就没有权利。在具体司法过程中，应强调权利与义务的对等性。（5）从偏重权力转向权力与权利相协调。权力来源于权利，这是现代政治理论的基本观点。但我们长期以来在权力与权利之间，更多地倾向于权力而忽视了权利。强调权力与权利的协调是现代法治的基本要求，也是现代法和司法的基本价值观。①

第三，科学理解和正确评价司法公正问题。对于法官司法来讲，"正义不是事实，而是一项任务：给我们头脑和我们的心灵规定的一项任务"。② 但自古以来，人们对正义的理解是多元的，历史上许多哲学家和法学家提出了不尽一致的正义观。正如博登海默所言："（正义）具有一张普洛透斯似的脸，变幻无常，随时可呈现出不同形式，并具有极不相同的面貌。"③ 就法学对正义的理解与分类来讲，法律上的正义包括程序正义与实体正义、形式正义与实质正义、普遍正义与个案正义。那么，当这些正义相互冲突时，应如何正确处理它们之间的关系呢？或者说，在这些正义的价值出

---

① 参见卓泽渊、石泰峰：《社会协调发展与法的价值观转换》，载《苏州大学学报（哲学社会科学版）》2004年第5期。

② ［英］麦考密克、［奥］魏贝格尔：《制度法论》，周叶谦译，中国政法大学出版社2004年版，第204页。

③ ［美］博登海默：《法理学：法哲学及其方法》，邓正来译，华夏出版社1987年版，第238页。

现冲突时应如何衡量呢？一般认为，其衡量规则是程序公正优于实体公正、形式公正优于实质公正、普遍正义优于个案正义。该衡量规则是从一般意义而言的，并非是绝对的真理。确立该衡量规则的依据是法律的本质规律和局限性：首先，就程序公正与实体公正而言，前者具有绝对性，后者具有相对性；亦即前者具有可操作性，后者具有不确定性。其次，法律是一个形式化的公共理性，也是一个高度抽象化的公共理性。为了维护法律的统一性，我们往往需要以牺牲实质合理性为代价。现代法治格外青睐形式理性，并以此作为区分人类其他法治形式的一个标准。尽管为了矫正形式法治的一些缺陷，在一些西方法治国家出现了含有特殊关照意旨的实质法治，但形式法治仍然是现代法治的主导型式，实质法治只是一种辅助型式，是对前者的矫正和补充，远未到达取代前者的程度。① 最后，法律以其高度的抽象性和普适性作为内在特征，而生活中的个案都有其特殊的一面，这样就会造成普遍正义与个案正义的冲突与矛盾问题。在这种情况下，为了维护法律统一性和普适性要求，往往是放弃个案公正而追求普遍公正。因为"以个案公平结果为导向的技术或原则，必然会出现全国法院适用法律不统一的问题"。② 要追求规则之治的一致性，就必须寻求规则的一般性和普遍性。司法公正问题，还涉及评价机制问题。司法公正的评价可以分为法定的制度性评价和社会的自发性评价两种方式。司法裁判是一项专业性、技术性十分强的工作，社会的自发性评价与法定的制度性评价之间难免出现差异，但司法公正的评价应当以制度性评价为主。法官司法的唯一依据是法律，而不是社会舆论。

第四，建构以司法为主导的多元纠纷解决机制。古往今来，听讼断狱，断是非曲直，解纠纷止争，是中外司法裁判的一项基本职能。但应明确的是，并不是所有的社会纠纷都经由诉讼途径来解决，司法裁判解决的纠纷只能是法律纠纷，而法律纠纷也不一定非

① 参见高鸿钧：《现代法治的困境及其出路》，载《法学研究》2003 年第 3 期。

② 苏力：《送法下乡》，中国政法大学出版社 2002 年版，第 289 页。

经诉讼途径解决。就法律纠纷有效解决而言，司法裁判从来不是唯一和有效的途径，也不是主要和最佳的途径；司法裁判的核心意义在于，它是一种强制性的纠纷解决机制，当纠纷不能或不宜寻求其他途径时，司法裁判能够依法律规则为这些纠纷提供最后救济。①基于司法资源的有限性和司法作用的局限性，决定了社会纠纷没有必要、也没有可能全部经由诉讼途径来解决。社会纠纷的性质和表现形式是多种多样的，解决社会纠纷的方式方法及其机制也应该是多元的。在西方法治发达国家，十分注意建立以司法为中心的多元纠纷解决机制，以适应现代社会多元化发展的需求。当前的中国正处于社会转型时期，原计划经济时期的社会治理方式和结构已发生了重大改变，应根据社会发展的新情况、新特点和新问题，重新构建社会治理结构和方式，建立以司法裁判为中心的多元纠纷解决机制。例如，发挥工会、行业协会等行业组织的作用，解决经济组织内部或行业内部的纠纷；通过体制改革或政策调整的方式来化解社会结构性矛盾和群体性冲突，如通过取消农业税的政策调整，从根本上解决农民负担纠纷，等等。作为国家正式的、最终的权威纠纷解决机制，司法裁判解决的纠纷应限于重大的或者其他机制不能解决的法律纠纷。

第五，努力实现法律效果与社会效果的和谐统一。强调法律效果和社会效果的统一，绝不是一个简单的政治口号，而是司法的本质和规律的要求。法律是社会关系的调节器。整合社会利益、维护社会秩序、实现社会福祉，是法律的终极目标。如果说审判是一种艺术的话，那么在很大程度上，就是如何把法律效果与社会效果结合起来、统一起来的艺术。司法的最终目的是要通过法律的运用和实施，给社会、人民带来自由、安全、秩序和福利。强调法律效果与社会效果的统一，是司法命运之所系，前途之所系。但切忌把社会效果庸俗化、片面化、绝对化，切忌完全游离法律精神而改变立

---

① 参见傅郁林：《法官职业化：一个社会分工的视角》，载苏泽林主编：《法官职业化建设指导与研究》，2004 年第 2 期。

法宗旨，切忌一概把具有话语权的主体的意见当成社会效果的代名词。① 实现法律效果与社会效果的有机统一，取决于法官的司法能力。法律规则及其体系存在的弊端，决定了司法裁判的复杂性，同时也赋予了法院/法官无比艰巨和重要的法治使命。在司法裁判过程中，法官既要忠于和维护法律规则的权威性，又要保证和弥合法律的明确性、周延性和逻辑一致性，并促进法律规范的发展和完善。因此，作为现代社会的法官，不仅需要全面了解现行法律体系和娴熟地运用法律条文，而且要善于发现法律条文背后的意义和效果，善于弥补法律规范与社会生活之间的缝隙，善于从社会生活中发现、挖掘和提炼生生不息的规则，来消除法律的滞后性和不周延性，从而引导和促进法律的自我完善和社会的和谐发展。法官的职责不仅要使具体争端能够以一种技术手段得到化解，而且还要以一般化的法律方法和司法技术保障同种性质的不同争端能够得到同样的处理和化解。这就要求司法裁判活动应在对象个别性与行为统一性之间寻求出一种保障机制，这种机制就是法律思维机制，即按照法律思维的规律、方法和技巧进行统一和规范。保障法律统一适用的机制，英美法系国家中，采取的是遵循先例的思维方法；在大陆法系国家，采取的是共同的法律思维训练和法律推理机制，并辅之以判例法指导制度。

五、司法理念文明与理性司法思维

法官的思维方式决定了司法行为的理性程度。为此，美国学者 Bond 指出："有人认为正是由于缺乏这种规定性和明确性而使法官能够按自己的意愿随心所欲地对有关条款妄加解释。依此种观点，宪法只是一个空瓶子，法官可以任意地倒进任何东西。我们称这种东西为'反复出现的噩梦'。它所包含的意思是令人不寒而栗

---

① 参见江必新：《法律效果与社会效果统一》，载《人民日报》2006 年 5 月 10 日。

的。"① 正因为如此，如果认为凭抛一枚硬币就可以决定法律的含义或案件的裁决，那将使人感到不可容忍！事实上，也绝对没有法官承认是基于这种方式来裁判案件的。人们凭什么相信法官，是因为法官具有法律专业知识，能通过理性的思维方式来解决复杂纠纷。司法的核心问题是法律适用问题，即如何将抽象法律规范应用到具体个案当中。逻辑与法律及其适用活动具有天然的密切的关系。法官正是通过逻辑推理的方式，将抽象的法律适用到案件当中。人们因此常讲，法律适用的过程也就是逻辑推理"三段论"的过程。法律推理在司法实践中的运用，表明了法官的判决是通过理性思维得出的，因而具有某种正当性。

但随着学界对司法过程的实证分析与研究，新的理论与证据不断涌现，法官司法活动不再被认为是一种完全的逻辑推理过程。

美国法学家卢埃林认为，"那种根据规则审判的理论，看来在整整一个世纪里，不仅愚弄了学究，而且愚弄了法官"；② 霍姆斯则指出，"法律的生命从来就不是逻辑而是经验"。③ 德国学者魏德士亦认为，那种依逻辑推理的方式作出的法律判决，虽然在理论上具有某种正当性，但是其在实践中目标的清晰性非常有限。④ 德国法学家伊赛和美国法学家弗兰克甚至认为，法官的判决往往是建立在感觉和直觉之上的。⑤ 瑞士法学家菲利普·马斯托拉蒂也认为，"形成判决的过程通常按照如下步骤进行：前理解形成作为假定的判决草案，方法论则审查判决草案的补充或者修正决定"；"前理

---

① ［美］James E. Bond：《审判的艺术》，郭国汀译，中国政法大学出版社1994年版，导论第3页。

② 转引自何勤华主编：《20世纪百位法律家》，法律出版社2003年版，第16页。

③ Oliver. Wendell. Holmes, The Common Law, LittleBrowwnand Company 1948, p. 1.

④ 参见［德］伯恩·魏德士：《法理学》，丁小春等译，法律出版社2003年版，第309页。

⑤ 参见［德］H. 科殷：《法理学》，林荣远译，华夏出版社2004年版，第219页。

解（Vorverständniss）只是解决问题的初步意见，只有借助法律方法才能作出理由充分的判决，因此，法律工作通常是处理前理解与判决之间紧张关系的思维过程"。①

司法认知的过程表明，法官的思维过程并非是将法律条文和所认定的争议事实堆砌在一起，即可产生出判决。因为并不存在任何完全取代主观理性的方法和程序，故法官在作出裁判决定前往往踯躅于事实和法律之间，在疑点与判决的连接处徘徊，因而产生Engisch教授所谓"上位规范与生活事实间来回穿梭的观察"，或Scheurele所谓"事实认定行为与其法律定性之间的相互渗透"。②此乃涉及的是一种相互阐明的思考过程。在此过程中，法官并不是拿着法律条文反复对照案件事实，而是凭着其所掌握的法学理论知识和司法裁判经验，在头脑中形成对待决案件的感性认识，往往是灵光迸闪之际，即为裁判决定方案浮现之时。这一过程是通过直觉而非判断，通过预感而非推理的过程。灵感（直觉）思维，又称为经验思维，是一种更复杂、更富有创造力的思维形式。判案中的直觉（经验思维），不是形而上学的东西，它来源于法官深厚的法学理论功底和坚实的司法经验积累，是法官以其敏锐的法律意识探索法律争端过程中的一种下意识的经验性反应。这种直觉是法律人长期经过法律思维训练的结果，和普通人的正义观、好恶感有本质区别。所谓判案直觉的问题，好比是"台上一分钟，台下十年功"。据此，有学者认为，"自有法律以来，所有的法官从一个具有普遍性的规范判断和一个具体事实判断推出另外一个具体的规范判断，都是以一种跳跃的、直觉式的思维方式完成的"。③ "法官的司法判断往往基于常识，基于直觉，基于他/她所在社区的标准，

① 菲利普·马斯托拉蒂所讲的"前理解"实质上也是指的直觉思维或经验思维。参见［瑞士］菲利普·马斯托拉蒂：《法律思维》，高家伟译，载法律思想网，http：//law-thinker.com/show.asp？id＝1844。

② 王泽鉴：《法律思维与民法实例》，中国政法大学出版社2001年版，第36～37页。

③ 张继成：《从案件事实之"是"到当事人之"应当"——法律推理机制及正当理由的逻辑研究》，载《法学研究》2003年第1期。

基于多年司法经验的熏陶，基于这些因素的混合，我们可以称之为司法素质，并且这种判断往往先于司法推理和法律适用。"①

从哲学角度来分析，司法裁判也是一种认知活动，它反映了司法裁判主体（法官）对认知对象（待决案件）由未知到已知、由感性认识到理性认识的认知过程。在司法裁判过程中，法官对待决案件的感性认识体现为法官的直觉思维或经验思维，而法官对待决案件的理性认识则体现为法官的法律推理和法律论证。总之，在形成司法裁判决定的过程中，法官对待决案件的思维并不是严格按照法律推理进行的，更多的可能是依靠直觉思维。法律推理，一方面是人们在研究法官思维过程中用来描述法官的思维方式和过程的一种方法；另一方面则是法官在写作书面裁判文书过程用来阐述其适用法律过程的一种方法，以表明其裁判结论的合法性和正当性。

然而，我们不能因此而否认法律推理在法律适用中的作用和存在的合理性。法律推理虽然在理论上被人怀疑，但"并不意味着我们必须放弃对法律推理合法性的要求，也不意味着我们必须放弃对法律之外的道德、政策或社会目的去论证法律判决的正当性"。②法律推理作为法官的一种思维方式，对于保证司法公正和提高法官司法能力具有重要意义：

首先，法律推理模式对法官思维的理性化具有"范式"作用。正如德国学者波普尔所言："范式决定了我们的着眼点，决定着哪些问题是允许提出的，同时决定着如何回答所提出的具体问题以及解决这类问题的方法与手段。""没有范式，便没有科学，因为范式是理论化了的坐标或罗盘。以此坐标为底基，才有可能将某一研究范围归类与规范化。"③法律推理为司法裁判提供了这种范式作用，起码是在书面裁判文书的形成过程中，能够对法官的恣意行为起到限制作用。"法律推理问题的出现意味着权力、包括司法权的实践

①　苏力：《送法下乡》，中国政法大学出版社 2002 年版，第 275 页。
②　李桂林：《论法律推理的合法性》，载《现代法学》1999 年第 6 期。
③　转引自［美］E. 博登海默：《法理学：法律哲学与法律方法》，邓正来译，中国政法大学出版社 1999 年版，第 165 页。

方式会发生某种重大转变。这种转变的实质在于，这种权力从几乎没有约束，或者几乎没有其他约束的存在状态转变为一种受法律约束，受到一种证明自己合理的要求所约束。"①

其次，法律推理有助于提高法官裁判说理的能力。现代司法对法官的要求不仅在于其能够作出正确的裁决，而且能够对其裁决理由作出充分说明。从某种意义来讲，裁判理由比裁判结论更为重要。"法律推理是一种说理的艺术，是在不可能讲理的情况下讲理，是与不'讲理的人'讲理。"② 因此，强调学习和掌握法律推理，有利于增强法官的说理能力。

最后，法律推理的运用使法官的裁判决定具有合理化效应，继而为法官裁判带来理性化色彩和正当性基础。正如丹尼斯·劳埃德（Dennis Lloyd）所言，法官运用法律推理作出裁决，表明"这种逻辑是建立在理性考虑基础之上的，而这就使它同武断的判断完全区别开来"。③

总之，司法活动是一种知识理性和实践理性相结合的产物。由此表明，法官的思维方式既表现为一种经验思维，也表现为一种理性思维。法官思维方式应游弋于经验思维与理性思维之间，而不能有所偏废。作为理性思维的法律推理，是一个严谨有序、环环相扣的逻辑思维过程。在任何一个具体的裁判思维之中，如果抛弃这种推理或推理失范，必然导致思维的混乱与裁判的任性。但我们同时也认为，任何法律上的逻辑推理总是不能全然排斥经验成分的，尽管理性的声音教导我们应当将自发的经验与情感刺激从法律思维的领地斩尽杀绝，但作为一个有血有肉的生命组织体，裁判者不是不食人间烟火的"神灵"，尽管他从事的是"神灵"的事业。长期以来，在对法律理性和司法公正的研究中存在着一种极端的倾向，那

---

① 吴玉章：《法治的层次》，清华大学出版社 2002 年版，第 158 页。
② 张骐：《司法判决与其案件中的法律推理方法研究》，载《中国法学》2001 年第 5 期。
③ 转引自［美］E. 博登海默：《法理学：法律哲学与法律方法》，邓正来译，中国政法大学出版社 1999 年版，第 500 页。

就是要将作为裁判者的法官打造成与世隔绝的、铁面无私的、毫无情感的人，这固然是十分理想的，也的确是一种最优的选择。但实践反复证明，最优的选择并不一定是最佳的有效选择。我们并不反对对法官的理性建构和排斥情感的训导，因为它太重要了；但我们也应冷静地分析法官思维构造中的经验与情感因素。法律是一门关于人的学问，也是一门实践性很强的学问，故法律的实施自然离不开实施人的经验和情感。在严格依照既定的成文法规范的同时，辅佐以法理学说和先前判例，适度借鉴英美法系的判例法思维模式，对优化法官的裁判思维无疑具有长远功效。

第三节　司法制度文明

司法公正及其文明，需要有相应的制度安排为之铺路和支撑。只有建立符合司法活动规律和体现司法权本质的司法制度，才能符合司法文明的要求，实现司法公正，最终建成社会主义法治国家。

一、司法制度文明的前提

现代法律的复杂性决定了司法工作是一项专业性比较强的职业，必须通过职业化的法官来加以实施。这既是西方法治国家的法制发展经验，也是我国司法现代化的历史经验教训。法官职业化既是司法制度文明的重要内容，也是司法制度得以运行的前提和基础。没有职业化的法官队伍，再科学的司法制度都没有办法发挥其应有的作用和功效。就司法运作的规律来讲，科学的司法制度是司法运作的前提条件，而职业化的法官则是司法运作的关键因素。

首先，人的因素是制约我国司法现状的主要因素。造成我国司法裁判现状的原因有很多，既有外在原因，也有内在原因；既有制度因素，也有人的因素，但归根到底还是人的因素。我国法官队伍的现状是，人数众多，但质量堪忧，效率低下。据统计，全国法院正式在编人数是 31 万人，其中法官大约是 20 万左右，每个法官年均办案数大约在 20 件至 30 件；而在国外，以美国为例，他们法官每年人均办案数大约是 300 件至 400 件。① 为什么我们法官的效率这么低？重要原因是法官素质不高，办不了多少案件，办案的质量也不高。正如有学者所言："在一个法治社会里，重要的是法律职业界要拥有知识和权力上的地位，但是，能否赋予他们独立的权力，又跟所谓素质问题纠缠在一起，现在已经形成这样一种循环了——因为他们素质低下，我们就不给他们独立，但是，越是不让独立，他们的素质也就愈发低下去了，这真正是一种恶性循环。中国的司法改革可能是千头万绪，但是在我看来，无论如何，人的素质可以说是首当其冲的。"② 其实，人的素质又有诸多更为根本性的制约因素。我们不仅要看到司法者的自身素质，还要分析在素质背后的东西。

其次，法官职业化是司法改革的根本出路。当前法院面临的许多问题，例如司法不公、司法腐败、司法公信力低下、告状难和司法形象欠佳等问题，使得法院与社会之间形成一定的张力，导致法院处于一种困境甚至危机之中。为了化解这种困境和危机，司法机关采取了一系列改革措施，开展了一系列整顿活动，在总体上取得了很大成就。但要想从根本上解决问题还有一定难度。究其原因，除了措施和活动较为形式化以外，一个主要原因在于法官素质制约了改革措施的有效实施。当前法院所面临的困境和危机，需要通过司法改革来化解；但司法改革能否取得实效，能否获得成功，在很大程度上依赖于法官的素质。从这个角度来讲，解决法院问题的根本出路在于法官职业化。强调和推崇法官职业化，旨在提高法律人的业务素质和司法能力。法官职业化既是提高法律人业务素质和司法能力的基本途径，也是提高法律人业务素质和司法能力的重要手段。与此同时，法官职业化还可以约束法律人的任性和肆意，促使

---

① 参见倪寿明：《法官职业化任重道远》，载《人民法院报》2002 年 7 月16 日。

② 贺卫方、魏甫华：《改造权力——法律职业阶层在中国的兴起》，载葛洪义主编《法律方法与法律思维》（第 2 辑），中国政法大学出版社 2003 年版，第74～75 页。

法律人忠于法律和维护法律，从而保障司法工作能够体现和服从法律的意志，由此杜绝实践中存在的一些不规范的司法行为。

再次，法官职业化是司法机关独立行使职权的前提条件和重要保障。有学者认为，尽管司法独立是并且首先是一个政治学的命题，但这个问题在近代最先是由法官真正提出来的，并且是伴随着法官职业群体的出现而实现的；因而司法独立不是一个在政治哲学和道德哲学层面论证的问题，它从来都是与司法专业技能的发展密不可分的。① 换言之，司法独立与法官职业化是紧密联系在一起的，只有实现了法官职业化才能实现司法独立。季卫东先生则从比较法角度认为，日本为我们提供了这样一条法制现代化经验，即"先有法律职业的尊严，然后才有法制的威严"②。由此表明，法律人的素质和法官的职业化，是实现司法独立的前提和基础。与此同时，法官职业化也是实现和维护司法独立的一个重要手段。"独立的司法是离不开一个高素质和强有力的司法群体的，这是抗衡其他社会力量影响的前提条件，否则所谓独立云云，充其量是舞台上的道具，看起来煞有其事，在实际生活中却兑不了现。"③ 法官职业化可以"通过集体的力量抵制外界的非正当干扰，通过职业化机制使新的法律体系得以维持、改善和在异质的文化风土中扎根，从而实现法律系统的独立性和自治"。④

最后，法官职业化是司法文明建设的必由之路。众所周知，中国历史上一直没有形成职业法律家，也很少有法律家在历史上起主导作用。然而，人类历史发展到今天，法治成为人类不同种族、不同文化、不同制度的共同选择和价值追求，职业法律家成为时代的弄潮儿已是历史发展的必然。在这点上，中国也不例外。翻开人类

---

① 参见苏力：《送法下乡》，中国政法大学出版社 2002 年版，第 99、139 页。

② 转引自马建华：《职业化的法官与法官的职业化》，载《法律适用》2003 年第 12 期。

③ 夏勇：《走向权利的时代》，中国政法大学出版社 1995 年版，第 214 页。

④ 季卫东：《法治秩序的建构》，中国政法大学出版社 1999 年版，第 221 页。

法制史来看，走法官职业化道路几乎是所有法治国家的共同选择，也许是唯一的必由选择。与传统社会的家庭或家庭形式的组织不同，现代组织不仅表现出严格意义上行动中的科层制品质，而且表现为以伦理职业为显著标志的专家系统。① 法律的现代性同样与专家系统不可分离，法律知识成为只有经过专门训练才能掌握的技术。罗马时代的职业法学家对法律的解释，英国柯克时代对从业法官的严格要求，都可以视为追求专门法律技术的形式。西方法制史表明，从法律技术到法律职业，从掌握法律技术的人到法律职业共同体的发展过程，使法律作为一项技术和专门知识不仅可以稳定、延续或及时更新，而且确立了法律知识超出一般科学知识的"权力"地位。法律尊严和司法权威不是来源于国家强权，而是来源于司法自身的品质，来源于法律人的学识、地位和荣誉。总之，法律职业共同体作为法律精神、技术和文化的实施者和载体，作为一种独立的社会力量，不仅在法治的建立和发展中具有重要的历史性作用，而且是现行法治运行的基础。

"职业"（Profession），在西方传统意义上，主要指具有某种学识，而享有特权并承担特殊责任的某些特定的服务性行业。但在职业主义者看来，不是所有行业都能成为一种社会认可的职业，作为一种社会职业，一般应具备专业性、公共性和自治性；换言之，专业性、公共性和自治性是作为一个职业的三大基石。② 在近现代社会，一个职业最为重要的品质是其职业声望，这既是该职业得到社会认可和尊重的前提，也是该职业得以安身立命的基础。与职业三大基石相对应的是，法律职业声望的获得取决于如下三个重要的职业品质要求：一是职业能力，指法律职业者须掌握专门的法律知识和技能，并以此作为自己的力量源泉；二是职业精神，指法律职业者须致力于社会福祉，以自己掌握的专门知识和技能为社会大众服

① 参见贺海仁：《从私力救济到公力救济——权力救济的现代性话语》，载《法商研究》2004 年第 1 期。

② 参见李学尧：《法律职业主义》，载公法论坛，http：//www. gongfa. com/lixgfalvzhiyezhuyi. htm。

务；三是职业自治，指法律职业者须拥有各种重要的自主、自律的手段，实行不同程度的自我管理。法律职业声望与它们之间的有机联系在于：职业能力使法律职业者握有影响社会的强大力量，职业精神使法律职业具有高尚情操，而职业能力和职业精神的结合，又使法律职业者在社会中享有令人羡慕的自治"特权"，进而赢得社会其他成员所尊崇的崇高职业声望。①

目前，根据法律职业的品质要求来分析，对法官职业化的认识存在诸多不足之处：首先，从策略上来看，一般把法官职业化当作提高法官队伍整体素质的重要途径，而没有认识到法官职业化是实现司法现代化的前提和基础，是司法现代化的必由之路，应将其作为司法改革的突破口，实行由人的现代化带动制度的现代化；其次，从内容上来看，可以将法官职业化建设的基本内容归结为职业准入、职业意识、职业道德、职业技能、职业形象、职业保障和职业监督等七个方面，但是，不能忽视法官职业化的自治性和公共性这两个最为关键性的内容。对于如何理解和建构法官职业化，有学者指出："中国法院必须在职能分工的基础上逐渐形成自身的制度逻辑和现代的司法职业传统。"② 在笔者看来，无论是法院自身的制度逻辑，还是现代的司法职业传统，都必须从正确认识法官职业化的三大基石做起，并以此作为基础来构建法官的制度逻辑和职业传统。

司法制度及其活动是实现社会正义的最后一道防线，由此决定了其终结性和权威性的内在本质。司法的终结性最初起源于古罗马法中的"一事不再理"原则，随后被大陆法系国家继承，对司法作出的业已生效的裁判决定一般不再重新启动审判程序。与大陆法系"一事不再理"原则相对应的是，在英美法系国家实行"禁止双重追诉"原则，即强调司法裁判活动一经结束，就不能再逆向运行，重新使已生效的裁判决定处于待判定的状态。对此，美国学

---

①　参见贺卫方、郑成良等：《法官职业化是法治现代化的重要标志——"法官职业化专家论坛"实录》，载《人民法院报》2002年9月27、29日。

②　苏力：《送法下乡》，中国政法大学出版社2002年版，第86页。

者埃尔曼生动地指出："具体的言行一旦成为程序上的过去，即使可以重新解释，但却不能推翻撤回。经过程序认定的事实关系和法律关系，都被一一贴上了封条，成为无可动摇的真正的过去。"① 司法的终结性往往与案件的正确性联系在一起，人们往往认为只要法官裁决的案件不正确，就应该通过程序加以纠正。但问题是，案件裁决的正确性应由程序的终审来评价，而不能仅仅是当事人的主观看法。在美国法官看来，终审判决之所以是正确的，就是因为其是由终审法院作出的。面对中国法官反复询问"美国法官办了错案怎么办"，在中国讲学的美国法学家弗里德曼在感到迷惑不解的同时十分直白地讲道："我们很难说判决是对还是错。只要判决是依法作出的就是对的，即使你们对结果感到遗憾，也不能说它是错误的。""一个裁判也可能判错一个球，但是大家都必须服从，比赛才能进行下去。"② 由此令我想起了美国世纪之交戈尔诉布什的总统选举之案，戈尔在一份声明中这样讲道："现在，美国最高法院已经作出判决，争议就到此为止。我对最高法院的判决极不认同，但我接受这项判决，接受下周一选举人团所将确认的结果。今晚，为了人民的团结以及美国民主的健全，我在此承认败选。"戈尔的讲话为司法的终结性和权威性作了最好的注解。总之，司法的终结性在于维护法的安定性和司法的权威性。时至今日，司法权的终结性已得到国际社会的普遍认同。

反观我国的再审制度和信访制度，对于法院作出的已生效的判决裁定，当事人以各种理由反复进行申诉和上访，而法院基于种种因素或主动或被动地反复就已生效的案件启动再审程序，这一方面给法院的司法权威造成严重损害，另一方面使案件当事人长期陷于讼累，其合法权益始终处于不确定状态。因此，改革再审制度和信访制度，维护司法的终结性和权威性应是我国司法制度的一个重要

---

① 转引自季卫东：《法治秩序的建构》，中国政法大学出版社 1999 年版，第 18 页。

② 宋冰编：《程序、正义与现代化——外国法学家在华演讲录》，中国政法大学出版社 1998 年版，第 153～154 页。

内容。改革再审制度，有人提出要通过实行三审终审制来完善我国普遍实行的二审终审和再审制度，通过特别程序来纠正刑事错误判决，并严格限制其程序启动的法定事由和条件；改革上访制度，通畅民意的沟通和表达机制，对于法律上的纠纷，在通过多渠道加以解决的同时，重点还是应该交由司法机关依据司法程序来解决。

维护司法的权威性，是任何法治国家在架构司法制度时必须考虑的基本理念。"法治最基本的意义就是国家的公共权力要受到法律有效的支配，所以，法律的要义就是法律要有至上的地位和绝对的权威。"① 法律权威既要靠司法权威来体现，也要靠司法权威来保障。司法裁判是争议的最终裁判，具有终极性特点。从这个意义上来讲，司法权是国家最后的权力，是法治的最后一道防波堤，亦即是实现社会正义的最后一道防线。

二、司法制度文明的核心

司法中立在我国的关键问题，是要从体制上根本解决司法权运作的行政化问题。独立、超然和理性三方面是专业法官的职业本色，也是树立法官威信之基础。独立是指地位意义上的，超然是指行为意义上的，理性是指思想意义上的。② 为此，汉密尔顿认为："对确保法官独立来说，除了终身任职之外，没有什么比将其支持以固定的条文明确下来更起作用了。"③ 法官独立是司法独立的起点与归属，而司法独立又是法官独立的前提和基础，或者是互为因果关系的。1983 年 6 月的《司法独立世界宣言》明确规定："每一法官均应自由和依据对于事实之判断及案件之了解，公平地决定所系属之事务，不受任何地方及任何理由限制、影响、诱导、压力、恐吓或干涉，此亦为其义务。""法官在作出判决之过程中，应独立于同僚及监督者，任何司法之体系或任何不同之阶层之组织，均无

---

① 蔡定剑：《论法律支配权力》，载《中国法学》1998 年第 2 期。

② 参见孙笑侠：《法律家的技能与伦理》，载《法学研究》2001 年第 4 期。

③ 转引自［美］桑德拉·戴·奥康内：《法院在维护法治中的作用》，载《法律适用》2002 年第 10 期。

权干涉法官自由的地宣示其判决。"由此表明，司法权运行的特殊规律性，决定了司法内部运行机构不同于行政机关，不能将行政机关的行政管理手段用于司法内部运行机制之中。司法内部的运行机制是一种自治和自律的机制，法官在这个机制中不存在领导与被领导的关系，所有同僚都相互平等，互不隶属；此外，对法官也不能采用奖励或惩罚的制度，因为"在驴前面摇晃胡萝卜可能与在其臀部刺一下同样有效。也就是说，对顺从的法官进行奖励与对不服从的法官进行处罚，都会对法官产生影响"。[1]当前，法院系统普遍存在的竞争上岗、立功授奖、年终评先进和末位淘汰等制度的实施，与法官中立和独立思维之间的关系应该如何衔接确实是一个值得思考的问题。因此，法院内部机制和相关制度的设置与改革，要树立起一种先进的司法理念，将有损于司法公正的做法和制度予以革除，从而为法官文明司法创造了一个自由的、宽松的机制环境。司法的中立，关键是要实行法官自治与他治的统一。法官自治，在于"通过集体的力量抵制外界的非正当干扰，通过职业化机制使新的法律体系得以维持、改善和在异质的文化风土中扎根，从而实现法律系统的独立性和自治"；同时，促使"在法律内部形成一种互相约束的局面，以规章制度中固有的认识论模式去抑制个别人的恣意"。[2]正是在这样的过程中，才逐渐形成了良好的法治传统。实现法官自治的途径，在于构建和完善如下基本制度或机制：

1. 完善法官职业保障制度：法官自治的前提。法官职业是一项高度自治和独立的职业，这是司法工作的性质和职责决定的。为了维护法官职业的自治和独立，保证法官专心于司法裁判和只服从法律的意志，西方法治国家十分重视从制度上给予法官职业提供充分保障。一般来讲，法官职业保障制度主要包括如下几项内容：一

---

[1]　［美］安托尼·斯卡利亚：《法治社会中法院的职责》，载《法律适用》2002 年第 10 期。

[2]　季卫东：《法治秩序的建构》，中国政法大学出版社 2000 年版，第 221页。

是法官的身份保障。即法官一经任命，不得随意更换，不得被免职、转职或调换工作，只有依法定的事由和法定程序，才能予以弹劾、撤职、调离或令其提前退休。为了解除法官的后顾之忧，使其免受外界的干扰，目前世界多数国家实行法官终身制或不可更换制。二是法官的薪金保障。1983 年的《司法独立世界宣言》规定："法官的薪俸及退休金应当充分，与其地位、尊严和责任相称。"鉴于法官职业的重要性，世界多数国家实行法官高薪制，并普遍高于公务员，而且明确规定法官薪金在任期内只能增加不能减少。给予和保障法官高薪，既是对法官高素质和工作重要性的肯定，也是维护法官独立和职业尊严的需要。三是法官的司法豁免权。联合国《关于司法机关独立的基本原则》第 16 条规定："在不损害任何纪律惩戒程序或者根据国家法律上诉或要求国家补偿的权利的情况下，法官个人应免予其在履行司法职责时的不当行为或不行为而受到要求赔偿金钱损失的民事诉讼。"该规定是关于法官司法豁免权的重要法律依据。根据该规定，法官在履行司法职务的过程中的行为和言论，享有不受指控和法律追究的权利，并对其履行职务的有关事务享有免予出庭作证义务的特权。法官职业保障制度，是我国法官职业化建设的薄弱环节之一，是我们今后必须重视和加强建设的重要内容。

2. 建立法官自我管理机制：法官自治的关键。建立法官自我管理机制，核心内容或目的是维护法官的独立和中立。法官独立本身不是一种目的，而只是一种手段，目的在于保证法官公正无私的裁判案件。根据 1982 年的《关于司法独立最低标准的规则》的规定，法官群体作为一特殊的职业群体，一般实行自我管理机制，体现为一种高度的职业自治。在法官职业群体中，没有上下级的概念，所有法官都是平等的一员，彼此之间在判案时没有支配与被支配的关系。这是法官职业区别于其他职业（特别是行政公务员）最为显著的特征。为此，应当克服过于强调法官等级差别和行政化管理的倾向。

3. 完善法官职业约束机制：法官自治的保证。柏拉图曾说过："假若给圣人和小人同样的无制约的力量，就会发现他们都会跟着利益走。"① 因此，虽然法官素质和品质很高，但是基于人性的弱点，必须建立和完善法官制约约束机制，这是维护法官职业自治的重要保证。法官职业约束机制包括两大部分：一部分是自律机制，指法官职业道德和行为规范；另一部分是他律机制，指法官的惩戒程序和弹劾机制。这两部分互为补充，以前者作为根本，以后者作为保证。就自律机制而言，我国虽已从制度层面建立起来了，但需要强化法官的同质化和职业认同感，逐步发挥内部自律机制的功效。就他律机制而言，需建立和完善法官的惩戒程序和弹劾机制，建立一个独立于法院和法官的惩戒机构，完善相应的惩戒程序，并以法律方式确立法官弹劾机制，明确法官弹劾的法定事由和程序。

三、司法制度文明的保障

司法的规范性主要体现为司法的程序性。构建科学完备的司法程序，是保障司法裁判得以正确运行的前提和基础，也是保障诉讼当事人合法权益之根本措施。前面已经讲到，没有哪一个职业比司法裁判更为倚重程序，换句话讲，没有程序作为基础，司法裁判就犹如一列没有轨道的火车，无法前进一步！司法裁判活动的开展，一方面是以程序作为载体的，离开程序的指引和规范，司法裁判活动将无法开展；另一方面公正程序又是司法作出正确裁判的重要保障，并因其独特的程序规则和功能作用，可以吸收公民可能对司法裁判的不满，从而有利于保护司法裁判的权威性。因此，马克思认为："审判程序只是法的生命形式，因而也是法律内部生命的表现。"② 一般而言，司法程序的特点主要体现在五个方面：

第一，程序的被动性。各类诉讼程序的启动主体不能包括法院和法官，从而限制司法裁判权的主动性，突出其被动性的职业特点。从性质上分析，程序的被动性反映了司法裁判权的本质特征，

---

① ［古希腊］柏拉图：《理想国》，刘勉等译，华龄出版社 1996 年版，第 44 页。

② 转引自江伟等主编：《民事诉讼机制的变革》，人民法院出版社 1998 年版，前言。

被固化在诉讼程序和法律制度的设计之中，属于司法制度范畴，是指司法权自启动开始的整个运动过程中只能根据当事人的申请（包括申请行为和申请内容）进行裁判，而不能主动启动司法程序或擅自变更当事人的诉请内容。从内容上分析，程序的被动主要着眼于司法程序运作和当事人对自己权利的处分上。法官对司法权的行使，必须遵循"不告不理"的规则和尊重当事人意思自治的原则，使自身置于当事人提交其裁判争议与适用法律相关的事务之外，保持自身的被动和态度的中立。但程序的被动性与法官在司法过程中的能动性并不相矛盾，程序的被动性所遵循和展现的法律原则是法官能动性的基础和前提，法官能动是在程序被动原则基础上的能动。

第二，程序的公开性。英国有句古老的法律格言："正义不但要实现，而且要以人们看得见的方式实现。"① 也就是说，法官必须做到的不仅仅是实现公平，而且要表现出公平；对于法院的公信力来说，表现公正与公正本身同样重要。法院不能让败诉方对存在可能影响案件判决的偏私有任何合理的怀疑，也不能让公众有任何理由对这一点表示担忧。这就要求司法程序公开，以避免给人以"暗箱操作"之嫌。司法程序公开是一项宪法原则，也是法律规定的一项重要的诉讼制度，它是一种以公开保公正的有效形式。司法程序公开不仅要求将法庭依法应公开的诉讼活动置于当事人面前，禁止法官与任何一方当事人私下接触，而且要公开司法所遵循的诉讼规则和法律规范，以保证当事人熟悉程序规则和了解法律规范。

第三，程序的公正性。有学者认为，"诉讼活动不仅是一种发现事实真相，正确适用实体法律的过程，还是一个程序价值的选择和实现过程。程序正义的基本精神就在于选择了程序本身的价值……因此，程序正义自身体现着一个国家司法制度的公正度"。② 程序公正具有多方面的价值功能，它不仅可以保障实体公正的实

---

① 江伟等主编：《民事诉讼机制的变革》，人民法院出版社 1998 年版，第 23 页。

② 田平安等：《程序正义初论》，载《现代法学》1998 年第 2 期。

现，而且是司法取得社会依赖与尊重的基础，并具有吸收公众不满的特殊功能。英美学者认为：法律程序是为了保障一些独立于判决结果的程序价值而设计的，这些价值包括参与、公平以及保障个人的人格尊严等。只有这些价值得到保障，司法对于那些因利益受到程序结果直接影响的人才会得到公正对待，从而享有作为人而享有的人格尊严和自由；而作为实体公正的保障手段，则只是程序的第二位价值。① 美国学者则从另一个角度论述程序的独立价值，他认为：在赌博活动中没有关于结果正当性的标准，只要遵循正当的赌博程序，任何一种参加分配赌博现金的结果都是视为公正的。他由此认为，程序公正是人们接受并尊重司法裁判的基础，也是确立和维护司法权威的基础。② 美国前联邦最高法院大法官杰克逊认为："如果有可能的话，人们宁可选择通过公正的程序实施一项暴戾的实体法，也不愿意选择通过不公正的程序实施一项较为宽容的实体法。"③ 综上，公正是程序最基本的价值内涵，也是程序最高的价值目标。④

第四，程序的效率性。效率本是经济学研究的范畴，将效率引入法学领域源自亚当·斯密的经济学对法律的渗透，开创了用经济学的目光、以效益的价值标准检视和评价法律制度的先河，为法经济学的诞生奠定了基础。⑤ 法经济学的核心观点是：法律也是一种资源，它具有稀缺性、成本性和可配置性等资源的一般特征。针对"迟到的正义为非正义"这句古老的法律格言，美国著名法官和法

---

① 参见谭世贵主编：《刑事诉讼原理与改革》，法律出版社 2002 年版，第27 页。

② 参见［美］约翰·罗尔斯：《正义论》，何怀宏等译，中国社会科学出版社 1997 年版，第 29 页。

③ 转引自陈瑞华：《看得见的正义》，中国政法大学出版社 2000 年版，第 4页。

④ 参见孙笑侠：《两种程序法类型的纵向比较——兼论程序正义要义》，载《法学》1998 年第 6 期。

⑤ 参见谭世贵主编：《刑事诉讼原理与改革》，法律出版社 2002 年版，第24 页。

经济学家波斯纳将其重新诠释为："公正在法律中的第二层涵义是指效率。"① 他将效率和效益的价值追求提升到与公正并列的地位，给予重点提倡；并认为所有法律活动，包括一切立法和司法以及整个法律制度都要以资源的有效配置和利用为目的，以追求法律效益的最大化。西方现代社会对现行的诉讼制度的批评主要集中在诉讼迟延、诉讼成本昂贵以及由于诉讼费用昂贵而导致司法资源利用上的不平等和不公正等问题上。② 因此，提高司法效率和效益已成为当前司法改革的主要因素和源动力。效率原则，不仅是市场经济主体及其运作方式赋予当代司法审判的历史任务，也是建立审判运行机制和诉讼程序所追求的基本价值取向。这不仅表现在它作为价值标准可以用来检验法律的现有效率，而且表现在它作为价值目标对法律存在和发展的引导、推动和支撑的作用上。③ 该层面的作用已具体表现为及时性原则在诉讼程序中的确立，并在制度层面上反映了如下基本内容和要求，如诉讼期间的控制、诉讼节奏的提升、诉讼程序的简化、准备程序的设立、大量证据排除规则的确立和诉讼准入标准的降低等。

　　第五，程序的民主性。司法民主原理是现代司法制度的正当性基础，反映在运行机制上就是要求司法程序具有民主性，并通过制度设计让民众参与司法活动，以发挥其内在的监督制约作用，以增强民众对法律的感情和信任，增加司法的公信力和权威，例如陪审制。民主性在现代司法制度中的发展已不仅仅体现在陪审制度在司法裁判中的确立，而且表现在诉讼当事人对诉讼活动的充分参与和共同决策上。当事人在现代诉讼中已不再是一个被动的角色，如诉讼当事人在庭前准备程序中的突出地位，以及对程序进程的决定作用。现代诉讼机制的运行，强调纠纷的合意解决，要求在诉讼各方

---

　　① ［美］理查德·A. 波斯纳：《法律的经济分析》，蒋兆康译，中国大百科全书出版社 1997 年版，第 31 页。

　　② 参见范愉：《世界司法改革的潮流、趋势与中国的民事审判方式改革》，载《法学家》1998 年第 2 期。

　　③ 参见谢鹏程：《基本法律价值》，山东人民出版社 2000 年版，第 166 页。

当事人的参与下，共同决定庭审日期和诉讼进程；当事人还可以选择解决纠纷的具体方式以及采取何种诉讼程序。有些法院甚至在双方当事人参与下，与法官一起共同制作法律文书。

司法的运作存在外部关系和内部关系，故司法结构存在外部结构和内部结构。就西方国家的司法结构而言，存在外部三角结构和内部三角结构。外部三角结构指立法权、行政权和司法权的三足鼎立，内部三角结构指控、辩、审之间的结构关系。西方国家的这两种三角结构关系为司法的运行奠定了坚实的运行基础和运作空间，有力保障了司法权的独立和公正行使，促进了国家政权和社会秩序的稳定与和谐。

就司法的外部结构而言，涉及司法权在国家权力体系中的地位和作用。从权力分工、制衡和确保司法独立、公正来讲，立法权、行政权和司法权之间的三足鼎立关系，是保证国家政权稳定的最有效的治理结构，也是维护司法独立和公正的最有效的机制保障。因此，从根本上来讲，我国司法制度改革将涉及国家权力的重新调整和分配。这是确保司法改革取得成功的关键所在，也是我国政治体制改革取得突破口的关键所在。

就司法的内部结构而言，其实质也就是指司法程序中的诉讼结构。所谓诉讼结构，又称诉讼模式，是关于诉讼程序的基本要素及诉讼主体在诉讼过程中的地位、作用和相互关系的基本概括，是对诉讼体制及其运作特征的综合表述，表明一国诉讼的宏观样式。①诉讼结构均衡原则是现代法治国家诉讼制度确立的根基。诉讼结构均衡原则在民事诉讼中容易得到贯彻，在行政诉讼中也基本上可以得到保证，但在刑事诉讼中因为检察机关而使该原则的实施遇到一些体制上的障碍。作为一项刑事诉讼国际准则，均衡原则包含了两层含义：一是所有的人在受到刑事指控时都有权接受一个依法设立的、独立的、不偏不倚的法院予以公开、公正的审理。二是指涉诉的双方当事人在刑事诉讼中的地位平等、权利对等，作为司法裁判者的法院和法官应当保持中立，无偏无倚地对待双方当事人。根据

---

① 参见李祖军：《民事诉讼目的论》，法律出版社 2000 年版，第 280 页。

上述基本要求，刑事诉讼的基本结构应该是一个"等腰三角形结构"。"等腰"表示法官和陪审员不偏不倚地听取双方当事人的基本意见，与各方当事人保持同等的距离，以示其中立的立场和地位；双方当事人处于等腰三角形底边的两端，表示双方当事人之间的均衡对抗；法官处于三角形的顶点，显示了法官的中立地位和裁判的权威性。

　　然而，我国现行刑事诉讼的基本结构呈现的却是一种"直线形结构"，公、检、法三家在刑事诉讼中的活动就像生产车间的流水线作业一样，而被告人就是流水线上的"产品"。这种诉讼结构是一种不公正的结构，与司法文明的基本要求背道而驰，同时也是导致错案发生的根本原因。与此同时，依据我国宪法和法律规定，检察机关在刑事诉讼庭审阶段，既承担法律监督职能，是法律监督者，同时承担公诉职能，又是公诉人。这种"检诉合一"的制度，目前全世界只有中国等极少数国家仍然保留着，其弊端十分明显：首先，"检诉合一"不符合诉讼规律的基本要求，违背了控辩平等、控审分离和审判中立等刑事诉讼的基本法则，严重阻碍国家刑事辩护制度和审判制度的健康发展；其次，"检诉合一"不符合法治国家公共权力配置的基本原理，背离了正当程序的精神实质，容易助长国家追诉权的滥用；再次，"检诉合一"阻碍国家司法权威的生成，助长冤假错案现象，危及社会稳定，损害国家利益；最后，"检诉合一"使检察机关不仅不接受司法审查，却"反仆为主"地成为监督司法者，即便蔑视法庭，法官也对其无可奈何，由此导致实践中法检冲突不断，诸如检察官中途退庭、当庭威胁律师或指责法官、同一案件反反复复抗诉等千奇百怪的司法闹剧层出不穷，这样就更进一步加剧了国家司法权威的缺失。[①] 总之，中外的"检诉合一"诉讼机制都是一种过时的、带有根本性缺陷的法律制度形态，已经不能适应当今人类社会发展的历史潮流，终究逃不过被废止的历史宿命。正如陈兴良教授所言，检察官应当从

---

　　① 参见郝银钟：《评"检诉合一"诉讼机制》，载中国法院网，http://www.chinacourt.org/public/detail.php? id＝214322。

"法官之上的法官"回归到"法官之前的检察官",讲的也是这个道理。因此,司法结构的调整,应当关注"检诉合一"现象,必须从立法上给予重新设计和安排,以恢复刑事诉讼结构应有的、正当性结构形式。

综上所述,就我国司法结构调整来讲,其外部结构关键因素是如何正确处理司法权与立法权的关系,其内部结构则涉及检察权的性质及其定位问题。如果说前一个问题有些敏感的话,后一个问题则是近几年法律界争论的热点话题。不少学者十分理性地指出,如何重新确定检察权的性质和地位将是我国司法制度改革的一个重要突破口。其实,有关我国司法结构的调整问题,不仅仅是我国司法理论探讨的一个重要理论课题,也是我国司法改革的一个重要实践课题。

第四节 司法器物文明

器物是指经济、科技等实用方面的发明,亦即物质建设方面的成果。所谓器物文明,也就是指物质文明。司法器物文明,在这里主要是指司法的物质建设成果,以及由这些物质作为载体所反映出的法治价值、司法精神等文化内涵和价值理念。作为人类的基本生活方式与生存方式之一,也作为人类生活的基本制度安排,法治是通过一系列的现实载体如符号、仪式、语言等来表达其意义与价值蕴含的。[①] 人类的文化和文明,正是以符号、仪式和语言等形式得以表征和传承的,这是人与其他动物的根本区别之一。从语言学的角度来讲,司法通过特定语言承载与展示自身的独特功能与魅力。司法语言归结起来不外四种:口头语言、书面语言、身体语言和建筑语言。身体行动是无声的语言,建筑是一种艺术语言。不同的司法建筑语言与司法者之身体语言反映了不同的司法风格与司法特性,传导着不同的司法信息,赋予社会主体以不同的司法认知与司

---

① 参见姚建宗:《法治的生态环境》,山东人民出版社 2003 年版,第 220页。

法信念。一般来说，程式化、冷色调、凝重厚实、雄伟高大的外在
形式，较之于随意化、大众化、暖色调的司法建筑布局与不拘小节
甚至不讲形式的司法行为，其所具有的司法权威及其与当事人乃至
社会民众的司法关联是无可比拟的。所以，纵观古今，大凡法治发
达的国家，司法者之行为举止、面部表情、衣着服饰，司法场所之
建筑风格、法器陈设、布局设计，都已浑然一体，形成共同的规则
语言。这种无声的交流，是司法本性的外在映射。司法判断总是试
图通过此情此景来显现自身的力量。因此，加强司法器物文明建
设，既是司法文明的重要表现，也是司法文明的重要组成部分。

一、司法建筑文明

司法建筑作为一项重要的公共设施，并不仅仅是满足普通办公
之用的场所，而往往都是在匠心独运的设计之下，成为一种寓意深
刻的符号和象征，以此承载悠远深长的人类法治文明，凝聚现代法
治精神，弘扬浓厚的法治文化，展现公平正义的司法理念和理想，
从而成为司法文化乃至整个法律文化的重要组成部分。因此，在现
代法治国家，法院大楼往往都是建筑之林中的一道特殊景观。一座
经典的法院大楼，是人类优秀法律文化的体现，是一部韵味悠长和
令人充满遐思的宏篇巨制。例如，美国联邦最高法院的办公楼就是
此类司法建筑的典范。美国联邦最高法院的办公楼于 1935 年竣工，
其建设极尽考究，主要选用了大理石作为建材，外用大理石为佛蒙
特州大理石，内部四个庭院使用了薄薄的水晶状乔治亚白色大理
石，底层以上建筑的墙体和大厅均全部或者部分使用了奶油色阿拉
巴马大理石；办公室的门、墙面和地板等均使用了纵横四等分的白
栎木。与其庄严华贵相比，该大楼营造出的浓郁的司法文明氛围，
更是令人流连忘返。①
美国联邦最高法院的办公楼充分体现了司法建筑的独特风格和
文化，确实令人回味。随着经济发展、社会进步和司法理念的更

---

① 参见孔祥俊：《法治信仰的象征——美国最高法院大楼的历史、风格和
理念》，载《人民法院报》2002 年 10 月 31 日。

新，我国司法建筑的风格和功能逐渐受到人们的关注和重视，不少法院开始注意在司法建筑上融入法院文化因素，日渐注意司法建筑的文化品位。例如，浙江金华中院的审判大楼，其外观设计为一个天平，寓意司法公正。远望大楼就像一个"山"字，寓意执法如山，秉公办案。走进主楼大厅，首先映入眼帘的是以"民主、法治、公正、清廉"的司法精神为主题的青石浮雕群。浮雕以独角兽、天平、中外著名执法者和法学家为图案主体。在法庭上，分别设立了以民事司法精神和刑事司法精神为主题的两座浮雕，向来者传递着一个个法律理念。① 有些法院基于司法建筑作为一种公共设施，在建筑内部设置上融入了"以人为本，司法为民"的理念。例如，北京延庆县法院，其办公楼内设置了宽敞明亮的当事人休息大厅，厅内安装有舒适的座椅、饮水机、可供当事人随时查阅相关诉讼信息的电子触摸屏、电子公告屏、各种指示牌及《诉讼指南》、可方便当事人参阅的各类应用文书样本等便民设施，执勤法警、值班法官为当事人热情详细的导诉、答辩等便民举措，为来访的当事人和群众提供了快捷便利的服务。② 为了体现司法公正的理念，有的法院实行审判、办公分区，分别设有法官通道和当事人通道，切实改变了法官和当事人同时进出法庭的不规范现象。总之，我国司法建筑出现的这些外在和内在的变化，既是各级法院重视加强司法文明建设的一个反映，也是我们国家走向法治的一个表征。但这些仅仅是我国司法器物文明建设的一个开始，有些措施需进一步规范，有些做法还需进一步探讨。就司法建筑的风格和功能而言，尚存在一些问题值得探讨：

第一，司法建筑的总体布局与功能分区。司法建筑既是公共场所，又是体现国家法律尊严的重要场所。因此，司法建筑在总体布局上应根据建筑功能实行分区布局和管理。一般来讲，司法建筑分为生活区与工作区两大部分（严格讲，生活区不属于司法建筑的范围，但基于我国的实际情况，法院工作人员的生活区往往与司法

---

① 参见何海彬：《文化与科技并重》，载《人民司法》2004 年第 4 期。
② 参见董晓军：《情系婳川铸公正》，载《人民司法》2004 年第 5 期。

建筑具有紧密联系），其中工作区又可分为立案接待区、审判区、办公区、后勤保障区等基本功能区。有条件的最好通过不同的建筑来加以区分，没有条件的应尽量在一栋建筑中通过一定的方式加以区分。立案接待区是法官直接与当事人打交道的地方，属于法院对外的公共场所，在设计上应满足作为公共场所的基本要求；审判区是法官专门审理案件的场所，在功能上既是法官履行职务的地方，也是当事人进行诉讼和公民进行旁听的地方，在性质上也属于公共场所。但与立案接待大厅不同，为了体现法律尊严和司法权威，审判区应设置安检、保安等设施。办公区、后勤保障区等功能区属于私密区，只准法院工作人员进出，严禁当事人和社会公众进入。综上，基于司法工作的性质和司法建筑作为一种公共设施公用性的要求，司法建筑应做好附属设施及其建筑的规划设计，一般包括四个部分：第一部分是服务于法官的附属用房，如法官办公室、法官图书室、法官阅览室、法官会议室、书记官办公室、法官餐厅等；第二部分是服务于法庭司法活动的，如陪审员办公室、检察官和律师临时办公室、法警办公室、证人候审室和羁押室等；第三部分是服务于法院管理的，如法院行政管理办公室、资料室、档案室、接待室、值班室等；第四部分是服务于公众的，如图书馆、档案馆、休息室（厅）、卫生间、餐厅、电话间、停车场（库）等。

第二，司法建筑的文化品位与装饰风格。建筑是历史的活化石，司法建筑应通过特有的建筑语言和符号来充分体现法院应有的文化品位和个性特征。目前，国内还没有形成专门的司法建筑设计规范。现在国内的一些司法建筑要么是模仿国外的，要么是自己琢磨出来的，在建筑设计上缺乏规范性，在诠释法院文化和表现司法个性上都存在不到位的问题。例如，有些司法建筑的样式过于"洋化"，体现不出中国的本土特色；有些司法建筑在诠释法院文化上过于简单，缺乏应有的法律文化内涵；个别地方法院的办公楼富丽豪华处处透露着一种暴发户气息，其设计风格与司法的神圣性和庄严性不相匹配。司法建筑应通过建筑语言和符号，向社会公众传达一种法治精神和司法价值的文化信息，营造出一种浓郁的司法氛围。因此，如何保证司法建筑既能体现民族特色，又能体现法院文化品位，是我国司法建筑亟待研究和解决的一个基本课题。与司法建筑文化品位相关的一个问题，是司法建筑的装饰风格。从总体上来讲，司法建筑的装饰风格应该体现坚实、崇高、庄重、威严等基本要素。因此，司法建筑的装饰风格既不能体现欧美西方式的浪漫，也不能是那种雕梁画栋和金碧辉煌的奢华。司法建筑的主基调应定位为一种明快、稳沉和宁静的氛围，着力追求严谨方直，尽量弃用柔和的曲面和曲线，采用强有力的多种线形组合，借此寓意法院司法的严肃性和公正性。在色彩上，司法建筑应采用明显偏冷的色调为主要饰材，这种宁静偏冷、清新明亮的调子将倾力演绎司法的威严，使人对司法的情感与环境相吻合从而达到和谐。司法建筑的外部立面造型处理，应通过端庄的形体、粗犷的轮廓、对称的立面、虚实的对比、夸大的尺度、坚实的材质等形式，以充分体现出司法的尊严和公正。司法建筑的内部立面处理，可以适当采用一些法律文化的符号，通过浮雕、壁画、雕塑和一些大众认可的花纹加以诠释。此外，为了体现司法的个性特征，司法建筑的外部应该采用什么样的标志，以示区别于其他建筑，有待最高法院统一规定。

第三，司法建筑的内部安排与法官独立。司法建筑的内涵本质，在于其能够充分体现司法工作的个性和品质，能够满足司法工作的运行规律和客观需求。与行政机关不同，行政机关是首长负责制，存在上下级关系；司法机关是法官个人负责制，不存在上下级关系。因此，司法工作的决策者是每一个法官，法官之间都是平等和独立的，都是司法建筑内部的主人。这样的组织理念和工作特性，应通过司法建筑的内部安排加以表达和凸显。乔钢良先生的《现在开庭》一书中，描述了他给一位美国联邦地区法院法官当助理的经历，通过图片向我们展示了美国法院如何在建筑设计上凸显每一个法官的独立性。这种司法建筑的理念尤其值得我们学习和借鉴。法官是司法工作的主体，法院内部其他工作人员都是法官工作的辅助人员，由此决定了法官在司法建筑内部的身份和地位。因此，司法建筑的内部安排设计应充分考虑到法官的主体定位及法官与其他工作人员之间的关系问题，这样才能充分体现司法建筑的内部格局与其他机关的区别。比如，法官办公室应与后勤管理人员的办公室相隔离，办公室和法庭是法官两个重要的工作场所，最好的设计应该是办公室与法庭相连，法官出了办公室就可以进入法庭，这样不仅可以免除法官在办公室与法庭之间来回奔波，而且可以方便法官休庭时休息，或者在庭审过程中遇到某些疑难问题时，方便查找相关资料。与此相关的另一个问题是，国内法院一般都十分重视办公楼的建设，而法庭建设却比较忽视，法院拥有的法庭数量十分有限，有的甚至是办公室兼任法庭来使用。这种做法实际上是没有很好地理解法官工作的性质。虽然我们不能像国外那样保证每个法官有一个固定的专用法庭，但至少应该保证 2 至 3 个法官共有一个固定的法庭，以免法官开庭使用法庭时出现冲突的现象。最后，书记官办公室应设置安排在法庭旁边，以方便书记官的日常工作。①

　　综上所述，司法建筑是司法文明的重要体现，也是一国法治现状的重要表征。如何正确处理奢华与简陋、庄严与亲和、距离与亲近之间的平衡关系，是司法建筑设计亟待解决的课题。司法建筑过于简陋，难以激起公民对法治的信仰和情感，也难以唤起公民对司法的尊重和信赖。因此，能够充分体现司法文明的司法建筑，不仅仅是司法公正有了物质保障，而且是法治精神有了物质基础。

　　二、法庭场景文明

　　法庭是法官司法的重要场所，也是弘扬法治精神，宣示司法公正的重要场所。因此，法庭场景的构造与布置，不仅要充分体现鲜明的司法文化特色，而且要尽量营造出一种司法"剧场化"的场景效果。因为在著名法学家边沁看来，法庭好比"司法剧场"，法庭活动是"司法剧"（judicial drama），法官、原告、被告、旁听

---

　　① 参见贺卫方：《法袍、法槌之外》，载《人民法院报》2002 年 6 月 21 日。

人、庭吏、书记员等都是剧中登场的演员（performer）。① 而事实上，法律起源于神判。在神判那古老而神奇的外貌中凝聚着早期法律文明的愿望，由此几乎可以这样认为：神庙成了最早的法庭，"祭师"、"头人"成了最早的"法官"。② 人类早期也是将法庭设在剧场中。③ 而在一些地方的"严打"中，实行公开宣判往往也是选在影剧院之类的剧场中。因此，为了营造法庭的"剧场化"效果，法庭场景需要精心构造和布置。法庭场景的构造和布置属于庭审规范的内容，因此一些国家和地区对此都有严格的规定。例如，我国台湾地区就有专门的《民刑事法庭席位试办方案说明》，对法庭席位布置之设计理念与具体方案作出详细规定。1993 年，最高人民法院颁布了《关于法庭的名称、审判活动区布置和国徽悬挂问题的通知》（以下简称《法庭通知》），对法庭的名称、审判活动区布置和国徽的悬挂等问题作出了具体规定。一般来讲，法庭场景的构造与布置涉及法庭席位的布置格局、法庭背景的装饰风格等基本内容。

关于法庭席位的布置格局。从世界范围来讲，法庭席位的布置格局主要有两种：一种为"一字型"格局，即当事人席位面向法台；另一种是"∏字型"格局，即当事人席位相对并与法台垂直。这两种布置格局体现了两种不同的庭审模式，"∏字型"格局体现了职权主义的庭审模式，多在大陆法系国家采用；"一字型"格局体现了当事人主义庭审模式，多在英美法系国家采用。在上述两种格局中，法官的席位（即法台）都要高于当事人的席位。相较而言，我国法庭席位的布置格局比较具有中国特色，具体分为两类：一类是针对刑事公诉案件，根据最高人民法院和最高人民检察院于1985 年联合颁布的《关于人民法院审判法庭审判台、公诉台、辩

① ［日］大木雅夫：《比较法》，范愉译，中国大百科全书出版社 2001 年版，第 6 页。

② 杜文忠：《神判与早期习惯法》，载韩延龙主编：《法律史论集》，法律出版社 2004 年版，第 438 页。

③ 参见王晋：《法庭活动的戏剧之维》，载《研究生法学》2005 年第 1 期。

护台位置的规定》的规定，审判法庭的审判区正面设审判台，高20～60厘米（高度要与审判法庭面积相适应）；审判台前方右侧设公诉台，高度与审判台相同；审判台前方左侧设辩护台，高度也与审判台相同。在审判台、公诉台和辩护台上，分别设置审判人员、公诉人、辩护人的座席。公诉台与辩护台呈八字形，都面对被告人；证人座席位置设在公诉台右下方平地上。另一类是针对民商事和行政案件，按照最高人民法院《法庭通知》的规定：法庭正中前方设置法台，法台的面积应满足审判活动的需要，高度为20～60厘米。法台上设置法桌、法椅，为审判人员席位。审判长的座位在国徽下正中处，审判员或陪审员分坐两边；法台右前方为书记员座位，同法台成45°角，书记员座位应比审判人员座位低20～40厘米；审判台左前方为证人、鉴定人位置，同法台成45°角；法台前方设原、被告及诉讼代理人席位，分两侧相对而坐，右边为原告席位，左边为被告座位，两者之间相隔不少于100厘米，若当事人及诉讼代理人较多，可前后设置两排座位；也可使双方当事人平行而坐，面向审判台，右边为原告座位，左边为被告座位，两者之间相隔不少于50厘米。有条件的地方，可以将书记员的座位设置在法台前面正中处，同法台成90°角，紧靠法台，面向法台左面，其座位高度比审判人员座位低20～40厘米。

综上所述，我国法庭席位布置格局的特点是：（1）存在"八字型"、"一字型"和"∏字型"三种格局，即刑事公诉案件实行"八字型"格局，民事和行政案件实行"一字型"或"∏字型"格局（刑事自诉案件没有规定，实践中一般参照民事案件的审判格局）。（2）在刑事公诉案件中，法官席与公诉席、辩护席的高度一致。但实践中不少法院已经将法官席的高度提升，形成规范与实然的不一致。（3）在民事和行政案件的法庭席位布置中，对于当事人席位是否低于法官席，最高人民法院的《法庭通知》中没有明确规定，但根据"书记员席位低于法官席位20～40厘米"的规定，可以推断出当事人席位也应低于法官席。笔者以为，法庭席位的陈设，反映了一个国家民主化与法治化的程度，涉及是否影响当事人的心理机制、诉讼参与人的尊严与平等定位，关系到诉讼法规定的权利能否落实及审判程序活动能否具体发挥功能，而不仅仅是一个形式问题。因此，我国法庭席位布置格局的改革已是势在必行。在改革中应充分考虑如下因素：

一是应充分体现司法中立和权威的理念。法官的席位（法台）居于中间，且必须高于当事人席位（包括公诉人席位），这是世界通行的做法，也是维护和体现司法中立和权威的基本做法。这种布局蕴含了这样一种理念：法官在法庭上的身份更多的是一个超然于公诉机关（国家利益）和辩护人（罪犯的利益）之上的仲裁机构，它是公正的化身，代表着法律的尊严和权威。正如福柯所言："我们至少可以说的是，法庭的空间安排意味着一种意识形态。这种安排是什么呢？一张桌子，它与两方当事人拉开距离，在这张桌子后，是'第三人'，即法官们。首先，法官的位置指出他们对于每一方当事人都是中立的，其次，这意味着他们的裁决不是预先作出的，而是基于某种真理观和某些有关何为公正何为不公正的观点，对双方当事人进行口头调查之后作出的，再次，这意味着他们有权执行他们的裁决。"① 法台高度以多少为适当，首先应考量法台的主要使用者是法官，法官系诉讼程序指挥者和法庭管理者，法台的高度最低限度应不妨碍法官综观法庭全场的视界，同时虑及法官因长时间使用法庭所造成之身体负荷，法台高度应符合人体工学。其次须考量参与法庭活动相关人员不致因法台的高度而造成心理压力或影响法庭活动的流畅。例如，法官与书记官之间的沟通、证物的提示等。因此，法台一般应设定在 25～50 厘米之上下限，由各法院视法庭的大小、纵深、当事人席相对于法台的远近等因素，自行调整法台的适当高度。

二是应体现人权保障的司法理念。即关于刑事被告人与辩护人同席的问题。在现行刑事公诉案件审判中，被告人处于"八字型"格局对面的中间，从而使得现代刑事审判成了我国封建社会中

---

① 转引自强世功：《法制的兴起与国家治理的转型——中国的刑事实践的法社会学分析（1976—1982）》，载公法评论，http://www.gongfa.com/jiangshigongboshilunwen.htm。

"三堂会审"的局面,不仅导致辩护人无法跟被告人进行沟通,而且给被告人一种十分压抑的心理感受。根据无罪推定的原则,在法官没有宣判被告人有罪之前,不应认定被告人有罪,更不能将其当作罪犯来对待。此外,接受律师咨询与辩护是法律赋予被告人的基本权利,这个权利应该得到所有文明社会的尊重,并应在法庭席位设置上予以充分考虑和保障。而现行刑事法庭布置的设计是检察官与辩护人对坐于台上,被告人立于台下,似乎有将被告人当作诉讼客体之嫌,能否考虑将刑事被告人回归到诉讼主体的地位,使其能与其辩护律师保持合理的距离。在这个方面,英美法系国家的"一字型"法庭席位格局具有一定的参考价值。

三是应体现人文关怀和区别对待的理念,根据案件的对象和案件审理方式的不同,对法庭席位的设置作相应调整。例如,对于未成年人犯罪的案件,在法庭席位的设置上应区别于成年人犯罪。为了充分体现国家对未成年被告人"教育、感化、挽救"的刑事方针政策,可否考虑在审判区内专设审理未成年人犯罪的法庭,法庭席位设置为圆桌,并采用一些可以营造宽松气氛的设施和场景安排,以减轻未成年被告人的心理压力。对于采用调解方式审理的民事案件,应在审判区内另行设置调解室,为双方当事人之间的调解营造一种和谐宽松的环境,有利于案件当事人之间的和解。此类设想,在一些法院已经得到实现。例如,河北省容城法院开设温馨调解室,内部设施和环境氛围完全有别于通常的审判庭,没有庄严的法桌法椅,不见"审判长"、"原告"、"被告"等桌牌,取而代之的是圆形的调解桌上摆放着鲜花、茶具、饮水机,负责调解的审判人员称为"主持人",矛盾的各方称为"当事人"。墙上悬挂"和为贵"等劝解当事人息诉平怨的字幅及自然风景图,让当事人一迈进调解室便感觉到心情舒适,温馨宽松。调解室内专设亲友席,允许当事人的相关亲友在调解过程中全程参与和发表意见,向当事人发送"调解邀请函"来取代原来送达的传票,"邀请函"以亲切的语言邀请各方当事人及相关亲友一同参加调解,注明:"发生纠纷后,相互谅解,用最短的时间,最快的速度化解矛盾是我们共同努力的方向。我们诚恳希望你积极配合我院为你安排的调解工作,以平和、真诚的心态促使纠纷尽快得到圆满解决。"① 这种人性化的设计和布置，对于化解纠纷确实可以起到铺垫的作用，应大力加以推广。

关于法庭背景的装饰风格。法庭的装饰应以简洁、庄重、协调为基本原则，以营造法庭的庄重与神圣为基本目标。法庭的四周宜多用榉木材料贴面，颜色为板栗色或浅褐色。法台背景多为装饰木板，也有用大理石的，但应与整体色彩协调。法台背景的图案或标志物，在国外法院有的镶法院院徽，有的镶州徽，有的则悬挂国旗。我国宜悬挂国徽或代表法律的法徽。按照最高人民法院《法庭通知》的规定，法庭的法台后上方正中处应悬挂国徽，调解室、接待室内不悬挂国徽。不过，从最高人民法院公布《关于征集法桌法椅法庭背景装饰图案设计方案的启事》的用意来看，司法在外在形式上的文明日益凸显功能。在美国和加拿大，对法庭面积、内部布局与装修设计并没有专门和统一的标准。一般对法庭的布局装修由法官自行确定，但这并不意味法庭建设可以不执行有关建筑条例和地方性法规。对作为历史建筑的法院和法庭之扩建和装修，一般有严格要求。② 但基于我国的具体国情，最高人民法院宜应对法庭的内部布局与装修设计作出专门和统一的标准。

法器是法庭的基本道具，其陈设十分讲究，一般都具有严格的要求。法器陈设对于烘托法庭气氛、维护庭审秩序和保障法庭安全具有十分重要的作用。一般来讲，法庭内的法器陈设主要涉及三类：

一类是法桌法椅与标识牌。法桌法椅的规格与款式作为法庭品位的组成部分，世界各国都十分重视和讲究。但多年来，我国各级法院使用的法桌法椅和法庭内的标识牌没有一个统一标准，无论在款式、颜色还是尺寸上均不统一。有的地方同一法庭出现不同的法

---

① 新闻报道：《容城法院开设温馨调解室》，载河北省法院网，http：//www. hbsfy. org/ReadNews. asp？NewsID＝531。
② 参见韩伟：《美国加拿大的法庭建设》，载中国司法改革网，http：//www. chinajudicialreform. com/info/newsdetail. php？newsid＝273。

桌法椅和标识牌，还有的出现新旧桌椅混用、共用现象。法桌法椅和标记牌体现了一国法律的严肃性和统一性，是现代司法文明的象征。因此，我国法院应尽快统一规范法桌法椅和法庭标识牌的制作标准，使法庭建设走向规范化。法桌法椅应在借鉴西方国家样式的基础上进行创新，并与法袍等和谐一致。法庭的标识牌应统一规范，其名称应符合法律术语的基本要求；法庭使用的语言种类是国家主权的象征，故除涉外法庭外，一般法庭的标识牌上最好不要书写英语之类的外文。

二类是法槌。法槌是法庭中使用的一个重要法器。但新中国成立多年来，我国法官开庭一直没有使用体现司法权威的法槌，法官在庭审中为了制止违反法庭纪律的行为，往往不得不借助拍桌子的方式，显得十分粗野和不文明。2001年9月，福建厦门市思明区法院率先在审判席上引入了法槌。该改革举措立即得到最高人民法院的肯定和支持。同年12月份，最高人民法院作出决定，要求全国法院于2002年6月1日起统一使用法槌。法槌的使用，得到了社会各界的好评。法槌是司法权威和秩序的象征，它不仅仅是用来指挥庭审的道具，法官手里握着法槌时，同样增加了一种责任感。由最高法院统一监制的法槌呈红褐色，槌身和底座都取材于海南檀（又称"花梨木"），木纹清晰均匀，质地坚硬光泽，具有抗弯曲耐腐蚀功能，且敲击的声音清脆响亮。法槌槌身为圆柱形，槌顶镶嵌着金黄色的铜制法徽，槌腰嵌套标明法院名称的铜带；底座为矩台形，其表面嵌有矩形铜线和我国传统饰纹。底座以"矩"制形，既取"智圆行方"之意，又寓"司法公正"之旨，象征法官应成为智慧和正义的化身。槌、座相击，音质透亮，有一"槌"定音之意。法槌的使用有明确规则可循，最高人民法院就法槌使用规则作出了具体规定，在此兹不赘述。

三类是脚镣手铐、囚笼、囚服和警棍等安全设施。此类法器的使用能够体现和烘托出法庭威严的气氛，并对法庭的安全和秩序具有一定的保障作用。但威严的法官、冷色的法器、森严的囚室、冰冷的镣铐和无情的面孔，在烘托出法庭威严气氛的同时，也构筑起了法官与当事人之间的樊篱。在现代司法中有一个重要的理念就是去威权化，愈是权威的环境，人所受到的压力愈大，愈无法自由陈述，这样就会减损庭审言词辩论之效果，所以体现威权的法器要尽量减少。为了体现司法文明，在保证法庭安全的前提下，刑事被告人的脚镣手铐不应出现在法庭上，也不宜强制穿囚服上法庭。此类理念在一些法院的庭审中得以贯彻和实践，取得良好的效果。

在西方，法庭作为一种戏剧化的场所，决定了法官须有一定的戏剧装扮行为和道具。作为法官的装扮和道具，最为典型的是法官的法袍和假发。法官在法庭上穿法袍、戴假发是英国法庭最有特色的传统之一，该传统作为法官的一种标志，对世界各国、尤其是曾属英国殖民地的国家和地区的司法产生了深远的影响，如中国的香港特别行政区。据历史学家和民俗学家的研究，英国人戴假发的流行时尚传统大约始于 12 世纪，当时并不只是法官和律师的专利，上层社会的人都将戴假发视为一种时尚，是出席正式场合或沙龙聚会时的正规打扮。但司法界所用的假发与普通假发是有区别的。一般一个法官的假发要超过 1500 英镑（折合人民币约 18000 元），而最普通的假发也不低于 300 英镑。假发戴得越久，越老越脏，颜色越深，说明你吃法律饭入行的时间越长。从某个意义上，头龄越老的假发也就成为律师们招揽生意的百年老字号了，而法官的老古董假发则是富有审判经验的招牌。一位法学院学生在取得律师资格之后，家人或朋友给他的最好的礼物就是由某位名家制作的假发。许多从事假发制作的匠人都是子承父业，甚至是世家，其制作假发的历史，比某些英国贵族的家族谱系还长。英国人素以保守精神著称，司法界更是如此，司法要求的是精确甚至刻板，强调的是稳定与平衡，而对个性化的东西兼容性较小。① 二战后，随着民主主义思潮的兴起，英国有人提议废除法官戴假发的传统，但经议会的激烈讨论最后决定保留这个传统。为此，丹宁勋爵指出："在法庭上我们穿的是黑色法袍，戴的短假发。有人说这一切都过时了。或许是过时了。但这种传统可以使场面更庄严。它可以掩盖个性，遮住

---

① 参见黄鸣鹤：《假发》，载人民法院网，http://bbs.chinacourt.org/index.php? showtopic=73815。

秃顶。它可以使法官看起来像个公正的执法人。它是法官权威的象征，是法官受尊重的源泉。所以它还值得保留下来。"①

如今法官开庭着法袍是世界各国的通行做法，法官戴假发的传统在多数国家和地区被废除，但有些国家和地区仍然保留着这一古老的传统。受总统杰弗逊的影响，美国曾废除了假发和法袍，但后来又将法袍恢复了。法官开庭为什么要着法袍、戴假发呢？是因为这样的服饰凸显了法官角色的极端重要性，营造了庭审的"戏剧化"的气氛和效果。"那些准备执法的法官只要一披上法袍，戴上假发，他们就越出了'日常生活'，我们可以看到他们的这种假发是意在'明示其假'。一般认为其作用有二：其一是显老者，从'接受美学'的角度，总是老者比较有威信，说话有分量；其二是为了异于常人，半人半神的样子。"② 在任何社会中，司法都是一种正义的符号，它不仅是实用的，还是符号化的。在某种意义上，法官的法袍和假发是代表司法公正和权威的一种符号。有人从多角度诠释了法官着法袍的意义，认为法袍体现了司法的被动性，寓意法官是一个寂寞孤独的裁判者，表明法官虽是世俗之人，但当他披上法袍之后，就应与世俗世界保持一定的距离，人们希冀用法袍束住法官那颗勃勃跳动、向往尘世的心；在法袍营造的封闭环境里，法官是独立的，不受外界的侵扰，由此能培育法官独立的人格，陶冶其法治信仰，最终实现公正裁判；黑色的法袍代表凝重、理性与沉郁，寓意审判要依靠理性，由此可以培养法官理性的情怀，时刻警惕着激情对理性的冲击，偏见对正义的侵蚀；法袍与硕士、博士服最为接近，具有较高的文化品位，意味法官具有渊博的知识、坚定的法律信仰和高尚的品格。③

对法官服饰的认识，我国经历了一个由大众化、军事化到职业

①　[英] 丹宁：《法律的未来》，刘庸安等译，法律出版社 1999 年版，第376 页。

②　慕槐：《假发的意义》，载《湘江法律评论》（第 1 卷），湖南人民出版社1996 年版。

③　参见李富成：《解读法官袍》，载东方法眼网，http：//www.dffy.com。

化的过程。新中国成立初期至"文革"时期，法官没有任何服饰上的要求，与普通大众的衣着没有区别。"文革"结束后，特别是实行改革开放以后，法官于1984年开始有了统一的制服。基于当时的司法理念，法院被视为国家统治的工具，法官的服饰自然赋予了一定的军事化色彩，表现为一种带有帽徽的大盖帽和带有肩章的制服。后虽经数次更改，服装的形式有所变化，出现西服式的制服（原来一律是中山装式的制服），但军事化色彩没有改变。2000年5月1日起，全国法官开始大换装，中级以上人民法院法官统一换着黑色凝重的法袍，基层法院的法官改着西装。法官换装虽不是第一次，但这一次却有着非同寻常的意义。首先，法官服饰的变化反映了人们对法官工作性质有了重新认识。传统法官制服积淀了一种对武力、制裁等深深依恋的情结。① 正如原来大盖帽、肩章式的法官服装，其所显示的司法表现为"无产阶级专政的工具"和"刀把子"，而现在法袍所显示的司法是一种公正、权威与说理的地方。法官是一种在法庭上行使权力的特殊职业，他只对法律负责。正义是需要包装的，没有正义的形式就很难有正义的内容。法袍从服饰上很好地界定了法官职业的特殊性。其次，法袍诠释并代表了一种先进的司法理念。服饰道具的变化会产生双向的心理作用，它提醒当事人以及民众也提醒法官自己，法官是一种特殊的职业。法官穿上了法袍获得的不仅仅是尊荣感，而且是无形中形成对其司法行为的一种制约。法袍意味着法官的独立性和专业性，具有独立人格和知识理性；法袍意味着法官的工作是坐堂问案，穿上袍子的人不能走街串巷，跋山涉水，由此寓意司法权的消极性和中立性；法袍以其古老的样式向世人显示，寓意着司法的保守性，预示法官在决策时需要尊重传统。再次，法袍体现了司法的公正性和权威性。从某种意义上讲，法袍所创造的礼仪性和神圣感确实可以帮助法官说服当事人接受他们作出的判决。这种观点似乎与"除魅"的大趋势背道而驰，但它的合理性似乎也正是在于能够超越理性主义的

---

① 参见刘武俊：《法官袍的司法隐喻》，载《南方周末》2000年3月21日。

局限性。另外，从法官自身讲，法袍同样能够帮助其产生职业的神圣感，法官应当成为正义的守护神和法律的化身。最后，法官袍也预示着我国开始对司法礼仪的关注和重视。过去的法官服装所反映的不仅仅是司法理念的问题，更多的是透过司法礼仪反映了时代精神文化的严重匮乏与混乱。法官服饰的改变意味着司法礼仪的改革迈出了很重要的一步，但愿这一步能够给未来的司法礼仪带来更清新而庄重的变革。

三、司法设施文明

司法作为公共机构，其基本设施必须予以充分保障，以保证司法活动得以顺利、高效地开展。与此同时，随着科学技术的发展，司法设施建设应不断地融入科技的含量，实现审判法庭智能化、审判管理现代化和楼宇管理自动化。审判法庭智能化，要求法庭设有多媒体信息举证系统、同声翻译系统、音响和扩音系统，可以随时控制、调用和存储庭审过程中的图像、音频等信息，并能通过局域网和互联网实现远程举证和证人作证，甚至是网上开庭等新形势下的庭审活动。审判管理现代化，要求将各种信息化技术全面运用到审判工作中，提高工作效率。例如，通过计算机网络系统和审判管理软件，将法官审理的案件由立案、审理环节、审理结果到归档整个过程纳入审判管理流程系统，以便及时掌握案件的审理进程，防止案件超期审理。此外，上下级法院之间可以通过计算机网络实现审判信息的相互交流，并可以通过计算机技术实行庭审记录、法律文书制作的无笔化。楼宇管理自动化，可以将司法建筑整个大楼及其附属设施安装自动化管理系统，对建筑内的空气调节、安全防卫、灯光照明、消防设施等各项事项实行计算机操控，从而对司法建筑实现全面、有效和科学的监控与管理。上述科学管理技术的运用，不仅可以减少司法运作的管理成本，而且可以有效提高司法工作的效率。

在西方国家，对于司法设施的保障及现代科学技术的运用十分重视。例如，美国和加拿大的法庭，法桌上配有麦克风、台灯、报警装置、电话和笔记本电脑及小型法规书架；录入员一般用手工或计算机记录，书记官用计算机准备文件；法庭普遍采用录音转换书面文字材料技术，即通过录音将当事人的语言自动转换成书面记录；法院普遍使用安检门系统，有的在刑事法庭门前还须再进行一次安检门的安全检查。刑事法庭内装有录像监押和保释设施及电视、投影设备等。① 在我国法院物质建设中，两极分化的现象十分明显。在经济条件好的地方，法院的物质建设得到充分保障，一些法院的基础设施和办公条件，与西方国家法院相比毫不逊色；但在一些经济条件差的地方，法院和法官的物质保障存在很大问题，许多地方基层法院办公设施破旧不堪，办案经费严重不足，甚至连干警的基本工资都没有办法保障；甚至有个别法院一度负债累累，竟有被债主起诉情况的发生。为此，罗干同志在全国法院加强基层建设工作会议上，要求各级党委关心和帮助解决基层人民法院的实际困难，要像解决拖欠教育经费那样，解决好法官工资的足额发放问题；同时要保证法院办案办公经费。② 由此可见，法院的物质保障必须强化，应当在全面、协调、可持续的科学发展观的统领下消解因为主体之间、区域之间的发展非和谐性导致的司法外部保障的非均衡性，以公平的保障来塑造司法对社会公平的价值追求。

与司法公正相反，之所以出现司法腐败的现象，原因固然是多方面的，但不能忽视物质保障之不足导致的后果。例如一些法院为了经济利益而到处找案件办，甚至是设法抢案件办；为了增加经济收入而随意提高收费标准和另设收费项目，造成超标收费、滥收费的现象，引起当事人和社会的不满，从而严重影响了司法权威和司法形象。任何活动的开展都需要一定的物质基础，司法活动亦是如此。没有物质作保障，司法的尊严就无法体现，也谈不上司法公正的实现。人们很难在一个设施陈旧、条件简陋，法官为生计犯愁的

---

　　① 参见韩伟：《美国加拿大的法庭建设》，载中国司法改革网，http：//www. chinajudicialreform. com/info/newsdetail. php？newsid＝273。

　　② 参见记者郝利利、张守增的新闻报道：《罗干要求各级党委关心和帮助解决基层法院困难，要像解决拖欠教育经费那样解决好法官工资足额发放问题》，载《人民法院报》第1版，2004年7月1日。

地方感受到法律的威严和司法的尊严，也很难从内心对法院和法官产生崇敬和信任。这并不是人们嫌贫爱富，而是人们的一种本能的心理反应。政府有法定义务为法院提供足够的运转经费，法院和法官不应为法院的运转经费而殚精竭虑。因此，改革法院的财政供给体制，将现在由地方财政供给体制改为国家财政或省级财政供给体制，实行严格的法院经费预算制度，一经权力机关通过就必须足额发放，从而在体制上彻底改变法院经费不足的问题，为法院严格司法、公正司法提供坚实的物质基础。

第五节　司法行为文明

理念是行为的先导，理念决定行为的模式和方式。司法行为是司法理念、司法制度的外在能动反映；司法行为文明是司法理念文明、司法制度文明通过法官行为所表现出的一种外在的文明。司法行为文明既直观又具体，社会公众往往通过法官的行为表现来判断和评价司法的文明程度，故司法行为直接关系到法院和法官的司法形象尤其是司法公正的实现。在此将着重从司法裁判行为和司法行为作风两大方面加以分析。

一、司法裁判文明

从行为方式上来讲，司法裁判行为可分为司法判决与司法调解两种方式。司法判决，指法官通过庭审活动对争议的案件依据法律规范和事实作出裁判结果的一种行为和活动。司法调解，是指在法官的主持下，案件当事人就争议纠纷达成合意，并原则上得到法官认可，从而使纠纷得以解决的一种行为和活动。司法判决体现了法官"据法裁判"的意志，带有一种判断性和强制性；司法调解则主要体现了当事人的共同意志，带有一种交涉性和自治性。两种裁判方式都具有纠纷解决功能，但在运行机制、适用程序和法律、确认规则等方面存在较大差异。从利弊角度来分析，司法调解能够有效解决纠纷，由于体现了双方当事人的合意，纠纷解决的效果往往比判决更好，且因不受程序和规则的过分约束，往往也比判决更有效率性；但相对于司法判决而言，司法调解不利于法律规则的完善，不利于公民程序和规则意识的培养，也不利于当事人权益的平等保护。因此，在司法裁判方式的选择上，究竟是应以司法判决为主还是以司法调解为主，在我国不是一个已成定论的问题。

对于司法判决与司法调解的认识与选择上，我国法院经历了一个反复的过程。在早期的司法中，民事纠纷主要是通过司法调解方式解决的。改革开放以后，特别是法院实行庭审方式改革之后，司法决策者要求法官尽量做到当庭举证、当庭认证和当庭判决，司法调解逐渐受到冷落，调解方式在结案中的比例呈直线下降的趋势。然而，自 2003 年以来，特别是自党中央提出建设和谐社会的执政理念和政治目标之后，司法决策者在反思司法裁判现状的基础上，认为调解能够弥补判决的不足，使纠纷得以有效解决，真正做到案结事了，可有效缓解因判决所带来的缠诉和上访等后续压力，要求各级法院/法官强化调解工作，实现案结事了。一时间，有关诉讼调解的新闻报道和经验材料铺天盖地。据报道，为了强化诉讼调解工作，有的地方将调解率作为考核法院/法官工作的重要指标，实行一票否决权；① 有的地方把肖扬院长提出的"能调则调、当判则判、判调结合、案结事了"的诉讼调解工作"十六字方针"，变成"多调少判、能判也调、以调为主、以判为辅"的办案原则；有的地方提出"多调解、少判决、多息诉、少申诉"的指导思想，采取各种激励措施，开展调解竞赛活动，实行立案调解、庭前调解、庭审调解、执行和解等"全程式调解"；② 甚至连最高人民法院的业务庭也以调解结案为莫大追求。③ 如此等等，不一而足，调解已

---

① 参见董震：《60% 调解率难为法官》，载《齐鲁晚报》2006 年 2 月 10 日。

② 宋健军、黄义涛：《梅州市法院调解率全省第三》，载新华网，http：//203.192.6.28/dishi/2006-04/21/content_6811955.htm。

③ 参见王银胜：《完善调解制度，追求案结事了——最高法院民一庭民事诉讼调解有艺术》，载《人民法院报》2006 年 4 月 29 日。

俨然成为实现司法公正、构建和谐社会的法宝①，调解的功能被放大为平息社会矛盾纠纷的灵丹妙药。

那么，应如何理性看待当前司法实践中"调解至上"的现象呢？"马锡武审判方式在现实生活中遭遇尴尬，调解制度在中国经历了一波三折之后又被当作'东方经验'而大行其道……如此等等，不能仅仅停留在个别现象上进行表层评判，迫切需要从法理高度揭开其潜在本质。"② 由此，针对"调解至上"的现象，我们需要分析和揭示的问题是：司法裁判的职责到底是什么？其职责的本质到底是为了解决纠纷还是实现规则之治？调解和判决何者更能体现司法裁判职责的本质？"如在法律职业人身上每时每刻不再充分思考其职业生涯，同时也不再迫切地思考其职业深刻的问题性，那么一个较好的法律职业人就将不再是一个较好的法律人。"③ 之所以提出这些问题，是因为其事关司法裁判的大局，涉及司法基本理论。司法理论的核心问题在于司法权应该如何行使，也就是在司法权的运行过程中，法院/法官应扮演什么样的角色，承担什么样的职责，如何处理好与当事人权利及国家其他权力之间的关系。笔者以为，只有这些问题解决了，我们才能树立正确的裁判观，才能正确履行我们的职责。

在没有弄清司法职责的本质之前，在没有认识到调解存在的弊端和对我国司法调解制度进行改革和完善的情况下，一味地强调司法调解与平息纠纷，对司法工作的健康发展、乃至对法治国家与和谐社会的建构，将造成不可估量的影响和后果。相对于判决而言，调解更依赖于当事人的自律，而比较缺少制度的制约。在公民法律意识和人文素质还有待提高的情况下，在国家法治秩序和法治习惯

---

① 人民法院报发表评论员文章指出，构建社会主义和谐社会，要求各级法院把做好诉讼调解工作摆在重要位置，切实抓出成效。参见人民法院报评论员：《切实做好司法调解工作》，载《人民法院报》2006年4月29日。

② 汪习根主编：《司法权论：当代中国司法权运行的目标模式、方法与技巧》，武汉大学出版社2006年版，第5页。

③ ［德］古斯塔夫·拉德布鲁赫：《法律智慧警句集》，舒国滢译，中国法制出版社2001年版，第140页。

还没有完全形成之前，过分强调司法调解与平息纠纷，不仅不能从根本上维护当事人的合法权益，而且还会对我国法制现代化、司法现代化建设构成不利影响和人为障碍：首先，一味强调司法调解对平息矛盾的功能不利于树立正确的社会和谐观。有社会就有矛盾，有法律就有纠纷，没有矛盾和纠纷的社会是根本不存在的，这是人类社会发展史揭示的一项基本规律。美国冲突论法学流派甚至认为，社会和法律不是建立在"共识"的基础上，而是建立在冲突的基础上，平衡不是社会的正常状态，冲突、斗争才是正常的。① 这种观点虽然有些偏激，但一定程度的冲突可以促进社会的进步。从和谐的本质来讲，和谐并不是指没有任何的矛盾和冲突，"和而不同"就体现了一种积极的、辩证的和谐观。一味地遏制矛盾和纠纷而无视矛盾双方的互动与博弈，在某种程度上就会限制个性释放和自由发展，甚至是妨碍社会进步。社会有冲突和矛盾是一种自然现象，关键在于如何建立起有效的纠纷防范和解决机制，从而将冲突和矛盾控制在安全机制内，防止冲突和矛盾对社会产生不利影响。其次，一味强调司法调解对平息矛盾的功能不利于对公民权利的平等保护。调解的含义本身就是包括对事实不清、法律界限含糊的争议通过双方当事人互谅互让，以达到既解决纠纷又不伤和气的目的。"调解的本质特征即在于当事人部分地放弃自己的合法权利，这种解决方式违背了权利是受国家强制力保护的利益的本质，调解的结果虽然使争议得以解决，但付出的代价却是牺牲当事人的合法权利，这违背了法律的一般要求。"② 这种观点虽然有些偏激，但至少应引起我们对调解本质进行冷静的反思。最后，调解与判决之间的冲突，实质上体现了两种不同的权力（利），即民间自治（私权）与公共权力（司法权）的冲突。一味地强调诉讼调解，必然导致司法权与当事人自治权的紧张和冲突，并使得纠纷解决由现代社会以公力救济为主导回归到原初社会以私力救济为主导的历史

---

① 参见朱景文：《现代西方法社会学》，法律出版社1994年版，第23页。

② 徐国栋：《民法基本原则解释——成文法局限性之克服》，中国政法大学出版社1996年版，第123页。

状况，这不仅削弱了司法裁判权对社会的影响力，而且削弱了司法的职业化和专业化程度，使其沦为所谓的"大众司法"，从而改变司法的性质，动摇法治的基础。司法裁判除了解决具体纠纷外，还具有确认和发展规则、维护法律的统一性、正当性和权威性的职责与功能。过分强调司法调解，就等于把法院沦为一般纠纷解决机构的地位，而不能称之为真正意义上的"法院"。调解对纠纷的解决，在形式、场合、中立、程序和规则等方面都没有严格的要求，不受国家法律的刚性约束。这与司法裁判在解决纠纷的过程中，坚持司法中立、程序正当、司法被动、法律至上、司法剧场化等价值目标和司法理念相去甚远。当然，我们绝不是否定调解，其实调解是十分必要的，我们所要关注的焦点是调解的"度"在哪里？

笔者以为，司法的职责虽具有纠纷解决功能，离不开个案的处理艺术和公平度，但其职责本质不在于或不主要在于个案的纠纷解决，而在于落实和形成规则，矫正失范行为，维护和巩固法律秩序。"不要把基于法律的法院判决，看作主要是为了解决冲突，而应该看作是为了维护规范秩序，是为了理解某一特定社会情况或关系，作出的以法律原则为根据的说明。"① 司法裁判的过程，就是按照法律规定的职权和程序将抽象法律规范适用于具体个案，以此方式来矫正失范行为，调整特定的社会关系，从而建立起立法所期待或要求的法律秩序。近现代司法权的产生与发展，除了解决纷争等方面的需求之外，很大程度上源于为实践"权力制约体制"设计的结果。在马伯里诉麦迪逊一案中，马歇尔大法官把依照宪法解释法律，亦即决定合宪性的权力视为"司法职责的本质"。② 他通过这一著名判决为司法审查权提供了理论基础：宪法是法律，不仅仅是一套政治理想的神龛；宪法是最高法律，可以推翻法律体系内任何与其相冲突的法律渊源；法官的责任与权威不仅仅适用于一般

---

① 〔英〕罗杰·科特威尔：《法律社会学导论》，潘大松译，华夏出版社 1989 年版，第 242 页。

② 徐炳：《美国司法审查制度的起源》，载《外国法译评》1995 年第 1 期。

法律也适用于宪法。司法因此获得监督和制约其他国家权力（尤其是立法权）的权力，从而使整个国家处于规则治理之下，并保证了规则体系的一致性。司法裁判的这种职责本质，决定了法院/法官在履行解决纠纷职责的同时，具备通过违宪审查、法律解释和创设判例等形式，实现社会控制、权力制衡、公共政策制定和维护法律统一等基本职能。尽管中外法律体制不同，但其中的某些机理还是可以借鉴的。

因此，作为有别于非诉纠纷解决机制的司法机制，原则上应树立判决中心主义之指导思想，辅之以调解，实行诉讼效益与公正的衡平。与此同时，为了避免司法调解存在的弊端，需要对我国的司法调解制度进行改革和完善。首先，实行调解程序与裁判程序分离。其要点有：（1）另行设计独立的调解程序，将调解程序设置在庭审程序之前，进入庭审程序不得再行调解，但当事人自行和解的不在此限；设立专门的调解室，其布置有别于法庭设置；调解程序的运作可以由法官主持，也可以委托双方律师进行。（2）实行调解法官与庭审法官身份分开的原则，以防止以判压调，从而保证调解真正体现当事人之间的自治和合意。（3）将司法调解分为谈判式调解和斡旋式调解两种方式。所谓谈判式调解，指完全由双方当事人及其律师通过谈判的方式来解决纠纷，然后将谈判解决纠纷的方案提交法官认可；所谓斡旋式调解，指在法官主持下召集双方当事人和律师就纠纷的解决进行调解，法官在调解过程中可以提出一定的调解方案，由当事人双方进行选择和认可。在这两种方式中，前者有利于纠纷的解决并充分体现双方当事人的意志，后者则有利于分歧比较大的纠纷在法官的促和下达成调解协议。在实践中，应根据纠纷的具体情况进行选择。其次，实行法官对调解的司法审查。对当事人达成的调解协议，法院应以裁定的形式进行司法审查，以防止当事人以调解规避法律，同时有利于法院裁判文书的规范和统一。最后，实行调解激励机制。通过减免诉讼费等方式，鼓励当事人选择调解方式解决纠纷。在规范诉讼调解的同时，应通过司法改革来完善庭审方式和裁判文书，增强庭审程序的公正性和裁判文书的说理性，以促进判决的公正性和正当性。

　　裁判文书是公正和效率的载体，是法官智慧的结晶，同时也是沟通法院/法官与公众的桥梁。因此，裁判文书对审判活动的重要性是不言而喻的。裁判文书是如此重要，有人曾形象地将其比作法院的门面和法官的脸面。季卫东教授则从学理层面谈到裁判文书的重要性："判决理由是司法权合理化的最重要的指标，也是法官思维水平的最典型的表现。在常识性、合理性较强的法律体系下，判决书不阐述和论证把法律适用于案件事实的理由的事情是绝对不可想像的。"① 司法裁判文书的质量，综合体现了法官的法律思维能力、法律理论素养、法律综合素质以及法官的司法风格和品位。面对我国裁判文书说理的欠缺，由此导致的司法权威和公信力不高，有学者提出，中国的司法改革应该从裁判文书改起，"这种判决书中应当具备的特有的法律论证技术，是职业法律家经长期法律思维和法律逻辑推理专业训练形成的"；"如果说审判方式的改革使得司法领域开始重视程序正义的理念，那么我称之为'判决书制度的改革'，将从司法最终产品的角度真正推动中国司法改革"。②

　　在司法裁判过程中，法官最难的不是关于案件的处理结果，而是如何为自己作出的裁判结论寻找一个具有说服力的裁判理由，并通过论述的形式来说服当事人和社会公众。也正因为如此，裁判文书的说理问题成为一个老大难问题。曾几何时，"我们的裁判文书千案一面，缺乏论证推理，看不出判决结果的形成过程，说服力不强"。③ 由于裁判文书说理性不强，一方面影响了法院和法官的司法公正形象，另一方面也导致了一些无谓的缠诉和上访现象的发生。一些法官感到很委屈，"为什么我们正确的判决得不到当事人和社会的理解和认可"！有的简单地将此归结为当事人和群众的法

---

　　① 季卫东：《法治秩序的建构》，中国政法大学出版社 2000 年版，第 229 页。

　　② 徐国俊：《中国司法改革能否从判决书做起》，载中国判决网信息，http://www.chinacase.cn/manage/show/news_show.jsp? id = 14。

　　③ 祝铭山：《关于〈人民法院五年改革纲要〉的说明》，载《中华人民共和国最高人民法院公报》(1999 年合订本)，第 191～193 页。

律素质太低，但孰不知其根本原因在于，法官自身没有很好地尽到裁判说理的职责和义务！从一般意义而言，法官制作的裁判文书承载着多重功能。一份优秀的裁判文书，不仅可以完整地再现司法程序及法官作出裁决的过程，充分体现法官容法理和情理的裁判理由，从而能够让当事人服判息诉，达到解决纠纷的目的，而且能够反映法官对法律制度预设价值的正确把握，体现了其对融于法律解释之中的法价值认识，由此决定了裁判文书对司法技术和知识的传承作用。因此，一份思路清晰、逻辑缜密、析理透彻、文理严谨的裁判文书，不仅是法治社会对法官司法工作的基本要求，而且是法官司法文明的一种重要表现。

功能是存在与实践的反映。由此反观我国司法裁判文书的现状，其在纠纷解决功能方面已是难以为继，一些错漏百出、语句不通、析理简短甚至无理可析的裁判文书，经常受到当事人和社会公众的诟病，透露出社会公众对法官素质的深深担忧，进而引发对法官司法的怀疑和不信任。因此，加强法院司法裁判文书改革，努力提升法官撰写裁判文书的能力和水平，是加强司法文明建设的一个重要内容。目前，已经引起了一定程度的重视。笔者以为，司法裁判文书的改革及其质量的提高，应从司法裁判文书的功能欲求出发，确定一个价值标准体系作为努力的方向。从司法文明的应然要求来讲，司法裁判文书价值取向可分为两个层次：

第一个层次是对裁判文书的基本要求，包括明、信、平、辩四个方面。"明"概指裁判文书的语言明白晓畅，语意确定无疑；"信"指裁判文书叙述的案件事实具有法律意义上的客观性，能够真实反映争议纠纷的真实面貌，案件事实背后都有充分确实的证据作支撑；"平"则指裁判文书的语言风格平和朴素、文体结构简洁明了，能够让社会公众所接受和理解。为此，要求裁判文书宁可拙笨枯燥，绝不空灵跌宕，防止以文害意，出现情绪化色彩和法律神秘主义；"辩"指裁判文书必须充分体现说理性，能够全面反映法官对案件事实证据的分析、对法律规范的理解、对裁判理由的阐述之思辨过程。一份司法裁判文书只有符合明、信、平、辩基本要求，才能发挥其解决纠纷的功能，也才能满足作为传承司法技术和知识之载体的基本要求。①

第二个层次是对作为优秀裁判文书的一种高要求，即满足真、善、美的标准。真、善、美是司法裁判文书在较高层次上的一种价值追求，它体现了司法裁判对法律规范与社会生活的一种艺术再现，是对裁判文书之法律效果与社会效果的有机统一。一份优秀的裁判文书，应该既能充分表现法律的价值追求，又能充分反映生活中的社情民意，并能巧妙弥合法律规范与社会生活之间的缝隙，从而使裁判的法律效果与社会效果有机统一。法律规范是抽象静止的，社会生活是丰富多变的。司法裁判文书如何充分体现法律的价值追求和真实反映社会生活的实际需求，并通过一定司法方法和技术来化解和弥补法律与生活之间的冲突与缝隙，由此促进法律规范的发展和社会生活的和谐，是法官对真、善、美之司法价值的一种能动性的追求。司法裁判文书的"真"，体现了其对社会生活和法律制度的真实记载，人们据此可以了解一个社会或一段社会历史的社情民意、风俗习惯、法律制度和法律文化；司法裁判文书的"善"，体现了法官对司法公正和社会正义的价值追求；司法裁判文书的"美"，体现了其对法律的完善和社会和谐的促进与保障。当然，司法裁判文书的"美"，也包含着形式上的意义，指其具有语言风格上的美感和文书材质上的美感。例如，裁判文书纸张的精细华美、字体的赏心悦目、篇章结构的错落有致、装帧印刷的精巧美观等。

二、司法作风文明

司法作风包括司法仪式、法庭礼仪与法官个人生活作风等多方面。司法作风是法律文化与社会心理沉淀的传统历史产物，成为现代法院文化和司法文明的重要内容。司法起源于神判。正如霍贝尔所言："从法律这一方面来说，一旦其手段不能收集到充分确凿的证据材料来解决案件的争议时，它便总是转而求助于宗教。在初民

---

① 参见李登峰：《裁判文书的功能及价值标准》，载《人民法院报》2003年10月13日。

的法律中，通过占卜、赌咒、立誓和神判等方式求助于超自然来确定案件真实是非常普遍的。"① 在马克思·韦伯看来，某些非理性的诉讼方式往往能得出合乎理性的结果。② 人类在借助超自然力量解决社会事务时往往要举行一定的仪式，以表示对神灵的敬畏。司法礼仪来源于神判中的仪式。历经人类历史的锤炼，一些仪式就固定下来成为司法活动的组成部分，沉淀为一种代表着司法形而上的抽象观念，在非理性的感官中具有一些超验内容。随着历史的发展和社会的进步，司法礼仪赋予了一些新的理念和内容。如果说过去的司法礼仪（特别是司法仪式）目的在于营造出一种神秘的司法色彩，而现在的司法礼仪则在于通过一定的仪式和礼仪来唤起人们对法律的信仰和司法的尊重；与此同时，现在司法礼仪通过注入人文理念，通过司法活动主体之间的相互尊重演绎着司法的文明与法治的价值。过去的司法礼仪是以法官为中心的，强调的是当事人及其他诉讼参与人对法官的尊重；而现代司法礼仪注入了人文理念，强调法官对当事人和诉讼参与人的人格尊严的维护和尊重。

司法礼仪的表现形式是多种多样的。从器物层面来讲，法袍、法冠、假发、法槌、高高的法台、司法建筑和标志性的司法装饰物等，构成了司法礼仪的物质表现形式；从制度层面来讲，法庭内的行为规则、法官的行为规范和法官就职仪式等构成了司法礼仪的制度表现形式；从行为层面来讲，法官进入法庭时全体人员起立表示敬意，当事人和诉讼参与人与法官交流时对法官使用敬语，证人作证时面对法官的宣誓，法官在庭审中对当事人的平等的态度、规范的语言和得体的举止等构成了司法礼仪的行为表现形式；从观念层面来讲，人们对法律的情感和对司法的信任与态度，构成司法礼仪的观念表现形式。总之，虽然人们在习惯上更多地把司法礼仪当作一种行为意义上的表现形式，但司法礼仪的实质是观念、制度、器

① ［美］E. A. 霍贝尔：《初民的法律——法的动态比较研究》，周勇译，中国社会科学出版社1993年版，第299页。
② 转引自王晋：《法庭活动的戏剧之维》，载《研究生法学》2005年第1期。

物和行为的一种综合反映，体现了人们对司法文明的一种基本要求。粗野是愚昧的胎记，礼貌是文明的证书。司法礼仪所演绎出的正义的力量、雄辩的语言、优雅的仪态，都闪耀着法律的尊严和司法的文明。

司法礼仪包括司法仪式和法庭礼仪。司法仪式，主要指法官就职仪式，但在一些国家也指法官参加国家重要活动所举行的一些仪式。前者好理解，比如香港回归时，举行的香港特区政府成立仪式中就包含了法官就职仪式；后者则较为复杂，比如，美国总统就职仪式由联邦最高法院首席大法官支持，英国法官在议会开会等重大场合时穿金黄色的法衣、戴垂肩的假发等。后者意义的仪式往往与司法的关系不大，但它体现了法官的地位和权威，故常常也被视为司法仪式的组成部分。司法仪式在我国不受重视，法官任职只有人大的一张任命书，不举行任何就职仪式。改革开放以来，由于受西方国家的影响，一些地方法院往往在法院新办公大楼落成时举行法官宣誓仪式。这可视为我国不成文的一种司法仪式。当然，究竟应该举行哪些司法仪式，应加以深入研究，在借鉴国外经验基础上，充分考虑我国法律文化历史传统和现实国民心理因素，发展出一套适合于中国司法文明建设需要的司法仪式。法庭礼仪，是指当事人、其他诉讼参与人和旁听者对法官的一些基本礼仪和法官参加庭审活动应注意的一些礼仪规范。例如，法官宣判时，法庭全体人员应该起立，以表示对法官裁判的尊重和权威的认同。

我国没有专门的法庭礼仪规定，有关法庭礼仪规范散见于《人民法院法庭规则》、《法官道德基本准则》和《法官行为规范（试行）》等法律文件中。《人民法院法庭规则》侧重于对参加法庭活动人员的一些行为规范作规定，比如：审判人员进入法庭和审判长或者独任审判员宣告法院判决时，全体人员应当起立；诉讼参与人应当遵守法庭规则，维护法庭秩序，不得喧哗、吵闹；发言、陈述和辩论，须经审判长或者独任审判员许可，等等。《法官道德基本准则》和《法官行为规范（试行）》则侧重于对法官的司法礼仪作出了一些规定：法官严格遵守司法礼仪，保持良好的仪表和文明的举止；法官应当尊重当事人和其他诉讼参与人的人格尊严，认真、耐心地听取当事人和其他诉讼参与人发表意见，使用规范、准确、文明的语言，不得对当事人或其他诉讼参与人有任何不公的训诫和不恰当的言辞等；法官遵守法庭规则，着法袍或者法官制服、佩带徽章，并保持整洁，准时出庭，不缺席、迟到、早退，不随意出进，不做与审判活动无关的事情，等等。

　　法庭礼仪涉及法律尊严和司法权威，反映了司法的文明程度，在某种程度上也反映了一个国家的法治化水平。在西方有的国家，刑事被告人出庭受审必定沐浴净身，穿整洁的礼服出席；而一般旁听人员也是像出席教堂做礼拜一样，必定穿上正式的礼服参加法庭旁听。在法庭中，无论是当事人，还是同为法律人的律师和检察官，都尊称法官为"法官大人"。所有这些，反映法律在西方人心目中的神圣地位，也反映了他们对法官和法庭的尊重。因此，法庭礼仪不仅仅是一个形式问题，应引起人们的高度重视。但在我国司法实践中，法庭礼仪没有得到很好地遵守和尊重。人们进出法庭的衣着与出席一般场合没有任何区别。记得网上曾经报道一名女子穿着吊带裙参加法庭旁听，法官见状要求其离开法庭，在网上还引起人们不同的争论。在这争论的背后，反映了我国公民对法庭礼仪的淡薄和漠视。而事实上，法庭礼仪在我国遵守的现状也确实令人汗颜。例如，由于体制原因，在刑事审判中公诉人不必对法官出场起立表示敬意；在行政审判中，有的公安人员在法庭上当场抓捕原告；在民事审判中，有的当事人相互谩骂乃至打骂法官等现象时有发生。有道是"出礼入刑"。对于违反法庭礼仪的行为，必须给予严厉制裁，但我国法律在此规定上存在诸多不合理之处，法律制裁措施的不到位，导致一些法院需要耗时费日去打造安全法庭。据报道，北京市第二中级人民法院为了防止当事人在庭审中公然起哄闹事，辱骂法官，出言威胁或暴力威胁法官人身安全，专门设置了安全法庭，安装安全警报设施和录音设备，增派法警站庭。① 这些报道的背后，深刻地反映了我国法庭礼仪存在的一些严峻问题。

　　中国自古是一个礼仪之邦。在抛弃过去那种维护皇权和封建官

---

　　①　参见 2004 年 7 月 21 日《北京青年报》相关新闻报道。

吏权威的官方礼仪的同时，应结合时代要求建立起相应的官方礼仪，特别是反映法律权威和司法文明的现代司法礼仪。就我国司法现状而言，亟待建立如下司法礼仪：一是法官就职仪式，以增强法官的职业荣誉感和责任感。二是法庭用语规范，包括法庭中不同人物的称谓、使用必要的敬语和"禁用语"等基本内容。例如，南京玄武区检察院近期推出的办案"十大禁用语"，颇受媒体关注。①三是法庭的基本礼仪规范，包括对法官起立表示敬意、参加法庭活动的衣着礼仪等基本内容。四是法庭内的行为规范，如不得大声喧哗、鼓掌等。五是违反法庭秩序的处理规范，将违反法庭秩序罪改为藐视法庭罪，并着重将处理权回归给法官和法院。

　　法官是一项特殊的职业，也是一项高尚的职业。在任何一个文明的社会，法官的言行举止都要受到一定的制约和规范，因为它直接关系到司法的信誉、权威和法官的形象问题。在西方法治国家，为了维护司法的信誉和法官的形象，法官很少抛头露面，成为寂寞的孤独者。而法官忍受寂寞孤独，远离尘世诱惑，被视为法官的基本行为规范和美德。司法的独立性意味着法官职务之外的自由是有限的，选择了这个职业就选择了孤独。香港现任终审法院首席大法官李国能，在任职以前是一名大律师，兴趣广泛，交友甚多，但自从担任了法官职务之后，他断绝了与朋友的往来关系，除上班和出席香港政府特大政事活动外，他做到足不出户，闭门谢客。这种行为乃是其对法官职业的深刻理解。当法官就要远离社会，远离人群和朋友，只有这样才保证客观公正。一位台湾法官讲道："他们非但不能随世沉沦，追求权利，同时更得自我警惕于浮名虚誉以免傲岸功高。他们的言行必须得到广大人民群众的信赖，同时尤须提醒自己不困惑于多数价值的赞赏而忘了维护少数价值最起码的生存权利。法律人的寂寞贵在他们必须以外表出世的冷静维系内心入世的关怀，难在他们必须为群众坚守岗位而不能期待群众为他们分担仔肩，法律人要努力戒避成为知识与权力的主宰者，却必须致力成为

---

　　① 参见王琳：《难以禁止的办案"禁用语"》，载《燕赵都市报》2007 年 1月 5 日。

良心与正直的值更人。"① 肖扬也曾讲道："法官要耐得住寂寞，享受'孤独之美'，远离喧哗，远离尘嚣……法官职业就要求法官是一个深居简出的人，虽然不一定与世隔绝，但绝对不应是一个风云人物……如果一个法官的社会关系非常复杂，三教九流无所不交，朋友遍天下，那么这个人是否适合当法官就值得怀疑了。"② 因此，沉默、慎言、低调和孤独自古以来是法官的职业品质，法官为此等神圣职业需要作出一些个人牺牲，诸如个人兴趣爱好的抑制、行为自由度的限制、获得额外可能报酬的禁止，等等。法官职业的特殊性和高尚性，决定了法官必须成为社会的楷模，而法官的风范往往也被视为一个文明社会和法治国家的重要标志。法官职业的自律性和思维的自由性，决定了法官需要以良好的职业道德、行为规范和社会良知作为保障。

由于种种原因，我国法官队伍整体素质与上述要求尚有较大差距。少数法官素质低下，违法违纪事件时有发生，违反职业规范的行为屡见不鲜，人民群众反映强烈。近年来，最高人民法院在全国法院系统组织了一系列教育整顿活动，如 2004 年 5 月 26 日开展的"司法公正树形象"教育活动；2005 年 5 月 24 日开展"规范司法行为，促进司法公正"专项整改活动。最高人民法院开展上述活动的目的，在于通过规范司法行为和改进司法作风，弘扬司法文明，改善司法形象，树立司法权威。与此同时，最高人民法院制定了《法官职业道德规范》、《法官行为规范（试行）》等一系列涉及法官司法行为方面的制度规范。但无论是制度规范的实施情况，还是教育整顿的实际效果，都没有从根本上解决实际问题。为此，有学者不无批评意味地指出："我国许多部门都在制定自己的道德规范，如果这些规范有外在强制性，那么它们也就无异于法律，如果它们没有外在强制性，书写出来就毫无意义。因为道德是通过人

① 转引自秦秀敏：《法官之精神》，载《人民法院报》2001 年 11 月 25 日。
② 肖扬在最高人民法院司法部贯彻落实《关于规范法官和律师相互关系维护司法公正的若干规定》电视电话会议上的讲话，载《人民法院报》2004 年 6 月 21 日。

的内心认同发挥作用的。"① 另一位学者则指出，时下国人有关法律职业道德教育的实践，给人留下的突出印象是："外在视角"过分张扬和"内在视角"相对稀缺。"就法律职业道德教育而言，如果在法律职业道德重要性的认识上不贯彻一种'内在视角'，如果不能揭示法律职业特性与法律职业道德之间的内在关联，使从业者发自内心的感受到职业道德对于其事业的至关重要，那么，就不可能使他们形成内在的道德确信，并基于道德认同在自己的行为中表现出道德自觉。"② 因此，职业道德和行为习惯这类东西不是靠教育说服和行政手段所能解决的问题，需要靠人的内心理念来支撑，靠先进的法官文化来熏陶。不少法官缺乏对法官职业精神、职业理念、职业传统等职业因素的内在认同，因而很难在司法活动中表现出法官应有的职业气质和行为规范。从某种意义上说，司法活动的过程就是法官文化作用于整个诉讼进程的过程。一种符合司法活动运行规律的法官文化，必然会对司法活动产生积极的影响，从而保证法官的职业意识和行为习惯能够体现司法的基本规范和要求。所谓法官文化，它是指法官群体在长期司法裁判实践中所形成的与其职业相适应的思维方式、知识系统、价值取向、审美情趣和社会心理，以及对法官精神领域产生直接影响的物质文化、制度文化的总和。法官文化是司法传统的继承和发展，也是法官职业信仰、职业意识、职业精神、职业品格等职业意识形态的集中反映。文化的作用在于，它能够以一种"春雨润物细无声"的方式来影响和塑造人，对人的思想观念和行为方式产生潜移默化的影响作用。法官的职业意识和实践理性不会自己形成，需要先进的法官文化予以滋润和塑造。努力营造法官文化氛围，有助于法官职业意识和实践理性的养成。特别是在司法处于现代转型和法官职业化建设时期，加强法官文化建设，在法院内部营造良好的法官文化氛围，对于规范司法行为，弘扬司法文明，维护司法公正，树立司法权威，具有特别

---

① 葛洪义：《法学研究中的认识论问题》，载《法学研究》2001 年第 2 期。
② 张志铭：《法律职业道德的意义》，载《人民法院报》2000 年 12 月 21日。

重要的意义。

　　总之，加强司法礼仪建设，是司法文明的基本要求，也是维护司法权威和庭审秩序的基本要求。通过建立和完善司法礼仪制度，不仅有利于增强司法的文明程度，而且有利于树立司法权威和公众的法律意识。

第六节　司法文明的战略选择

一、战略目标：社会正义与社会和谐

　　人类对文明的追求伴随着人类的发展史，可以说人类的发展史就是一部文明史。从辩证的角度来讲，一个文明的社会也是一个和谐的社会，文明与和谐都是人类追求的社会目标。文明侧重于人们在改造自然、改造社会和改造自身过程中所获得的一系列进步性成果；和谐侧重于人类社会各种关系的良性运行。基于此种认识，中国共产党第十六届四中全会明确提出"建设社会主义和谐社会"的奋斗目标，将和谐社会的理想蓝图描绘为"民主法治、公平正义、诚信友爱、充满活力、安定有序、人与自然和谐相处"，并将物质文明、精神文明和政治文明建设作为实现这一蓝图的基本路径。在此背景下，人们对司法文明的推崇和追求，其战略意义不言而喻。那么，司法文明建设的战略目标是什么？

　　对于司法文明建设的战略目标，有人简单将其理解为司法现代化；亦有人认为，司法文明是司法改革的根本目标。所谓目标，是指想要达到的境地或标准。笔者以为，司法改革是建设司法文明的基本路径，司法现代化是建设司法文明的基本内容，无论是司法改革还是司法现代化，其目的固然是为了实现司法文明，但包括司法文明建设在内，其目标和意义都不在司法本身。换言之，司法改革、司法现代化和司法文明建设的根本意义在于司法能够适应社会发展变化的需求。因此，司法文明的建设意义和战略目标，在于通过司法文明来实现社会的公平正义，促进社会的和谐发展。正如肖扬所言："和谐社会必然是一个民主法治、公平正义的社会，无论立法制度还是司法制度，都必须维护社会的公平和正义。""和谐不是没有原则，而是公平基础上的和谐，是正义原则下的和谐，这才是人类真正的和谐。……作为调节社会矛盾和冲突的有力手段，法律需要高度的理性。法律的理性是法律具有长久和永恒生命力的坚固基石。理性之光使法律更加辉煌灿烂，而理性的缺乏则将使法律黯然失色。作为法治社会的重要支柱，法学探索和研究人类的理性，立法给社会提供理性的规则，而司法则把理性和正义的精神播撒人间。"① 因此，加强司法文明建设的战略决策，其战略意义和目标在于促进和实现社会的正义与和谐。

从法治的本质和意义来讲，司法文明建设的战略目标也应是促进和实现社会公平与和谐。首先，法治是和谐社会的基础与前提。历史经验表明，和谐并不是自然而然地形成的，须通过调节而实现。法律是整个社会关系调节器的重心，在构建和谐社会的进程中居于支配地位，起着关键作用。其次，法律本身就是一种和谐。正如有学者所言：从法律的要求来看，不仅要求内容协调一致，严禁相互冲突，而且也要求在形式上规范划一，严禁含糊不清、模棱两可。法律从内容到形式都要求和谐；从法律的价值来看，无论公平、正义和秩序，还是自由、平等和人权都是一种和谐形态。和谐的对立面是失衡，法律所追求的公平、正义、平等都是为达到权利的均衡而矫正失衡的状况。人与人之间要达到和谐，必须要求社会具有秩序性，这样才能避免陷入混乱和无政府状态；从法律体系来看，任何一个成文法国家的法律体系都是在宪法（或称为基本法）的统摄下，各法律部门按一定的标准进行分类组合，一切法律部门都要服从宪法并与其保持协调一致，程序法与实体法相协调，呈现为一个系统化的相互联系的有机整体；法律是一种和谐，从法的词义上亦可证明。在中国古代，"法"与"律"相通。据《说文解字》解释："律者，均布也。""均布"乃古代调音的钟，是专门用

① 肖扬：《和谐社会必然是民主法治的社会》，载《人民日报》2005 年 9 月 7 日。

来使音律之间保持一致，目的在于规范划一，其和谐之意十分明显。西方"法"字如拉丁文"*jus*"，有公平、正义的含义，其协调人际关系的作用为众人共知。① 再次，法治是维护和实现社会公平与和谐的整合机制。在处理人类内部的关系和谐问题上，法律具有确定性和可预测性，因此它能够建立和维持公正、有效、稳定的利益整合机制。法治之所以优于人治，一个重要的因素在于法律具有可预测性，为人们的行为提供一个可预测结果的规范。最后，作为法治的核心环节，司法在政治及社会体系中具有"平衡器"的作用，是维护政局稳定和社会秩序的一个基本支点。社会中发生的几乎任何一种矛盾的争议，经过各种各样的解决机制仍不能解决并蕴含着给政治、社会体系的稳定性带来重大冲突的危险时，最终都通过诉讼方式由司法裁判予以吸收与"中和"。

综上，在现代法治社会，法治成为维护人类文明进步的重要保障，亦是实现社会正义与和谐的重要方式。法律是一项"实践的艺术"。"人们很容易了解：法律应明确地、以一般规则加以表达，是以后生效的，应向公民公布。但要来了解这些事情如何，在什么情况以及在什么样的平衡下实现，其任务不亚于充当立法者。"② 由此说明了，司法是法治的一个关键环节，它通过个案连接着作为制度的法律与作为生活中的法律，使一种制度秩序演变为一种生活秩序，直接标示着法律对于社会生活的调整效果以及法律的适用状况，直接反映了一国的法治现状及其程度。正所谓"徒法不能自行"，法治的实现依然离不开人的因素。在法治社会，司法具有核心作用，法院/法官在司法体制和诉讼程序中扮演何种角色，居于何种地位，履行何种职责，从根本上涉及法治能否真正实现。因此，应从建设社会主义法治国家的战略高度，重视和加强社会主义司法文明建设，以实现社会公平与和谐的战略目标。

---

①　参见李龙、张革文：《法律与和谐》，载《社会科学》2005 年第 10 期。

②　转引自沈宗灵：《现代西方法理学》，北京大学出版社 1997 年版，第 63 页。

二、路径选择：法律移植与本土改造

由于历史和文化上的原因，我国司法现状离司法文明的具体要求还有较大的差距。从一定意义上来讲，加强司法文明建设的关键就是要实现法制现代化与司法现代化。法制现代化与司法现代化是中国历代仁人志士追求的百年法治梦想。但自清末变法修律以来，历经百余年的发展，中国法制现代化迄今仍未有穷期；除台湾、香港和澳门地区以外，现代法律制度在中国大陆未能取得预期的效果，其突出表现为司法在国家政治和社会生活中未能发挥其应有的功能作用。著名经济学家张五常先生从历史高度反思中国和西方的发展道路，认为中国之所以在晚清以来一直落后于西方，症结在司法这一环节的缺失。① 无独有偶，已故历史学家黄仁宇先生也谈到类似的观点。② 上述学者从不同侧面说明了，中国要发展市场经济，走富民强国之路，实现中华民族复兴的伟大理想，离不开司法制度的现代化和从业人员的职业化。

但中国目前的法治进程中存在一个难以解决的悖论：一方面，法学家希望法律被人们信仰而具有神圣的权威；另一方面，法律权威和法律信仰难以树立。这一事实困扰着许多人，甚至使一些人失去了对法治的信心。③ 作为法治建设的核心环节，我国司法及其改革的现状也正好说明和反映了这一悖论。回顾法院的改革历程，发轫于 20 世纪 70 年代末的司法改革，历经 20 余年的艰难探索与不

① 参见贺卫方、魏甫华：《改造权力——法律职业阶层在中国的兴起》，载葛洪义主编：《法律方法与法律思想》，中国政法大学出版社 2003 年版，第 73 页以下。

② 黄仁宇先生对英国近代以来的市场经济发展史的研究表明，所谓市场经济并不仅仅是一种经济管理模式；英国之所以能够在世界范围内率先走向市场经济，与英国法律尤其是司法制度为市场经济的发育和发展提供了良好的基础与环境是分不开的。参见贺卫方：《司法公正的增长点》，载《人民法院报》2001 年 11 月 16 日。

③ 参见张骐：《论法的价值共识——对当代中国法治进程中一个悖论的解决尝试》，载中国人民大学书报资料中心《法理学、法史学》2002 年第 1 期。

懈努力，但从改革的效果来看，难以从根本上改变我国司法中的落后现象，使其陷入了欲罢不能的困境之中。司法改革进行了 20 多年，如今 40 岁往上的法官几乎完整地亲历了这一过程，可以说是踏着改革节拍一路走过来的。尽管主流是好的，但有人认为不少该年龄层的法官，在言谈中却不时流露出早点退休的念头。① 综上所述，在这种现实背景下，若不通过改革来明确司法裁判的职责，理顺法院/法官的角色定位，改革陈旧的司法体制，革新落后的司法理念，不仅无法树立司法权威和公正形象，而且会导致司法的现状愈发糟糕。

其实，司法及其改革的现状也反映了我国法学理论的现状。正是由于我国法学理论准备不足，从而导致司法改革的混乱。在法制现代化与司法现代化的路径选择上，我国理论界一直存在法律移植与法律本土化之争。就中国当前法学理论研究而言，以苏力为代表的"本土资源论"和以梁治平为代表的"法律文化论"主张法律本土化，反对法律移植。"本土资源论"主张法律制度和秩序的形成应立足于本土资源的进化，反对通过法律移植的方式来建构中国的法律制度，认为法律或法律制度的本质是反映性的，而不是建构性的。它主张法律多元化，强调"地方性知识"在司法过程中的作用，重视"民间法"在解决纠纷中的意义，认为按照国家正式的法律规定，通过法律思维和法律推理所作出的司法判决，实际上并没有合理有效地解决大量存在于老百姓之间的纠纷，进而主张所谓的"乡土逻辑"和"法律不如地"的民间调解。② "法律文化论"主张"文化类型"对法律制度的决定论，认为西方法律制度不适应于中国，是缘于中西文化类型的不同所致，指出维系中国传统社会秩序的法存在作为"大传统"的国家法和作为"小传统"的民间法，强调应通过对文化整体的认识来把握法律，通过对立法

---

① 参见夏敏：《法官心态管窥：等待退休》，载中国法院网法治论坛，http：//bbs. chinacourt. org/index. php？ showtopic＝94115&st＝0.

② 参见邓正来：《中国法学向何处去（下）——对苏力"本土资源论"的批判》，载《政法论坛》2005 年第 3 期。

原则、法律条文、判例等不同类型的材料的相互参证探求法律内里的精神。① 但是，这种理论思潮对于正处于法制现代化过程中的国家的作用，在一开始就引起有关学者的注意，有的甚至对我国在法制现代化的过程中导入后现代主义的观点表示了担忧和戒备，认为中国不应"跨过法制现代化的阶段，来一个后现代主义的大跃进"，对于中国当前的法制建设而言，现代法学的继受至关重要，继受理论的"本土化"则在其次；而后现代法学在很大程度上只不过是为了解决现代化的构造难题划了一道辅助线，但绝不应该是在传统中固步自封的正当化根据。② 我们应敢于承认，作为法制落后的国家，我国"法的现代化作为一个相当自觉的主动的追随过程，必然以相关经验为参照。……中国当代法律制度就主体层面看，也是以西方法律制度为参照的，基本上是追求形式合理性的。所以，我们中国的法制现代化，无论人们是否情愿，在形式上仍然都是一个'洋为中用'的过程"。③

司法现代化的实践形态是多种多样的，既有其全球化的共同趋势，又有不同国家的个性特征，并且是一个不断处于发展变化中的概念。也就是说，不同国家、不同时期具有不同意义的司法现代化。例如，有学者认为，资本主义社会先后出现过形式法、实质法和程序法三种法律范式，它们分别对应于资本主义社会的法治国家、福利国家和后现代国家三个历史发展阶段。这三种法律范式各自表现出差异性法律性质，并决定了不同的司法现代化发展特征。④ 无独有偶，持类似观点的学者指出，形式合理性是现代司法的生成标志，实质合理性是现代司法的转化方向，而程序合理性则

---

① 参见邓正来：《中国法学向何处去（续）——对梁治平"法律文化论"的批判》，载《政法论坛》2005 年第 4 期。

② 参见季卫东：《面向二十一世纪的法与社会》，载《中国社会科学》1996年第 3 期。

③ 葛洪义：《法律与理性——法的现代化问题解读》，法律出版社 2001 年版，第 435 页。

④ 参见韩德明：《法律范式转型与司法现代化》，载《浙江学刊》2005 年第 4 期。

为现代司法的未来趋势。① 由此表明，不同国家的司法现代化呈现出不同的特征。不同国家司法现代化之间的差异性，导致了法治发达国家与法治落后国家之间在司法改革方面出现一种"逆流"或"逆差"的现象。例如，西方法治发展的某些现象已朝"后现代法"的某些特征发展，这些特征恰恰是中国法制传统中的东西；而中国当代法治发展的某些方向恰恰是西方过去二三百年里的法治发展特点。② 因此，对我国司法现代化的分析，不能简单地照搬西方发达国家的经验和做法，而要结合中国的司法现状和实际。中国法律发展状况目前处于形式法阶段，由此决定了我们的司法现代化面临着一些亟待解决的形式合理性问题。这些问题主要包括：司法独立和司法权威的理念确立和制度建设；司法对立法和行政的制约力度的强化；司法的非行政化；通过法律职业化进程的司法伦理培植和知识生产；推进合宪性司法审查制度建设进程；司法程序的简易化以及向其他解纷机制的程序权分解等。③ 在路径选择上，"法律移植"固然是一个美好的愿望，但如果移植的制度难以生存与存活，则必然会带来致命的破坏。法律移植不能仅看到表层的制度本身，更要注意移植背后的司法理念和文化问题，一个成功的移植必须注意移植对象赖以存在的社会文化与政治经济背景的同构性与可比性④。问题的关键在于必须解决好传统资源的现代转换和外来资源的本土转换。因此，在法律借鉴与继承的基础上进行大胆创新，是司法文明发展的必由之路。

---

① 参见夏锦文：《现代性语境中的司法合理性谱系》，载《法学》2005 年第 11 期。

② 参见孙笑侠等：《法律人之治——法律职业的中国思考》，中国政法大学出版社 2005 年版，第 2 ~ 3 页。

③ 参见韩德明：《法律范式转型与司法现代化》，载《浙江学刊》2005 年第 4 期。

④ 关于科学移植的路径与方法，详见汪习根：《发展权视角下的法律移植方法新探》，载《武汉大学学报》2005 年第 2 期。

三、实施方式：政府推进与自然演进

司法文明建设作为我国法治建设的一项战略任务，涉及理念、制度、器物和行为诸多因素，但最为关键的因素应为理念和制度。其中，理念更新是制度变革的前提，而制度完善是行为规范的保证。中国法治化进程，随着改革的不断深入，其改革对象已逐步由社会转向政府自身，甚至是转向执政党本身。当法治发展由社会领域转向政治权力领域的时候，党和政府是否还有彻底推行法治的决心？是否有严格限制和制约自己手中权力的动机和愿望？这在我国将直接关系到法治的成功与否，并决定着法治的历史进程。因此，从这个意义来说，党和政府推行法治的决心是司法文明建设的关键。

在理论上，对于我国司法改革的策略问题，一直存在"激进主义建构"和"保守主义进化"两种路径之分野。前者主张以理性主义的认识论为基础，主张在摧毁、消灭旧事物、旧秩序的基础上，凭借人类理性建构新事物、新秩序，认为司法改革不能老是停留在"小打小闹"和"修修补补"上，关键在于转变观念，一步到位；而后者坚持循序渐进的思想，主张从旧事物、旧秩序中演化和内生出新事物、新秩序，认为人类的理性是受时空条件制约，有着局限性和非至上性的特点，故司法改革要照顾到社会条件及其可以承受的程度。① 笔者以为，"激进主义建构"和"保守主义进化"都有其合理的一面，但前者易引起社会动荡而阻力重重，后者虽稳妥易推进，却致使改革进程过于缓慢。法治的历史经验表明：法治的形成，若只依靠民间力量来自发推行，一般需要漫长的历史过程；但若由政府来主导推行，则有可能在较短时间内实现。近代德国、日本与东南亚国家和地区的法治建设经验就足以说明这一点。中国实行法治，最缺少的就是时间，所以只有通过党和政府才能在较短时间内建立起比较完备的法律制度，并以其掌握的政治资源推动法治进程，促进司法改革的深入发展。

---

① 参见王琳：《司法改革的路径选择》，载张卫平主编《司法改革评论》（第 4 辑），中国法制出版社 2002 年版。

　　我国司法文明建设涉及的内容很多，有内部机制问题，有外部体制问题，还有法官素质问题。这些年来，全国各级法院在司法文明建设方面取得了一定的成绩，例如，司法组织得到了加强，司法程序制度得到完善，推动了法官职业化制度建设，实行了司法资格考试制度等。但司法文明建设存在的问题也不少，例如，理论准备不充分，缺乏长期的司法改革目标和制度设计；司法改革的深入日益受到现行法律框架的限制；司法地方化、行政化、政治化的弊端未能从根本上得以解决等。而上述问题的存在，在某种意义上，既有司法机关自身的责任，也有更深层次的原因。在内部机制和司法行政化问题上，最高司法机关应通过自身改革，建立起完全不同于行政机关的内部管理和运行机制，减少法院内部行政管理职数，确立法官在法院内部应有的地位和权力，采用法官自我管理的方式促进法院内部机制的转型，从而形成一个有利于确保法官中立、公正裁判的内部管理和运行机制。就司法地方化问题，则应由国家和党的最高机关推行司法体制改革，从体制上建立维护司法统一和权威的保障机制。目前，有关司法体制改革的理论方案有很多，关键应该是来自政府的主导而非民间的自然自发行动。因此，从这种意义来讲，司法文明建设的战略任务能否完成，在一定意义上取决于执政党和政府对法治的领导与主动构建！我们完全有理由相信，在中国共产党的领导和政府的支持下，我国司法文明建设一定能够取得丰硕的成果。

第五章
执政文明的法治维度

　　当代中国的法治是党的领导、人民民主和依法治国三者的有机统一，这种三维法治模式是中国社会主义法治的最大特色，它超越了西方法治简单将国家权力分为立法、执法、司法三部分的局限，将执政党的活动也纳入到法治国家的范畴中。党的执政方式作为党领导国家政权机关的途径、步骤和方法的综合体，是一种协调党政关系与党法关系的基本政治形式，也是政治文明法治化建设的重要维度之一。厉行宪政、倡导法治，必须合理地定位执政党与法律的关系特别是执政党的执政活动与法治的关系，实现执政方式的根本转变。在法治背景下，转变执政方式的根本出路就是实现依法执政。即"坚持依法执政，实施党对国家和社会的领导"①。从依"人"执政向依法执政的转变，不仅标志着执政方式的一次历史性飞跃，还意味着政治文明法治化建设的重大战略调整。因此，执政文明应当置于党的领导、民主和法治的三维空间之内展开。

---

　　① 江泽民：《全面建设小康社会，开创中国特色社会主义事业新局面》，人民出版社 2002 年版。

第一节　依法执政的法理内涵

一、依法执政的基本含义

依法执政是指执政党根据宪法和法律的规定，依照法定的职权和法定的程序，在法律的范围内进行执政活动。它要求执政党应当牢牢把握住制度建设这个带有根本性、全局性、稳定性、长期性的关键环节，实施依法治国，领导立法，切实守法，保障执法，促进国家经济、政治、文化、社会生活的法制化、规范化，从制度上和法律上保证党的意志得以贯彻实施，使这种制度和法律不因领导人的改变而改变，不因领导人的看法和注意力的改变而改变。总体而言，依法执政在实质上就要加强党对立法工作的领导，善于使党的主张通过法定程序成为国家意志，从制度上、法律上保证党的路线方针政策的贯彻落实；在全体党员特别是领导干部中树立牢固的法制观念和尚法信念，维护宪法和法律的权威，始终坚持在宪法和法律的范围内活动；督促、支持和保证国家立法、行政和司法机关依法行使国家权力，在法治轨道上运行公共权力，奉行服务为本、执政为民，切实维护人权；强化和改善党对"政"、"法"工作的领导，领导和支持政府依法行政，支持审判机关和检察机关依法独立公正地行使审判权和检察权，逐步推进司法体制改革，形成权责明确、相互配合、相互制约、公正高效运行的司法体制，提高司法队伍素质，加强对司法活动的监督和保障，保证司法公正，为在全社会实现公平和正义提供法制保障。展开言之，依法执政的思想内涵可以归结为：

一是依法执政的主体。依法执政的主体是依法执政的承担者、推动者或承载力量，即执掌政权的政党，包括政党本身、政党的组织机构以及政党的成员，而非国家机关和社会组织与公民。依法执政是对政党的约束，而非对政府的要求；是对党权的限定，而非对人权的限制。依此可将其与依法治国、依法行政区别开来。必须指出，依法执政既是对执政党的要求与法律约束，又不能离开它的实践与执政行动。

二是依法执政的意识。凡行为必产生于特定的主观意识。执政
意识与执政行为是密不可分的。作为"执政的党,党的领导要通
过执政来实现。我们必须强化执政意识,提高执政本领"。① 依法
执政意识是依法执政的主观要件。没有牢固的依法执政意识,就没
有依法执政。依法执政意识是依法执政的思想精髓,关系到依法执
政是否具备精神动力与主体力量。依法执政意识是执政理念中的法
律意识成分与含量,指依照法定权限与法定步骤进行执政活动、实
施执政行为的认知与意思。可分解为五大方面:(1)执政权力渊
源的法定化意识。在现代宪政国家,如同一切权力都是经由宪法渊
源于人民一样,任何执政权力也都离不开作为人民公意载体的宪
法。依法执政要求树立这样的意识:如果没有人民的同意与授权,
并通过法律的方式,任何执政行为都难以获得合法的认同与基础。
法外权力的观念必须彻底铲除。(2)执政权力界限的法定化意识。
权力法定是宪政的一条基本规律。在法治国家,执政权力的范围与
限度最终是由法律来加以认可和设定的。执政党应当严格按照法律
上的权力界限与职权划分来行使对国家权力的统帅职能,在自身的
法定权限内开展执政活动,养成强烈的权限法定意识和不越权、不
包揽权力的意识。(3)执政程序设置的法定化意识。形式正义与
实质正义具有异曲同工之妙,两者缺一不可。程序正义不仅是对司
法运作体系的基本要求,也是依法执政的一个重要理念。政党取得
执政地位后,应当使之法律化、固定化。而这种地位一经法律确立
后,就应该通过一套严密的程序来确保与巩固。同时,程序意识也
是防止以党代政、以党代法、党法不分的主要手段。(4)执政权
力运作的法定化意识。形成执政守法、执政依法的法律意识,时刻
牢记奉公守法的必要性与重要性,以实现执政的形式合理与实质合
理的高度统一。(5)执政权力监督的法定化意识。运用法律的强
力去监控执政权力,既为其提供监督制约的强效工具,又防止监督

————————
① 《毛泽东邓小平江泽民论党的建设》,中央文献出版社 1998 年版,第 21
页。

的混乱与随意。

三是依法执政的权限。依法执政必须对执政党的执政权力加以法律上的确认与保障，进行法律的界定。既让党的地位与作用获得法律的认可与强制保护，也要求党必须在宪法和法律范围内活动，带头遵守国家法律，不得超越宪法和法律规定的权限。不然，依法执政之法便失去了实际意义而形同虚设，无法得到实现。这表明，依法执政就是以法律的形式将党对国家政治、经济、与社会文化生活的领导权、执政权的范围进行具体而明确的规定，从而形成理性的党的执政权力和国家权力的关系并使之提升为一套完整的法律体系，这样就可使党的执政权从传统的单纯政治宣示与无限扩张状态，进入到有限的受约束的且有明确规范调整的状态，防止权力的失范或疲弱两种极端现象，从而使执政权与国家各种政治权力的关系形成为一种既相互约束又协调互动的良性法律关系。这既可在规范意义上杜绝以党代政、促进党政分开，又可加强党的依法执政能力。

四是依法执政的行为。依法执政的行为是指执政党依照法律的要求执掌和运行统治权力的活动，其实质是一种权力运行行为。这表明：第一，政党的执政行为必须具有合法的渊源，要取得法上的授权、得到法的认可或规定。没有无法律依据的执政行为，也没有执政行为无法律依据。第二，执政行为的背后所潜藏的是权力，执政行为的展开实际上就是权力的启动与运行。但这种权力并非国家权力，它隶属于公共权力①的范畴，当然也不是一般意义的公共权力，具有超越一般公共权力的命令性、权威性、全局性与渗透性。由于权力"是一种组织性之支配力……是制定法律、维持法律与

---

① 权力往往被等同于国家权力或公共权力，但详细分析，权力、国家权力和公共权力三者并非完全一致，公共权力可以拆分为国家权力、社会权力等，"一般而言权力有广义和狭义之分，广义的权力是指某种影响力和支配力，它分为社会权力和国家权力两大类。狭义的权力指国家权力"（李龙主编：《法理学》，中国社会科学出版社、人民法院出版社2003年版，第266页）。此外，有时，国家权力亦被称为"公共权力"（参见《马克思恩格斯选集》第4卷，人民出版社1995年版，第171页）。

运用法律之力"①，特别是执政权力的非对称性与影响力更甚，因此，依据法律这柄利剑来对它实现制约十分必要。第三，执政权力行为是内外在元素组合而成的统一体。行为是"可受意志控制的、与环境和结果发生联系的身体活动"②。任何法律上的行为在构造上都分为主观与客观要件两部分，在客观上包括外在的举动、行为方式及结果，在主观上分为行为意思与行为意志。③ 所以，从广义上看，依法执政权力行为包含了运行执政权力的外在行为举止和内在行为意志以及连接此两者的执政行为方式。而这里主要是在狭义上把它限定在外部的行为举动及其行为方式内，强调执政权力行为的外部合法性。

五是依法执政的程序。依法执政的程序是指执政权力运行行为必须经过的法定步骤、环节，采取的法律方法与路径。实质的民主与形式的法治如同机身与机翼，缺一不可。现代执政的基本特征是按照多数人的意志实现民主执政，而程序是民主的前提。执政的民主化是民主政治的内容指向，程序是民主政治的形式保障。④ 依法执政之法是实体法与程序法的有机统一体，依法执政是依实体法律规范和依程序法律规范的结合物。其中，程序规范是依法执政的向导和卫士。依法律程序执政要求构建规范党行使执政权之运作程序的法律制度系统，使党的执政行为按照法定的规格与标准，在法定的程序规则下运行。

究其法理原因，这是法律意志、国家意志与党的意志三者的法理关系的科学总结的结果。现代民主法治模式下的一切法律，至少在形式上是人民意志上升为国家意志的产物和体现，政党意志不过是人民整体意志的一部分而非其全部，而国家意志则与人民意志在应然上是同一的、一体的。政党意志的范围小于国家意志，国家意

---

① 谢瑞智：《宪法辞典》，台湾文笙书局 1979 年版，第 61 页。

② R．W．M．Dias, Jurisprudence, Butterworths, 1985, p. 309.

③ 参见张文显：《法哲学范畴研究》，中国政法大学出版社 2001 年版，第 73 页。

④ 参见《彭真文选》，人民出版社 1991 年版。

志并非政党意志。尽管奉行执政为民理念的执政党的意志可以视为人民的意志，但它还不能完全等同于国家意志。所以，执政党倘若将政党意志直接作为国家意志来看待并以此指导政治与法律实践，那么，执政党就会将自身的意志等同于甚至超越作为民意代表者行使国家公共权力的国家政权机关的意志，进而将党的权力混同于国家权力，从而陷入由党直接行使国家权力的泥潭。当然，执政党的意志与国家意志之间本非具有不可逾越的天堑，在当代中国，这两者在本质上是一致的。在法治社会，要使两者有机融为一体，必须依赖一定的程序尤其是法律的程序，使党的意志经过法定的程序转变为国家意志，从而取得法律效力和产生法律实效。

二、依法执政的法律要求

（一）执政权力准入法定

依法进入国家政权系统是依法执政的首要前提。它要求执政党在与国家权力系统发生作用与关联时在介入资格与介入根据、介入方式与路径方面应有法律的授权与规范，实行权力准入法律制度的法定化。包括权力准入的根据法定、方式法定和形式法定。法治国家的理论与实践表明，并不是任何政党都必然可以成为执掌政权的党，执政党也不可能以任何方式进入国家政权组织而随意地对其发生作用。从世界各国的宪政模式看，由于各国的政体组织形式不同，对政党进入政权组织的内涵与形式存在不同的看法与做法。在议会制共和国和君主立宪制国家中，议会是国家的权力机构，行使着代表民意进行立法等事关国家根本关系与任务的最重要事项的权力。所以，一个政党的代表进入议会，就代表这一政党已经进入到国家政权组织而对国家权力系统能够产生影响；有所不同的是，在总统制共和国中，国家权力机构被认为是由议会和政府共同组成。因此，无论是政党成员进入到议会当选为议员还是进入政府组织担任政府官员，都意味着该党已经介入国家政权组织。根据宪政与法治的要求，实现依法执政的首先要求，党依照宪法典或宪法性文件的规定以法定的途径进入国家政权组织。在我国，宪法、国家机关组织法和选举法明确规定了国家机关的性质、组织形式，对国家机关得以产生与组织的法定程序和方式进行了原则规范与设定。我国实行人民代表大会制度，依照宪法规定，人民在民主选举的基础上选派自己的代表，组成全体人民行使国家权力的代议机关人民代表大会，根据人民主权原则，人民通过人民代表大会行使当家做主的权力，由人民代表大会产生其他国家机关。中国共产党作为执政党依法进入国家政权组织的前提是在宪法和选举法等赋予的权限内，广泛动员全体人民通过选举产生各级国家权力机关，选派自己的党员依法通过选举担任国家权力机关的工作人员，通过他们的工作来发生作用。

另一方面，中国共产党作为执政党依法进入国家权力系统的形式还包括依照法律程序向国家机关推荐干部担任国家机关的领导职务。这是中国共产党依法进入国家政权组织的最为广泛的形式。从国际社会看，任何一个国家的主要领导职务都是理所当然地由执政党的领袖来担任的，执政党还通过推荐本党成员执掌国家机关的重要岗位来作用于政治。执政党重视控制国家机关的重要领导职务已经成为一个通常的习惯做法。当然，执政党在选择如何执掌国家机关的关键职位时又应当通过法律的授权和法定程序来进行，这是宪政的基本要求。我国的政治结构与西方国家不同，但是，在实施依法治国方略、厉行宪政上的一些共同经验教训是值得借鉴与吸取的。按照宪政原则，中国共产党向国家机关推荐重要干部的方式、范围和程序，要根据不同国家机关的性质、职能和工作特点，将党推荐重要干部的原则与规则法律化与具体化。

可见，依法介入国家权力系统既是依法执政的基本表现，更是全国人民意志的反映，也是党的意志和主张的体现。依法进入国家政权组织，就是依照体现党和人民意志的宪法和法律所授予的权力，通过依法选举的方式、组织领导与人事管理的方式，介入到国家权力体系。

（二）执政权力运行法定

权力运行法定是依法执政的关键环节。它要求当执政党依法进入到国家权力体系后，在执掌与运行国家权力时必须严格遵守宪法和法律所规定的原则与具体规则，使各个具体行为在准入之后一直到该行为运行完毕之前的全部过程都在总体上依法而行。从公共权力的角度看，依法治国的方略首先是由中国共产党在"十五大"报告中提出，然后才在 1999 年国家的宪法修正案中加以确立的。从执政党的法治立场到国家的法治规范的展开过程，意味着共产党对国家权力与党的关系及其运行模式上的观念已经发生了根本转变，即不能按照个人意志随意地去行使权力，更不能因领导人的改变而改变对国家权力的态度与介入方式，而必须依法运作国家权力。

在我国宪政体制下，国家权力的运行是通过不同的国家机关在行使法律赋予的职权的过程中动态地体现出来的，包括人民代表大会代表的选举产生程序、国家权力的分工机制、立法、行政与司法活动、各种权力的冲突与整合机制、国家权力机关特别调查和对国家机关主要领导人的罢免以及对国务院的质询程序等。由宪法和法律设计的这种"权力流程"既反映了不同的国家机关及其各个具体职能部门之间的权力分工与配合的特性，也体现了不同权力相互之间的约束、监督与制约关系。这一权力构造能否不受外在干涉和人为妨碍而得到保障，直接关系到整个国家权力系统能否高效率、高质量地运行。任何一个政治力量或国家机关越权干预、或者定位偏误、或者怠于用权，亦或任何一个政治力量的运作程序发生错位，都势必直接导致国家权力运作程序发生差错和混乱，使其处于不正常的无序状态。为此，在各级国家机关行使权力的内容和程序已经被法律所规范的情况下，关键是要求游离于国家机关之外的执政党实行对国家和社会的执政即政治领导时，必须符合国家政权运作的法律方式，不能脱离于对国家政权运作方式加以规范的法律以外另行其事。

众所周知，作为国家机构的人民代表大会、人民政府和人民法院、人民检察院（简称"一府两院"）的组织形式和运作方式都是由宪法和法律规定的。依法治国首先是指依法治理"国"这一特定的对象，这里的"国"即是国家权力，必须使国家权力的运作方式严格依法规范与管束。只有这样，才能保证国家权力的运作方式实现由人治向法治的根本转变。而这一过程是无法自动完成的，要使国家权力运作方式从人治转变到法治的状态，其中需要解决的核心问题就是执政党能否以及如何按照国家权力运作的规律与规范来执政，执政党的执政方式不能背离宪法和法律规定的国家政权运作方式。也就是说，依法治国下治国方略的转变要求治党方略的转变即转到依法执政上来。

在处于执政地位且由本党推荐当选的领导干部掌握着国家各职能权力机构的情况下，执政党应当充分发挥它们的职能，通过这些职能权力机构依法行使权力，贯彻以法律的形式表现出来的本党执政意图和主张。党的十六大报告在总结以往执政方式的经验和教训的基础上提出：党委在同级各种组织中发挥领导核心作用，集中精力抓好大事，支持各方独立负责、步调一致地开展工作。进一步改革和完善党的工作机构和工作机制。按照党总揽全局、协调各方的原则，规范党委与人大、政府、政协以及人民团体的关系，支持人大依法履行国家权力机关的职能，经过法定程序，使党的主张成为国家意志，使党组织推荐的人选成为国家政权机关的领导人员，并对他们进行监督；支持政协围绕团结和民主两大主题履行职能。党的组织必须根据宪法和法律的规定，依照法定程序与国家机关发生关系，在此基础上形成制度化的法律关系，依法对国家实施领导。

（三）执政权力载体法定

权力载体法定是依法执政的主要力量。依法确认与规范领导权力和执政权力，使执政党的执政权力不仅仅是一种政治道德上的权力，更是一项法律上的权力，将权力的依据与载体法定化。首先，依法规范执政权中的建议权与提案权。根据宪法规定，任何公民及组织均享有提出批评、建议、控告、申诉的权利，政党作为特殊的组织，也应当享有广泛的建议权。提案权是一定的个人或组织向法定的机构提出具有法律效力的议案的权力。政党作为建议与提案权的行使者之一，并非应当被排斥在法律之外，相反，在规范行使这类权力时还存在诸多界限与问题需要解决。特别重要的是应在法律中予以明确规定：第一，行使建议权、提案权的法定形式与渠道；第二，提交的法定机关以及受理的法定方式，建议与提案所引起的法律后果；第三，不受理的法律后果与救济方式；第四，对建议与提案的处理方式与处理结果。

其次，依法规范执政权中的提名权。提名权是执政党向国家机关推荐领导干部行使对国家政权的领导权的重要形式，是党的组织领导的一个基本方式，在党的执政实践中得到了广泛的运用。当然，我国宪法以及有关组织法对此所进行的规定依然是不完全充分的，存在不尽完善之处。此外，执政党的提名权在法律上的性质是什么也尚待明确。这种提名权并不是国家权力，也不是社会组织的权利，不同于一般社会团体或公民的推荐权，后者是一种权利而非权力。只有在西方多党制国家，才将党的提名权等同于一般社团组织的权利，将执政党组织的提名权和其他社会组织的推荐在性质上等同看待，把执政党组织的提名的候选人当作是可以和其他社会组织推荐的候选人平起平坐地进行竞争的对象。这一西方政党制度下的运作方式在中国现行宪政模式下是不适宜的。但是，有必要借鉴国外经验，通过制定或修改现行政治法，规范提名权的行使主体、行使的法定方式以及权限。明确执政党对国家政权机关领导候选人的提名范围，即哪些需要党组织提名，哪些不需要党组织提名，超越这一界限便没有法律效力；人民团体的哪一级领导应当由党组织提名，而哪些无须党组织提名；国有企业和事业单位中哪些领导必须要由党组织提名候选人。

再次，依法规范执政权中的否决权。否决权是党组织在对于国家权力机关、政治协商会议或人民团体所作决定不满意时要求重新讨论决定的一种权力。为合法行使此项权力，应当在法律中确定：第一，在性质上确立这是一种法定的领导方式和权力。目前，我国各级党委在实际上行使着这种权力，但是难以发现其法律规范的依据。究其实质，否决权是权力而不是权利，它在宪法体制中是一种不可缺少的制度安排。第二，依法划清行使否决权的界限与范围。党组织的否决权是实现党的领导的重要途径之一，对其范围大小有必要加以规范。执政党在哪些问题和事项上能够行使否决权，在哪些问题与事项上无权否决，应该有严格的法律评判准则与限定。第三，在方式上，一般说来，对于一人一事只能行使一个否决权，不能在一事一人问题上连续多次行使否决权。否决权不等于决定权，否决者只能要求有关组织重新讨论决定，否决以后的重新讨论应当是自由的充分的。

最后，依法规范执政权中的批评权。批评权是党组织对国家和社会生活中的重要现象与问题作出各种评价，表达自身的政治意向、偏好与立场，从而影响社会舆论和社会价值取向的权力。主要包括党组织对于国家机关的批评、对社会团体的批评、对社会思潮的批评和对社会风气的批评四方面。为此，应该界定这种批评权的法律地位，明确它不同于一般的社会批评，是可以直接动用官方资源来实现的强制批评，即是一种权力。一般的社会批评仅仅是一种权利，是不能动用国家权威资源的自治行为。行使批评权力是实现党的思想领导的主要方式，必须依法规范其行使方式与渠道、效力与后果。

（四）执政权力制约法定

权力制约法定是依法执政的根本保证。执政权力作为一种有组织的决定力和统治力，应当符合权力运行的一般规律。权力规律表明，一切权力直到遇到有界限的地方才会休止，而能够胜任为权力设定边界的只能是强大到足以与权力相互抗衡的外在力量，这种力量便是具有强制力量的法律。依法制约权力是权力场域的定律。为此，应当使执政的权力依法接受监督与制约。中外政治实践反复证明，不受法律约束的执政党很容易导致以党治国和独断专行。因此，依法治国的基本保障就是执政党必须依法接受法律的监督制约。权力制约是执政党依法执政的最后一道防线，是执政党依法执政的最有力的保护屏障和强大支柱。

权力制约法定所重点强调的是执政党要依法接受来自党内外的法律制约与监控、督促。主要内容包括：一是不仅权力的来源要符合法律的规定，而且在法律中应该赋予人民依法收回和取消权力的权利。在制度上就要实行领导职务的任期制，明确权力行使者行使权力的具体时限，到期必须收回。二是对整个执政权力的运作内容进行监督，包括执政党将自己的意志上升为国家法律的过程是否合法，这种法律是否体现并尊重了多数人的意志和利益，执政党介入国家政权组织的方式与程序是否合法，执政党的政策和党规党法是否合乎国家宪法和法律。三是矫正机制和制裁机制的建立。包括建立与完善罢免、弹劾与质询制度。一旦发现执政权力行使过程中有违法现象，便要依法弹劾、罢免、取消授权，从而使监督制约具有强制力量和防护功能。这是对执政党执政活动依法制约和监督的根本保障和关键所在。四是这种监督与制约主要是对执政党执政活动的合法性进行监督。当然，对不属于执政范畴的事项，便不在监督制约之列。实际上并不是执政党的所有行为都是对外的执政活动，还有大量的行为和活动属于政党内部事务或政党的一般性社会活动。

三、依法执政的宪政意义

1. 依法执政在渊源上契合宪政理性。宪政理性即宪政的内、外在合法性，旨在探寻与求证宪政的合价值性、合目的性或符合其灵魂与精髓。其实质就是民主政治以及民主政治得以实现的权利与权力的互动关系状况与归宿。自近代以来的宪政与政党结下不解之缘，横亘其间的关键便是执政党与国家的关系问题。而从法治的层面看，就是执政党的合法性、合宪性问题。因为"合法性事实上与治权有关。合法性就是对治权的认可"，"合法性形成了治权的基础，是法治体制中开展政治活动的基础。合法性作为政治利益的表述，它标志着它所证明的政治体制是尽可能正义的"。①

"合法性"即英文中的"Legitimacy"一词，译为"正当性"，是指"拥有为普遍的行为标准（大多数人或传统、法律）所承认的正当理由的状态"，这种标准既可以是法律，也可以是道德或其他行为准则。在当代政治语境中，对执政存在着"合法性"上的两个误解，一是将"合法性"等同于"合法"，认为执政行为只要有了法律上的总体依据，就具有了合法性，从纯粹实在法的意义上理解执政的合法性。一是单纯地从价值层面分析执政合法性问题，或者准确地说是从政治逻辑和政策规定中寻找政治合法性，认为只

---

① ［法］让·马克·思古德：《什么是政治的合法性?》，载《外国法译评》1997 年第 2 期。

要符合执政党的政策规定，就具有了"合法性"，即 Legitimacy。
革命历史的选择和现实政策的地位就是党执政的合法性来源，并成
为其他政治行为的合法性的唯一依据。不能否认，上述分析中关于
执政合法性的分析具有某些合理的成分，其中也不乏某些真知灼
见。当然，如果从两个极端来分析问题，则不免失之偏颇、持之无
据。应当根据宪政与法治发展的内在逻辑，从"普遍的行为标准"
和"正当性"多维视角来进行解析。

在分析合法性时，马克斯·韦伯通过实证地分析政治统治的合
法性后，发现任何统治者所认定的衡量合法性的普遍标准不外乎三
种：一是遵从传统；二是服从法律；三是服从超凡的神力（charis-
ma）。① 当掌权者宣称自己代表了传统，符合法律或具有克里斯玛
（charisma）力量时，与之对应的统治类型就分别为传统型统治
（traditional）、法理型统治（legal-rational）或克里斯玛型统治
（charismatic）。韦伯的发现虽有一定道理，但始终没有触及实证的
操作与具体的构架，没能回答统治应该怎样被建立起来这一应然意
义的合法性基本问题。另一著名学者弗兰克·帕金（Frank Parkin）
也正是从这个角度上指出了韦伯只注重统治集团将其统治合法化的
努力而不管其正当性的真正渊源的局限性，认为他忽视了这样的道
理，即合法性还涉及"那种在其中上述要求已在事实上被受压迫
群体所接受和认可的条件。这也就是说，要求服从的基础已被那些
被期望去服从的人们当做'正当'而接受。合法化来自上层，而
合法性则是下层的赠品"，而"经同意而统治"乃是一切统治合法
性的最终来源。正是基于这一点，帕金认为"在有的情况下，可
以说克里斯玛型的合法性是唯一纯粹的合法性类型"，因为"克里
斯玛型领袖对其追随者和信徒们并没有控制比信仰更多的东西，那
信仰是他们自愿给予他"。"真正合法性的试金石是，当主子没有
力量惩罚反对者时，他的属下是否还愿意服从他的命令。"以帕金
为代表的西方自由主义的局限也是十分明显的，只是回答了"统

---

① MaxWeb, Economy and Society, Vol. 1, University of Califorlia Press 1978,
p. 80.

治应该怎样被建立起来"的问题，关注的重点是"怎样"，而真正重要的问题却是"什么样的统治应该被建立起来"。对此，西方宪政主义的典型代表卢梭等奉行理性建构主义，在柏拉图的哲学王统治即智慧之治后，在《社会契约论》中提出了公意的统治。卢梭在《社会契约论》第一卷卷首开宗明义地指出："我要探讨在社会秩序之中，从人类的实际情况与法律的可能着眼，能不能有某种合法的而又确切（legitime et sure）的政权规则。"作为探讨合法性的宪政与法治大师，卢梭是从公意、主权在民与法律相关联的角度来衡量统治合法性的标准的。

综上可知，韦伯的统治合法性研究是一种实证的、价值中立的法社会学研究，韦伯重在分析实际中各种统治据以要求合法性的东西。帕金的"经同意而统治"所关注的是一个形式合理性问题，立基于程序正义；而卢梭的"公意统治"所关心的则是一个实质合理性问题，立基于实质正义。① 实际上，执政的合法性应该是形式理性与实质理性的高度统一，而使之结合起来的纽带与桥梁便是具有价值优先性、良善性，以人民主权为基本原则，以权力制约为机制、以人权保障为根本归属的宪法。也就是说，所谓合法性问题

① 著名法社会学家哈贝马斯在总结不同观点后，将关于合法性的种种思想归结为两种，即经验主义和规范主义。前者认为，"一种统治规则的合法性仍是根据那些隶属于该统治的人对其合法性的相信来衡量的，这是一个'相信结构、程序、行为、决定、政策的正确性和适宜性，相信官员或国家的政治领导人具有道德上良好的品质，并且应该借此得到承认'的问题"（［德］哈贝马斯：《交往与社会进化》，张博树译，重庆出版社1989年版，第206页）。韦伯的社会赞同说即是。规范主义把合法性定义为某种永恒的美德和正义，即使它得不到社会大众的赞同，也是合法的，奉行价值绝对主义。苏格拉底的正义理论即是。哈贝马斯则指出，"合法性意味着对于某种要求作为正确的和公正的存在物而被认可的政治秩序来说，存在着一些好的根据。一个合法的秩序应该得到承认。合法性意味着某种政治秩序被认可的价值——这个定义强调了合法性乃是某种可争论的有效性要求，统治秩序的稳定性也依赖于自身（至少）在事实上被承认"（［德］哈贝马斯：《交往与社会进化》，张博树译，重庆出版社1989年版，第184页）。可见，哈贝马斯试图将两种观点结合起来，强调以符合价值规范为基础的社会认同与支持。

应当包含事实、规范和价值上的三重合法性。

　　为此，有必要研究法律本身的合法性。现代立宪主义认为，一个法律，即使是由通过民主选举和公开讨论而产生的代议机关依据一套严格的法律程序制定，并由一个严格依照法律程序执行的司法机关实施，只要该法律侵犯了人类的尊严和自由，它就不具有合法性。可见，遵守公认的法律规范不是充分的。① 而所有的普通法律本身的价值是中立的，在不同的政权执掌者手中因为被注入自己的价值偏好而各具特色。当立宪主义形成与发展到现代后，法律理性主义促进了成文法在合法性与合法化、正当性与妥当性上的结合，这一结合的产物就是宪法的产生与发展，宪政的兴起与推进。只有在宪政框架内的宪法，才永远是具有合法性的法律。依法执政首先对执政行为的合宪性提出了挑战与崭新要求，即要使执政所依之法必须是合乎宪政的内外在精神与规范性的法律。对此，亨廷顿指出：发展中国家的"首要的问题不是自由，而是创造一个合法的公共秩序。很显然，人类可以无自由而有秩序，但不能无秩序而有自由。必须先有权威，然后才能对它加以限制"。② 这虽然有点偏激，但是并不是意味着专制与暴政，而是要求建立那种抛弃将传统习惯和个人魅力作为合法性基础而将其定位于以理性和法律为合法性渊源的政治权威。惟其如此，才能推进民主和法治的进程，为民主宪政的政治秩序提供法理型的合法性基础。当今共产党提出从依法执政与科学执政、民主执政三方面加强党的执政能力建设，完善执政方式，就是这一理论的科学总结与升华，因为它们之间是辩证统一的：科学执政是基本前提，民主执政是本质所在，依法执政是基本途径。这三者相互联系、有机结合，构成了我们党执政方式的基本理论框架和合法性的内容与形式，科学执政与民主执政必须通过依法执政的途径来实现，这是实现民主政治、顺应和推进宪政建

---

　　① 参见［美］沃尔特·F. 莫非：《宪法、宪政与民主》，载《比较宪法研究文集》第 3 辑，山东人民出版社 1993 年版，第 10 页。

　　② ［美］塞缪尔·亨廷顿：《变动社会中的政治秩序》，王冠华等译，上海译文出版社 1989 年版，第 8 页。

设的必然要求。

2. 依法执政在本质上要求依宪执政。宪法是宪政的载体和规范形式，宪政是宪法的要求和根本目标。有法律不一定有宪政，只有制定并奉行体现正义价值的宪法的社会，才有可能实现宪政。从宪政运行的规律看，从人权立宪到政治立宪，已经成为宪政实践发展的一条客观规律。① 政治活动及政治关系的宪法化，是不可抗拒的历史法则。作为政治活动的主要内容的执政活动，当然必须宪法化。依法执政中的所依之法，首当其冲的是宪法。因为，一方面，法治之法只能是良善的法律，良法是法治的前提已是一个不争的事实。而对何为良法，既应从价值和逻辑的角度来分析，也更应立足客观现实，从实然法的意义来加以考量。在近代宪政国家建设的革命运动中，法律从根本上注入了人权、自由、平等的因素，其标志性的成果是宪法作为国家实在法出现在人类法律的舞台上。宪法在当时成为良法的主要形式，也是评价其他法律和制约其他法律的最高法律。宪法最能体现和代表良好、善良的法律理想和法律价值。依法执政旨在谋求执政的合价值性和理性化。所以，执政的法治化应当以执政的宪法化为中心。另一方面，宪法是万法之源，只有将执政所依据的法律上升到宪法的最上位的法律效力位阶上，才能表达执政者对依法执政的决心和态度，真正实现通过法律的执政。宪法与法律的权威与威信如何，是衡量宪政建设成败得失的重要指标。而制约一个社会法的权威与威信高低的关键因素在于主体对法的内在信服与真诚信守的主观意识与精神，其中包括民众的尚法信念和官方的崇法意识，而官方的法律水平和法律态度又是关键和核心。所有政治权力的掌握者都必须依据法律活动，不仅一切国家机关是政治权力的执掌主体，而且在现代国家，政党尤其是执政党在实际上成为了政治权力的握有者或控制者，是政治舞台中最为活跃的力量。执政党的法律信仰和法律理想是宪政建设的根本制约因素。执政党的法律水平高，宪政建设的速度就快，宪政发展的程度就高；执政党的法律意识淡薄，宪政的发展规模和前进速度就会受

---

① 参见李龙、汪习根：《宪政规律论》，载《中国法学》1999 年第 4 期。

到严重限制，最后可能窒息宪政的生命。依法执政是政党制度和宪政在当代社会发展中的最为理性的契合点。依法执政既是政党政治现代化的必然要求，又是宪政建设的客观需要。游离于宪政之外的政党只能是独裁专制、践踏法治、丧失民心、日益走向衰败的政党，宪政框架内的政党必须是真正符合法治精神、依法执掌政治权力的政党。依法执政是政党制度在现代宪政架构内运作与发展的必由之路。

3. 依法执政在价值上奉行人民主权。主权在民是近代宪政孕育的理论基点。本来，主权是不可分离的、属于全体人民，人民是主权的主体。随着社会的分化与发展，人民的主权在实践运作中逐步被分化，形成为国家权力与人民权利。但是，无论怎样分离，权力必须是围绕人民利益而运行的。否则，便有违其形成的初衷与本意，人民就可收回所托付出去的主权形式。社会主义宪政所奉行的主权在民原则已经得到了更进一步的升华与提升。它具有两大基本特征：一是社会主义，二是民主主义。社会主义是决定性的，民主主义是社会主义的必然要求，其价值内核是人民当家作主。这就决定了中国的民主政治必然是宪政，即国家依据充分体现现代文明的宪法进行治理，以实现一系列民主原则与民主制度为主要内容，以厉行法治为基本保证，以充分实现最广泛的人权为目的的一种政治制度。宪政是党执政的奋斗目标，也是其政治基础和法律基础。同时，宪政规定了执政党执政的基本价值取向，即党执政必须全心全意为人民服务，代表最广大人民的根本利益，维护、发展、完善社会主义制度，全面推进人民民主；还规定了党执政的法律基础和制度基础，即党的执政必须以宪法为准绳，依法治国，发展和完善人民代表大会制度，建立和完善党领导和运作国家权力、处理社会事务的制度与机制，推进民主的制度化和法律化。这必然要求党提高党的领导水平和执政水平，提高依法执政能力。

4. 依法执政在机制上优化政治配置。依法执政要求规范由于执政党而引起的广泛的社会关系，其实质在于依法厘定和沟通执政党与国家的关系，即"党权"与"国权"、执政党所拥有的公共权力与国家机关所拥有的国家权力的关系。从而使政治利益、权利与义务资源得到最为优化的调节、整合与配置。

在现代民主政治条件下，国家的权力来自于人民，决定国家权力须在宪法规定的制度框架内运作，服务和保障人民的利益，国家与社会的内在关系，决定了政党执政的基本政治逻辑：政党因得到人民的信任和支持掌握国家的权力，在"宪法"和法律规定的范围内活动，实现党所代表人民的意志，党的执政能力是政党在执政活动中，掌握和运用国家政权，通过协调党与政权和社会的关系，为实现政党的奋斗目标，赢得最广大人民群众的信赖和拥护，推动社会发展与进步所具有的能力和水平。在实体上，依法执政要求具备应对复杂的现实社会问题、行之有效的处理各种社会关系、社会矛盾与利益纠纷的能力和水平，建立调节利益、分配利益、整合利益的敏感而强效的法律机制，以实现社会主义，促进政党、国家与社会三者的和谐发展。具体来说有以下四种关系模式：

一是执政党内部的法律关系。包括执政党内部各组织、各单位、各部门和党员之间的关系，应该有法可依。要通过法律来增进党的活力与团结统一的能力。加强执政能力建设，就要增强维护中央权威、保证政令畅通的指挥能力，增强严肃党风的能力，提高内部的执法能力，增强充分发挥党内民主的能力，允许党员保留不同意见而又维护党的团结统一的能力。对于执政党自身建设来讲，增强党的执政能力，最重要的是要增强党的创新能力。这是党能够长期保持活力并真正达到团结统一的法宝。党的执政是指作为一个整体的不可分离的政党的执政活动，但由于党内存在着不同的职能分工，决策与执行的权力主要由中央到地方各级领导机关和领导干部行使，这些组织和人员是执政活动的直接主体，执政能力建设的重点必然是党的各级领导机关和领导干部。加强党的执政能力建设，也包括领导者个体的能力建设，还包括提高广大党员的素质。各级领导干部个体能力的提高，构成了党的整体执政能力的基础。任何组织活力的产生和创造，基本前提是其成员活力的发挥。因此，提高各级领导干部的能力和素质是提高党的执政能力的前提条件。政党作为一个整体，其执政能力并非各级领导机关和领导干部能力的简单相加，而是建立在个体能力充分发挥以及各个个体之间的有机互动上。这就必须探索人才配置的规律，以实现人才的优化配置和组合。

二是执政党与参政党之间的法律关系。依法执政要求依据法律来确立和规范执政党与参政党的关系，使作为执政党的中国共产党与各民主党派和无党派民主人士之间的关系具有法律上的依据并得到法律的认可与保障。执政党对民主党派和无党派人士的领导以及民主党派和无党派人士对执政党的监督有法可依，有章可循。加强执政能力建设，首先就要学会怎么执政、怎样巩固党的执政地位。作为执政党的共产党长期以来是革命、建设和改革事业的领导核心，凝聚成了丰富的领导经验和强大的领导能力。这些能力在现阶段的执政条件下在总体上仍然是适用的，特别是科学地分析形势的判断能力，民主化和科学化的决策能力，应对突发事件和抵御各种风险的能力，等等。当然，作为执政党，又有不同于参政党、不同于一般领导组织者治理国家和管理社会的能力，而其中的一个重点是要具备依据法律来调整党际关系、协调党际利益的能力。

三是执政党与国家、政府之间的法律关系。宪政立意于国家的宏观结构及其与市民社会的协调共生，而公权力与公权力之内部关系又是宪政所直接关注的焦点。当法律的力量驯服了漫无边际的国家公共权力进而使政府从无限权力转变到有限权力后，政府执掌政治权力的行为就不再是"家""国"不分的私人活动，为公共领域与公共空间拓展出了一片蔚蓝的天空。此时国家开始成为公共的领域而从个人治理的状况转变到依据聚合公众利益与意志的法律进行治理的有序而理性的状况。但是，我们也不能否认这样一个真理，只要这个社会还有不受外部治理与约束的公共空间，哪怕它的领地是多么地微不足道，如果对之放任自流、不加设防，势必为其肆意蔓延与扩展留下了余地。执政党对国家与社会的统帅地位始终是不可抗拒的，如何保障这种不可抗拒的力量始终良性运行，一直是宪政国家的一大难题。所以，依法执政的展开，关键是要在法律上科学地设定执政党与国家立法、行政和司法机关的关系，从而据此提高执政党依法治国和依法行政的能力，在处理党政关系问题上总揽全局和协调各方即应用法律来调整各个方面的外部利益关系的能力。而党权与国权关系的正当化、理性化与规范化，正好是宪政国家构建的根本保障。

四是执政党与人民之间的法律关系。宪政的主体力量是且只能是人民，在法律上转换为公民和社会组织。依法执政作为提高执政党执政能力的根本出路，其力量源泉来自于作为权利主体的人民，要求执政党必须有能力在法上代表人民、领导人民、受人民监督。为此，应当提高党密切联系群众的能力。加强执政能力建设，必须努力增强党领导和支持人民当家做主的观念和能力，正确认识和处理人民内部矛盾的能力，反映和兼顾不同方面群众利益的能力，推进社会主义民主政治的发展，最广泛、最充分地调动一切积极因素，使党具有最广泛、最坚实的执政基础。要做到这些，单纯地依赖政治思想手段是远远不够的，惟有将思想方法、政治方法、组织方法与法律方法密切结合起来，使法律成为执政之政治、思想与组织手段得以发挥功效的承载者与推进器，坚持科学执政、民主执政与依法执政的统一，不断完善党的领导方式和执政方式。这是实行依宪治国、厉行宪政、发展社会主义民主政治、建设社会主义政治文明的必然要求。

第二节　依法执政的历史根据

一、依法执政是早期执政实践理性反思的结晶

从人治走向法治是新中国进化与发展的支柱性力量。其间，对执政活动规律的探索历经了漫长而艰辛的过程。在时间跨度上，作为执政党的中国共产党在全国范围内执政已经走过了半个多世纪，党在领导人民执掌国家政权的历史实践中，对治国理政的基本规律进行了持之以恒的探索，积累了宝贵的成功经验，也有过惨痛的失误教训。依法执政正是在深刻总结与理智反思新中国成立以来党执政所走过的弯路特别是"文革"的反面教训的产物和历史选择。

（一）依政策而非法律执政

在新民主主义革命时期，作为革命党的中国共产党，主要是通

过武装斗争的方式领导人民夺取国家政权的。① 进入社会主义革命和建设时期，这种领导方式显然不能成为作为我们党的执政方式。那么，中国共产党从革命党转变为执政党以后，如何领导全国人民掌握国家政权，就成为中共第一代领导集体必须面对的新的历史课题。其实，早在新中国成立前夕，毛泽东同志就对这一问题进行过深刻的思考。他在回答民主人士黄炎培怎样才能跳出历代王朝兴亡的"周期率"时，果断地说："我们已经找到新路，我们能跳出这周期率。这条新路，就是民主。只有让人民来监督政府，政府才不敢松懈。只有人人起来负责，才不会人亡政息。"② 由此可以看出，以毛泽东为核心的中共领导集体，当时为中共描绘的是一幅民主化的执政蓝图。正是在这一理念的指导下，新中国成立之初，我们党通过国家政权制定了一系列的法律法令。1954 年宪法、惩治反革命条例、惩治贪污条例、婚姻法、土地改革法、工会法、私营企业法，等等，都是新中国成立初期中共试图建立民主化法制化执政模式的产物。在 1954 年宪法草案的报告中，刘少奇同志指出："中国共产党是我们国家的领导核心。党的这种地位，决不应当使党员在国家生活中享有任何特殊的权利，只是使他们必须担负更大的责任。中国共产党的党员必须在遵守宪法和其他一切法律中起模范作用。"③ 1956 年召开的党的八大会议，将这种法制化的治国思路更加明确地确定下来："现在，革命的暴风雨时期已经过去了，新的生产关系已经建立起来，斗争的任务已经变为保护生产力的顺利发

---

① 毛泽东同志曾对中国共产党领导中国革命的特殊性进行过阐述："在中国，主要的斗争形式是战争，而主要的组织形式是军队。"《毛泽东选集》第 2 卷，人民出版社 1991 年版，第 543 页。

② 黄炎培：《延安归来》，载《八十年来》，文史资料出版社 1982 年版，第 148 页。

③ 《刘少奇选集》（下卷），人民出版社 1985 年版，第 168 页。当时党的领导人彭真同志也指出："我们过去办事依靠方针、政策、纲领，是完全对的，是适合实际情况的。目前我们已经颁布了宪法，如再按过去那样办事就不够了。必须加强法制，完备我们的法律，才能保障社会主义建设的顺利进行。"《彭真文选》，人民出版社 1991 年版，第 266～267 页。

展，因此，斗争的方法也必须跟着转变，完备的法制就是完全必要的了。"① 这反映了以毛泽东为首的中共领导集体，在 20 世纪 50 年代对以法治国的积极追求和初步尝试。

　　然而，由于当时社会形势较为复杂，法制观念还没有在社会真正树立，人们仍然习惯于依靠政策和群众运动的方式处理政治和社会问题。在这种情况下，党的领导方式和执政方式，在实践中更多地表现为采用政策直接动员社会力量，来解决国家生活和社会生活中的基本问题，法律在党对国家和社会的领导过程中的作用十分有限。因此，就总体而言，这一时期党的领导方式和执政方式主要表现为依靠政策和群众运动，法制化的执政方式还没有最终形成。无论是土地改革，还是镇压反革命，以及"三反"、"五反"，都是通过发动群众运动的方式展开的。1957 年以后，党不仅没有能够实现领导方式和执政方式的转变，反而继续沿用新中国成立初期主要依靠政策和群众运动的方式来领导国家建设。1958 年的"大跃进"就是通过政策发动的，后来又利用群众运动的方式在全国范围内开展阶级斗争。中国共产党在成为领导国家建设的执政党之后，采用政策和群众运动的领导方式和执政方式来治理国家和社会，其结果不仅严重限制了法律的作用，削弱了法律的权威，而且使社会力量不断地以非制度化的方式冲击国家秩序和社会秩序，破坏执政党对国家和社会实施领导的制度基础，从而出现党与国家政权以及党与社会的关系因无法在制度的结构内依照法律的调整而陷入极端不正常状态，进而产生"文化大革命"这样极度混乱的局面，最终导致党对国家和社会的领导受到巨大破坏。② 尽管第一代中共领导集体在探索执政方式方面付出了沉重的代价，但是，它为我们党形成和确立科学的执政体制提供了鲜活的教材。

---

　　① 董必武同志在党的八大会议上提出，党在领导国家建设中，必须采取积极措施健全人民民主和法制，其中，依法办事是进一步加强法制的中心环节。参见董必武：《论社会主义民主和法制》，人民出版社 1979 年版，第 136 页。
　　② 参见石泰峰、张恒山：《论中国共产党依法执政》，载《中国社会科学》2003 年第 1 期。

（二）依政治运动和斗争执政

新中国成立后特别是 1958 年反右扩大化后到党的十一届三中全会以前，党的第一代领导集体在党执政初期着重通过加强党的作风建设和提高执政能力推进执政进程，并加强执政能力。党在全国执政初期，其已由革命党开始转为执政党，从重在破旧转变为重在立新的党，党从"革命为民"发展为"执政为民"。面对地位的变化和组织的发展所带来的一些新问题和党内滋生的骄傲自满、贪图享受的情绪等问题，尤其是如何组织、领导建设的新情况与新问题，党的第一代领导集体着重从作风和提高执政本领两个方面来进行执政。

整风运动是党提高执政能力的主要路径。1949 年 3 月，毛泽东在党的七届二中全会上明确指出："因为胜利，党内的骄傲情绪，以功臣自居的情绪，停顿起来不求进步的情绪，贪图享乐不愿再过艰苦生活的情绪，可能生长。因为胜利，人民感谢我们，资产阶级也会出来捧场。敌人的武力是不能征服我们的，这点已经得到证明了。资产阶级的捧场则可能征服我们队伍中的意志薄弱者。""夺取全国胜利，这只是万里长征走完了第一步。"全会号召："务必使同志们继续地保持艰苦奋斗的作风。"[①] 1950 年 5 月，中共中央及时地抓住当时党的组织和党员干部思想作风上已经暴露出来的种种问题，发出了《中共中央关于全党全军进行大规模整风运动的指示》。党的七届三中全会正式决定，全党应在 1950 年的夏秋冬三季，进行一次大规模的整风运动，克服以功臣自居的骄傲自满情绪，克服官僚主义和命令主义，改善党和群众的关系。1951 年 2 月中共中央政治局举行扩大会议，决定从 1951 年下半年开始，用三年时间有计划、有准备、有领导地进行一次整党运动。在教育党员明白做一个共产党员的标准的基础上，对党的基层组织进行一次普遍地整理。1951 年中共中央召开了第一次全国政治工作会议，全面部署了大规模整党的基本战略要求与方案。这次整党运动获得了巨大的成功。

[①] 《毛泽东著作选读》（下册），人民出版社 1986 年版，第 666～667 页。

与之相并存的抗美援朝、土地改革、镇压反革命三大运动也取得胜利，以此为基础，1951 年底又发动了反贪污、反浪费、反官僚主义的"三反"运动，并与整党运动相结合，取得了在执政后自觉地抵制和克服资产阶级对党的腐蚀、保持共产党人廉正为民本色的伟大胜利。

1956 年 9 月党的第八次全国代表大会着重提出了执政党的建设问题。大会强调党和群众的关系。八大着重指出了"党必须不断地发扬党的工作中的群众路线的传统，并且指出了这个任务由于党成了执政的党而有更加重大的意义"。① "工人阶级的政党不是把人民群众当作自己的工具，而是自觉地认定自己是人民群众在特定的历史时期为完成特定的历史任务的一种工具。"② "因此，党的工作中的群众路线，本身就要求党的领导保持谦虚谨慎的态度。骄傲，专横，鲁莽，自作聪明，不同群众商量，把自己的意见强加于人，为了自己的威信而坚持错误，是同党的群众路线根本不相容的。"③ 八大提出为提高党员的标准而斗争并在党章中对于党员的条件作了一些新的规定。邓小平在报告中指出："中央认为，关于有任何功劳、任何职位的党员，都不允许例外地违反党章、违反法律、违反共产主义道德的规定，在今天具有特别重要的意义。"④ 这表明，当时已经在一定意义上注意到了政策、道德与法律三者对党执政的重要性，但可惜的是这一正确认识没有得到始终如一地贯彻。

同时，忽视执政的法律形式并不是不注重对国家和社会发展的领导，而只是从提高执政本领、强化对建设的统帅方面加强党的执政能力建设。早在新中国成立前夕党的七届二中全会上，毛泽东就指出："从现在起，开始了由城市到乡村并由城市领导乡村的时期，党的工作重心由乡村移到了城市。""党和军队的工作重心必须放在城市。""从我们接管城市的第一天起，我们的眼睛就要向着

---

① 《邓小平文选》(第一卷)，人民出版社 1994 年版，第 217 页。
② 《邓小平文选》(第一卷)，人民出版社 1994 年版，第 218 页。
③ 《邓小平文选》(第一卷)，人民出版社 1994 年版，第 219 页。
④ 《邓小平文选》(第一卷)，人民出版社 1994 年版，第 243 页。

这个城市的生产事业的恢复和发展。""为了这一点，我们的同志必须用极大的努力去学习生产的技术和管理生产的方法，必须去学习同生产有密切联系的商业工作、银行工作和其他工作。只有将城市的生产恢复起来和发展起来了，将消费的城市变成生产城市了，人民政权才能巩固起来。"①

　　在第一个五年计划经济建设项目全面铺开后，大批新建扩建的工厂陆续投产，在技术改造过程中，党对科技和人才建设的领导被提上议事日程。1956年1月25日，毛泽东在最高国务会议上指出："我国人民应该有一个远大的规划，要在几十年内，努力改变我国在经济和科学文化上的落后状况，迅速达到世界上的先进水平。"②随后，周恩来提出了"向现代科学技术大进军"的号召，要求国家计委、中科院和有关部门近期就制定出1956到1967年的十二年科学技术发展远景规划，把世界科学的最先进成就尽可能迅速地介绍到我国来，把我国科学事业方面最短缺而又最急需的门类，尽可能迅速地补足起来。争取在第三个五年计划期末使我国最急需的科学部门能够接近世界先进水平。③ 更为重要的是，1962年初，中央召开扩大的中央工作会议即七千人大会。毛泽东在七千人大会上的讲话中指出："在社会主义建设上，我们还有很大的盲目性。社会主义经济，对于我们来说，还有许多未被认识的必然王国。""社会主义建设，从我们全党来说，知识都非常不够。我们应当在今后一段时间内，积累经验，努力学习，在实践中间逐步地加深对它的认识，弄清楚它的规律。"④

　　可见，党的执政行为经历了不断调整与完善的发展过程，不能否认其间的重大成就，也不能说已经步入到了依法执政的轨道。而"文革"中对法制的彻底破坏更是留下了十分沉痛的教训。

---

① 《毛泽东著作选读》(下册)，人民出版社1986年版，第655~656页。
② 《毛泽东文集》(第七卷)，人民出版社1999年版，第2页。
③ 参见《聂荣臻回忆录》(下)，战士出版社1983年版，第769页。
④ 《毛泽东著作选读》(下册)，人民出版社1986年版，第829页。

二、依法执政是法制建设成功经验的必然升华

抛弃人治，加强民主和法制建设，是党早期执政所付出的沉痛代价留下的最深刻启示。从依靠政策、斗争与个人魅力执政转变到依靠民主与法治执政，正是党不断进行法治实践，伴随着从人治逐步走向法制，再进化到法治的漫长进程而发现的一条客观规律。其间，经历了一个反复试验与校验，升华的艰难过程。党的十一届三中全会是我党历史上具有深远意义的伟大转折，我国进入改革开放，以经济建设为中心、以民主法制建设为突破口和改变形式的新时期。在新的历史时期，党的第二代领导集体着重依靠改革制度和法制创新来加强党的执政能力建设。如果说毛泽东同志试图通过"民主"的方式，避免重蹈"周期率"这一历代王朝兴亡的覆辙，那么，邓小平同志则主张"使民主制度化、法制化"的根本途径来解决这一问题。

以邓小平为核心的第二代中央领导集体，在建立和完善党的执政方式方面作出了历史性的巨大贡献，集中地体现在以下方面：首次提出和阐明了坚持发展社会主义民主法制是党和国家坚定不移的基本方针，确定它在社会主义现代化建设事业中的重要地位和权威。1978年12月，邓小平在党的十一届三中全会的讲话中鲜明地指出："为了保障人民民主，必须加强法制。必须使民主制度化、法律化，使这种制度和法律不因领导人的改变而改变，不因领导人的看法和注意力的改变而改变。"① 他在回答意大利记者提出的"如何避免类似'文化大革命'那样的错误"时，明确地指出："现在我们在认真建立社会主义的民主制度和社会主义法制。只有这样，才能解决问题。"他说，"我们过去发生的各种错误，固然与某些领导人的思想、作风有关，但是组织制度、工作制度方面的问题更重要。……制度问题更带有根本性、全局性、稳定性和长期性。这种制度问题，关系到党和国家是否改变颜色，必须引起全党

① 《邓小平文选》（第二卷），人民出版社1994年版，第146页。

的高度重视。"① 他在 1988 年会见外宾时谈道:"如果一个党、一个国家把希望寄托在一两个人的威望上,并不很健康。那样,只要这个人一有变动,就会出现不稳定。……我认为,过分夸大个人作用是不对的。"② "民主和法制,这两个方面都应该加强,过去我们都不足。要加强民主就要加强法制,没有广泛的民主是不行的,没有健全的法制也是不行的。"③

同时,明确提出要正确处理和科学理顺执政党与法律之间的关系,从而为人治向法治的历史性转变开辟了道路。邓小平同志一向反对过去长期存在的"以党治国"、"党权高于一切"、"党政不分"的现象,主张以法制反对特权。他在谈到政治体制改革时指出,要处理好人治和法治的关系,处理好党和政府的关系。改革的内容,首先是党政要分开,解决党如何善于领导的问题。"这是关键,要放在第一位。"④ 要克服"权力过分集中","以党代政"的弊端,实行分权和权力下放,加强对执政党的监督。在执政党同宪法和法律的关系方面,他认为中国共产党是执政党,在整个国家政治生活中处于领导地位,这是确定无疑的;但在宪法和法律面前,中国共产党同其他政党、团体、组织都是一样的,都必须在宪法和法律的范围内活动,带头遵守宪法和法律。⑤ 他说,"法律问题由加强法制来解决,由司法机关来处理";"党干预太多,不利于在全体人民中树立法制观念"。⑥ 这是党和国家领导人自 20 世纪 50年代以来,首次公开论述法治与人治问题。⑦ 第一次完整地提出了社会主义民主法制建设的 16 字方针,即"有法可依,有法必依,

---

① 《邓小平文选》(第二卷),人民出版社 1994 年版,第 333 页。
② 《邓小平文选》(第三卷),人民出版社 1994 年版,第 273 页。
③ 《邓小平文选》(第二卷),人民出版社 1994 年版,第 189 页。
④ 《邓小平文选》(第三卷),人民出版社 1994 年版,第 177 页。
⑤ 参见公丕祥:《邓小平的法制思想与中国法制现代化》,载《中国法学》1995 年第 1 期。
⑥ 《邓小平文选》(第三卷),人民出版社 1994 年版,第 163 页。
⑦ 参见李龙:《论邓小平民主与法制思想的基本特征》,载《中国法学》1995 年第 3 期。

执法必严，违法必究"。① 同时，创造性地阐述了正确处理法制建设与现代化建设关系的问题，旗帜鲜明地提出"一手抓建设，一手抓法制"的治国方略。邓小平指出："搞四个现代化一定要有两手，只有一手是不行的。所谓两手，即一手抓建设，一手抓法制。"② 把法制建设作为整个社会主义现代化建设事业的组成部分，放在与经济建设同等重要的高度，这在我们执政历史上是从未有过的。

以邓小平为核心的第二代中央领导集体，虽然没有明确地将党的执政能力与社会主义法治建设联系起来，但是，对社会主义民主与法制关系的科学论述，以及对于政党与法律关系的正确论断，为我们进一步把握党的执政规律、改革和完善党的执政方式奠定了重要基础。

党的十三届四中全会以来，以江泽民同志为核心的第三代中央领导集体和以胡锦涛同志为总书记的党中央，把加强党的执政能力建设与全面推进中国特色社会主义伟大事业、实现中华民族伟大复兴的历史使命联系起来，与在新的历史条件下始终保持党的先进性联系起来，使我们对这个问题的认识大大深化了。

1989 年 9 月，江泽民同志在中外记者招待会上郑重宣布："我们绝对不能以党代政，也绝不能以党代法。……我想我们一定要遵循法治的方针。"③ 1995 年 2 月，江泽民同志在中共中央举办的法制讲座上发表讲话，提出要"实行和坚持依法治国"。这是中国领导人关于未来治国方略的第一次公开宣示。1996 年 2 月，江泽民在中共中央举办的法制讲座上，又发表了《依法治国，保障国家长治久安》的重要讲话。他指出："加强社会主义法制，依法治国，是邓小平同志建设有中国特色社会主义理论的重要组成部分，是我们党和政府管理国家事务的重要方针。实行和坚持依法治国，就是使国家各项工作逐步走上法制化和规范化；就是广大人民群众

---

① 《邓小平文选》（第二卷），人民出版社 1994 年版，第 147 页。
② 《邓小平文选》（第三卷），人民出版社 1994 年版，第 154 页。
③ 《人民日报》1989 年 9 月 27 日。

在党的领导下依照宪法和法律的规定，通过各种途径和形式参与管理国家、管理经济文化事业、管理社会事务；就是逐步实现社会主义民主的法制化、法律化。"① 这篇讲话所确认的依法治国和对建设社会主义法治国家的肯定，在我们党改革和完善执政方式方面具有里程碑意义。1997 年党的十五大报告中首次将依法治国、建设社会主义法治国家作为党领导人民治理国家的基本方略郑重提出。2002 年党的十六大报告正式提出"坚持依法执政，实施党对国家和社会的领导"。这表明我们党对依法执政规律的认识进入了一个新的境界。

　　党的十六大之后，我们党对加强和完善依法执政能力的认识开始日益丰富，逐步走向成熟。2002 年 12 月，胡锦涛总书记在新一届中共中央政治局首次举行的集体学习会议上强调指出，坚持依法执政，不断加强和改善党的领导，是我们为加强党的执政能力建设，提高党的领导水平和执政水平，改革和完善党的领导方式和执政方式而提出的一个具有重大政治意义的要求。2004 年 4 月，胡锦涛总书记在中共中央政治局进行的第 12 次集体学习上指出，坚持依法治国、依法执政，关键是要适应全面建设小康社会的要求，抓住制度建设这个重要环节，推进建设社会主义法治国家的进程，不断实现经济、政治、文化和社会生活的法律化、制度化。坚持依法治国、依法执政，是新形势新任务对我们党领导人民更好地治国执政提出的基本要求，也是提高党的执政能力的重要方面。2004 年 6 月，胡锦涛总书记在中共中央政治局第 14 次集体学习时指出，加强党的执政能力建设，是我们党充分利用所面临的难得机遇、正确应对所面临的严峻挑战、从而完成所担负的历史使命的现实需要，也是关系到全面建设小康社会进程、关系到社会主义事业兴衰成败、关系到党和国家长治久安的重大课题。他指出，加强党的执政能力建设的过程，既是不断提高党的执政能力的实践过程，也是不断把实践经验上升为理论、深入把握执政规律的过程。党的执政理论建设是一项系统工程，包括执政理念、执政基础、执政方略、

---

① 《人民日报》1996 年 2 月 9 日。

执政体制、执政方式、执政资源等主要方面。2004 年 9 月党的十六届四中全会，审议和通过了《中共中央关于加强党的执政能力建设的决定》，提出加强党的执政能力建设的总体目标之一，是把中国共产党建设成为依法执政的执政党，并对依法执政的科学内涵进行了全面的概括和准确的表述。《决定》是对几代中央领导集体执政经验的概括和总结。它是迄今为止我们党关于执政能力建设的最接近真理性的认识，标志着我们党对于加强执政能力建设的把握已经达到最完善、最充分、最成熟的程度。

第三节　依法执政的基本原则

一、依法及时有效调控社会关系原则

政党是现代国家政治活动中最具生命力、最为活跃、最有影响力的政治主体，① 政党政治是现代国家政治生活的常规性实践，② 而执政能力建设是执政党的生命线。从世界各国政党政治的实践来看，几乎所有国家的政党都将提高执政能力、巩固执政地位、维护执政安全作为执政党执政兴国的中心任务。政党执政活动的法治化，是现代民主政治的基本要求。而要履行依法执政的崇高使命和艰巨任务，必然要求执政党能够及时而敏锐地体认和反映复杂的国内国际社会关系的现实状况及其变化发展的情形与趋势，应对各种政治关系、经济关系、社会关系与文化发展关系，高屋建瓴地形成关于上述诸多关系的宏观理论、政策，并依据法定方式、通过法律渠道向有关立法执法机关提出实施建议与要求，并通过主导立法与执法、行政实践来实现自己的主张与意志。从而，发挥自身对国家与社会的法律调节、导引与控制的功能，促进民主和法治的进程。

---

① 参见王沪宁：《比较政治分析》，上海人民出版社 1987 年版，第 111 页。
② 参见 Hugh A. Bone, American Politics and the Party, System Mcgraw-Hill Book Company, 1971, p. 136.

党的十六届四中全会从党执政环境发生重大变化的时代背景出发，在深刻把握共产党执政规律、社会主义建设规律和人类社会发展规律的基础上，对加强党的执政能力建设作出及时的战略调整与新部署，要求把共产党建设成为依法执政的执政党。这是新世纪新阶段中国共产党加强执政能力建设的重要行动纲领。我们党自成立以来先后历经革命、建设和改革三个不同的发展时期，已经从领导人民为夺取全国政权而奋斗的党，成为领导人民掌握全国政权并长期执政的党；已经从受到外部封锁和实行计划经济条件下领导国家建设的党，成为对外开放和发展社会主义市场经济条件下领导国家建设的党。从革命走向执政，从封闭走向开放，从计划经济走向市场经济，都对我们党的执政能力提出了全新的课题和严峻的考验。"依法执政"这一命题的提出，反映了我们党的执政理念的更新，执政体制的改革和执政方式的优化，是我们党执政方略的根本性转型。

共产党依法执政，就是要坚持依法治国，领导立法，带头守法，保证执法，不断推进国家政治、经济、文化、社会生活的法制化、规范化。它要求党应当接受宪法和法律的规范，努力建立科学的领导体制和工作机制，通过完备的制度和法律体系来治理国家。具体包括：第一，强化主导并调节市场经济法律关系的能力。市场经济实质上就是法治经济，这已经是一个被中外实践反复检验了的客观真理。① 市场经济作为一种权利经济、契约经济、竞争经济、平等与开放经济，与法治的自由、民主、人权价值不谋而合。一切政治与法律均以经济关系为本体，② 正如恩格斯所言，每一时代的经济生产以及必然由此产生的社会结构，是该时代政治的和精神的历史基础。经济体制由计划向市场模式的转型，反映在政治构架与法律类型上，必然会致使政治号令、政策主导的执政方式难以奏效，应当实现两个转变：一是从封闭走向开放，以自由权利和正当

---

① 参见张文显：《法理学》，高等教育出版社 1999 年版。
② 参见李龙：《法理学》，中国社会科学出版社、人民法院出版社 2003 年版。

秩序的理念塑造自己，摒弃压制与人治的思想，使经济观符合应然法的价值取向。二是从以政策为形式直接发号施令走向以法律为主对经济间接调控。提高执政党通过国家权力机关制定符合市场经济规律的法律规范并运用法来引导、保障与调节经济的能力，做到经济规律的法律化、市场关系的权利义务化、经济制度的法制化，即依法确立市场主体的地位，依法规范市场主体间的关系，依法推进市场竞争的良性展开，依法保障经济主体的应有权利，依法矫治市场经济的盲目性与弊端。由党直接指挥与介入具体的经济关系的"运动式"、"大跃进"的执政方式已经被实践证明为非理性的和破坏式的，一定要避免重蹈覆辙。这并不是要求党退出经济舞台，而是对党如何领导经济建设提出了更高的标准，即必须在管理与放权、维权与限权、规制与促进之间确立起正义的总体原则并通过法律程序设定为法律准则。

第二，强化构建并固化法律秩序的能力。从革命党走向建设党，使破坏既有法制秩序的任务为构建崭新法制秩序所取代。当一个党属于革命党时，具有与执政党不同的地位与使命：其存在于法律体制之外，并不具有实在法上的合法性，其任务是要破坏旧的社会秩序，与国家法律呈反向，以摧毁法制为主要任务；而一旦过渡为执政党后，其便存在于法律体制之内，主要任务转变为建立并巩固新的社会秩序，与国家法律呈正向，以维持与发展为己任。所以，执政党维护宪法和法律的权威就是维护执政党自己所建立的秩序即维护自身的权威，遵守党自己领导人民制定的宪法和法律就是为了建立和巩固新秩序，增强执政能力，促进社会的稳定和发展。我党地位的变化和执政地位的取得既为执政方式法治化提供了基本前提，更为执政方式法治化提供了价值背景和现实要求。

第三，强化适应并引领经济全球化和法律全球化的能力。在人类社会的分工和交往日益超越国界、水乳交融成为一体的当今社会，经济全球化浪潮对社会生活的每一个方面都带来了天翻地覆的冲击，政党的执政活动当然也不能例外，要求执政方式应当具备应对这一变化的应变能力。从全球性活动规则的角度讲，几乎所有的国际性经济政治文化交往，都离不开法律规范的保障与支持。就依法执政而言，一方面，全球化要求执政行为法治化。尽管各国的政治法律构造与性状各不相同，但执政行为的合法化与政治法治化已是一个普遍的趋势。另一方面，全球化要求执政党具备依据法律调整和引导全球性社会关系的能力。从国际形势看，世界多极化和经济全球化趋势在曲折中发展，科技进步日新月异，综合国力竞争日趋激烈，中国同世界的联系比以往任何时候都更加紧密。我们党在思考任何重大问题，制定任何一项重要的方针政策时，都必须考虑如何根据国际形势的变化，趋利避害，实现可持续发展，在未来世界格局中占有一席之地。从世界政党政治的发展现状和发展趋势看，特别是苏联和东欧一些社会主义国家共产党纷纷丧失执政地位的事实，从反面告诫我们，加强执政能力建设对执政党来说是至关重要的问题。其次，从国内情况看，我国已经加入世贸组织，日益激烈的国际经济竞争，必然会给很多领域带来一系列新的变化。如何维护我国改革、发展、稳定的大局，保证社会主义现代化建设的顺利进行，对党的执政能力提出了严峻的挑战。党的十六大提出，要在 21 世纪头 20 年集中力量，全面建设更高水平的小康社会，使经济更加发展、民主更加健全、科教更加进步、文化更加繁荣、社会更加和谐、人民生活更加殷实。这是党中央提出的惠及整个中华民族的宏伟目标。尽管实现这些目标的具体方式与方法很多，但在总体上看，在依法治国的大前提下，厉行依法执政并将各种主要的社会关系与社会关系的主要方面纳入法律的轨道，形成依法管理与调整社会关系的思维方式与行为规范已是刻不容缓。换句话说，在对外开放的条件和环境下领导中国人民进行社会主义现代化建设，也为执政方式法治化提供了客观要求。民主和法治已成为当今世界的时代潮流，由人治走向法治是历史发展的必然趋势。法治是人类文明发展的共同成果，是现代国家治理的通行方式。现代化的国家离不开现代化的执政党，现代化的执政党是它领导现代化建设的前提条件。因此，执政方式法治化既是顺应时代潮流和历史趋势，融入国际主流社会的客观需要，也是实现执政党自身现代化的内在要求和重要标志。

二、执政权威与人民民主相统一原则

执政不能没有权威，否则就难以确保执政党的统帅与核心地位。但是，必须明白，执政权威除了来自于执政党所具有的外在强制力量，关键是要使执政行为具有内在的合理性、合价值性。为此，就应当处理好依法执政与执政为民的关系。共产党依法执政最本质的内涵，是领导和支持人民掌握国家的权力，实行民主选举、民主管理、民主监督和民主决策，保证法律真正体现人民的意愿、符合时代的要求，保证人民依法享有广泛的权利和自由，充分发挥人民建设社会主义的积极性和创造性，尊重和保障人权。[①] 中国共产党自成立以来，就是没有自己私利的广大人民根本利益的忠实代表。它是中国无产阶级的先锋队，同时是中国人民和中华民族的先锋队，是中国特色社会主义事业的领导核心，代表中国先进生产力的发展要求，代表中国先进文化的前进方向，代表中国最广大人民的根本利益。因此，共产党在执政过程中，要坚持把维护和实现人民根本利益作为一切工作的出发点。由于社会主义法律是工人阶级领导的全体人民意志的体现，因此，共产党依法执政从根本上来说，就是按照广大人民的意志和利益执掌国家政权。

共产党执政，就是领导和支持人民当家做主。党的执政能力，从总体上说就是党提出和运用正确的理论、路线、方针、政策和策略，领导人民制定和实施宪法和法律，采取科学的领导制度和领导方式，动员和组织人民依法管理国家和社会事务、经济和文化事业，有效地治理国家，建设社会主义现代化国家，维护和实现人民群众的根本利益的本领。改革开放以来，我国的政治经济体制、经济运行方式、社会组织形式以及群众生产生活方式都发生了深刻的变化。这些发展和变化对提高党的执政能力提出了新的更高的要求。党只有坚持依法执政，不断提高执政能力和执政水平，把人民的根本利益放在首位，才能够成为带领人民，紧跟时代潮流、不断

---

① 参见何士青：《论依法执政与政治文明》，载《中国法学》2003 年第 6 期。

开拓进取的党。历史的经验教训表明，坚持依法执政，既有利于提高人民群众对执政党的认同，又有利于提高执政的科学性、有效性，是社会主义国家执政党代表和实现人民根本利益的保证，是国家长治久安的基石。

依法执政，要求执政党进行执政活动所依据的宪法和法律必须体现人民的意志和根本利益。宪法和法律是在党的领导下制定的，既是人民意志和根本利益的体现，也是党的意志的体现，是人民意志和党的意志的有机统一。依法执政把党的领导、发扬人民民主和严格依法办事统一起来，从制度和法律上保证党的基本路线和基本方针的贯彻实施，保证党始终发挥总揽全局、协调各方的领导核心作用。从这个意义上看，依法执政既有利于做到立党为公，执政为民，也有利于改善和加强党的领导。因此，依法执政体现了坚持党的领导与人民当家做主在本质上的一致性。人民当家做主是实现党的领导的内在要求，党的领导在本质上就是支持人民当家做主。依法执政既是坚持党的领导的有力措施，也是实现人民当家做主的有效形式和根本保证。只有坚持依法执政，才能将党的领导与人民当家做主紧密地结合起来，才能做到权为民所用，情为民所系，利为民所谋。

我们党80多年来的奋斗目标，归根到底都是为了实现好、维护好和发展好最广大人民的根本利益，党也由此获得最广大人民的支持和拥护，成为领导人民掌握全国政权并长期执政的党。保持党同人民群众的血肉联系，既善于带领群众前进，又善于从群众的实践创造和发展要求中获得前进动力，这是党取得革命和建设胜利的根本法宝。在新的历史时期，面对复杂多变的国内外形势，新一届中央领导集体提出依法执政，就是要不断提高和加强党的执政能力建设，通过密切党同人民群众的联系，增加人民群众对党执政的支持和拥护。要维护改革、发展稳定的大局，保证社会主义物质文明、政治文明和精神文明协调发展，实现全面建设小康社会的宏伟目标，使广大人民群众共同享受改革和现代化建设的成果，特别是防止执政党因长期执政而容易脱离群众等问题，要求我们党不断提高执政能力，而遵守宪法和法律是党的执政能力的重要体现。党领导人民制定宪法和法律，也要领导人民遵守宪法和法律，这是党依法执政的基本要求。因为宪法和法律是党的主张和人民的意志的有机统一，党遵守宪法和法律就是遵从人民的意志。执政党只有在指导思想上始终坚持代表最广大人民的根本利益，把实现人民的愿望、满足人民的需要、维护人民的利益作为执政的根本出发点和落脚点，健全和完善民主的体制和制度，拓宽新形势下密切党与人民联系的渠道，才能及时地从人民群众中汲取养分，获得治国理政的前进动力，永葆生机和活力。

三、执政的价值性与规范性一致原则

执政行为的价值性与规范性相结合原则要求实现执政方式的规范化、制度化与法律化。执政党的执政过程是将党的根本纲领、基本路线和指导思想付诸实施、变为现实的过程，在实质上就是党的根本目标和价值从理想转化为现实的过程。从法哲学的意义上讲，价值实体与价值载体既相互统一又互相分离，同一价值实体可以用不同的形式来表现和承载，同一形式也可以体现不同的价值实体。如权利作为一种实在的价值，可以法律、道德和政策等不同的外在形式加以表现。执政党的政治价值的实现可以有多个不同的形式与载体。政策与道德在一个相当长的时期被当作主要的价值实现方式，而且在今后也是不能取消的重要形式。但是，在所有的调整社会关系的手段中，自 16 世纪以来，法律已经取代道德、宗教等形式而成为社会控制的最主要形式。① 可见，执政价值的法律规范化与制度化，是实现执政价值目标的实体内容与实现形式高度统一的根本出路与必然要求。

党的十六届四中全会通过的《决定》提出，以改革和完善党的领导体制和工作机制为重点，建设科学执政、民主执政、依法执政的执政党。依法执政作为加强党的执政能力建设的总体目标之一，是同我们党提出的依法治国、建设社会主义法治国家的治国方

---

① 参见〔美〕庞德：《通过法律的社会控制——法律的任务》，沈宗灵等译，商务印书馆 1983 年版。

略和实现中华民族伟大复兴的目标完全一致的。

党成为公共权力的执掌者后，党的活动应当纳入法治的轨道，党的执政能力的培养和提升必须在法治的框架内进行。依法执政，党的各级组织和领导人都必须严格依法办事，不允许有超越宪法和法律的特权。党的执政必须依赖于法治。这是由法治的基本特性和内在规律所决定的。因为法治是规制和约束权力、防止权力腐败的最有效和理性的社会政治机制。法律不仅具有国家强制性，还具有精确性、科学性和稳定性。法律是在一定社会政治经济基础上产生的，是在人们长期社会实践中逐步形成的，它是迄今人们在治理国家的实践中认识社会和自然发展规律的结晶。从这个意义上看，依法执政是政党尊重客观规律、保证执政科学性的重要表现。因此，党的领导方式必须要实现由过去主要和直接依靠政策治理国家，向主要和直接依靠法律治理国家的转变。

从根本上说，党的领导与民主法治精神具有高度的同一性。中国共产党领导全国人民创造了一套适合中国国情的对于治国行之有效的政治制度和政治原则、方针，为建立和完善社会主义法治创造了良好的政治基础。在我国，宪法和法律是党领导人民制定的，因而也就是党和人民意志的集中体现。维护宪法和法律的权威和尊严，在一定意义上体现了党的领导。宪法和法律一经制定颁布，就应当具有稳定性和权威性，非经法定的程序，任何组织和个人，都不得随意更改，包括执政党在内，都必须在宪法和法律的范围内活动。

在民主政治和法治的条件下，政党参与政治，实现对国家或社会的领导是按照法治的要求进行的。依法参与政治，依法实施对国家和社会的领导，是法治国家对政党活动的基本要求。党的执政就是政党进入国家政权机构并以国家权力的名义从事对整个国家公共事务和社会事务的管理活动，或者说，执政是一个政党在国家政权中占主导地位、并通过国家政权将自己的治国主张贯彻于国家事务管理过程中的活动。"执政党领导国家，直接控制着国家政权，因此执政集中表现为通过法定程序使党的主张转化为国家意志，上升为法律，成为全社会遵循的制度和规范，进而实现对国家和社会的全面领导。执政党的主张与国家法律的一致性，是执政党依法执政的基本前提。"①

坚持依法执政，要求执政党必须依照宪法和法律的规定来治理国家和管理社会事务，正确认识和处理党的政策和法律的关系，把共产党执政同依法治国统一起来，把发扬民主、严格依法办事与转变党的执政方式统一起来，不断提高执政水平。坚持公民在宪法和法律面前人人平等，保证党和国家的各项工作都依法进行，逐步实现社会主义民主和党的领导的规范化、法律化。要按照党总揽全局、协调各方的原则，规范党委与人大、政府、政协以及人民团体的关系，尤其是要支持人大依法履行国家权力机关的职能，经过法定程序，使党的主张成为国家意志，使党组织推荐的人选成为国家政权机关的领导人员，并对他们进行监督。

实行依法执政，最重要的就是党的各级组织和领导要带头维护宪法和法律的权威。依法执政是实现依法治国，建设社会主义法治国家的必然要求。依法治国最为关键的内容之一，就是要求执政党依法执政。我们党是我国唯一的执政党，在实现依法治国方略中具有举足轻重的地位。可以说，没有党的依法执政，建设法治国家的目标是不可能实现的。

四、党的执政与党的领导相关联原则

执政党的领导必须通过执政行为来完成，执政行为也应当始终围绕党的领导来展开。此两者是相互联系、不可分离的。但是，也不可相互等同与相互取代。这是从过去党的领导所经历的曲折总结出来的经验教训。在权大于法、以党代政、党大于法、个人迷信的年代，党的领导就是党的执政的全部内容，一切社会活动都不过是党的活动的表现和延伸。究其原因，固然与中国传统政治理念、社会文化的影响、现实经济、政治与文化发展的制约因素有关，但关键在于党的执政理念存在一定的误区，即对党的领导与党的执政相

---

① 石泰峰、张恒山：《论中国共产党依法执政》，载《中国社会科学》2003年第 1 期。

互关系的理解不尽科学。

党的领导是指政党统帅、率领、引导国家政权机关、全体人民群众、社会组织实现党的政治与社会目标的活动，主要体现为政治领导、思想领导和组织领导，具有宏观性、根本性与全局性。党的执政是指执政的党通过掌握和行使国家政权，实现对社会的有效组织和管理的活动，具有微观指导和具体管理的特性。

由于党领导革命的历史逻辑和在和平建设中体现的政治逻辑，在国家政治生活中，党的地位有双重性：从国体来看，我国是以工人阶级领导的工农联盟为基础的人民民主专政的政权，从国家的社会主义和人民民主专政的性质来看，党是社会主义建设的主宰者和一切事业的领导核心，是整个国家的政治领导力量，始终是领导党，而不可能与任何其他党分权或轮流当政；而在政体上，国家奉行人民代表大会的代议制度，既然党是领导人民的核心力量即工人阶级的先锋队，所以，就代议的执行功能而言，党是国家的执政力量，是执政党。因此从理论上讲，党的领导既可以通过党领导本身来实现，也可以通过党的执政来实现。这就要正确处理党的领导与党的执政之间的关系。由于领导与执政的力量主体是单一的，在实践中这两者的关系模式有二：一是党的领导通过党的执政来实现，二是党的执政通过党的领导来体现。但是，在思维定势中，党的领导主要是从政治上重视实质内容上的制约，而不是从制度操作上来强调，其合法性来源于党是中国社会主义事业领导核心这一历史必然性和现实规定性。依此推演，党的领导地位决定党的执政地位，党的执政集中体现为党的领导，且这种领导中，党不仅仅甚至主要不是作为执政党，而是作为不依赖国家制度而存在的领导力量，是一种体制外领导，它不是撇开国家制度，就是代替国家制度。这种执政方式与领导方式与党的依法执政是格格不入的。必须明确，党的领导是党的执政的前提，没有领导就不可能执政。但是，执政不能完全为领导所等同，在操作层面上，在坚持党的大政方针上的领导的大前提下，通过党的执政来实现党的领导而不是通过党的领导来实现党的执政。

五、政党事务与国家事务相区分原则

从理论上讲，党的事务与国家事务既相互联系又相互区别，在不同的治理结构中，这种关联性又是不同的。在人治社会，执政党与国家是同义语，此所谓党国现象。党国不分是人治与专制下的一种奇特政治现象。在法治社会，如果以人民主权为基本政治制度，以人权为最高价值目标，那么，党的事务与国家事务应当是统一的。当然，在具体执行上，其应当也必须加以区分，划定各自的范围与运行方式。这是现代宪政与法治发展的一条规律。

中共十六大和十六届四中全会将坚持依法执政明确作为加强党的执政能力建设的重要内容，是在正确判断党在新世纪面临的新变化、新挑战的基础上，做出的顺应时代发展要求的正确选择。依法执政是党在新的历史条件下，坚持与时俱进、保持党的先进性而对党的领导方式和执政方式进行的制度创新。根据党的十六大和十六届四中全会报告的构想，在依法执政的情况下，要按照党总揽全局、协调各方的原则，改革和完善党的领导方式和执政方式。党的领导方式和执政方式是通过党的领导体制体现出来的。改革和完善党的领导方式和执政方式，必须相应地改革党的领导体制。不按照一定的原则改革党的领导体制，就无法实现党的领导方式和执政方式的转变。

依照党的十六届四中全会提出的要求，改革和完善党的领导方式，必须发挥党委对同级人大、政府、政协等各种组织的领导核心作用，发挥这些组织中党的领导核心作用。同时发展党内民主，完善重大决定的规则和程序，对权力运行结果进行制约和监督，保证执政党的各种活动规范化和程序化。党委既要支持人大、政府、政协和审判机关、检察机关依照法律和章程独立负责、协调一致地开展工作，及时研究并统筹解决他们工作中的重大问题，又要通过这些组织中的党组织和党员干部贯彻党的路线方针政策，贯彻党委的重大决策和工作部署。规范党政机构设置，完善党委常委会的组成结构，适当扩大党政领导成员交叉任职，减少领导职数，切实解决分工重叠问题，撤并党委和政府职能相同或相近的工作部门。围绕

提高行政效率、降低行政成本、整合行政资源、加强行政体制改革的总体研究，继续推进行政体制改革。加强和改进党对工会、共青团、妇联等人民团体及各类群众团体的领导，支持他们依照法律和章程独立自主地开展工作，充分发挥他们联系群众的桥梁和纽带作用。

提高党的依法执政能力是一个非常迫切的问题，同时又是一个带有根本性的、全局性的问题。为此应当积极稳妥地对党的领导体制进行改革和完善，保证国家机关依法行使职权。这里应当明确的是，党对国家的领导不是简单的直接行政领导，而是政治原则、政治方向、重大决策的领导。党必须按照总揽全局、协调各方的原则，在同级各种组织中发挥领导核心作用。党应当保证国家的立法、司法、行政机关、经济、文化组织和人民团体积极主动地、独立负责地、协调一致地工作。对于执政的中国共产党来说，要在国家和社会生活中有效地贯彻本党的执政意图和主张，就应当通过各个国家机关和不同的职能部门行使法定的职权。执政党不应当直接通过自己的政党组织本身去贯彻已上升为法律的执政意图和主张，而撇开由本党推荐当选的领导干部所掌握的国家各职能权力机构或将这些机构的职能虚置。其理由是：只有国家职能权力机构享有宪法和法律所明确规定和赋予的权力，而政党组织却不享有这种权力。在处于执政地位且由本党推荐当选的领导干部掌握着国家各职能权力机构的情况下，直接通过政党组织贯彻执政意图和主张，就会使政党组织和国家权力组织机构混淆不清，使政党的职能同国家权力机构的职能混淆不清，易于导致党不管党、政不从政的政务混乱无序，容易引发党政权力的矛盾和冲突。① 党的主张只有转变为国家意志，才能对国家和社会具有普遍的约束力和强制性。因此，党通过制定大政方针、提出立法建议，推荐重要干部等执政权力的行使，使党的主张经过法定程序变成国家意志，支持和保证人大、政府、司法机关依法履行职能，从而更加有效地实现党的领导，这

---

① 参见石泰峰、张恒山：《论中国共产党依法执政》，载《中国社会科学》2003年第1期。

是依法执政的重要体现。

党的十六届四中全会指明了改革党的领导方式的基本方向，这为我们进一步健全和完善党的领导体制，理顺党政关系，划分执政党的权力与国家立法权、行政权和司法权的界限，保证国家机关依法行使职权提供了重要指导。依法执政不仅要求执政党自己在党内规范中主动明确规定党务与政务、党务与国务的关系，更要求以国家法律特别是国家根本法的最高规范来确立这一关系模式与界限，并使之成为不可逾越的强制性法律标准。

第四节　依法执政的法律制度

执政制度法律化是强化执政能力、完善执政程序的必由之路。政治的非程序性是长期以来制约中国民主宪政发展的一大瓶颈。执政的民主与法治化进程就是一个不断摆脱非程序化而兼顾执政民主化与程序正当化的统一过程。在执政初期，由于对程序建设的认识不足，不通过特定程序直接介入权力过程甚至视程序为削弱或反对党的领导的思想影响较大，为今天的执政建设留下深刻的反面教材。①改革开放以来，党不断总结教训，逐步转变执政方式，使执政程序

---

① 1958 年人民公社化浪潮，作为党以运动方式来执政的一个重要表现，使乡政府这一基层行政组织未经修宪程序和全国人民代表大会的批准就根据党的政治决议直接改变为公社。"文革"之前，党主要通过政策来治理社会，公、检、法合署办公，司法工作为阶级斗争服务，党的各级领导机关直接介入从批捕到判决的具体司法业务。"文革"的发动，是毛泽东决定的，未经任何法定程序。在"文革"中，"党权高于一切"被推向极端化、普遍化，政府完全成为党的执行机构，作为人民民主主要载体的人民代表大会则长期不召开，其后果是相当严重，如时任国家主席刘少奇，在未经全国人民代表大会批准的情况下，就被罢免了职务；经毛泽东提议，中共中央政治局批准，邓小平被免除了包括国务院副总理在内的党内外的一切职务；各种由群众组织的"文化革命委员会"和"文化革命代表大会"，仅按照中共中央文件的规定，就成了"权力机构"；在 1968 年，未经全国人大批准，最高人民检察院、地方各级检察院和军事检察院被全部撤销；全国政协除 1966 年 7 月召开过一次会议外，在整个"文革"期间都未开过会，在那个特定时期形同虚设。由于执政活动不讲程序，导致史无前例的大混乱。

的价值日益凸显出来，在行使推荐权和领导立法方面，业已颁布了相关规定。1983 年颁发了《中共中央组织部关于任免国家机关和其他行政领导职务必须按照法律程序办理的通知》，1984 年颁发了《中共中央组织部关于任免国家机关领导人员必须严格按照法律程序办理的通知》① 等，规定党委应严格按照有关法定程序向人民代表大会推荐领导干部人选，不能强迫要求人大通过，以期提高党执政方式的程序化程度，并已经取得了巨大的实践成效。通过总结过去立法经验，中共中央又于 1991 年提出了《关于加强对国家立法工作的领导的若干意见》，进一步改善党对立法的领导方式，指出党对国家立法工作的领导主要实行政治领导，即方针、政策的领导，并对政治领导的内容和方式以及需要中共中央讨论重要法律的范围及程序作了明确规定。这表明，党的执政活动已经具备了相应的程序意识与程序规则。

要形成良性的执政法律制度，就应当科学地把握其关键与主线。实际上，执政法律程序的核心应当定位于执政党与国家和社会组织系统之间关系之发生、发展与展开、完善的程序化以及这种程序的法律化。其逻辑起点是执政党与社会全体成员关系的法律化，因为只有在广泛集合人民群众的意见、利益与意志的基础上，才有可能形成执政的决策与对策。其次是加工和上升人民群众意志的党内民主集中程序的法律化，人民群众的利益是一个集合体，需要在发扬党内民主的基础上对不同的阶级、阶层、群体的不同的甚至是相互冲突的利益进行统合与调适，凝聚成为党的决策的依据与渊源。然后才是在充分尊重民主党派意见的前提下，通过国家的权力机关形成为国家的法律规范，最终把党的意志上升为国家意志，完成一个具体的执政程序。展开来分析，应当分解为以下几大法律制度：

---

① 参见《中华人民共和国人民代表大会文献资料汇编（1949—1990）》，中国民主法制出版社 1990 年版，第 412～414 页。

一、执政党集合民意并启动执政过程的法律制度

依法治国要求党的领导是一种制度化、法律化的领导，变体制外领导为体制内领导，根据党的领导通过党的执政来实现的基本原则，构建新型的程序型党政关系，确保执政党全面领导国家政权，而不是游离于国家制度体系之外。为此，在建立执政党的民意集合和信息收集、反馈与处理过程系统时，需要开创性地实行以保障党的执政地位、强化党的依法执政程序能力为价值取向的体制创新，其主要内容包括，一方面，完善基层民主建设的法律程序规定。依法执政就是要领导和支持人民群众当家做主，最大限度地让全体人民依法行使管理国家和社会事务的民主权利，从机制和程序上保证全体人民享有民主参与权利包括参政议政的法律权利。为此，首先要注重基层民主建设的法治化，建立行之有效的基层民主发展的法律保障与约束机制，充分强化村民委员会、居民委员会和职工代表大会的法律地位，依法推行村务公开、政务公开、厂务公开、居务公开，保障人民群众的合法权利不受侵犯。这是人民民主的基础，也是依法执政程序得以有效构建的基础。现行的有关村民委员会、居民委员会和职工代表大会方面的国家立法对党组织如何参与基层民主、发动和集合民意的具体方式，应当做出更加明确的规定，通过立法创新，在人民民主权利方面的法律规范中增加关于党组织收集民意、介入基层选举等相关规定。其次是进行组织体制创新，适应市场经济发展及由此导致的社会结构变化新情况，使党的组织体制实现从以组织为主要建构单位向以地域为主要构建单位的重大转变，保证党的组织没有任何障碍地直接建在基层社会中。因为当今市场经济模式已经使社会主体由"单位人"逐步向"社会人"转变，"单位社会"已经逐步演变为"自治社会"，依托单位这一载体实现对人的管理无论是在空间还是在时间上都有很大的局限性，而社区由于直接面向每一个公民因而能够更好地发挥社会管理的主渠道作用。因此，执政党在重视农村基层党组织建设，通过村民委员会发挥作用的同时，要注重社区党组织的建设，在体制上建立与社区设置及其活动趋于一致的党的组织体系，形成社区党组织建设

的新格局。目前，国家关于社区组织管理上的法律并不是很健全，在完善有关社区的国家立法时，应该将党组织参与和保证社区民主的程序问题一并加以完善。

另一方面，加强党内民主建设是扩大民主参与的重要方式，在制度上就是要完善民主集中制，重点是要完善党内选举制度。程序本身是中立的，不同的价值偏好渗透于其中，会产生不同的产品与后果。只有加入以选举为制度要素的民主价值，才能获得理性的政治文明之果，因为选举是民主政治的基石，是衡量民主的标志、发展民主的根本制度。完善党内民主选举制度，可从以下方面进行制度上的创新，以在具体操作上不断细化和规范：（1）候选人提名。在法律上确定依据民意来确定候选人的原则，扩大民主推荐范围，在提名主体上，规定上级党委、党代会代表的联合以及党员个人均有权提名；在方式上，采取推荐与自荐相结合的形式，建立自上而下的组织提名与自下而上的党员或代表提名相结合的提名制度；在提名结果上，候选人名单应由党组织和候选人充分酝酿讨论，可考虑对民主推荐的结果在相应范围内公布，不论通过何种方式提出候选人，都必须以书面形式向大会主席团和同级党委提出，并经过考察和资格确认后，才能确认为候选人；在提名比例上，明确规定党员或代表提名的比例分配原则和具体比例。（2）候选人介绍。介绍分两个环节：说明与质疑。在介绍候选人基本情况时，除了要像过去那样说明候选人本人简历以外，还要介绍对候选人的德、能、勤、绩、廉等方面进行考察的情况。介绍完毕后，允许选举人提出质疑与询问，被质疑者应当作出实事求是的答复。此外，要建立候选人与选举人见面制度，候选人可以自我介绍，也可以发表竞选演说，并对选举人提出的质疑作出回应。（3）选举形式的确定。应该改进差额选举制度，有条件地扩大差额选举的范围，适度加大差额比例，可以适当扩大各级党代会代表候选人的差额比例，适当增加党委委员、常委候选人的差额人数。此外，确立基层党组织直接选举制度，党支部一般应进行直接选举，可以逐步实行对乡镇党委和中小企业党委进行直接选举的试点。（4）党代会代表构成比例的合理调整。一方面合理分配推荐与自荐代表比例。以推荐代表为主，使其占绝大多数；自荐代表为辅，留出一定比例的份额用于自荐或竞选。另一方面，合理分配领导干部与普通人员的比例。普通党员、基层干部、没有担任领导职务的党务工作者、党的理论工作者等代表比例可适当增加。（5）选举违规违纪行为惩戒制度。包括在主体上建立惩戒委员会，专门负责对选举的监督与对违规行为的调查并提出处理意见；在方式上以列举的形式规定违规选举的具体行为表现，根据不同性质与情节确定制裁的种类，对非组织活动选举、拉票等违规行为，应该通过制定义务性、禁止性规范予以制裁。

二、执政党与民主党派进行政治协商的法律制度

在我国，共产党始终是领导党和执政党，不可能同任何其他党派分权或轮流执掌政权，即实行"共产党执政、民主党派参政"的政党体制。就宪政实践来看，共产党作为执政党与其他党发生关系的形式多样，但从法律程序规范上讲，可从以下方面加以完善：一方面是对宪法惯例的法律确认。目前的习惯做法是，在中国共产党对国家和社会事务绝对领导地位法定的前提下，其对国家和地方的政治、经济、文化和社会发展在基本路线、原则和方针上所作的重大决策，以及向各级国家立法、行政和司法机关所推荐的重要领导人选，在向同级人民代表大会提交审议决定前，事先要广泛征求民主党派的意见，同各民主党派进行政治协商，这一程序在实践中已成为一种宪法惯例。如每年人民代表大会和政治协商会议同时召开，政协委员可以列席人大会议就是重要表现。这种政治程序的功能和现实作用是应当予以充分肯定。当然还有必要从法律上予以强化，以防止流于形式。即以法律的形式明确规范和加强执政党在作出政策建议和人事建议前，事先征求民主党派意见与建议、同各民主党派进行政治协商的程序，使这种程序不只是一种单纯的习惯做法，而是在法律上具有强制保障和最高权威的机制。

另一方面是共产党与民主党派相互监督关系的法律化。不能否认现行的制度规范对政党的民主监督关系已经建立了一定的约束机制并已取得一定成效。问题是应当使这种关系在得到实体上的规范

与支持的同时，更要注重使这种关系得以展开的程序与步骤法定化，形成合理的监督程序法律机制。现行宪法和法律已经规定公民个人和社会组织的监督权，以及共产党与民主党派的相互监督关系。有必要在法律原则已经加以确认的前提下，从法律规则和法律概念的意义上明确这种监督的法定环节与程序，建立专门的监督工作机构和机制，不仅包括在党内的纪律检查委员会设立专门机构负责受理与处理相关事宜，更重要的是可以在党外设立依托国家权力机关和宪法监督机制的共产党与民主党派相互监督的法律程序机制。

三、执政党自身意志上升为国家意志的法律制度

应当通过立法明确执政党向国家权力机关提出建议与要求的必要性与具体步骤，建立人民代表大会对执政行为审议的法律程序。执政党意志上升为国家意志的程序由以下要素构造：第一，启动程序的主体是各级党组织，各级党组织只能向同一级人民代表大会提出主张。第二，启动程序的方式是建议或决定，即党组织主要是在内部讨论和外部协商的基础上，形成立法建议或人事任免建议，提交人民代表大会。第三，受理程序。对党组织的各种建议，人民代表大会应当受理，不能拒绝，至于受理后应该如何处理与是否受理是不一样的，应该予以区别。第四，审议程序。人民代表大会依据宪法和人民代表大会组织法的规定，对党组织提出的建议或依法定程序通过法定主体转化为法律议案使之进入立法程序，或将人事任免建议直接提交人民代表大会依法进行表决或批准。第五，审议结果。对有关议案与建议决定，通过依照宪法、组织法和人大议事规则进行审议讨论后，作出处理，形成具有法律效力的结论。

四、执政党对公共权力实施民主监督的法律制度

执政党的监督程序是一种民主监督程序，它不是依靠国家权力来监督，而是依执政党的权力来行使的监督。实现民主政治，关键是要正确处理好人治与法治的关系，而对权力的监督制约又是重中之重。所谓监督制约，除了国家权力之相互进行外，主要来自人民

群众和作为其最高代表的共产党组织。党执政的主要目的是领导和支持人民当家做主，保证和监督国家机关切实按照人民的授权执掌国家权力，而监督权力运行又是确保人民主权的有力手段和强大保障。执政党通过立法、政策建议和人事任免建议，对国家机关实现党的意志提供了一定程度的政治保证和组织保证，这属于正面直接领导。而仅此还是远远不够的，还应当建立反向约束制度，对各级国家机关以及其工作人员实事求是地执行党的决策实施及时的法律监督。为此，要改变那种只依靠党内纪律规范开展活动的观点，在坚持与加强党的纪律监督的大前提下，加大党依据法律进行法律监督的力度。建议制定《政党监督法》，其基本结构为：第一，在内容上，全面调整党对国家机关及其工作人员的监督关系，明确其中的监督主体、监督方式、监督范围、监督手段与监督责任，形成可操作性强的权利义务规范体系。第二，在性质上，《政党监督法》在法律部门中属于宪法性法律的范畴，其所确立的程序属于外部程序而非党的内部程序。第三，在责任方式上，各级党委对同级国家机关的运作情况及其工作人员的监督方式与追究责任的形式，应当符合党的基本政策，符合国家法律的要求。法律责任是法律施行的基本形式，它是国家权力对一切法律关系主体行为进行权威性合法性评价的表现，只能由国家法定机关完成这种评价使命。当然，这并不是排斥国家机关以外的组织和公民也可以进行合法性评价，只是后者评价不是权威性的，不具有强制力。从法理上讲，法律实施是一个由国家机关执法司法与社会组织及公民护法守法相互结合的系统工程。所以，一方面，党作为人民的代表组织可以也应当对社会行为的合法性进行评价并监督以维护法律的实施，另一方面，这种法律活动必须限定在法律的范围和授权之内。就法律责任的形式看，有一般违法责任和刑事责任，其手段包括侦察、拘留、逮捕、起诉和审判等。只有国家法定机关才有权行使，党组织不必直接行使这些权力。但是，这并不意味着党组织不能对违法行为进行法律上的评价、判断并形成是否合法或违法的判断意见，供法定追责机关参考。可见，在监督方式上，党组织开展监督活动的法律程序包括进行法律调查、提出法律意见和法律建议、协助国家机关进

行处理、以及有关国家机关对处理法律后果的回告等。上述程序
规则应当用法律确定下来，使之具有法律的效力，并付诸强制实
施。

参 考 书 目

《马克思恩格斯选集》第 1 ~ 4 卷，人民出版社 1972 年版。

《马克思恩格斯全集》第 42 卷，人民出版社 1973 年版。

《列宁选集》第 3 ~ 4 卷，人民出版社 1995 年版。

《毛泽东选集》第 1 ~ 4 卷，人民出版社 1991 年版。

《邓小平文选》第 1 ~ 3 卷，人民出版社 1993 年版。

《江泽民文选》第 1 ~ 3 卷，人民出版社 2006 年版。

《董必武文集》，人民出版社 1985 年版。

虞崇胜：《政治文明论》，武汉大学出版社 2003 年版。

王振亚：《政治文明与当代中国政治发展》，人民出版社 2006 年版。

陈永鸿：《论宪政与政治文明》，人民出版社 2006 年版。

许耀桐：《政治文明：理论与实践发展分析》，中央编译出版社 2006 年版。

苟欣文：《政治文明的法治根基：依法治国与政治文明》，江西高校出版社 2006 年版。

[爱尔兰] J. M. 凯利：《西方法律思想史》，王笑红译，汪庆

华校，法律出版社 2002 年版。

[奥] 凯尔森：《法与国家的一般理论》，沈宗灵译，中国大百科全书出版社 1996 年版。

[德] 奥托·迈耶：《德国行政法》，刘飞译，商务印书馆 2002 年版。

[德] 恩斯特·卡西尔：《人论》，甘阳译，上海人民出版社 2004 年版。

[德] 哈贝马斯：《公共领域的结构转型》，曹卫东等译，学林出版社 1999 年版。

[德] 卡尔·曼海姆：《意识形态与乌托邦》，黎鸣、李书崇译，商务印书馆 2000 年版。

[德] 卡尔·施米特：《宪法学说》，刘锋译，上海人民出版社 2005 年版。

[德] 卡尔·施米特：《政治的浪漫派》，冯克利、刘锋译，上海人民出版社 2004 年版。

[德] 康德：《法的形而上学原理》，沈叔平译，商务印书馆 1991 年版。

[德] 康德：《实践理性批判》，韩水法译，商务印书馆 1999 年版。

[德] 鲁道夫·奥伊肯：《生活的意义与价值》，万以译，上海译文出版社 2005 年版。

[德] 马克斯·韦伯：《经济与社会》（上卷），林荣远译，商务印书馆 1998 年版。

[德] 马克斯·韦伯：《民族国家与经济政策》，甘阳编选，三联书店 1997 年版。

[德] 马克斯·韦伯：《学术与政治》，冯克利译，三联书店 1998 年版。

[法] 亨利·莱维·布律尔：《法律社会学》，许钧译，上海人民出版社 1987 年版。

[法] 勒内·达维德：《当代主要法律体系》，漆竹生译，上海译文出版社 1984 年版。

［法］勒内·罗迪埃尔：《比较法概论》，陈春龙译，法律出版社 1987 年版。

［法］卢梭：《社会契约论》，何兆武译，商务印书馆 1980 年版。

［法］孟德斯鸠：《论法的精神》(上)，张雁深译，商务印书馆 1961 年版。

［法］米歇尔·弗伊：《社会生物学》，殷世才、孙兆通译，商务印书馆 1997 年版。

［法］托克维尔：《论美国的民主》，董果良译，商务印书馆 1988 年版。

［古罗马］西塞罗：《论共和国论法律》，王焕生译，中国政法大学出版社 1997 年版。

［古希腊］亚里士多德：《政治学》，吴寿彭译，商务印书馆 1965 年版。

［美］C. E. 布莱克：《现代化的动力》，段小光译，四川人民出版社 1988 年版。

［美］P. 诺内特、P. 塞尔兹尼克：《转变中的法律与社会：迈向回应型法》，张志铭译，中国政法大学出版社 2004 年版。

［美］阿拉斯代尔·麦金太尔：《伦理学简史》，龚群译，商务印书馆 2003 年版。

［美］埃尔斯特、［挪威］斯莱格斯塔德编：《宪政与民主——理性与社会变迁研究》，潘勤，谢鹏程译，三联书店 1997 年版。

［美］E. 博登海默：《法理学：法律哲学与法律方法》，邓正来译，中国政法大学出版社 2004 年版。

［美］丹尼尔·朗：《权力论》，陆震纶、郑明哲译，中国社会科学出版社 2000 年版。

［美］郭颖颐：《中国现代思想中的唯科学主义》，雷颐译，江苏人民出版社 1998 年版。

［美］哈维·C. 曼斯菲尔德：《驯化君主》，冯克利译，译林出版社 2005 年版。

［美］汉密尔顿、杰伊、麦迪逊：《联邦党人文集》，程逢如等

译，商务印书馆 1980 年版。

　　［美］赫伯特·金迪斯、萨缪·鲍尔斯等：《人类的趋社会性及其研究》，浙江大学跨学科社会科学研究中心译，上海人民出版社 2006 年版。

　　［美］卡多佐：《法律的生长》，刘培锋、刘骁军译，贵州人民出版社 2003 年版。

　　［美］卡尔·J. 弗里德里希：《超验正义：宪政的宗教之维》，周勇、王丽芝译，三联书店 1997 年版。

　　［美］克里斯托弗·沃尔夫：《司法能动主义》，黄金荣译，中国政法大学出版社 2004 年版。

　　［美］理查德·A. 波斯纳：《法律的经济分析》（下册），蒋兆康译，中国大百科全书出版社 1997 年版。

　　［美］列奥·施特劳斯：《关于马基雅维里的思考》，申彤译，译林出版社 2003 年版。

　　［美］列奥·斯特劳斯主编：《政治哲学史》，李天然等译，河北人民出版社 1993 年版。

　　［美］罗伯特·达尔：《论民主》，李柏光、林猛译，商务印书馆 1999 年版。

　　［美］迈克尔·罗斯金：《政治科学》，林震等译，华夏出版社 2001 年版。

　　［美］曼瑟尔·奥尔森：《集体行动的逻辑》，陈郁等译，三联书店上海人民出版社 1995 年版。

　　［美］梅里曼：《大陆法系》，顾培东等译，知识出版社 1984 年版。

　　［美］摩尔根：《古代社会》，杨东莼译，商务印书馆 1981 年版。

　　［美］庞德：《法律的任务》，董世忠译，商务印书馆 1984 年版。

　　［美］萨托利：《民主新论》，冯克利、阎克文译，东方出版社 1993 年版。

　　［美］塞缪尔·P. 亨廷顿：《变化社会中的政治秩序》，王冠

华等译，三联书店 1989 年版。

〔美〕斯蒂芬·L.埃尔金等：《新宪政论》，周叶谦译，三联书店 1997 年版。

〔美〕塔尔蒙：《极权主义民主的起源》，孙传钊译，吉林人民出版社 2004 年版。

〔美〕威尔逊：《国会政体——美国政治研究》，熊希龄、吕德本译，商务印书馆 1986 年版。

〔美〕威廉·F.韦斯特：《控制官僚》，张定淮、白锐译，重庆出版社 2001 年版。

〔美〕文森特·奥斯特罗姆：《复合共和制的政治理论》，毛寿龙译，三联书店 1999 年版。

〔美〕詹姆斯·M.伯恩斯等：《美国式民主》，谭君久等译，中国社会科学出版社 1993 年版。

〔意〕尼科洛·马基雅维里：《君主论》，李盈译，天津教育出版社 2004 年版。

〔英〕安东尼·吉登斯：《现代性与自我认同》，赵旭东译，三联书店 1998 年版。

〔英〕安东尼·吉登斯：《第三条道路》，郑戈译，北京大学出版社、三联书店 2000 年版。

〔英〕鲍桑葵：《关于国家的哲学理论》，汪淑钧译，商务印书馆 1995 年版。

〔英〕戴雪：《英宪精义》，雷宾南译，中国法制出版社 2001 年版。

〔英〕哈耶克：《法律、立法与自由》（第一卷），邓正来等译，中国大百科全书出版社 2000 年版。

〔英〕卡·波普尔：《历史主义的贫困论》，何林等译，中国社会科学出版社 1998 年版。

〔英〕洛克：《政府论》（下篇），叶启芳等译，商务印书馆 1981 年版。

〔英〕马丁·阿尔布劳：《全球时代——超越现代性之外的国家和社会》，高湘等译，商务印书馆 2001 年版。

[英] 以亚赛·伯林：《自由论》，胡传胜译，译林出版社 2003年版。

[英] 约翰·麦克里兰：《西方政治思想史》，彭淮栋译，海南出版社 2003 年版。

[英] 约瑟夫·拉兹：《法律的权威》，朱峰译，法律出版社 2005 年版。

曹沛霖等主编：《比较政治制度》，高等教育出版社 2005 年版。

陈富良：《放松规制与强化规制》，三联书店 2001 年版。

陈家刚选编：《协商民主》，三联书店 2004 年版。

程燎原：《从法制到法治》，法律出版社 1999 年版。

程竹汝等：《政治文明》，上海人民出版社 2004 年版。

戴维·米勒、韦农·波格丹诺主编：《布莱克尔政治学百科全书》，中国政法大学出版社 2000 年版。

邓正来主编：《国家与市民社会》，上海人民出版社 2006 年版。

韩大元主编：《比较宪法学》，高等教育出版社 2003 年版。

何勤华、李秀清主编：《外国法制史》，复旦大学出版社 2002年版。

贺照田主编：《西方现代性的曲折与展开》，吉林人民出版社 2002 年版。

胡伟等：《论政治》，江西人民出版社 1996 年版。

季卫东：《法治秩序的建构》，中国政法大学出版社 1997 年版。

李景鹏：《权力政治学》，黑龙江教育出版社 1995 年版。

李龙、汪习根主编：《法理学》，人民法院出版社 2003 年版。

李龙：《人本法律观研究》，中国社会科学出版社 2006 年版。

李龙：《宪法基础理论》，武汉大学出版社 1999 年版。

李龙：《依法治国方略实施问题研究》，武汉大学出版社 2002年版。

吕世伦：《当代西方理论法学研究》，中国人民公安大学出版社 1997 年版。

罗豪才主编:《中国司法审查制度》,北京大学出版社 1993 年版。

强世功:《法制与治理》,中国政法大学出版社 2003 年版。

宋惠昌等:《政治哲学》,中共中央党校出版社 2003 年版。

苏力:《送法下乡》,中国政法大学出版社 2000 年版。

佟德志:《在民主与法治之间》,人民出版社 2006 年版。

汪习根:《司法权论》,武汉大学出版社 2006 年版。

王启富、刘金国主编:《人权问题的法理学研究》,中国政法大学出版社 2003 年版。

王世杰、钱端升:《比较宪法》,商务印书馆 1999 年版。

翁岳生编:《行政法》(上册),中国法制出版社 2000 年版。

肖君拥:《人民主权论》,山东人民出版社 2005 年版。

徐爱国:《分析法学》,法律出版社 2005 年版。

燕继荣:《政治学十五讲》,北京大学出版社 2004 年版。

张凤阳等:《政治哲学关键词》,江苏人民出版社 2006 年版。

张乃根:《西方法哲学史纲》,中国政法大学出版社 1993 年版。

张友渔:《宪政论丛》(上册),群众出版社 1986 年版。

赵汀阳:《论可能生活———种关于幸福和公正的理论》(修订版)中国人民大学出版社 2004 年版。

郑永流主编:《法哲学与法社会学论丛》(四),中国政法大学出版社 2001 年版。

后 记

　　本著作是作者主持的国家社科基金项目的最终成果形式。表面看来，该选题具有一定的应景性与应时性，然而，不容质疑的是，伴随"政治文明"入宪，从法治视角来研究政治文明已成为一个法律意义上而非单纯政治社会意义上的永恒主题。近年来，学术界在这一领域相当活跃，为了充分吸纳既有研究成果、避免研究的重复特别是空泛地谈论这一问题、力图在法律理论与实践上有所创新，我们在切入视角和写作思路两方面进行了反复的探索和提炼，仅对写作提纲就进行了三次重大调整，每次几乎都是推倒重来。令人遗憾的是，原有的部分稿件也由此而不得不被废弃。本书是集体智慧的结晶，各章编写者如下（按编写章节顺序）：汪习根：第一章、第二章、第五章部分内容，占红沣、刘诚、马忠泉：第一章部分内容，廖奕：第二章，程关松：第三章，王纳新：第四章，王明元：第五章部分内容。此外，夏雨、王雄文、高轩、金筱萍参加了部分章节的编写。占红沣作了大量编辑校对工作，最后由主编统、改稿。

　　值得一提的是，武汉大学法学院法理学专业 2006 级研究生为本书的校对付出了辛勤的劳动，他们是田勇、王康敏、周敏、魏黎、汪佩、伍德志、仙玉莉、何锋。特此致谢！

　　本著作是在吸收同类研究成果基础上进行创造的产物，衷心感谢每一位研究者的贡献！尽管我们试图创新，但能否达到预期目标，则有待读者的评价。我们期待得到大家的批评与指正！

汪习根

2008 年 10 月 1 日于珞珈山麓

武汉大学学术丛书　书目

中国当代哲学问题探索
中国辩证法史稿（第一卷）
德国古典哲学逻辑进程（修订版）
毛泽东哲学分支学科研究
哲学研究方法论
改革开放的社会学研究
邓小平哲学研究
社会认识方法论
康德黑格尔哲学研究
人文社会科学哲学
中国共产党解放和发展生产力思想研究
思想政治教育有效性研究（第二版）
政治文明论
中国现代价值观的初生历程
精神动力论
广义政治论
中西文化分野的历史反思
第二次世界大战与战后欧洲一体化起源研究
哲学与美学问题
行为主义政治学方法论研究
政治现代化比较研究
调和与制衡
"跨越论"与落后国家经济发展道路
村民自治与宗族关系研究
中国特色社会主义基本问题研究
一种中道自由主义：托克维尔政治思想研究
社会转型与组织化调控
中国现阶段所有制结构及其演变的理论与实证研究

国际经济法概论
国际私法
国际组织法
国际条约法
国际强行法与国际公共政策
比较外资法
比较民法学
犯罪通论
刑罚通论
中国刑事政策学
中国冲突法研究
中国与国际私法统一化进程（修订版）
比较宪法学
人民代表大会制度的理论与实践
国际民商新秩序的理论建构
中国涉外经济法律问题新探
良法论
国际私法（冲突法篇）（修订版）
比较刑法原理
担保物权法比较研究
澳门有组织犯罪研究
行政法基本原则研究
国际刑法学
遗传资源获取与惠益分享的法律问题研究
欧洲联盟法总论
民事诉讼辩论原则研究
权力的法治规约

战后美国对外经济制裁

当代西方经济学说（上、下）
唐代人口问题研究
非农化及城镇化理论与实践
马克思经济学手稿研究
西方利润理论研究
西方经济发展思想史
宏观市场营销研究
经济运行机制与宏观调控体系
三峡工程移民与库区发展研究
21世纪长江三峡库区的协调与可持续发展
经济全球化条件下的世界金融危机研究
中国跨世纪的改革与发展
中国特色的社会保障道路探索
发展经济学的新发展
跨国公司海外直接投资研究
利益冲突与制度变迁
市场营销审计研究
以人为本的企业文化
路径依赖、管理哲理与第三种调节方式研究
中国劳动力流动与"三农"问题
新开放经济宏观经济学理论研究
关系结合方式与中间商自发行为的关系研究
发达国家发展初期与当今发展中国家经济发展比较研究
旅游业、政府主导与公共营销
创新、模仿、知识产权和全球经济增长

中日战争史（1931~1945）（修订版）
中苏外交关系研究（1931~1945）
汗简注释
国民军史
中国俸禄制度史
斯坦因所获吐鲁番文书研究
敦煌吐鲁番文书初探（二编）
十五十六世纪东西方历史初学集（续编）
清代军费研究
魏晋南北朝隋唐史三论
湖北考古发现与研究
德国资本主义发展史
法国文明史
李鸿章思想体系研究
唐长孺社会文化史论丛
殷墟文化研究
战时美国大战略与中国抗日战场（1941~1945年）
古代荆楚地理新探·续集
汉水中下游河道变迁与堤防
吐鲁番文书总目（日本收藏卷）
用典研究
《四库全书总目》编纂考
元代教育研究
中国实录体史学研究
分歧与协调
明清长江流域山区资源开发与环境演变
清代财政政策与货币政策研究
"封建"考论（第二版）
经济开发与环境变迁研究
中国华洋义赈救灾总会研究

随机分析学基础
流形的拓扑学
环论
近代鞅论
鞅与banach空间几何学
现代偏微分方程引论
算子函数论
随机分形引论
随机过程论
平面弹性复变方法（第二版）
光纤孤子理论基础
Banach空间结构理论
电磁波传播原理
计算固体物理学
电磁理论中的并矢格林函数
穆斯堡尔效应与晶格动力学
植物进化生物学
广义遗传学的探索
水稻雄性不育生物学
植物逆境细胞及生理学
输卵管生殖生理与临床
Agent和多Agent系统的设计与应用
因特网信息资源深层开发与利用研究
并行计算机程序设计导论
并行分布计算中的调度算法理论与设计
水文非线性系统理论与方法
拱坝CADC的理论与实践
河流水沙灾害及其防治
地球重力场逼近理论与中国2000似大地水准面的确定
碾压混凝土材料、结构与性能
喷射技术理论及应用
Dirichlet级数与随机Dirichlet级数的值分布
地下水的体视化研究
病毒分子生态学
解析函数边值问题（第二版）
工业测量
日本血吸虫超微结构
能动构造及其时间标度
基于内容的视频编码与传输控制技术
机载激光雷达测量技术理论与方法
相对论与相对论重力测量
水工钢闸门检测理论与实践
空间信息的尺度、不确定性与融合
基于序列图像的视觉检测理论与方法

文言小说高峰的回归
文坛是非辩
评康殷文字学
中国戏曲文化概论（修订版）
法国小说论
宋代女性文学
《古尊宿语要》代词助词研究
社会主义文艺学
文言小说审美发展史
海外汉学研究
《文心雕龙》义疏
选择·接受·转化
中国早期文化意识的嬗变（第一卷）
中国早期文化意识的嬗变（第二卷）
中国文学流派意识的发生和发展
汉语语义结构研究
明清词研究史
新文学的版本批评
中国古代文论诗性特征研究
唐五代逐臣与贬谪文学研究
王蒙传论
教育格言论析
嘉靖前期诗坛研究（1522-1550）
清词话考述

中国印刷术的起源
现代情报学理论
信息经济学
中国古籍撰史
大众媒介的政治社会化功能
现代信息管理机制研究
科学信息交流研究
比较出版学
IRM-KM范式与情报学发展研究
公共信息资源的多元化管理